Das Windows Sound System Buch

Das Windows Sound System Buch

Andreas Maslo

DÜSSELDORF · SAN FRANCISCO · PARIS · SOEST (NL)

Projektmanagement/Lektorat: Daniel Danhäuser
Redaktion: Alice Creischer
Satz: Hüseyin Ceylan
Farbreproduktionen/Umschlaggestaltung: Mouse House Design GmbH, Düsseldorf
Belichtung, Druck und buchbinderische Verarbeitung: Bercker, Kevelaer

ISBN 3-8155-7026-3
1. Auflage 1994

Inhaltsverzeichnis

Vorwort

Das Windows SOUND SYSTEM ist ein Programmpaket, das aus Soundkarte und Software besteht und das Einbinden, Bearbeiten und Abspielen von Klangdateien unter Windows 3.1 oder höher erlaubt. Es enthält ein umfangreiches Hilfesystem, das Ihnen zu jedem Problem die passende Anwort liefert, und ein Lernprogramm, das die Fähigkeiten von Hard- und Software eindrucksvoll aufzeigt. Sie können die Lautstärke der Klangausgabe individuell regeln, Klangdateien aufzeichnen, bearbeiten und verwalten sowie Programme über Spracheingaben steuern. Ferner können Sie Daten der Kalkulationsprogramme EXCEL und Lotus 1-2-3 für Windows durch ein Vorlesenlassen kontrollieren und bestimmten Systemereignissen neue Sounds zuordnen. Wollen Sie auch in Arbeitspausen mit Klängen unterhalten werden, können Sie zusätzlich den im Windows Sound System enthaltenen Audio-Bildschirmschoner verwenden. Obgleich Windows 3.1 multimediafähig ist, kommen Sie erst mit Hilfe einer Soundkarte in den Genuß der Multimedia-Erweiterungen, in diesem Fall also der Klangausgabe. Sie können die Soundkarte sinnvoll durch ein CD-ROM-Laufwerk erweitern und dann auch Musik-CDs unter Windows verwalten und abspielen. Das entsprechende Programm dazu, die MusicBox, ist ebenfalls Bestandteil des Windows SOUND SYSTEMS.

Die Hauptaufgabe des Windows SOUND SYSTEMS liegt in der Windows-Unterstützung. Die Besonderheit, Programme durch Sprache zu steuern, ist nur der Beginn einer interessanten Zukunft. So ist es durchaus vorstellbar, daß bereits in Kürze preisgünstige Systeme erhältlich sind, die Sprache direkt in Textdateien umsetzen. Wollen auch Sie den Schritt in dieses neue Multimedia-Zeitalter wagen, ist das Windows SOUND SYSTEM die richtige Wahl. Selbst auf die Unterstützung der Sound-Karte bei DOS-Spielen brauchen Sie in der Regel nicht zu verzichten, sofern das jeweilige Spiel die Adlib- oder Soundblaster-Soundkarte unterstützt. Aktuelle Programme, wie beispielsweise WordPerfect 6.0 für DOS, erlauben bereits den direkten Einsatz der Soundkarte unter DOS, ohne Windows selbst laden zu müssen.

Dieses Buch soll Sie in die Möglichkeiten des Windows SOUND SYSTEMS einführen. Dabei wird beschrieben, wie Sie die Soundkarte in

Ihren Rechner einbauen, konfigurieren und auf korrekte Installation überprüfen. Außerdem werden ausführlich die mit dem SOUND SYSTEM ausgelieferten Dienstprogramme und deren Bedienung beschrieben. Wie Sie die Dienstprogramme in Verbindung mit anderen Anwendungsprogrammen oder im täglichen Umgang mit dem Computer einsetzen, wird ebenso behandelt, wie die Einbindung des Windows SOUND SYSTEMS in eigene Programme. Die Programme, die im Rahmen des Buches entwickelt werden, liegen auf der Buchdiskette sowohl im Quelltext als auch in ausführbarer Form bei, können mit dem Windows SOUND SYSTEM also direkt genutzt werden oder auch als Programmbeispele für eigene Programmentwicklungen dienen.

Dipl.-Ing. Andreas Maslo, im Dezember 1993

1

Das Windows SOUND SYSTEM

Seit Einführung des PCs im Jahre 1981 werden Rechner nach dem Industriestandard mit einem internen PC-Lautsprecher ausgestattet, mit dem kaum mehr als einfache Töne ausgegeben werden können. Über den Einbau einer Soundkarte statten Sie Ihren Rechner jedoch mit Sound-Fähigkeiten aus, die dem eines Synthesizers nahekommen. Das Windows SOUND SYSTEM, bestehend aus Soundkarte und Software, zeigt, daß eine Soundkarte zu mehr genutzt werden kann als nur zur Sound-Untermalung diverser Software-Programme, wie beispielsweise Computer-Spielen. Natürlich werden Spiele durch Sound-Unterstützung erheblich aufgewertet, doch auch der ernsthafte Einsatz einer Soundkarte ist mit Hilfe des Windows SOUND SYSTEMS möglich, sei es, um Programme durch Spracheingaben zu steuern oder aber eingegebene Zahlenwerte durch ein rechnergesteuertes Vorlesen zu kontrollieren.

Wie bereits zu Anfang erwähnt, besteht das Windows SOUND SYSTEM aus den Komponenten Soundkarte und Software. Dementsprechend müssen beide Komponenten nacheinander eingerichtet werden. Erst wenn die hardwareseitige Einrichtung der Soundkarte erfolgreich abgeschlossen ist, können Sie auch die Software installieren und einsetzen. Sie werden sehen, daß der Einbau der Soundkarte gar nicht so schwer ist und durchaus von Ihnen selbst durchgeführt werden kann.

Komponenten des SOUND SYSTEMS

In diesem Kapitel erhalten Sie zunächst einen Überblick über die Systemvoraussetzungen, die Bestandteile des Windows SOUND SYSTEMS sowie wichtige Informationen zur Soundkarte und den mitgelieferten Programmen. Am Ende des Kapitels werden dann unterschiedliche Einsatzgebiete der Soundkarte aufgezeigt. Nachdem Sie in die Grundlagen des Windows SOUND SYSTEMS eingeführt wurden, wird im 2. Kapitel die Installation näher beschrieben.

Systemvoraussetzungen

Das Windows SOUND SYSTEM ist ein Paket bestehend aus einer Soundkarte und mehreren Dienstprogrammen, die speziell auf die grafische Benutzerumgebung und Betriebssystemerweiterung MS-Windows 3.1 abgestimmt sind. Dementsprechend werden die Hardware- und Softwareanforderungen auch weniger durch die Soundkarte als vielmehr durch Windows festgelegt.

Windows 3.1 Um das Windows SOUND SYSTEM und die zugehörigen Dienstprogramme einsetzen zu können, benötigen Sie einen PC mit 80386SX-Prozessor mit mindestens 16 MHz Taktfrequenz oder höher. Der Rechner muß ferner über 1 MByte, besser jedoch 2 MByte Arbeitspeicher verfügen und einen Windows-fähigen Grafikadapter (VGA oder höher) besitzen. Ferner benötigen Sie natürlich neben Windows 3.1 ein Betriebssystem, das Windows 3.1 unterstützt, wie beispielsweise MS-DOS 3.3 oder höher oder DR-DOS 6.0. Auch der Einsatz unter dem Betriebssystem OS 2/2.1 von IBM ist unter der Windows-Version Win-OS/2 möglich.

DOS Theoretisch wäre der Einsatz der Soundkarte auch unter DOS denkbar, ohne daß Sie Windows 3.1 einsetzen. Dann sind Sie jedoch in jedem Fall auf Anwendungen angewiesen, die das Windows SOUND SYSTEM direkt unterstützen. In vielen Fällen kann die Soundkarte auch als Adlib-Soundkarte eingesetzt werden. Da die Dienstprogramme des Windows SOUND SYSTEMS allerdings ausschließlich in der Windows-Version vorliegen, ist die Anschaffung als Soundkarte ausschließlich für die DOS-Umgebung nicht sinnvoll.

Die Soundkarte

Die Soundkarte ist das Herzstück des SOUND SYSTEMS. Erst mit dieser Zusatzkarte ist der Computer dazu in der Lage, Klangdateien in ansprechender Qualität abzuspielen. Standardmäßig ist ein Rechner mit 80x86-Prozessor nicht mit einer Soundkarte ausgestattet oder anders gesagt: Um Ihrem Rechner ansprechende Töne zu entlocken, müssen Sie zunächst eine Soundkarte kaufen und in diesen einbauen. Ob Sie die Soundkarte bereits beim Rechnerkauf erwerben, dann erfolgt der Einbau in der Regel bereits bei Ihrem Fachhändler, oder erst später kaufen, ist relativ unbedeutend. Aufgrund der internen Rechnerarchitektur lassen sich Zusatzkarten problemlos in einen IBM-kompatiblen Rechner aufnehmen und zwar auch durch den Anwender selbst.

Soundkartenwahl Problematisch ist verständlicherweise die Wahl einer Soundkarte, ist das Angebot der verfügbaren Soundkarten mittlerweile kaum mehr überschaubar. Zu den bekannteren Soundkarten gehören beispielsweise die Soundblaster- (Creative Labs) oder Adlib-Soundkarten (Adlib). Diese Zusatzkarten werden mittlerweile von den meisten Software-Herstellern, insbesondere Anbietern von Computer-Spielen, in Programmen berücksichtigt. Das Windows SOUND SYSTEM hingegen ist relativ neu, so daß es insbesondere von älteren Programmen unter DOS standardmäßig nicht unterstützt wird. Das Windows SOUND SYSTEM muß daher im Regelfall unter DOS als Adlib-kompatible-Soundkarte genutzt werden. Computer-Spiele, die ausschließlich die Soundblaster unterstützen, können in der Regel ebenfalls mit dem Windows SOUND SYSTEM genutzt werden, sofern das jeweilige Programm in einem DOS-Fenster im erweiterten Windows-Modus gestartet wird.

Unter Windows hingegen muß jeweils ein entsprechender Treiber *Windows-Treiber* eingebunden werden, damit eine Soundkarte programmübergreifend eingesetzt werden kann. Haben Sie jedoch einen Treiber unter Windows mit Hilfe der Systemsteuerung oder aber über ein gesondertes Installationsprogramm eingerichtet, dann kann die Karte problemlos mit all den Windows-Programmen verwendet werden, die Soundkartenfunktionen bereitstellen, ohne jedes Mal aufs neue einen gesonderten Programmtreiber einrichten zu müssen. Der jeweils verwendete, auf die Soundkarte abgestimmte Treiber ist letztendlich dafür verantwortlich, daß auch alle Soundkartenfunktionen zur Verfügung gestellt werden. Windows-Anwendungen greifen über den Soundkartentreiber auf die Funktionen der Soundkarte zu. Zur Erläuterung sei nachfolgend ein kleines Beispiel angeführt: Verwenden Sie eine SoundBlaster Pro in Verbindung mit dem SoundBlaster-Treiber von Windows 3.1, so können Sie lediglich die Funktionen der Soundblaster-, nicht jedoch der erweiterten SoundBlaster Pro-Soundkarte unter Windows verwenden. Der Soundkarten-Treiber für das Windows SOUND SYSTEM wird automatisch während der Installation der Dienstprogramme eingerichtet.

Damit ist das Windows SOUND SYSTEM sowohl unter DOS als auch unter Windows einsetzbar. Der Schwerpunkt des SOUND SYSTEMS liegt jedoch eindeutig auf Windows. Dies ist daran erkennbar, das DOS-Anwendungen zur Unterstützung der Soundkarte nicht mit dem Windows SOUND SYSTEM ausgeliefert werden. Auch der Name deutet bereits auf das Einsatzgebiet hin. Wollen Sie also schwerpunktmäßig mit Windows und Windows-Anwendungen arbeiten, ist das Windows SOUND SYSTEM eine sehr gute Wahl. Anwender die nicht oder nur selten mit Windows arbeiten, können jedoch besser andere Soundkarten nutzen, die nicht nur preiswerter sind, sondern auch Anwendungen für DOS mitliefern. Auch Treiber zur Unterstützung von Windows werden dann häufig mitgeliefert oder mitunter sogar von

Windows selbst bereitgestellt. Lediglich auf die leistungsfähigen Programme des Windows SOUND SYSTEMS müssen Sie dann verzichten.

Karteneinbau Um die Soundkarte in Ihren Rechner einbauen zu können, muß in Ihrem Rechner noch ein freier 8- oder 16-Bit-Steckplatz vorhanden sein. Steckplätze werden verwendet, um einen Rechner um spezielle Hardware-Elemente zu erweitern, wie beispielsweise eine Schnittstellen- oder Soundkarte. Die Soundkarte ist so eingerichtet, daß Sie sowohl einen 8-Bit- als auch einen 16-Bit-Steckplatz verwenden können. Dabei ist jedoch ein 16-Bit-Steckplatz aus Gründen der schnelleren Datenübertragung und der größeren Flexibilität bei der Hardware-Konfiguration vorzuziehen.

Verweis Der Einbau einer Zusatzkarte und somit auch der Soundkarte gestaltet sich relativ einfach und wird im Verlauf des Kapitels 2.1 noch eingehender erläutert.

Die Software

Zusammen mit der Soundkarte werden diverse Dienstprogramme ausgeliefert, die Sie in Verbindung mit Windows 3.1 sinnvoll nutzen können. Es stehen Programme zur Verfügung, mit denen Sie die Lautstärke der Klangausgabe und die Aufnahme regeln, Klangdateien verwalten und suchen und Spracheingaben steuern. Die Funktionen der einzelnen Programme sollen an dieser Stelle zunächst kurz erläutert werden, bevor deren Bedienung im vierten Kapitel eingehender beschrieben wird. Die Installation der Software wird in Kapitel 2.5 erläutert.

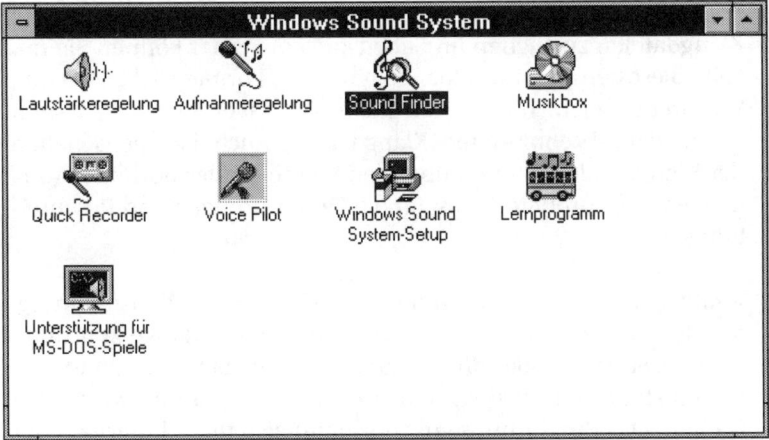

Abb. 1.1: Programmgruppe zum Windows SOUND SYSTEM

- *Lautstärkeregelung:* Die Lautstärkeregelung verwenden Sie, um die *Programme* Lautstärke und die Balance einer Klangquelle zu regeln. Mit Klangquelle werden extern angeschlossene Geräte bezeichnet, wie beispielsweise ein CD-ROM-Laufwerk oder Kassettenrekorder. Die Lautstärkeregelung kann entweder in erweiterter oder reduzierter Ansicht gezeigt werden. Um diese Einstellung zu verändern, müssen Sie im Systemmenü den Eintrag *Erweiterte Ansicht* aktivieren oder deaktivieren.

- *Aufnahmeregelung:* Die Aufnahmeregelung wird verwendet, um den Eingangspegel für Aufnahmen zu bestimmen. Sie können Klänge mit Hilfe eines Mikrofons oder über externe Geräte, die über den Line-in-Anschluß mit der Soundkarte verbunden sind, aufnehmen. Der Eingangspegel ist mitverantwortlich für die Qualität der Aufzeichnung.

- *QUICK RECORDER:* Sie verwenden den QUICK RECORDER, um Klangdateien zu erstellen, zu bearbeiten oder wiederzugeben. Ferner können Sie mit Hilfe des QUICK RECORDERs die Eigenschaften einer Klangdatei festlegen. Jeder Klangdatei können Sie ein bestimmtes Abb.symbol, eine spezielle Beschriftung sowie eine aussagekräftige Beschreibung hinzufügen. Aus dem Quickrekorder heraus können Sie die Lautstärke- und Aufnahmeregelung aufrufen.

- *Sound Finder:* Sie verwenden den Sound Finder, um bestimmte Klangdateien zu suchen und abzuspielen. Ferner können Sie mit Hilfe dieses Programmes Klangdateien der Formate AIF, SND und VOC in das Microsoft-Dateiformat WAV konvertieren. .WAV steht für *Wave* und kennzeichnet Klangdateien. Auch die Eigenschaften der Klangdateien können über den Sound Finder bestimmt werden, wie zugeordnete Abb.symbole, Beschriftungen und Beschreibungen.

- *Klang:* Klang ist ein Zusatzmodul zur Windows-Systemsteuerung, mit dem Sie verschiedenen Systemereignissen Klänge zuordnen können. Sie starten das Programmodul, indem Sie in der Windows-Systemsteuerung das Symbol mit der Bezeichnung *Klang* anwählen. Das Programm selbst erscheint also nicht innerhalb der Programmgruppe des Windows SOUND SYSTEMS. Beachten Sie, daß das Klangmodul das Modul mit gleicher Bezeichnung ersetzt, das standardmäßig unter Windows 3.1 zur Verfügung gestellt wird. Die Version des Windows SOUND SYSTEMS unterstützt weitere Ereignisse, denen Sie Klänge zuordnen können und zeigt zu den jeweiligen Klangdateien die jeweils vergebenen Abb.symbole und Beschriftungen an.

- *ProofReader:* Der ProofReader ist ein akustisches Verifikationsprogramm, das Ihnen bei der Kontrolle von Daten in Kalkulationstabellen von Microsoft Excel oder Lotus 1-2-3 für Windows hilft, indem die jeweiligen Zahlenwerte durch das Programm vorgelesen werden. Das Programm selbst können Sie ausschließlich über Excel oder Lotus 1-2-3 starten, d.h. das Programm erscheint ebenfalls nicht in der Programmgruppe zum Windows SOUND SYSTEM.

- *Voice Pilot:* Mit dem Voice Pilot können Sie Programme über akustische Befehle steuern. Der Voice Pilot enthält eine Liste aktiver Begriffe, die Sie für viele auf Windows basierende Anwendungen verwenden können. Zudem können Sie eigene Befehle definieren.

- *Audio-Abb.schirmschoner:* Über das Modul *Desktop* der Windows-Systemsteuerung können Sie den Audio-Abb.schirmschoner *Sound Scapes* des Windows-Sound-Systems einrichten, der an der Stelle von Grafiken Klangdateien ausgibt und den Abb.schirm lediglich dunkel schaltet.

- *Musikbox*: Mit der Musikbox erhalten Sie ein leistungsfähiges Programm, um Audio-CDs in einem CD-ROM-Laufwerk abzuspielen. Voraussetzung ist, daß in Ihren Rechner bereits ein CD-ROM-Laufwerk eingebaut und dieses auch korrekt unter Windows angemeldet ist. Starten Sie das Programm *Musikbox*, ohne daß ein CD-ROM-Laufwerk vorhanden ist, erscheint lediglich die Meldung *Kein CD-ROM-Laufwerk angeschlossen*. Zu jeder CD können die darauf vorhandenen Titel eingegeben und abgespeichert werden. Wird später eine CD abgespielt, zu denen die Musiktitel bereits eingegeben wurden, so erscheint jeweils der Titel, der aktuell abgespielt wird.

- *Konfiguration für Spiele*: Um das Windows SOUND SYSTEM für DOS-Spiele als SoundBlaster-Soundkarte zu konfigurieren, rufen Sie das Dienstprogramm GAMECONFG.EXE auf. Zum Betrieb als Adlib-kompatible Soundkarte sind keine besonderen Vorbereitungen erforderlich.

- *Lernprogramm*: Mit Hilfe des Lernprogramms erhalten Sie einen Überblick über die Fähigkeiten des Windows SOUND SYSTEMS und der mitgelieferten Dienstprogramme.

- *Setup-Programm*: Das Einrichtungsprogramm SETUP dient dazu, die Soundkarte unter Windows anzumelden, den entsprechenden Treiber einzurichten, die Karte auf korrekte Installation hin zu überprüfen sowie die zum SOUND SYSTEM gehörigen Dienstprogramme auf einer Festplatte einzurichten.

Damit haben Sie bereits einen Überblick über die Dienstprogramme des Windows SOUND SYSTEMS erhalten. Die Funktionen der einzelnen Dienstprogramme sowie deren Bedienung werden ausführlich im dritten und vierten Kapitel beschrieben.

Die Soundkarte im täglichen Einsatz

Doch in welcher Fom kann nun letztendlich die Soundkarte genutzt werden? Die Anwendungen, die bereits mit dem Windows SOUND SYSTEM ausgeliefert werden, zeigen bereits einige Einsatzgebiete einer Soundkarte. Die besonderen Leistungsmerkmale des Windows SOUND SYSTEMS liegen dabei auf der Sprachsteuerung sowie der Überprüfung von Zahlenmaterial durch Sprachausgabe. Über OLE

(Objekte verbinden und einbetten) können Sie Klangdateien in nahezu jede aktuelle Windows-Applikation einbinden, sei es eine Textverarbeitung, ein Datenbanksystem oder auch ein Kalkulationsprogramm. Die wichtigsten Einsatzmöglichkeiten einer Soundkarte, die auch in diesem Buch behandelt werden, sind nachfolgend zusammengestellt.

- In Verbindung mit einer Soundkarte können Sie Computerspiele erheblich aufwerten, ohne sich eingehender mit der Soundkarte beschäftigen zu müssen. Das Windows SOUND SYSTEM kann bei älteren DOS-Spielen als Adlib-Soundkarte eingesetzt werden. Eine SoundBlaster-Soundkartenemulation wird durch ein Zusatzprogramm ermöglicht, das Sie aus Windows heraus im erweiterten Modus ausführen müssen. Aktuelle Spiele und Anwendungen beinhalten in der Regel bereits standardmäßig die Unterstützung des Windows SOUND SYSTEMS.

- Mit Hilfe der Zusatzprogramme des Windows SOUND SYSTEMS können Sie bereits problemlos unter Windows mit der Soundkarte arbeiten, sei es durch das Verbinden und Einbetten von Objekten in OLE-fähige Anwendungsprogramme, durch die Zuordnung von Klangdateien zu Systemereignissen oder lediglich durch das Verwalten und gezielte Abspielen von Klangdateien. Klangdateien mit beispielsweise akustischen Signalen und gesprochenem Text können an beliebige Positionen eines Dokumentes aufgenommen und bei Bedarf jederzeit wieder zur Erläuterung oder Unterstützung abgespielt werden.

- Anders als unter DOS können alle Windows-Anwendungen mit Soundkartenunterstützung problemlos mit dem Windows SOUND SYSTEM eingesetzt werden, sofern der entsprechende Soundkartentreiber für Windows installiert wurde. Diese Installation erfolgt lediglich einmalig für Windows und muß nicht für jedes Programm erneut durchgeführt werden. Sie können aus einem reichhaltigen Angebot von Anwendungen wählen, mit denen die Soundkarte eingesetzt werden kann. In Verbindung mit *Video für Windows* können Sie beispielsweise Video-Clips mitsamt des Tons aufzeichnen, bearbeiten und wieder abspielen. Mit Kompositionssoftware werden Sie zu Ihrem eigenen Komponisten, Orchesterchef und Dirigent. Selbst der Anschluß eines Keyboards über ein Midi-Interface ist möglich. Ist in Ihren Rechner ein CD-ROM-Laufwerk eingebaut, nutzen Sie in Verbindung mit der Soundkarte Ihren Rechner als CD-Abspielgerät. Zur besseren Klangausgabe können Sie sogar einen Verstärker an Ihre Soundkarte anschließen. Das Programm Musikbox zum Verwalten und Abspielen von Musik-CDs ist ebenfalls bereits Bestandteil des Windows SOUND SYSTEMS.

- Sie sind jedoch nicht nur auf die Kreativität der anderen Programmierer angewiesen, sondern nutzen die Soundfähigkeiten auch in eigenen Programmen, unabhängig davon, ob es sich um eine Makro- oder Windows-Programmiersprache handelt. Verantwortlich dafür ist, daß die Multimedia- und damit die Soundfähigkeiten bereits ein Bestandteil von Windows selbst sind. Dementsprechend wird auf Soundkarten auch einheitlich zugegriffen. Windows 3.1 stellt dementsprechend mehrere API-Funktionen zur Verfügung, mit denen Sie auf Klangdateien zugreifen bzw. Klangdateien aufnehmen und abspielen. Damit können Sie die Fähigkeiten der Soundkarte sowohl in Windows-Programmiersprachen als auch in Makrosprachen, die Windows-API-Funktionen einsetzen können, verwenden. Je nach Programmiersystem wird der Zugriff auf die Multimediafähigkeiten weiter vereinfacht, wie in diesem Buch exemplarisch an Visual Basic für Windows gezeigt wird. Wie Sie Soundkartenfunktionen in Makrosprachen einsetzen, wird am Beispiel von Word für Windows demonstriert.

Die Soundkarte wird in Zukunft zunehmend an Bedeutung unter Windows erlangen. So werden nicht nur vermehrt Programme durch Sprache gesteuert, sondern auch die Dateneingabe wird immer mehr über Sprache erfolgen. Entsprechend werden die Tastatur und andere Eingabegeräte an Bedeutung verlieren. Eines der interessantesten Gebiete ist die Spracherkennung, die derzeit bereits im Windows SOUND SYSTEM ansatzweise erkennbar ist. Preisgünstige Spracherkennungssysteme, die gesprochenen Text in weiterbearbeitbare Textdateien umsetzen, sind bereits in Kürze zu erwarten.

Damit Sie in den Genuß der Soundunterstützung kommen, müssen Sie zunächst die Soundkarte in Ihren Rechner einbauen, unter Windows anmelden und die zugehörigen Dienstprogramme einrichten. Wie Sie dabei vorgehen, ist Thema des zweiten Kapitels.

2

Grundlagen zur Installation

Wie die meisten Hardware-Erweiterungen beinhaltet auch das Windows SOUND SYSTEM neben der Hardware selbst spezielle Software, die die Zusatzkarte bereits optimal unterstützt und es erlaubt, diese unmittelbar zu nutzen, ohne bereits im Besitz weiterer spezieller Anwendungsprogramme sein zu müssen. Neben dem Karteneinbau müssen die mitgelieferten Anwendungsprogramme zunächst auf einer Festplatte eingerichtet werden. Sie benötigen für die komplette Installation sämtlicher Dienstprogramme des Windows SOUND SYSTEMs etwa 9 Megabyte freie Laufwerkskapazität. Steht Ihnen dieser Speicherplatz nicht zur Verfügung, können Sie lediglich ausgewählte Programme einrichten. Wollen Sie sämtliche Programme installieren, sollten Sie vor Ausführung des Installationsprogrammes sicherstellen, daß 9 MByte freie Laufwerkskapazität zur Verfügung steht, indem Sie unter Umständen zunächst andere Dateien löschen.

Wie bereits erwähnt, muß zum Einbau einer Zusatzkarte auch ein freier 8-Bit- oder 16-Bit-Erweiterungssteckplatz in Ihrem Rechner vorhanden sein. Ein 16-Bit-Steckplatz bietet Ihnen die größere Flexibilität bei der Hardwarekonfiguration. So sind bei einem 16-Bit-Steckplatz im Vergleich zum 8-Bit-Steckplatz mehrere Einstellungen für die Unterbrechungsebene (IRQ) möglich. Sofern vorhanden, sollten Sie also einen 16-Bit-Steckplatz verwenden.

Erweiterungs-steckplatz

Vor der Einrichtung des Sound Systems überprüfen Sie das Paket zum Windows SOUND SYSTEM zunächst auf Vollständigkeit. Neben der Soundkarte, muß ein Kopfhörer, ein Mikrofon, die Installationsdisketten, ein Benutzerhandbuch und ein Anwenderprofil enthalten sein. Kopfhörer und Mikrofon werden unmittelbar nach dem Karteneinbau an die Soundkarte angeschlossen und erlauben eine Überprüfung der korrekten Einrichtung. Beide Peripheriegeräte sind genau auf das SOUND SYSTEM abgestimmt, um eine gute Klangqualität zu garantieren. Wenn alle Anforderungen erfüllt sind und das Windows SOUND SYSTEM-Paket vollständig ist, dann steht der Installation nichts mehr im Wege.

Überprüfung auf Vollständigkeit

Obgleich sich viele Anwender davor scheuen, sich in das Innere eines Computers vorzuwagen, gestaltet sich der Einbau einer Zusatzkarte relativ problemlos. Das einzige, was Sie dazu benötigen, ist ein entsprechender Schraubenzieher. Beim Karteneinbau selbst muß sichergestellt sein, daß der Netzstecker abgezogen ist. Ist die Karte eingebaut, sollten Sie den Rechner nicht unmittelbar wieder schließen, da

Hardware-Einbau

bei Adreßkonflikten, also wenn die Karte nicht auf Anhieb korrekt arbeitet, Änderungen an diversen Schaltern, sogenannten Jumpern, auf der Soundkarte selbst vorgenommen werden müssen. Um das wiederholte Öffnen und Schließen des Computer-Gehäuses zu umgehen, wird der Kartentest daher bei geöffnetem Gehäuse durchgeführt und erst nach erfolgreichem Kartentest wieder geschlossen. Der Kartentest wird bereits mit dem Installationsprogramm zur Einrichtung der Dienstprogramme zum Windows SOUND SYSTEM durchgeführt, setzt also den Anschluß am Stromnetz voraus. Daher müsssen Sie für die Dauer des Tests den Netzstecker an das Stromnetz anschließen. Treten Probleme auf, dann achten Sie darauf, daß Sie vor etwaigen Änderungen an den Jumper-Einstellungen der Soundkarte oder einer anderen Wahl eines Steckplatzes den Rechner wieder ausschalten und den Netzstecker abziehen. Sonst können auch Zerstörungen diverser Hardware-Komponenten nicht ausgeschlossen werden.

Software-Installation

Haben Sie die Karte installiert und auf korrekte Funktion hin überprüft, können Sie alle oder ausgewählte Dienstprogramme zur Soundkarte einrichten. Die Programmeinrichtung erfolgt durch das mitgelieferte Installationsprogramm SETUP. Haben Sie nur einige der mitgelieferten Anwendungsprogramme ausgewählt und wollen später weitere Programme installieren, können Sie SETUP erneut ausführen.

Einbau der Soundkarte

Rechner auf PC-Basis sind so aufgebaut, daß Sie um beliebige Komponenten in Form von Zusatzkarten erweitert werden können. Schnittstellenkarten, um eine Maus oder einen Drucker an einen Rechner anzuschließen, Controller, zum Ansprechen von Disketten- und Festplattenlaufwerken sowie Grafikkarten, zum Anschluß eines Grafikmonitors, gehören in der Regel standardmäßig zur Rechnerausstattung. Sowohl Schnittstellenkarte, Controller und Grafikkarte werden dabei über einen Steckplatz in den Computer eingebaut. Nach demselben Prinzip werden auch spezielle Zusatzkarten, wie beispielsweise eine Netzwerk-, Video- oder Soundkarte einem Rechner hinzugefügt. Um eine Erweiterung der Ausstattung überhaupt zu ermöglichen, besitzt jeder Rechner daher sogenannte Erweiterungssteckplätze, in die Zusatzkarten eingebaut werden können.

Konflikte zwischen Zusatzkarten können auftreten, wenn diese zur Kommunikation mit dem Computer dieselben Adreßleitungen oder Systemunterbrechungsroutinen verwenden. Um diese Konflikte beseitigen zu können, besitzen Zusatzkarten in der Regel spezielle Schalter (Jumper), die eine Änderung dieser Adreßleitungen und Systemunterbrechungen erlauben. Probleme treten jedoch nur verstärkt dann auf, wenn bereits mehrere Zusatzkarten in einen Rechner eingebaut sind. Ist die Soundkarte die erste Zusatzkarte in einem Rechner, treten üblicherweise keine Fehler auf.

Bevor Sie die Soundkarte einbauen können, müssen Sie zunächst sicherstellen, das sowohl der Computer als auch alle daran angeschlossenen Peripheriegeräte, wie Drucker und Bildschirm, ausgeschaltet sind. Da die Bauteile eines Computers mitunter sehr empfindlich sind, müssen Sie zudem sicherstellen, daß Sie nicht selbst statisch aufgeladen sind und diese Ladung an ein elektrisches Bauteil abgeben. Um statische Aufladungen zu entladen, können Sie ein leitendes und geerdetes Material berühren, wie beispielsweise das Metall auf der Rückseite des Computers. Vor dem Öffnen des Computers müssen Sie jedoch die Netzkabel des Computers sowie der Peripheriegeräte herausziehen, um das Risiko eines elektrischen Schlages auszuschließen. Erst jetzt sollten Sie das Gehäuse des Rechners entfernen.

Karteneinbau

Wo sich die Schrauben zum Lösen des Gehäuses befinden, ist je nach Rechnermodell und Hersteller unterschiedlich. Die Schrauben sind häufig an der Geräterückseite angebracht, unabhängig davon, ob es sich um einen Kompaktrechner oder aber einen Tower handelt. Nachdem Sie das Gehäuse abgenommen haben, werden Sie die einzelnen Bauteile des Rechners und eine Hauptplatine erkennen, mit denen alle anderen Bauteile verbunden sind. Mit der Hauptplatine sind über Steckverbindungen weitere Platinen, sogenannte Steckkarten, verbunden. Neben diesen Steckkarten, die nebeneinander angeordnet sind, befinden sich im Regelfall noch leere Steckplätze. Dabei wird unterschieden zwischen 8-Bit- und 16-Bit-Steckplätzen. Der 8-Bit-Steckplatz ist daran zu erkennen, das er kürzer ist als der 16-Bit-Steckplatz. Letzterer ist für den Einbau vorzuziehen, da Sie damit mehr Möglichkeiten für eine Hardware-Konfiguration haben.

Ist kein freier Steckplatz mehr in Ihrem Rechner enthalten, müssen Sie zunächst eine bereits eingebaute Steckkarte entfernen. Der Steckplatz für die Soundkarte des Windows SOUND SYSTEMs kann ein 8- oder 16-Bit Steckplatz sein. Sofern möglich, sollten Sie einen Steckplatz zwischen der Windows SOUND SYSTEM-Karte und der nächsten Karte freilassen, da Zusatzkarten sich durch Strahlungen gegenseitig stören können. Dies hat mitunter Auwirkung auf die Klangqualität der Soundkarte.

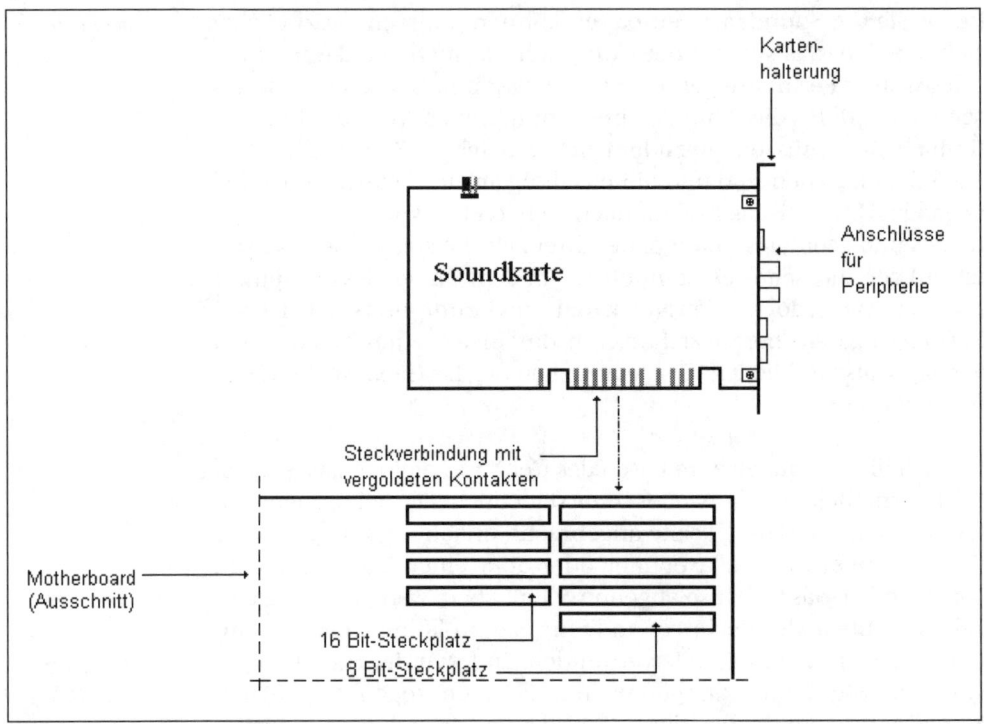

Abb. 2.1: Einbau der Soundkarte

Haben Sie sich für einen Steckplatz entschieden, entfernen Sie die Steckplatzabdeckung, die das Innere des Computers vor Staub schützt. Sie befindet sich an der hinteren Geräteseite und ist lediglich durch eine einzelne Schraube gesichert. Nachdem Sie die Schraube entfernt haben, können Sie die Blende herausnehmen und sicher aufbewahren. Sie wird später nicht mehr benötigt. Nun können Sie die

Soundkarte auspacken und mit der Steckseite in den freien Steckplatz schieben. Fassen Sie die Karte nur an den Kanten an und vermeiden Sie es, Bauteile zu berühren. Die Kontakte der Karte müssen am Steckplatz direkt ausgerichtet werden (vgl. Abb. 1.2). Achten Sie beim Einstecken der Karte darauf, daß Sie diese nicht verkanten und auch keine Gewalt anwenden. Läßt sich die Karte nicht korrekt einstecken, versuchen Sie erneut die Karte anzusetzen und einzudrücken. Gewaltanwendung könnte die Karte beschädigen oder sogar zerstören. Nachdem die Soundkarte in den Erweiterungssteckplatz eingebaut ist, schrauben Sie sie dort fest, wo vorher die Steckplatzabdeckung befestigt war. Sitzt die Karte an Ort und Stelle, nehmen Sie sich die Abdeckung und die Schrauben, setzen die Abdeckung wieder auf den Computer und schrauben sie fest.

Damit ist der Einbau der Soundkarte bereits abgeschlossen. Beachten Sie dabei jedoch, daß die Standardeinstellungen der Zusatzkarte nicht geändert wurden. Änderungen sind nur dann erforderlich, wenn die Soundkarte beim ersten Klangtest nicht korrekt arbeitet. Wie Sie die Soundkarte auf korrekte Installation hin überprüfen, wird in Kapitel 2.3 näher beschrieben. Hinweise zur Beseitigung von Problemen mit Änderungen der Hardware-Einstellungen erhalten Sie gesondert in Kapitel 2.4. Bevor Sie allerdings den Klangtest durchführen können, müssen Sie zunächst das Mikrofon und den Kopfhörer, wie im folgenden Kapitel beschrieben, zunächst an die Soundkarte anschließen. *Hinweise*

Peripheriegeräte im Einsatz

Peripheriegeräte sind all die Geräte, die mit dem Computer verbunden sind und mit diesem Informationen austauschen. In diesem Kapitel werden zunächst die Peripheriegeräte vorgestellt, die Sie in Verbindung mit dem Windows SOUND SYSTEM erhalten. Dazu gehört neben einem Kopfhörer auch ein spezielles Mikrofon. Beide Geräte müssen zunächst korrekt an die Soundkarte angeschlossen sein, damit die Überprüfung der Soundkarte durchgeführt werden kann.

Neben den bereits genannten Peripheriegeräten können Sie an die Soundkarte auch weitere Geräte anschließen, wie beispielsweise einen Verstärker oder Lautsprecher. Für die jeweiligen Peripheriegeräte besitzt die Soundkarte spezielle Anschlüsse, die im folgenden Bild dargestellt sind.

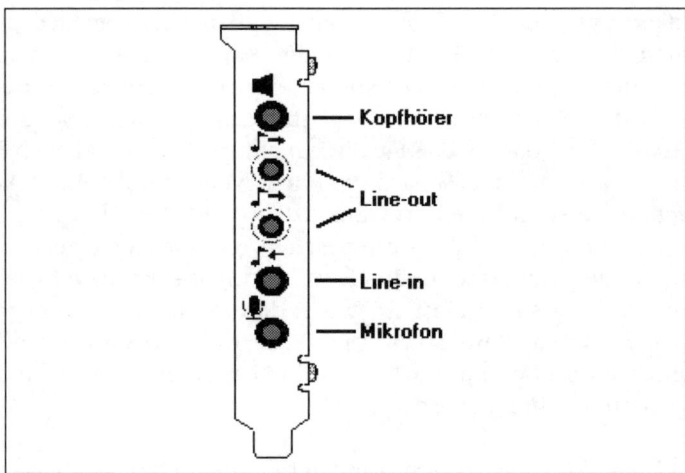

Abb. 2.2: Anschlüsse der Soundkarte

Beachten Sie, daß jeweils die korrekte Anschlußwahl und Steckverbindung dafür verantwortlich ist, ob externe Geräte mit der Soundkarte des Windows SOUND SYSTEMS überhaupt zusammenarbeiten. Insgesamt stellt die Soundkarte fünf Anschlußtypen zur Verfügung. Die einzelnen Anschlüsse sind nachfolgend kurz erläutert:

- **Line in:** An den Anschluß *Line in* können Sie externe Audio-Geräte, wie beispielsweise einen CD-Player, Kassettenrekorder oder Plattenspieler, anschließen, um Musik an die Soundkarte zu übermitteln und in Klangdateien aufzuzeichnen. Auch der Anschluß einer Stereoanlage ist über diesen Anschluß möglich. Benutzen Sie den *Line-in*-Anschluß, werden keine Nebengeräusche bei der Aufnahme von Klangdateien mit aufgezeichnet.

- **Line out:** Mit Hilfe der *Line-out*-Anschlüsse können vom Computer Klänge zu einem externen Gerät, wie beispielsweise einen Verstärker oder aber einen Kassettenrekorder, übermittelt werden. Somit sind Sie in der Lage, Klangdateien beispielsweise auf einem externen Speichermedium aufzunehmen, ohne daß störende Nebengeräusche berücksichtigt werden. Über den Anschluß eines Verstärkers können Sie Klangdateien abspielen und hören, ohne den Kopfhörer einsetzen zu müssen. Dies ist nicht nur sehr viel bequemer, auch die Ausgabequalität kann durch einen Verstärker wesentlich verbessert werden.

- **Kopfhörer:** Für den Kopfhörer steht ein gesonderter Anschluß bereit. Über den Kopfhörer ist es Ihnen möglich, Klangdateien zu hören, ohne andere Personen im gleichen Raum zu stören. Arbeiten Sie beispielsweise mit dem *ProofReader,* sind Kopfhörer sinnvoll, um die vorgelesenen Informationen besser zu verstehen und um nicht von Außengeräuschen beeinträchtigt zu werden. Mit Hilfe der Kopfhörer können Sie auch einen ersten Klangtest durchführen.

- **Mikrofon:** Über den Mikrofonanschluß schließen Sie das Mikrofon an die Soundkarte an. Sie können über das Mikrofon Klangdateien aufzeichnen und mit Hilfe von Spracheingaben Programme steuern. Damit das Mikrofon in Reichweite ist und nicht per Hand gehalten werden muß, verfügt es über eine Klemme, mit der Sie es an der Kleidung befestigen können. Die empfohlene Entfernung zum Mikrofon liegt zwischen 20 und 30 Zentimetern.

Arbeiten Sie mit dem SOUND SYSTEM, sollten Sie immer das Mikrofon und den Kopfhörer oder einen Lautsprecher angeschlossen haben. Diese beiden Peripheriegeräte ermöglichen bereits das sinnvolle Arbeiten mit der Soundkarte. Alle weiteren Geräte können optional eingesetzt werden, sind also für eine Soundkartenüberprüfung sowie das spätere Arbeiten nicht in jedem Fall erforderlich.

Überprüfen der Installation

Um zu überprüfen, ob Sie die Soundkarte korrekt eingerichtet haben und ob die standardmäßige Hardware-Einstellung der Soundkarte zu Ihrem Rechner kompatibel ist, können Sie mit Hilfe des Installationsprogrammes SETUP einen Test durchführen. Da die Installation der Software im Regelfall erst nach Einbau der Soundkarte erfolgt, müssen Sie das Programm zunächst über die Disketten ausführen.

Bevor Sie das Einrichtungsprogramm starten, sollten Sie sich zunächst Sicherungskopien der Originaldisketten anfertigen. Benutzen Sie für die Sicherung das gleiche Diskettenformat wie das der Originaldisketten. Liegen diese im 3_"-Format mit einer Kapazität von 1,44 MByte vor, so verwenden Sie dieses Diskettenformat auch für die Sicherung. Nehmen Sie an, Sie benutzen das Laufwerk mit der Bezeichnung B: zur Anlage der Sicherungskopien. In diesem Fall können

*Sicherungs-
kopien*

Sie anschließend auf der Betriebssystemebene die Kopien mit dem Kommando

```
C:\> DISKCOPY B: B: ⏎
```

erzeugen. Beachten Sie dabei, daß die Zieldisketten nicht unbedingt formatiert sein müssen. Erst wenn Sie die Sicherungskopie erstellt und entsprechend den Originaldisketten beschriftet haben, sollten Sie sich dem Klangtest der Soundkarte und der Installation der Dienstprogramme zuwenden. Verwenden Sie hierzu jeweils die Kopie, und verwahren Sie die Originale an einem sicheren Ort. Sollten einmal Probleme mit den Kopien auftreten, können Sie jederzeit auf die Originaldisketten zurückgreifen.

Klangtest Wenn Sie die Sicherungskopien erstellt haben, starten Sie zunächst Windows und legen anschließend die Kopie der ersten Installationsdiskette in das Diskettenlaufwerk, in diesem Fall B:, ein. Wählen Sie nun im Programm-Manager den Menübefehl DATEI\AUSFÜHREN an. In das nachfolgend geöffnete Dialogfeld tippen Sie das Laufwerk und den Namen des Installationsprogramms, in diesem Fall also

```
B:SETUP
```

ein und quittieren Ihre Eingabe über die Schaltfläche <OK>. Nun wird das Einrichtungsprogramm ausgeführt und der nachfolgend abgebildete Warnhinweis ausgegeben, den Sie mit Hilfe der Schaltfläche <Weiter> quittier

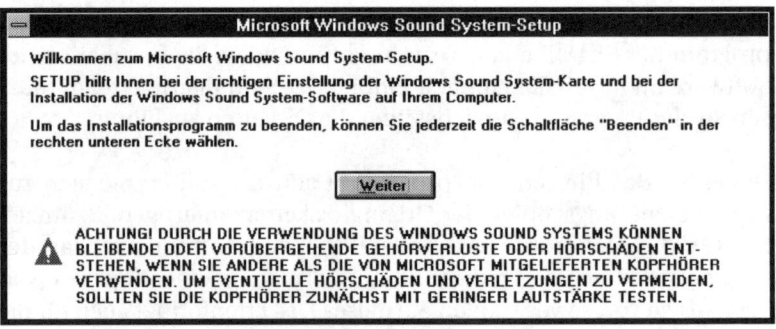

Abb. 2.3: Warnhinweis zum Betrieb der Soundkarte

Des weiteren werden Sie dazu aufgefordert, alle aktuell ausgeführten DOS- und Windows-Anwendungen zunächst zu beenden. Dies geschieht aus Sicherheitsgründen, um einem Datenverlust vorzubeugen, der durch eine falsch eingegebene Hardware-Einstellung und folgendem Systemabsturz ausgelöst werden kann. Befolgen Sie diesen Hinweis aus Sicherheitsgründen. Werden keine Anwendungen ausgeführt, können Sie das Programm mit <Weiter> fortsetzen. Über die Schaltfläche <Task-Liste> starten Sie den Windows-Task-Manager, um aktuell ausgeführte Anwendungen vorzeitig zu beenden. Nach dem Beenden der Programme mit Hilfe des Task-Managers gelangen Sie in das Dialogfeld zurück, das Sie nun ebenfalls über <Weiter> schließen. Jetzt können Sie mit der Überprüfung der Soundkarte beginnen.

Zum Durchführen des Klangtests wird ein weiteres Dialogfeld, mit dessen Hilfe Sie nicht nur den Klangtest durchführen, sondern auch Hardware-Einstellungen der Soundkarte ändern und die Dienstprogramme der Soundkarte auf einer Festplatte einrichten (Abb. 1.5).

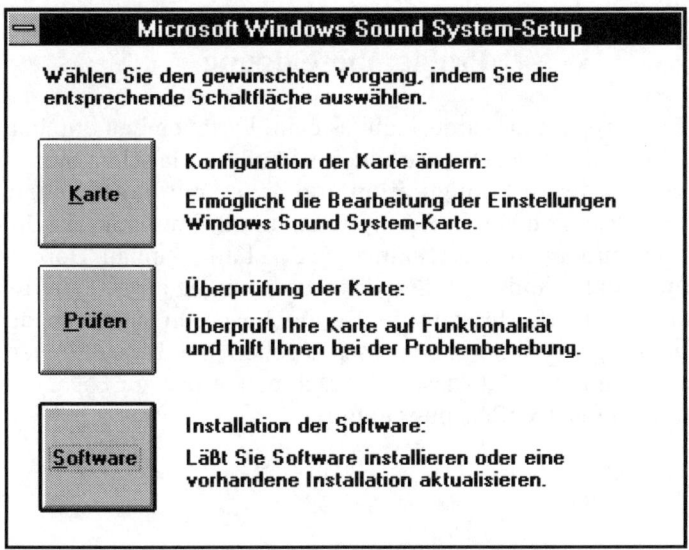

Abb. 2.4: Durchführung des Klangtests

Halten Sie sich nun den Kopfhörer in ca. 20 bis 30 cm von Ihrem Ohr entfernt und betätigen Sie die Schaltfläche <Prüfen> und im folgenden Dialog die Schaltfläche <Klangtest>. Sie sollten nun das Wort *Klangtest* hören. In diesem Fall ist die Soundkarte bereits korrekt eingerichtet und Sie können das Gehäuse wieder auf den Computer schrauben. Ein Aufsetzen der Kopfhörer ist im Rahmen der Soundkartenüberprüfung nicht sinnvoll, da die Lautstärke noch nicht iundividuell eingestellt und damit eventuell zu hoch ist. Dieses ist insbesondere für empfindliche Ohren sehr schmerzhaft.

Hören Sie beim Klangtest nichts, so ist die Soundkarte noch nicht korrekt eingerichtet und es sind unter Umständen Anpassungen an den Hardware-Einstellungen notwendig. Wie diese vorgenommen werden, wird explizit in Kapitel 2.4 beschrieben. Haben Sie die jeweiligen Änderungen vorgenommen, können Sie mit Hilfe des Programmes SETUP erneut einen Klangtest durchführen. Alternativ könnten Sie nun auch bereits die Software zum Windows SOUND SYSTEM selbst installieren. Auf eine Erläuterung der Programmeinrichtung soll jedoch an dieser Stelle verzichtet werden. Hinweise dazu erhalten Sie in Kapitel 2.5.

Problembeseitigung

Wie bereits erwähnt wurde, kann es beim Karteneinbau durchaus zu Problemen kommen. Diese resultieren häufig aus falschen Einstellungen zur Hardware-Konfiguration und haben nur in den seltensten Fällen etwas mit defekter Hardware zu tun. Erinnern Sie sich in diesem Zusammenhang noch einmal an den Karteneinbau. Dort wurde erläutert, daß standardmäßig keine Änderungen an den Hardware-Einstellungen erforderlich sind. Dennoch werden Sie bei genauerer Betrachtung an der Soundkarte selbst sehen, daß Umstellungen mit Hilfe der Jumper möglich sind. Betrachten Sie sich zur Lokalisierung der Jumper die nachfolgende Grafik.

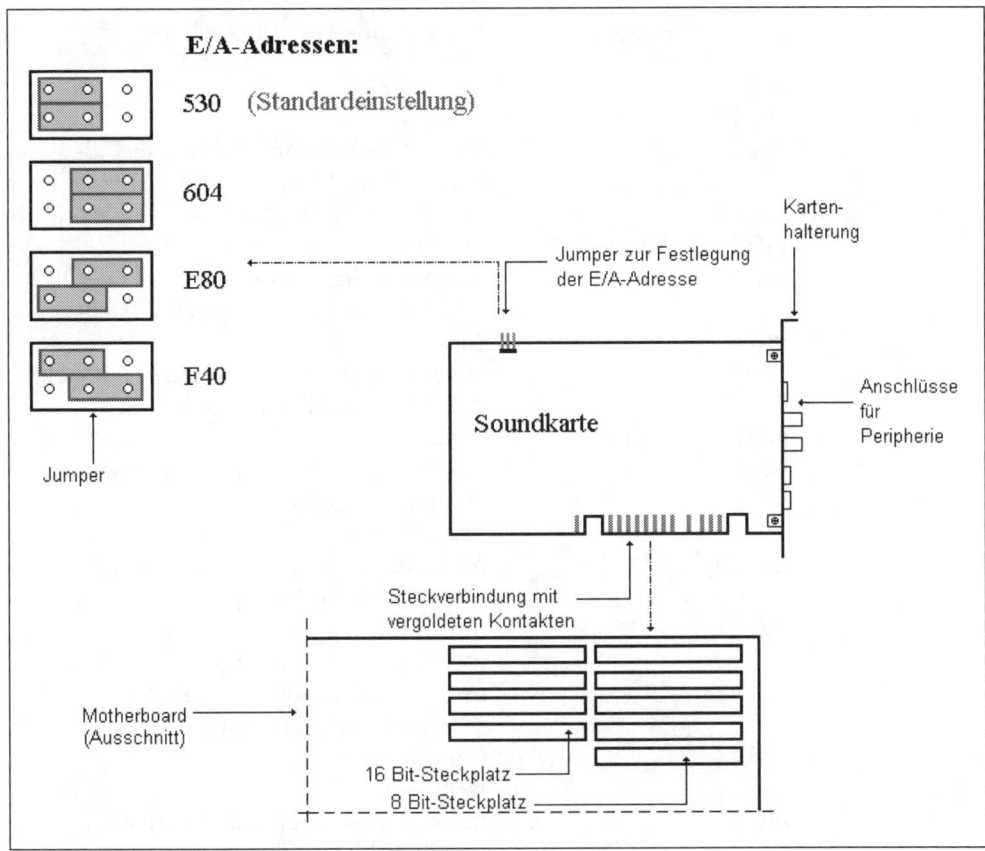

Abb. 2.5: Jumper-Einstellungen der Soundkarte zum Windows SOUND SYSTEM

Änderungen an den Jumper-Einstellungen helfen häufig, nach einem ersten fehlgeschlagenen Klangtest die Soundkarte doch noch fehlerfrei in Betrieb zu nehmen. Insgesamt können Sie zwischen vier Eingabe- und Ausgabeadressen (E/A-Adressen) wählen. Ob Daten zur Soundkarte gesendet oder von dieser versandt werden, wird dem Prozessor des Rechners über einen Interrupt (Systemunterbrechung) angezeigt. Auch Interrupts werden mitunter bereits von anderen Zusatzkarten oder dem Rechner selbst belegt und müssen daher unter Umständen für die Soundkarte des Windows SOUND SYSTEMS geändert werden.

Interrupt-Belegung:	Beschreibung für AT-Rechner:
IRQ 0	Systemtimer
IRQ 1	Tastatur
IRQ 2	frei, evtl. belegt von Zusatzkarte, Video- oder Netzwerkkarte
IRQ 3	frei, evtl. von COM2 belegt
IRQ 4	COM1
IRQ 5	frei, evtl. belegt von Zusatzkarte oder 2. Drucker mit paralleler Schnittstelle
IRQ 6	Disk-Controller
IRQ 7	erster Drucker mit paralleler Schnittstelle, evtl. belegt von Zusatzkarte
IRQ 8	Echtzeituhr
IRQ 9	frei, evtl. belegt von Zusatzkarte oder verbunden mit IRQ 2 (benötigt 16-Bit-Steckplatz)
IRQ 10	frei, evtl. belegt von Zusatzkarte (benötigt 16-Bit-Steckplatz)
IRQ 11	frei, evtl. belegt von Zusatzkarte (benötigt 16-Bit-Steckplatz)
IRQ 12	frei, evtl. belegt von Zusatzkarte (benötigt 16-Bit-Steckplatz)
IRQ 13	Coprozessor
IRQ 14	Festplatte
IRQ 15	frei, evtl. belegt von Zusatzkarte (benötigt 16-Bit-Steckplatz)

Der DMA-Kanal wird letztendlich dazu benutzt, Daten in den Spei-cher zu schreiben, ohne den Prozessor selbst zu beteiligen. Auch die-ser Kanal muß unter Umständen gewechselt werden.

DMA-Belegung:	Beschreibung für AT-Rechner:
Kanal 0	frei, evtl. belegt von CD-ROM-Laufwerk (benötigt 16-Bit-Steckplatz)
Kanal 1	frei, evtl. belegt von Netzwerk- oder Scannerkarte oder SCSI-Gerät
Kanal 2	Disk-Controller
Kanal 3	frei

Wird die E/A-Adresse mit Hilfe eines Jumpers umgestellt, so werden Systemunterbrechung und DMA-Kanal über das Einrichtungsprogramm selbst festgelegt. Eine softwaremäßige Änderung der E/A-Adresse ist nicht möglich. Wie Sie mit Hilfe dieser Hardware-Einstellungen mögliche Inkompatibilitäten zu anderen Zusatzkarten beseitigen, wird nachfolgend näher erläutert.

Jumper sind kleine Überbrückungsstecker, auf die ein paar Stifte gesteckt werden können. Die Jumper, zwei an der Zahl, stellen Verbindungen zwischen zwei Stiften her. Es gibt insgesamt sechs Stifte zur Auswahl. Diese Stifte sind an der oberen Kante der Windows SOUND SYSTEM-Karte angebracht (vgl. Abb. 2.5). Es gibt insgesamt vier verschiedene Einstellungen, wovon jede Einstellung eine andere E/A-Adresse beschreibt. Die vier verschiedenen E/A-Adressen sind 530, 604, E80 und F40 hexadezimal. Funktioniert die Standardeinstellung 530 in Ihrem Rechner nicht, probieren Sie eine andere aus. Bevor Sie Änderungen an der E/A-Adresse vornehmen, müssen Sie den Computer und alle Peripheriegeräte abschalten, statische Aufladungen durch Berührung der Rückseite des Rechnergehäuses abbauen und anschließend die Netzstecker abziehen. Erst danach sollten Sie das Gehäuse öffnen, Jumper-Einstellungen ändern, das Gehäuse wieder schließen und den Rechner wieder in Betrieb nehmen. Wie die Jumper je nach gewünschter Adresse umzustecken sind, zeigt die Grafik 2.5.

Jumper-Einstellungen ändern

Hinweise zur Problembehebung können Sie sich unmittelbar über das Programm SETUP abrufen. Lassen Sie dazu im Hauptdialogfeld des Programmes mit Hilfe der Schaltfläche <Prüfen> eine Systemüberprüfung durchführen. Nach einem Klangtest über die Schaltfläche <Klangtest> und fehlerhafter Klangausgabe wählen Sie die Schaltfläche <Problembehebung> an und erhalten anschließend Hinweise zur Problembeseitigung.

Informationen zur Problembehebung abrufen

Interrupt- und DMA-Belegung

Falls es Probleme mit der Soundkarte geben sollte, führen Sie SETUP erneut aus und wählen im Hauptmenü die Schaltfläche *Karte* an, um die richtige Konfiguration für die Karte zu bestimmen. Sie gelangen in das Dialogfeld *Windows SOUND SYSTEM-Treiber.* Hier sollten Sie nur dann Veränderungen vornehmen, wenn Konflikte mit anderen Zusatzkarten auftreten und der Klangtest nicht erfolgreich durchgeführt werden konnte. Ein Hardwareproblem tritt auf, wenn mindestens zwei Peripheriegeräte jeweils die gleichen Kanäle oder Signalleitungen für die Kommunikation mit dem Prozessor für sich beanspruchen. Solche Konflikte zwischen der Soundkarte und anderen Peripheriegeräten können ausgeräumt werden, wenn Sie die Einstellungen für die Unterbrechungsebene (Interrupt), für den DMA-Kanal und die E/A-Adresse verändern.

- Für die Unterbrechungsebene ist die Standardeinstellung 11. Alternativ können Sie den Interrupt 7, 9 oder 10 für die Soundkarte verwenden.

- Für den DMA-Kanal ist die Standardeinstellung 0. Alternativ können Sie den DMA-Kanal 3 für die Soundkarte wählen.

Vorgaben

Das Installationsprogramm SETUP ist so eingerichtet, daß es beim erstmaligen Installieren der Karte eine Systemüberprüfung durchführt, um für die Audio-Karte die Einstellungen zu finden, die noch nicht belegt sind. Die so gefundenen Einstellungen werden Ihnen angezeigt. Diese Systemüberprüfung ist im allgemeinen sehr zuverlässig. Ist allerdings ein angeschlossenes Peripheriegerät nicht in Betrieb, kann es vorkommen, daß SETUP die Einstellungen als zulässig anzeigt, die dem nicht aktiven Peripheriegerät zugewiesen sind. Der so entstehende Konflikt, der erst im späteren Betrieb erkennbar wird, muß daher unter Umständen nachträglich behoben werden. Haben Sie mehrere Peripheriegeräte an Ihren Computer angeschlossen, aber alle bei der Installation der Audio-Karte nicht in Betrieb gehabt, sollten Sie die Audio-Karte je mit einem Peripheriegeräte zusammen ausprobieren, um das Gerät ausfindig zu machen, das die gleichen Einstellungen wie die Karte hat. Haben Sie das richtige Gerät gefunden, müssen Sie entweder die Einstellungen der Gerätes oder die der Karte verändern.

Soundkarteneinstellungen ändern

Die Einstellungen der Soundkarte können Sie im Dialogfeld *Windows SOUND SYSTEM-Treiber* verändern. Sie gelangen in dieses Dialogfeld entweder über das Hauptmenü von SETUP, indem Sie die Schalt-

fläche <Karte> anwählen oder indem Sie in der Windows-Systems-
teuerung das Symbol <Treiber> anwählen und im Feld *Installiere
Treiber* den Treiber *Microsoft Windows SOUND SYSTEM* anwählen.
Das Dialogfeld wird nach der Anwahl der Schaltfläche <Einrichten>
angezeigt. Verändern Sie nun eine oder mehrere der Einstellungen im
Dialogfeld *Windows SOUND SYSTEM-Treiber* und bestätigen Sie die
Änderungen durch <OK>, müssen Sie Windows erneut starten, damit
die Veränderungen wirksam werden.

Mitunter verursachen auch diverse Windows-Systemtreiber Probleme in Verbindung mit dem Windows SOUND SYSTEM. Einen Überblick über die Treiber, die unter Umständen aus dem System zu entfernen sind, können Sie der folgenden Tabelle entnehmen.

*Inkompatible
Windows-Treiber*

Inkompatible Klangtreiber:	Beschreibung:
MVFM.DRV	Media Vision Pro Audio Spectrum FM Synthesis
MVMIXER.DRV	Media Vision Pro Audio Spectrum Mixer
MVPROAUD.DRV	Media Vision Pro Audio Spectrum Wave/Midi/Aux
SBPAUX.DRV	Soundblaster Pro Aux
SBPFM.DRV	Soundblaster Pro FM Synthesis
SBPSND.DRV	Soundblaster Pro Wave/Midi
TBWAVE.DRV	Media Vision Thunderboard Wave
VADLIBD.386	Microsoft Ad-Lib FM Synthesis
VADMAD.386	Advanced DMA VxD
VDMADX.386	DMA VxD aus Norton Desktop für Windows 1.0
VSBD.386	Soundblaster Pro 386er-Modus
VTBD.386	Media Vision Thunderboard Wave 386er-Modus

Sie entfernen einzelne Treiber, indem Sie zunächst die Systemsteuerung von Windows aufrufen und im Anschluß daran das Bildsymbol *Treiber* anwählen. Danach wird das Dialogfeld mit der Liste
der eingerichteten Treiber angezeigt. Wählen Sie in dieser Liste jeweils
den zu löschenden Treiber an, und betätigen Sie anschließend die
Schaltfläche <Entfernen>. Nachdem Sie die Sicherheitsabfrage zum
Löschen mit <Ja> quittiert haben, wird der Treiber aus dem System

entfernt. Beachten Sie dabei allerdings, daß das Entfernen eines Treibers erst Auswirkung beim nächsten Systemstart hat. Für die Dauer der aktuellen Windows-Sitzung bleibt der entfernte System-treiber weiterhin geladen. Die Systemsteuerung erlaubt es Ihnen nach Änderungen optional die Windows-Sitzung fortzusetzen oder aber Windows erneut mit den geänderten Systemeinstellungen zu starten.

Haben Sie die Soundkarte erst einmal korrekt in Betrieb genommen, so resultieren später auftretende Probleme entweder aus einer fehler-haften Programmbedienung, fehlerhaften Kabelverbindungen zur Soundkarte und in Ausnahmefällen auch aus defekten Hardware-Be-standteilen. Diese Fehler können jedoch sehr schnell nachvollzogen und abgestellt werden und sollen an dieser Stelle nicht weiter berück-sichtigt werden. Inkompatibilitäten zu den Hardware-Einstellungen der Karte sind nur dann denkbar, wenn Sie Ihren Rechner mit weite-ren Zusatz- oder Peripheriegeräten ausstatten. In einem solchen Fall müssen Sie die E/A-Adresse, den Interrupt oder auch den DMA-Kanal bei der Erweiterung des Rechners unter Umständen später noch ein-mal, wie in diesem Kapitel beschrieben, ändern.

Installation der mitgelieferten Software

Nachdem Sie nun die Installation der Hardware-Bestandteile abge-schlossen haben und alle eventuell aufgetretenen Probleme beseitigt sind, wenden Sie sich der Installation der mitgelieferten Software zu. Für die vollständige Installtion der Softwäre benötigen Sie 9 MByte freien Speicher auf Ihrer Festplatte. Berücksichtigen Sie, daß Sound-Dateien selbst viel Speicher belegen und Sie daher für den Einsatz des SOUND SYSTEMs in jedem Fall weiteren Speicher auf Ihrem Rechner verfügbar halten sollten. Welche Programme mitgeliefert werden und für welche Zwecke Sie diese einsetzen können, wurde bereits in Kapi-tel 1.3 erläutert. Im folgenden finden Sie weitere für die Installation re-levante Informationen zu den einzelnen Programmen.

Sie haben bei den Anwendungsprogramnmen die Wahl, ob Sie nur eine Auswahl oder auch alle Programme installieren. Anwendungen, die Sie zu diesem Zeitpunkt nicht einrichten möchten, können Sie je-derzeit nachträglich installieren, indem Sie das Programm SETUP er-neut ausführen. Verfügen Sie beispielsweise zu diesem Zeitpunkt nicht über ein CD-ROM-Laufwerk, werden Sie das Programm MUSICBOX nicht einrichten. Sollten Sie Ihren Rechner zu einem späteren Zeitpunkt dann mit einem solchen Laufwerk ausrüsten, können Sie den CD-Player nachträglich installieren. Ähnlich verhält es sich mit dem Pogramm PROOFREADER, das Sie nur zusammen mit EXCEL oder LOTUS 1-2-3 für Windows einsetzen können.

Setup starten

Haben Sie das SOUND SYSTEM und auch Windows vorübergehend verlassen, so starten Sie zunächst Windows wie gewohnt. Im Windows-Programm-Manager Legen Sie die erste Programmdiskette des Windows SOUND SYSTEMS ein und wählen Sie den Befehl DATEI/ AUSFÜHREN im Windows-Programm-Manager. Geben Sie B:SETUP ein, vorausgesetzt, Sie nutzen das Laufwerk B. Quittieren Sie mit <OK>. Sie gelangen in den bereits bekannten Begrüßungsbildschirm von SETUP. Wählen Sie die Schaltfläche <Weiter>. Der folgende Bildschirm dient dem Beenden noch offener Anwendungen unter Windows. Haben Sie alle Anwendungen geschlossen (siehe folgende Ausführungen), schließen Sie den Bildschirm ebenfalls über die Schaltfläche <Weiter>. Beachten Sie, daß es zu Datenverlusten kommen kann, wenn Sie Dateien in anderen Anwendungsprogrammen geöffnet haben und die dort enthaltenen Daten nicht sichern, bevor Sie das Programm SETUP ausführen.

Sie schließen die Programme am einfachsten über die Task-Liste, die Sie mit Hilfe der Schaltfläche <Taskliste> aufrufen. Nach Beenden der offenen Anwendungen kehren Sie wiederum am einfachsten über die Tastkliste zum Programm SETUP zurück. Wählen Sie die Schaltfläche <Weiter>, um das Hauptmenü des Installationsprogramms zu öffnen. Auch dieser Bildschirm ist Ihnen bereits von der Installation der Hardware-Bestandteile her bekannt.

Setup vorbereiten und Programme schließen

Klicken Sie im Hauptmenü von SETUP auf die Schaltfläche <Software>. Es wird nun ein Zielverzeichnis für die Software vorgeschlagen (C:\SNDSYS), das Sie bei Bedarf ändern. Beachten Sie, daß Sie hier den vollständigen Pfad des Verzeichnisses angeben müssen. Quittieren Sie das vorgegebene beziehungsweise selbst gewählte Verzeichnis über die Schaltfläche <OK>.

Verzeichnisse einrichten

Sind bereits Teile der Software zu einem früheren Zeitpunkt in dem angegebenen Verzeichnis installiert worden, erhalten Sie nun eine entsprechende Meldung des Installationsprogramms. Sie können diese Meldung mit der Schaltfläche <Weiter> quittieren, wenn Sie beispielsweise bereits vorhandene Dateien überschreiben oder aktualisieren wollen. Möchten Sie dagegen weitere Programme in einem anderen Verzeichnis installieren, so wählen Sie die Schaltfläche <Verzeichnis ändern> und geben das gewünschte Verzeichnis an, das Sie wiederum mit <OK> quittieren. Dieses Verzeichnis nimmt die im folgenden installierten Anwendungen auf.

Installationsart auswählen   Bei der Art der Installation haben Sie nun die Wahl zwischen der Standard-Installation und der benutzerdefinierten Installation. Bei der Standard-Installation werden alle mitgelieferten Programme in das angebebene Verzeichnis kopiert. Wählen Sie diese Art der Einrichtung, wenn Sie keine persönliche Auswahl unter den Programmen treffen möchten. Die benutzerdefinierte Installation läßt Ihnen dagegen die Möglichkeit offen, nur bestimmte Progamme des Gesamtpakets einzurichten. Die benutzerdefinierte Installation empfiehlt sich insbesondere dann, wenn Sie nicht über ein CD-ROM-Laufwerk verfügen und somit den CD-Player MUSIKBOX des Windows SOUND SYSTEM nicht nutzen können. Die Installation dieses Programms würde ansonsten nur unnötig Speicher verbrauchen. Die benutzerdefinierte Installation ist weiter unten in diesem Kapitel beschrieben. An dieser Stelle wird zunächst die Standard-Installation besprochen.

Standard-Installation

Hinweise zum PROOFREADER   Die Standard-Installation starten Sie mit der Schaltfläche <Standard>. Da bei dieser Installationsart zunächst auch der PROOFREADER für die Einrichtung vorgesehen wird, überprüft das Installationsprogramm zunächst, ob sich Microsoft EXCEL auf Ihrem System befindet. Wird das Kalkulationsprogramm nicht gefunden, haben Sie die Möglichkeit, den korrekten Pfad anzugeben beziehungsweise zu bestimmen, daß der PROOFREADER nicht installiert wird. Sollten Sie vorhaben, EXCEL zu einem späteren Zeitpunkt zu installieren, können Sie bereits jetzt das zukünftige Verzeichnis für dieses Programm angeben und den PROOFREADER in diesem Verzeichnis installieren lassen.

Verfügen Sie über das Kalkulationsprogramm LOTUS 1-2-3 für Windows, können Sie den PROOFREADER auch für dieses Programm installieren. Dazu geben Sie den gültigen Pfad für die LOTUS 1-2-3-

Version anstelle des Pfades für EXCEL an, und übergehen die Felhlermeldung, daß EXCEL in diesem Verzeichnis nicht zu finden ist, mit der Schaltfläche <Weiter>, nachdem Sie das Verzeichnis für LOTUS 1-2-3 eingegeben haben. Beachten Sie in diesem Zusammenhang, daß der PROOFREADER nicht mit jeder Version von 1-2-3 für Windows einsetzbar ist. Sollte Ihre Version nicht mit dem PROOFREADER zusammenarbeiten, erhalten Sie beim ersten Start des Kalkulationsprogramms nach Installation der Windows SOUND SYSTEM-Software eine entsprechende Fehlermeldung. Setzen Sie sich in diesem Fall mit LOTUS in Verbindung, um eine Version des Programms zu erwerben, mit der PROOFREADER einsetzbar ist.

Haben Sie Ihre Entscheidung getroffen, quittieren Sie das Dialogfeld mit <OK>. Nun geben Sie das Laufwerk an, in das Sie die Installationsdisketten einlegen und quittieren Sie das Dialogfeld mit der Schaltfläche <OK>. Das Installationsprogramm nimmt seine Arbeit auf und kopiert die Programmdateien auf die Festplatte. Der Fortschritt des Installtionsvorgangs wird Ihnen in einem Dialogfeld angezeigt. Zum Diskettenwechsel werden Sie jeweils aufgefordert. Im unteren Bereich des Bildschirm befindet sich ein Hilfefenster, in dem Informationen zu den installierten Programmen ausgegeben werden. Ist die Installation abgeschlossen, werden Sie in einem speziellen Dialogfeld darüber informiert und können nun zum Hauptmenü des Installationsprogramms zurückkehren oder auch das Programm SETUP vollständig beenden. Des weiteren können Sie an dieser Stelle das Lernprogramm starten und sich in das Windows SOUND SYSTEM einführen lassen. Das Lernprogramm, das Sie nach abgeschlossener Installation auch aus der Programmgruppe des Windows SOUND SYSTEMS aufrufen können, wird in Kapitel 3.5 noch näher vorgestellt. An dieser Stelle soll nun zunächst die benutzerdefinierte Installation der Software besprochen werden.

Durchführung der Standard-Installation

Benutzerdefinierte Installation

Die benutzerdefinierte Installation ermöglicht, wie bereits erwähnt, eine individuelle Auswahl unter den Programmen, die im Lieferumfang des Windows SOUND SYSTEMs enthalten sind. Diese Art der Installation nutzen Sie, wenn Sie Platz sparen möchten, bestimmte Programme nicht benötigen oder auch zu einem Zeitpunkt nach bereits erfolgter Installation der Sofware diese aktualisieren oder bestimmte Programme zusätzlich installieren wollen. Sie gehen zu-

Individuelle Programmauswahl

nächst ebenso vor wie bei der Standardinstallation, bestimmen also das Verzeichnis, in das die Programme installiert werden sollen und wählen dann die Schaltfläche <Benutzerdefiniert>. Damit öffnen Sie das Dialogfeld, das Sie auch in Bild 2.6 sehen.

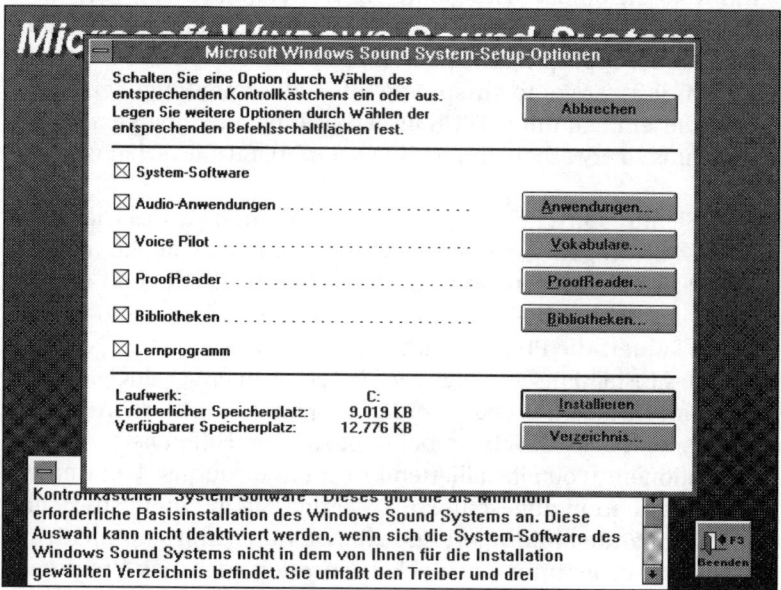

Abb. 2.6 Auswahl der Programme bei der benutzerdefinierten Installation

In dem Dialogfeld Microsoft Windows SOUND SYSTEM-Setup-Optionen bestimmen Sie Ihre persönliche Auswahl an Programmen auch der Software, die mit dem Windows SOUND SYSTEM ausgeliefert wird. Die einzelnen Kontrollfelder sind nachfolgend erläutert.

Minimal-installation mit der System-Software

System-Software: Dieses Kontrollfeld ist nicht deaktivierbar. Hiermit werden die als Minimum für den Einsatz des SOUND SYSTEMs erorderlichen Software-Bestandteile installiert. Darin ist der Treiber für das SOUND SYSTEM enthalten sowie drei Steuerungsoptionen. Diese drei Optionen sind Lautstärkeregelung, Aufnahmeregelung und Klang. Klang ist ein Hilfsprogramm, mit dessen Hilfe Sie Systemereignisse, beispielsweise Fehlermeldungen, mit einem Klang unterlegen können. Sollten Sie die Software des Windows SOUND SYSTEM bereits einmal installiert haben und die benutzerdefinierte Instal-

lation nur aufrufen, um beispielweise einen weiteren Programm-
bestandteil zusätzlich einzurichten, können Sie dieses Kontrollfeld
ausschalten. Voraussetzung ist allerdings, daß sich die Dateien in dem
Verzeichnis befinden, das Sie für die nachträgliche Installation eines
Programms angegeben haben.

Audio-Anwendungen: Bei den Audio-Anwendungen handelt es sich
um den SOUND FINDER, die MUSIKBOX und den QUICK
RECORDER. Mit der Schaltfläche <Anwendungen> öffnen Sie das
Dialogfeld Anwendungen, in dem Sie Programme für die Installion
auswählen können.

Audioanwendungen auswählen und installieren

Besitzt Ihr Rechner kein CD ROM-Laufwerk, können Sie die MUSIK-
BOX, einen CD-Player, nicht einsetzen. Das Programm dient zum Abspielen von Audio-CDs mit Hilfe des CD ROM-Laufwerks. Sie können
hiermit Ihre CDs verwalten, inden Sie den CD-Titel und die Titel für
die Musikstücke eingeben. Für das Abspielen erstellen Sie beliebige
Abspiellisten aus den Stücken, die eine CD enthält. Ein Zufallsgenerator macht Sie zudem unabhängig von der vorgegebenen Reihenfolge der Stücke auf der CD beziehungsweise in der Abspielliste.

MUSIKBOX

Der SOUND FINDER wird zum Auffinden und Wiedergabe von
Klangdateien eingesetzt. Mit ihm können Sie beliebige Klangdateien
auf Ihrem System suchen lassen und anschließend einzeln oder nacheinander wiedergeben lassen. Auf dieses Programm sollten Sie bei der
individuellen Installation nicht verzichten. Der QUICK RECORDER ist
ein Programm zum Aufzeichen von Klangdateien. Dabei können Sie
sowohl jede Art von Musik wie auch gesprochenen Worte aufnehmen
lassen. Zur Aufnahme wird das mitgelieferte Mikrofon des Windows
SOUND SYSTEMs eingesetzt. Auch dieses Programm sollten Sie bei
der benutzerdefinierten Installation mit einrichten. Zu jedem dieser
drei Programme werden Hilfedateien angeboten, die beim Umgang
mit den Anwendungen inbesondere dem Einsteiger wertvolle Hilfe leisten. Um Platz zu sparen können Sie allerdings die Hilfedateien von
der Installation ausschließen.

SOUND FINDER

Windows 3.1 besitzt bereits über einen Klangrecorder, der über ähnli-
che Funktionen wie der QUICK RECORDER verfügt, allerdings weniger leistungsfähig ist. Dieses Programm finden Sie in der Programmgruppe Zubehör im Programm-Manager. Standardmäßig ist der
Klangrecorder als OLE-Server unter Windows eingerichtet und dient
somit dem Datenaustausch mit anderen Anwendungen. Wenn Sie das

QUICK RECORDER

Windows SOUND SYSTEM installieren, wird der QUICK RECORDER als OLE-Server eingerichtet und ersetzt somit den KLANGRECORDER in dieser Funktion. Sie können allerdings auch den KLANG-RECORDER als OLE-Server beibehalten. Wählen Sie dafür die Schalt-fläche <OLE-Serever> und markieren Sie im nun geöffneten Dialolgfeld (siehe Abb. 2.7) die Option Klangrecorder. Sie können zu-dem auch bestimmen, daß keines der beiden Programme als OLE-Server eingesetzt wird.

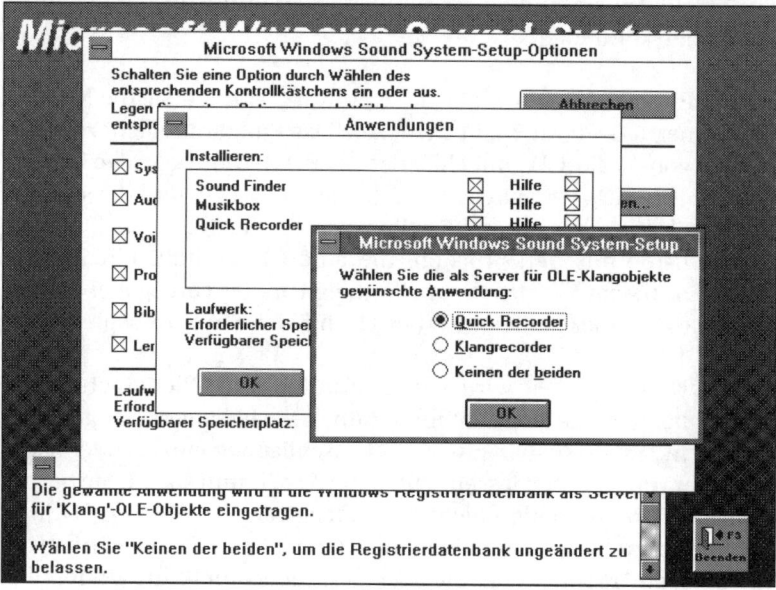

Abb. 2.7: Bestimmen des OLE-Servers für Klangdateien

Haben Sie alle Einstellungen für die Installation der Audio-Anwen-dungen vorgenommen, quittieren Sie das Dialogfeld Anwendungen mit <OK> und wenden sich den weiteren Programmen zu.

VOICE PILOT **Voice-Pilot:** Dieses Programm ermöglicht Ihnen eine Steuerung Ihres Computers über akustische Signale. Vordefinierte Vokabulare für viele in Windows-Programmen gebräuchliche Befehle werden mitgeliefert und lassen so eine Programmbedienung mit Ihrer Stimme zu. Dane-ben können Sie auch selber Befehle definieren und das Programm in-dividuell auf Ihre Stimme anpassen. Wenn Sie diese Programme bei der benutzerdefinierten Installation einrichten, können Sie die Vokabulare auswählen, die Sie bei Ihrer Arbeit nutzen möchten. Dazu wählen Sie die Schaltfläche <Vokabulare>. Im nun geöffneten Dialogfeld, das Sie auch in Abb. 2.8 sehen, werden die Dateien mit den Vokabularen, die Sie einrichten möchten, ausgewählt. Auch hier können Sie wieder Platz sparen, indem Sie die Vokabulare für Anwendungen, die auf Ihrem System nicht installiert sind, beziehungsweise in denen Sie den VOICE PILOT nicht einsetzen wollen, von der Einrichtung ausschließen. Standardmäßig werden zunächst alle mitgelieferten Vokabulare für die Installation vorgesehen. Markieren Sie die nicht zu installierenden Vokabulare einzeln in der rechten Liste an, und wählen Sie jeweils die Schaltfläche <Entfernen>. Die jeweilige Datei wird dann in der linken Liste geführt und kann von dort auch mit der Schaltfläche <Hinzufügen> wieder für die Einrichtung aufgenommen werden. Haben Sie Vokabulare zunächst nicht installiert, können Sie diese jederzeit nachträglich einrichten, indem Sie das Programm SETUP und die benutzerdefinierte Installation erneut ausführen. Das könnte beispielsweise dann der Fall sein, wenn Sie eines der Programme, für das Vokabulare mitgeliefert werden, nach Installation des Windows SOUND SYSTEMS auf Ihrem Rechner einrichten und den VOICE PILOT dann auch in diesem Programm einsetzen wollen.

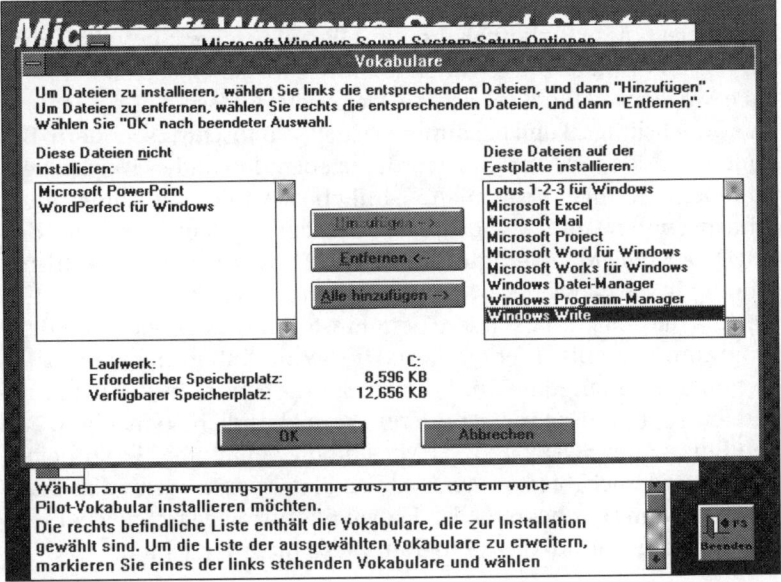

Abb. 2.8: Auswahl der Vokabulare für den VOICE PILOT

Haben Sie Ihre Auswahl unter den Vokabularen getroffen, schließen Sie das Dialogfeld mit <OK> und wenden sich den weiteren Setup-Optionen zu.

PROOFREADER

ProofReader: Hinter dieser Option verbirgt sich ein Programm zur akustischen Kontrolle von Dateneingaben in Kalkulations-programmen. Das bedeutet, das Programm liest Ihnen die Zahlen, die Sie über die Tastatur eingeben, zu Kontrolle vor. So werden Tippfehler sofort erkannt und können nicht zu folgenschweren Fehlern bei einer Kalkulation führen. Der PROOFREADER wird von den Programmen EXCEL und LOTUS 1-2-3 für Windows unterstützt. Bei der benutzer-definierten Installation können Sie angeben, in welchem Kalkula-tionsprogramm Sie den PROOFREADER einsetzen möchten. Dazu wählen Sie die Schaltfläche <ProofReader> und markieren die ent-sprechenden Kontrollkästchen. Sind beide Programme auf Ihrem System eingerichtet, können Sie den PROOFREADER auch für beide Programme installieren. Um Platz zu sparen, können Sie auch die Ein-richtung der Hilfe verzichten. Einsteigern ist dies allerdings nicht zu empfehlen.

Bibliotheken
auswählen und
einrichten

Bibliotheken: Mit dem SOUND SYSTEM werden drei Bibliotheken ausgeliefert. Die Klangbibliothek umfaßt eine Sammlung von Klängen von einer einfachen Alarmglocke bis zu vollständigen Musikstücken. Zwar belegt diese Bibliothek fast ein MByte Speicher, Sie sollten aber auf diese Beispiele, die Sie auch für Ihre Zwecke einsetzen können, nach Möglichkeit nicht verzichten. Der Audio-Bildschirmschoner bie-tet Abwechslung zu den bekannten visuellen Bildschirmschonern. Bei seinem Einsatz wird der Bildschirm abgeblendet, und es werden ver-schiedene Klänge abgespielt. Ähnlich wie die optischen Bild-schirmschoner unter Windows ist auch der Bildschirmschoner des SOUND SYSTEMS konfigurierbar. Die Hilfe zu dem Bildschirm-schoner läßt sich wieder von der Installation ausschießen. Beachten Sie, daß die Hilfe insbesondere dem Einsteiger den Umgang mit dem Programm wesentlich erleichtert. Die Symbolbibliothek beinhaltet Symbole für Klangdateien. Weisen Sie die Symbole ihren Klang-dateien zu, um diese in besonderer Form kenntlich zu machen. Für den Einsatz des SOUND SYSTEMS sind die genannten Bibliotheken nicht erforderlich, Sie können hier also Platz sparen, wenn dieser auf Ihrem System sehr begrenzt ist. Haben Sie ausreichend Speicher ver-fügbar, sollten Sie auf diese Programmteile nicht verzichten.

Lernprogramm: Das Lerprogramm führt Sie in das Windows SOUND SYSTEM ein. Optisch und akustisch werden die einzelnen Programme vorgestellt, und Sie erfahren Wissenswertes über ihren Einsatz und die Programmbedienung. Das Lernprogramm belegt etwa 1,5 MByte Speicher und bietet bei der benutzerdefinierten Installtion eine gute Möglichkeit, Platz zu sparen, wenn Sie auf die Einführung verzichten können und wollen.

Lernprogramm installieren

Haben Sie alle Optionen Ihren Wünschen entsprechend eingestellt, erhalten Sie eine Angabe des Speicherplatzes, der nun für die benutzerdefinierte Installation des SOUND SYSTEMS benötigt wird. Da auch der vorhandene Speicher jeweils angezeigt wird, haben Sie eine Kontrolle, ob die vorgenommenen Einsparungen ausreichend sind. Mit der Schaltfläche <Installieren> starten Sie nun den Installationsvorgang. Geben Sie das Laufwerk an, von dem Sie installieren möchten, und legen Sie jeweils die Disketten ein, die das Programm SETUP anfordert. Über den Fortschritt der Installation werden Sie mit einem Balkendiagramm informiert. Sollten Sie bemerken, daß Ihnen bei den Einstellungen und Angaben zur Installation ein Fehler unterlaufen ist, so können sie den Einrichtungsvorgang jederzeit mit der Schaltfläche <Abbrechen> unterbrechen. Über die Schaltfläche <Beenden> beeenden Sie das Programm SETUP vollständig, während Sie mit der Schaltflläche <Abbrechen> in das Hauptmenü des Installationsprogramms zurückkehren.

Speicherplatz kontrollieren

Nach vollständiger Einrichtung der gewählten Software werden die entsprechenden Programmsymbole in der Programmgruppe des Windows SOUND SYSTEMS im Programm-Manager eingerichtet. Anschließend erhalten Sie ein Dialogfeld auf dem Bildschirm, über das Sie SETUP beenden, das Lerprogramm aufrufen oder zum Hauptmenü des Installationsprogramms zurückkehren können. An dieser Stelle wird davon ausgegangen, daß Sie das Installationsprogramm SETUP verlassen und somit in den Programm-Manager von Windows gelangen.

Erstellen der Programmgruppe im Windows Programm-Manager

Im folgenden Kapitel wird näher auf die Konfiguration des Windows SOUND SYSTEMS eingegegangen, wobei Sie auch Hinweise auf die Einträge in den Initialisierungsdateien erhalten. Dieses Kapitel ist insbesondere dann für Sie interessant, wenn sich beim Einstatz des Programm-Pakets Probleme ergeben.

Konfiguration

Dieses Kapitel beschäftigt sich mit mit der Anpassung des SOUND SY-STEMS an Ihr System. So stellen Sie beispielsweise die Lautstärke individuell ein und und überprüfen die Einträge in die Initialisierungsdateien. Weitere Konfigurationsmöglichkeiten stehen Ihnen bei den einzelnen Programmen zur Verfügung. Diese werden jeweils bei der Besprechung der Programme erläutert.

Einstellung der Lautstärke

Lautstärke regeln

Haben Sie das SOUND SYSTEM installiert, hören Sie bei jedem Start von Windows einen Klang. Sollte dies nicht der Fall sein, ist möglicherweise die Lautstärke für diese Klänge nicht richtig eingestellt. Doppelklicken Sie auf das Symbol der LAUTSTÄRKEREGELUNG in der Gruppe des Windows SOUND SYSTEMS und regeln Sie die Laustäke für Allgemein hoch. Das Programm wird in Kapitel 4.1 noch näher besprochen. Spätestens auf der höchsten Stufe sollten Sie in jedem Fall einen Klang beim Start von Windows hören. Stellen Sie die Lautstärke für Ihren persönlichen Bedarf passend ein.

Initialisierungsdateien

Änderungen an den Initialisierungsdateien kontrollieren

Bei der Installation des SOUND SYSTEMS werden Änderungen an einer Reihe von Initialisierungsdateien vorgenommen. Je nachdem, wie Ihr Rechner eingerichtet ist, müssen nicht alle im folgenden aufgeführten Änderungen an den Initialisierungsdateien bei Ihnen auch vorhanden sein. Sollten sich Probleme beim Betrieb der Soundkarte ergeben, können Sie an dieser Stelle überprüfen, ob die Einträge in den Initialisierungsdateien korrekt sind. Zudem müsssen Sie diese Einträge löschen, beziehungsweise die geänderten Dateien löschen, wenn Sie das Windows SOUND SYSTEM von Ihrem Rechner entfernen wollen. Auf die Deinstallation wird in Kapitel 2.7 noch einmal gesondert eingegangen.

Die Dateien, die neu angelegt werden, sind in der folgenden Tabelle aufgeführt. Die Originaldateien werden jeweils unter anderem Namen gespeichert und können verwendet werden, um den Stand des Systems wiederherzustellen, der vor Einrichtung des SOUND SY-

STEMS bestanden hatte. Sowohl die geänderten wie auch die Orginaldateien sind im Windows-Verzeichnis (z.B. C:\WINDOWS) gespeichert.

Geänderte Datei	Sicherungskopie
CONTROL.INI	CONTROLL.WSS
SYSTEM.INI	SYSTEM.WSS
VOICEPIL.INI	VOICEPIL.WSS
WIN.INI	WIN.WSS

Zudem werden Änderungen in weiteren Initialisierungsdateien vorgenommen, so in der EXCEL.INI, falls Sie den PROOFREADER für EXCEL installieren oder in der 123W.INI, falls der PROOFREADER mit LOTUS 1-2-3 für Windows eingesetzt wird. Diese Initialisierungsdateien werden allerdings direkt geändert, ohne daß eine Sicherungskopie vor der Orginaldatei angelegt wird. Im folgenden sind die einzelen Initialisierungsdateien mit den jeweiligen Einträgen des Windows SOUND SYSTEMS aufgeführt. Gehören in einem Abschnitt alle Einträge zum SOUND SYSTEM, sind diese nicht einzelnen aufgeführt. In diesem Fall wird der Abschnitt genannt und auf eventuelle Besonderheiten hingewiesen.

Die Reihenfolge der Abschnitte muß nicht mit der Reihenfolge in Ihren Dateien übereinstimmen. Zudem können, abhängig von der Installationsart und den Optionen, die Sie bei der Einrichtung des SOUND SYSTEMS gewählt haben, einzelne Abschnitte beziehungsweise bestimmte Einträge ganz fehlen. Nicht alle Einträge werden zwingend vom SOUND SYSTEM vorgenommen. Zum Teil werden Einträge auch von weiteren Anwendungen genutzt und bestehen eventuell bereits vor der Installation des SOUND SYSTEMS. In diesen Fällen können Probleme bei den anderen Anwendungen auftreten, wenn Sie Änderungen an den Einträgen vornehmen oder diese löschen.

Kontrolle und Bearbeitung von Initialisierungdateien

Um Initiallisierungsdateien zu bearbeiten, laden Sie diese in einen Editor. Dazu können Sie beispielsweise das Programm NOTIZBLOCK verwenden. Dieses Programm gehört zu Windows und ist in der Gruppe Zubehör zu finden. Möglicherweise trägt das zugehörige Symbol auch den Namen EDITOR. Rufen Sie den Befehl Öffnen im Menü Datei auf, und geben Sie im nun geöffneten Dialogfeld den Namen der Initialisierungsdatei ein, die Sie kontrollieren möchten. Sie können auch mit Hilfe der Laufwerks- und Verzeichnislisten die Datei aus dem entsprechenden Verzeichnis suchen. Wählen Sie im Listenfeld Dateiformat den Eintrag Alle Dateien, damit auch die Initialisierungsdateien angezeigt werden. Per Doppelklick auf den gewünschten Eintrag in der Dateiliste laden Sie die Initialisierungsdatei in den Editor.

Die einzelnen Abschnitte sind in eckige Klammern gesetzt und bezeichnen jeweils zusammengehörige Einträge. Wenn Sie Initialisierungsdateien bearbeiten möchten, sollten Sie möglichst vorher Sicherungskopien dieser Datein anfertigen.

CONTROL.INIcpl

```
SndsysSnd=snd.cpl
```

Abschnitt: [drivers.desc]
Einträge:

```
MSACM.DRV=Microsoft Audio Compression
Manager
```

```
SNDSYS.DRV=Microsoft Windows SOUND
SYSTEM
```

Abschnitt: [SoundSchemes]
Einträge: Alle Einträge dieses Abschnitts werden vom SOUND SYSTEM vorgenommen, es sei denn, Sie haben zusätzlich Microsoft SoundBits auf Ihrem System eingerichtet. Diesem sind die Einträge

```
Musical Sounds
```

```
Hanna Barbara
```

```
Hollywood Movies
```

```
Your old Scheme
```

zuzuordnen. Die übrigen Einträgegehören zum SOUND SYSTEM:

Abschnitt:	[Sndscape.Vögel]
Einträge:	Alle Einträge des Abschnitts werden vom SOUND SYSTEM eingerichtet.

Abschnitt:	[Sndscape.Windspiel]
Einträge:	Alle Einträge des Abschnitts werden vom SOUND SYSTEM eingerichtet.

Abschnitt:	[Sndscape.Uhr]
Einträge:	Alle Einträge des Abschnitts werden vom SOUND SYSTEM eingerichtet.

Abschnitt:	[Sndscape.Dschungel]
Einträge:	Alle Einträge des Abschnitts werden vom SOUND SYSTEM eingerichtet.

Abschnitt:	[Sndscape.Nacht]
Einträge:	Alle Einträge des Abschnitts werden vom SOUND eingerichtet.

Anmerkung: In diesem fünf Abschnitten sind die Vorgaben für den Audio-Bildschirmschoner festgelegt.

Abschnitt:	[soundscapes]
Einträge:	Alle Einträge des Abschnitts werden vom SOUND SYSTEM eingerichtet.

Abschnitt:	[Extensions]
Einträge:	

```
WAV=C:\SNDSYS\QRECORD.EXE^.WAV

SND=C:\SNDSYS\SNDFINDR.EXE^.SND

AIF=C:\SNDSYS\SNDFINDR.EXE^.AIF

VOC=C:\SNDSYS\SNDFINDR.EXE^.VOC

MID=C:\SNDSYS\SNDFINDR.EXE^.MID

RMI=C:\SNDSYS\SNDFINDR.EXE^.RMI
```

Anmerkung: In diesem Abschnittt werden die zu einem Programm gehörenden Dateikürzel festgelegt.

WIN.INI

Abschnitt: [Embedding]
Einträge:

```
SoundRec=Sound,Sound,C:\SNDSYS\QRECORD.EXE, picture
```

Anmerkung: Dieser Eintrag bewirkt, daß der QUICKRECORDER des
SOUND SYSTEMS als OLE-Server dient. Diese Option bestimmen Sie
bei der Installation des SOUND SYSTEMS (siehe Kapitel 2.5). Soll anstelle des QUICKRECORDER die Anwendung KLANGRECORDER als
OLE-Server dienen, ersetzen Sie den obigen Eintrag durch

```
SoundRec=Sound,Sound,SOUNDREC.EXE,picture
```

Abschnitt: [mci extensions]
Einträge:

```
            wav=waveaudio

            mid=sequenter

            rmi=sequenter
```

Achtung: Diese Einträge werden möglicherweise von weiteren Anwendungen genutzt. Das Ändern oder Löschen dieser Einträge kann
bewirken, das in diesen anderen Programmen Fehler auftreten. Wollen Sie das SOUND SYSTEM deinstallieren, sollten Sie diese Einträge
sicherheitshalber nicht löschen.

```
Abschnitt: [sounds] oder Abschnitt [SoundScheme."Name"]
```

Anmerkung: In diesen Abschnitten finden sich möglicherweise Einträge für die Zuweisung von Klangdateien des Windows SOUND SY-
STEMS zu Systemereignissen. Der Begriff „Name" steht für den Namen, unter dem Sie ein Klangschema für die Systemereignisse
gespeichert haben. Deinstallieren Sie das SOUND SYSTEM, sollten Sie
die entsprechenden Einträge löschen.

SYSTEM.INIDRV

```
wave=SNDSYS.DRV

aux=SNDSYS.DRV

midi=SNDSYS.DRV
```

Abschnitt:	[sndsys.drv]
Einträge:	Alle hier eingetragenen Zeilen gehören zum SOUND SYSTEM.

Abschnitt:	[386Enh]
Einträge:	

```
device=vsndsys.386
```

Anmerkung: Dieser Eintrag kann fehlen, ohne daß es beim Einsatz des SOUND SYSTEMS zu Problemen kommt.

Abschnitt:	[mci]
Einträge:	

```
CDAudio=mcicda.drv

Sepuencer=mciseq.drv

WaveAudio=mciwave.drv
```

Achtung: Diese Einträge werden möglicherweise auch von anderen Anwendungen genutzt. Sie können diese Einträge somit eventuell auch dann in der SYSTEM.INI finden, wenn das SOUND SYSTEM nicht installiert wird. Sollte das SOUND SYSTEM auf Ihrem Rechner nicht einwandfrei laufen, überprüfen Sie das Vorhandensein dieser Einträge und tragen Sie sie bei Bedarf nach.

Abschnitt:	[msacm]
Einträge:	

```
install=msadpcm.acm
```

Achtung: Dieser Eintrag wird eventuell auch von anderen Programmen genutzt und sollte daher nicht gelöscht oder verändert werden.

123W.INI Sie können ihn entfernen, wenn Sie mit diesem Programmteil nicht in der Tabellenkalkulation arbeiten wollen.

EXCEL4.INI oder **EXCEL.INIXLA**

Anmerkung: Dieser Eintrag ist für den Einsatz des PROOFREADER von Bedeutung. n steht in der Zeile für eine Ziffer (0,1,2 etc).

PROGMAN.INI Da von dieser Datei nicht automatisch eine Sicherungskopie angelegt wird, sollten Sie dies manuell erledigen, bevor Sie die Datei bearbeiten. Nutzen Sie dazu den Dateimanager von Windows, den Sie über das zugehörige Symbol in der Hauptgruppe starten.

Abschnitt: [Groups]
Einträge:

```
Groupn=C:\WINDOWS\WINDOWSS.GRP
```

n steht für eine Ziffer (0,1,2 etc.)

Abschnitt: [Settings]
Einträge: Hier wurden unter dem Eintrag Order die Gruppenziffern angezeigt, die aktuell im Programm-Manager stehen. Hat die Gruppe des Windows SOUND SYSTEM beispielsweise die Nummer 7 (vergleiche Abschnitt [Group]) so ist in der Liste eine 7 enhalten. Sollte die Gruppe nicht korrekt eingerichtet worden sein, kontrollieren Sie diese Einträge.

WINHELP.INIhlp=c:\sndsys

```
tour.exe=c:\sndsys\demo
```

Anmerkung: Hier werden die Pfade für die Hilfedateien und das Lernprogramm eingetragen. Haben Sie keine Hilfen und auch kein Lernprogramm installiert, fehlen diese Einträge.

Dies sind die Einträge, die Sie in der Regel in den Initialisierungsdateien finden. Wenn Sie das SOUND SYSTEM von Ihrem Rechner entfernen, müssen Sie diese Einträge zum Teil direkt aus den Initialisierungsdateien löschen. Nähere Informationen hierzu erhalten Sie im folgenden Kapitel.

Deinstallation von Dienstprogrammen

Nachdem im vorangehenden Kapitel die Einträge in den Initialisierungsdateien, die durch das SOUND SYSTEM vorgenommen werden, erläutert worden sind, folgen an dieser Stelle Hinweise, wie Sie die Software des SOUND SYSTEMS deinstallieren. Dazu müssen Sie in vielen Fällen die Initialisierungsdateien bearbeiten und die oben aufgeführten Einträge löschen. Die Einträge werden in diesem Kapitel nicht noch einmal aufgelistet, es wird jeweils auf die entsprechenden Angaben in Kapitel 2.6 verwiesen.

Wenn Sie Dienstprogramme deinstallieren, so müssen Sie keineswegs alle zum SOUND SYSTEM gehörenden Anwendungen löschen. Wie bei der Installation haben Sie auch hier die Freiheit, nur die Programme auf Ihrem Rechner einzurichten, die Sie wirklich einsetzen wollen. Bemerken Sie also, daß Sie Teile des SOUND SYSTEMS nicht benötigen, so entfernen Sie diese nach den folgenden Anweisungen von Ihrem Rechner.

Dienstprogramme deinstallieren

Das SOUND SYSTEM legt bei seiner Einrichtung eine Reihe von Dateien an, die Sie löschen müssen, um das Programmpaket wieder von Ihrem Rechner zu entfernen. Die folgenden Listen nennen diese Dateien. Die Dateien sind dem Windows- und dem Windows-System-Verzeichnis sowie weiteren Verzeichnissen zugeordnet. Sollten diese Verzeichnisse auf Ihrem System anders, als hier aufgeführt, benannt sein, müssen Sie das ensprechende Verzeichnis wechseln, um die Dateien aufzufinden.

Verzeichnis C:\WINDOWS (Windows-Verzeichnis)

WINDOWSS.GRP
SNDSYS.HLP
SNDSYS.INI
VOICEPIL.INI
SNDCNTRL.DLL
SND.HLP
SNDSCAPE.SCR
SNDSCAPE.HLP

MCIPLAY.EXE
MUSICBOX.INI

Neben den genannten Dateien finden sich auch Sicherungskopien der ursprünglichen Initialisierungsdateien, die das Dateikürzel .WSS aufweisen. Auch diese Dateien sollten Sie löschen.

Verzeichnis C:\WINDOWS\SYSTEM (Windows-System-Verzeichnis)

SNDSYS.DRV
SNDSYS.PAT
VSNDSYS.386
SNDSYSW.CPL
MIDIMAP.CFG
SND.CPL
MDIMAP.WSS
MSACM.DRV
MSADPCM.ACM

Anmerkung: Die beiden letztgenannten Dateien werden möglicherweise auch von anderen Programmen genutzt. Sie sollten diese Dateien daher nicht löschen, wenn Sie nicht ausschließen können, daß andere Anwendungen auf Ihrem System sie benötigen.

Wenn Sie die Datei VSNDSYS.386 gelöscht haben und Windows anschießend erneut starten, erhalten Sie möglicherweise eine entsprechende Meldung (Datei nicht gefunden). Diese Meldung quittieren Sie, sie hat keine Auswirkung auf den Einsatz anderer Windows-Anwendungen. Möchten Sie die Meldung beseitigen, so entfernen Sie den Eintrag

```
device=vsndsys.386
```

aus dem Abschnitt [386Enh] der SYSTEM.INI (siehe unten).

Verzeichnis: C:\EXCEL (Microsoft Excel-Verzeichnis)

XLRDR.INI

Verzeichis: C:\EXCEL\LIBRARY (Excel Bibliotheken-Verzeichnis)

PROOF.XLA

Verzeichnis C:\123WIN (Lotus 1-2-3 für Windows-Verzeichnis

123RDR.INI

Neben den genannten Dateien löschen Sie das Vezeichnis, in dem sich die eigentlichen SOUND SYSTEM-Dateien befinden, einschließlich aller Dateien. Das bei der Installation vorgeschlagene Verzeichnis für diese Dateien lautet C:\SNDSYS. Haben Sie ein anderes Verzeichnis gewählt oder die Dateien in verschiedenen Dateien eingerichtet, so müssen Sie diese wählen.

Vorgehensweise beim Löschen der Dateien

Sie können die genannten Dateien auf Kommandozeilenebene oder mit einen Dateiverwaltungsprogramm unter DOS löschen. So vermeiden Sie, daß Dateien, die Sie löschen wollen, von Windows gerade genutzt werden. Lediglich Dateien mit der Endung .DCT (Wörterbuchdateien) können hierbei Probleme bereiten. Nutzen Sie in diesem Fall den Windows-Datei-Manager, um diese Dateien zu löschen.

Einträge in den Initialisierungsdateien löschen

Um eine Initialisierungsdatei zu bearbeiten, müssen Sie diese in einen Editor laden. Dort tragen Sie Zeilen ein, beziehungsweise löschen Einträge, ähnlich wie bei einer Textdatei in einer Textverarbeitung. Mit Formatierungen wird nicht gearbeitet. Beachten Sie, daß es bei den Einträgen auf die korrekte Schreibweise ankommt, da diese sonst nicht richtig interpretiert werden.

Initialisierungs-dateien bearbeiten

Für die Dateien

SYSTEM.INI
WIN.INI
CONFIG.SYS
AUTEXEC.BAT

Systemkonfigura-
tions-Editor
steht mit dem Systemkonfigurations-Editor von Windows ein spezielles Programm zur Verfügung, mit dem Sie diese Dateien bearbeiten können. Dieser Editor ist im Systemverzeichnis von Windows gespeichert. Das ausführbare Programm heißt SYSEDIT.EXE. Sie starten es mit dem Befehl AUSFÜHREN aus dem Menü DATEI des Programm-Managers. Geben Sie nach Aufruf dieses Befehls die Zeile

```
C:\WINDOWS\SYSTEM\SYSEDIT.EXE
```

ein, und quittieren Sie mit <OK> oder ⏎. Wenn Sie den Editor starten, werden die genannten Dateien geladen, und Sie können Änderungen vornehmen.

Das Programm
Notizblock
Die übrigen Initialisierungsdateien bearbeiten Sie am besten im NOTIZBLOCK. Dieses Programm wird zum Teil auch als EDITOR. bezeichnet. Es ist ein Editor, der zu Windows gehört und in der Gruppe Zubehör zu finden ist. Eine normale Textverarbeitung, beispielsweise WORD für Windows sollten Sie nicht verwenden, da möglicherweise Steuerzeichen in die Datei eingetragen werden, die zu Fehlinterpretationen Anlaß geben.

Haben Sie eine Initialisierungsdatei geladen, überprüfen Sie anhand der Listen in Kapitel 2.6, welche Einträge vom SOUND SYSTEM stammen und gelöscht werden müssen. Gehen Sie bei der Bearbeitung der Initialisierungsdateien sehr sorgfältig vor, und legen Sie im Zweifelsfall vorher eine Sicherungskopie an, die Sie einsetzen, wenn nach der Bearbeitung Probleme auftreten.

Beispiel:

Deinstallation des PROOFREADERS

Um den PROOFREADER zu deinstallieren, müssen Sie die entsprechenden Einträge aus der Initialisierugsdatei des Kalkulationsprogramms löschen, mit dem Sie dem PROOFREADER eingesetzt hatten.

Bei Microsoft Excel müssen Sie die Datei EXCEL4.INI in Ihrem Windows-Verzeichnis bearbeiten und folgende Zeile löschen:

```
[Microsoft EXCEL]
```

```
OPEN=/F C:\EXCEL\LIBARY\PROOF.XLA
```

Bei Lotus 1-2-3 müssen Sie die Datei 123W.INI in Ihrem Windows-Verzeichnis bearbeiten und folgende Zeile löschen:

```
[AUTOLOAD ADDINS]

123RDR:.ADW=C:\SNDSYS,1,0,0
```

Für die Bearbeitung laden Sie die Datei jeweils in den Editor, löschen die genannten Zeilen und speichern die Datei anschließend. Eine Sicherungskopie können Sie vor der Bearbeitung mit dem Befehl SPEICHERN UNTER aus dem Menü DATEI anlegen.

Gehen Sie den Anweisungen entsprechend vor, sollte es bei der Deinstallation des SOUND SYSTEMS keine Probleme geben.

3

Bildschirmaufbau und Programmbedienung

Bevor Sie die Programmbedienung im einzelnen kennenlernen, werden Sie an dieser Stelle zunächst mit dem grundsätzlichen Bildschirmaufbau und der allgemeinen Bedienung der SOUND SYSTEM-Anwendungen vertraut gemacht. Im Gegensatz zu vielen anderen Anwendungen unter Windows, besteht das Windows SOUND SYSTEM nicht aus einem einzelnen einheitlichen Programm, sondern aus vielen Einzelprogrammen, die einen unterschiedlichen Aufbau aufweisen. Dabei existieren allerdings eine Reihe einheitlicher Elemente und Bedienungsgrundlagen, die Sie als erstes kennenlernen sollen.

Bestandteile der Benutzeroberfläche

Die Programme des Windows SOUND SYSTEMS sind im Programm-Manager von Windows in der Gruppe Windows SOUND SYSTEM zusammengefaßt. Die Gruppe öffnen Sie mit einem Doppelklick auf das entsprechende Symbol. In Bild 3.1 sehen Sie die geöffnete Gruppe des SOUND SYSTEMS. In diesem Gruppenfenster finden Sie für jedes einzelne Programm ein Symbol. Vielleicht ist Ihnen bereits aufgefallen, daß hier kein Symbol des Audio-Bildschirmschoners vorhanden ist. Dieser Programmteil wird bei der Installation des SOUND SYSTEMS in den Bildschirmschoner von Windows integriert und über diesen aufgerufen und gesteuert. Nähere Informationen entnehmen Sie Kapitel 4.6. Der Start eines Programms erfolgt wiederum durch einen Doppelklick mit der Maus auf das entsprechende Symbol. Die einzelnen Anwendungen variieren stark im Umfang der angebotenen Funktionen und sind dementsprechend mit mehr oder weniger umfangreichen Bedienelementen ausgestattet. Jede Anwendung besitzt ein eigenes Fenster, das Sie verschieben und in der Regel in seiner Größe verändern können. Abb. 3.2 zeigt drei der Anwendungen des Windows SOUND SYSTEMS und verdeutlicht den unterschiedlichen Aufbau der Fenster. Vergleichen Sie die Erläuterungen in den folgenden Textabschnitten mit dieser Abbildung.

Die Benutzeroberfläche des SOUND SYSTEMS

Die Steuerung der Fenster erfolgt über das Systemmenü oder die Symbolschalter für die Maus. Auch die Anwendungen, die kein Pull-Down-Menü besitzen, verfügen doch über eine Titelleiste und ein Systemmenüfeld, mit dem das Systemmenü geöffnet wird. Die Bestandteile des Menübereichs sind nachfolgend zunächst allgemein erläutert.

Fenstersteuerung

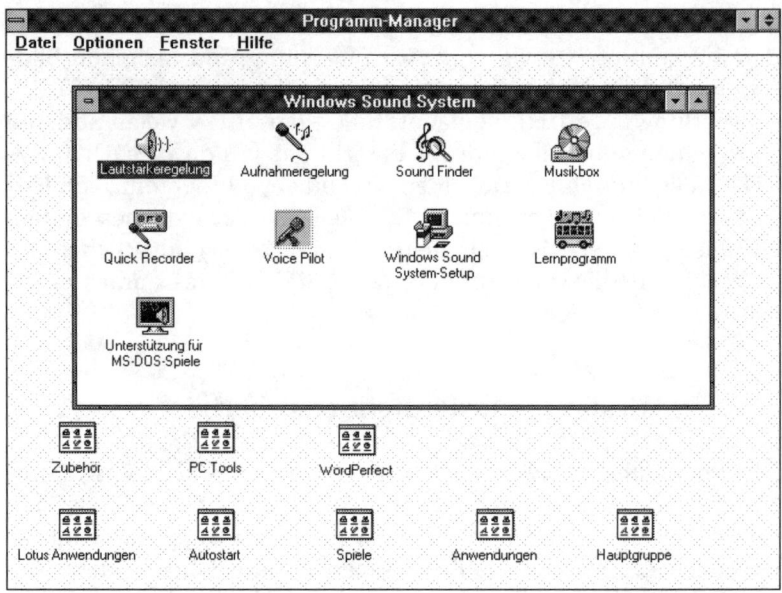

Abb. 3.1: Die geöffnete Gruppe des Windows SOUND SYSTEMS im Windows
Programm-Manager

Bestandteile des Menübereichs

Der Menübereich Der Menübereich besteht in der Regel aus den Zeilen, die sich am
oberen Bildschirm- bzw. Fensterrand befinden, und umfaßt die Titelleiste, die Menüzeile und die Symbolleiste. Erst wenn ein Menüeintrag angewählt wird, öffnet sich ein Untermenü, welches in einem
speziellen Fenster unterhalb der ersten Zeile erscheint. Die wichtigsten Begriffe zum Menübereich sind nachfolgend erläutert.

Titelleiste: Die Titelleiste befindet sich am oberen Rand eines Fensters, in dem ein Windows-Programm abläuft. Sie beinhaltet den Namen des Anwendungsprogrammes und u.U. einen Namen einer aktuell bearbeiteten Datei. Zusätzlich sind drei Maussysmbole in der
Titelleiste enthalten, die eine Steuerung des Fensters ermöglichen (s.
Systemmenü-, Vergrößerungs- und Verkleinerungsfeld).

Das Systemmenü- **Systemmenüfeld:** Dieses Feld befindet sich am linken Rand der Titel-
feld leiste. Durch einen Klick auf das Systemmenüfeld öffnen Sie das
Systemmenü der jeweiligen Anwendung, das von Programm zu Pro-

gramm verschiedene Einträge enthalten kann. Mit der Tastatur öffnen Sie das Systemmenü mit der Tastenkombination (Alt)+(☐). Immer vorhanden ist hier der Befehl zum Schließen der Anwendung. Außerdem finden Sie den Befehl SYMBOL, mit dem Sie das Fenster der Anwendung auf Sysmbolgröße verkleinern. Klicken Sie nach dem Verkleinern auf dieses Symbol, wird ebenfalls das Systemenü geöffnet, und Sie können das Fenster mit dem Befehl WIEDERHERSTELLEN auf die ursprüngliche Größe vergrößern.

Mit dem Befehl VERSCHIEBEN versetzen Sie das Fenster in einen Modus, in dem es mit der Tastatur auf dem Bildschirm verschoben werden kann. Zum Bewegen des Fensters nutzen Sie nach Anwahl dieses Befehls die Pfeiltasten. Es wird zunächst nur ein gepunkteter Rahmen verschoben, der die neue Position des Fensters kennzeichnet. Betätigen Sie die Taste (⏎), um das Fenster an die markierte Position zu versetzen. Die Befehle, die in den einzelnen Anwendungen verschieden sind, werden bei der Besprechung der Programme gesondert behandelt. Mit der Maus können Sie ein Fenster verschieben, indem Sie die Titelleiste anklicken und dann die Maus bei gedrückt gehaltener linker Maustaste ziehen, bis die gewünschte Position erreicht ist. Dort lösen Sie die Maustaste wieder. Um eine Anwendung zu schließen, können Sie auch einfach auf das Systemmenüfeld doppelklicken.

Symbol zum Verkleinern: Beim Anklicken des kleinen, nach unten zeigenden Dreiecks am rechten Rand der Titelleiste wird das Fenster auf Symbolgröße verkleinert.

Symbol zum Verkleinern

Symbol zum Vergrößern: Das Symbol befindet sich am äußeren rechten Rand der Titelleiste in Form eines kleinen, nach oben zeigenden Dreiecks, und vergrößert beim Anklicken das Fenster. Diese Symbol ist nicht bei jedem Fenster vorhanden. Fehlt es, so ist die angezeigte Größe des Fenstes die maximale Größe, die dieses Anwendungsfenster annehmen kann.

Symbol zum Vergrößern

Fenstersymbol: Haben Sie ein Anwendungsfenster bereits auf die maximale Bildschirmgröße gezoomt, so erscheint statt dem Vergrößerungsfeld das Fenstersymbol, das aus zwei kleinen Dreiecken besteht. Das eine Dreieck zeigt dabei nach unten und das andere nach oben. Durch Anklicken dieses Symbols wird das Anwendungsfenster verkleinert und füllt nicht mehr den gesamten Bildschirm aus.

Fenstersymbol

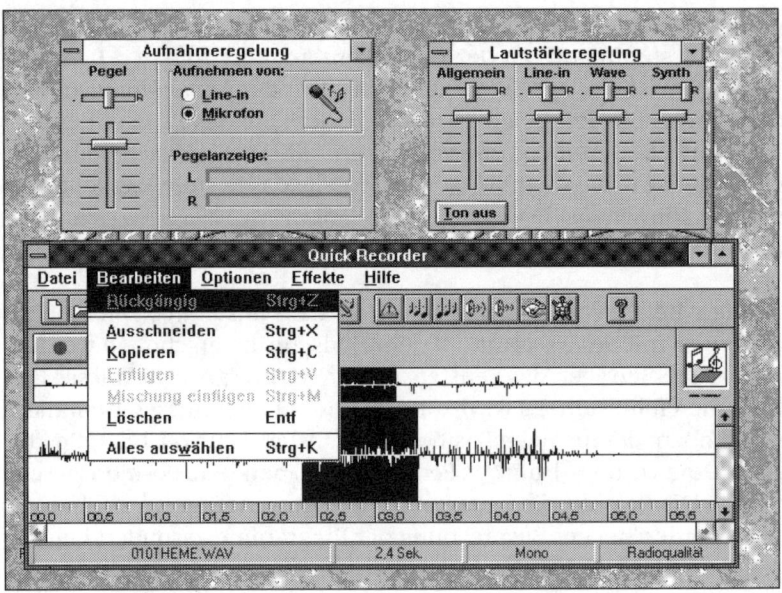

Abb. 3.2:   Fensteraufbau und Bedienelemente von Anwendungen des Windows
SOUND SYSTEMS

Menüleiste   **Menüleiste:** Als Menüleiste bezeichnet man die Bildschirmzeile, in
der die Hauptmenüeinträge enthalten sind. Jeder Hauptmenüeintrag
faßt mehrere Befehle zusammen, die bei der Aktivierung in einem
Untermenü ausgegeben werden.

Menüeintrag: Ein einzelner Begriff in der Menüleiste, der mehrere Befehle zusammenfaßt.

Untermenü: Auswahlliste, die bei der Aktivierung eines Hauptmenü-
eintrages auf dem Bildschirm erscheint. Thematisch abgegrenzte
Themen in einem Untermenü werden durch Linien voneinander ge-
trennt.

Befehle: Als Befehle bezeichnet man die einzelnen Menüeinträge, die
sowohl über die Tastatur- als auch über die Maussteuerung abgerufen
werden. Die Befehle können zum Teil direkt über Tastaturkommandos aufgerufen werden. Die entsprechenden Tastenbezeich-
nungen sind in den Untermenüeinträgen mit angeführt.

Symbolleiste

Die Symbolleiste befindet sich unmittelbar unter der Menüleiste, und beinhaltet spezielle grafische Symbole, die beim Anklicken mit der Maus einen Direktaufruf von Funktionen ermöglichen, ohne die Menüsteuerung verwenden zu müssen. Die Symbolleiste ist nur mit der Maus zu bedienen und vereinfacht und beschleunigt den Aufruf von Befehlen. Sie entspricht somit den Tastaturkurzbefehlen, die einem schnellen Funktionsaufruf mit der Tastatur dienen.

Die Symbolleiste

Arbeitsbereich

Der Arbeitsbereich innerhalb eines Anwendungsfensters ist allgemein der Bereich, in dem eine Dateneingabe und -bearbeitung durch den Anwender erfolgt. Bei den Dienstprogrammen des Windows SOUND SYSTEMS finden Sie einen Arbeitsbereich nur im QUICK RECORDER. Da es sich hier außerdem um einen speziellen Datentyp handelt, soll dieser Bildschirmbereich ausführlich bei der Besprechung des QUICK RECORDERS erläutert werden.

Der Arbeitsbereich

Bildlaufleisten

Bildlaufleisten: Je nach Anwendungsprogramm können die Fenster horizontale und/oder vertikale Bildlaufleisten enthalten. Diese dienen zum schnellen Verschieben bzw. Blättern innerhalb von Dateien oder dem Scrollen von Listenfeldern. Dazu erfahren Sie mehr bei den Erläuterungen der Dialogfelder. Bildlaufleisten besitzen ein Bildlauffeld, das in etwa die Position wiedergibt, die von einer Datei aktuell angezeigt wird. Befindet sich das Bildlauffeld also in der Mitte der Leiste, wird der mittlere Ausschnitt der Datei oder auch der Liste angezeigt. Das Bildlauffeld können Sie mit der Maus ziehen und und so den Auschnitt der Datei oder Liste variieren. Bildlaufleisten verfügen zudem über Bildlaufpfeile jeweils am Ende der Leiste. Durch Anklicken dieser Pfeile können Sie den Inhalt einer Datei oder Liste in der durch den Pfeil vorgegebenen Richtung scrollen.

Bildlaufleisten

Statuszeile

Die Statuszeile Die Statuszeile finden Sie allgemein am unteren Rand eines Anwendungsfensters. In dieser Zeile werden, von Programm zu Programm verschieden, jeweils Statusinformationen ausgegeben, beispielsweise die aktuelle Datei im QUICK RECORDER oder die Abspielzeit in dem Programm MUSIKBOX. Die Bedeutung der verschiedenen Meldungen werden bei den einzelnen Programmen gesondert besprochen.

Rahmen

Rahmen Allgemein besitzen die Fenster von Windows-Anwendungen Rahmen, mit deren Hilfe das Fenster nicht nur gegen den Bildschirmhintergrund abgegrenzt wird, sondern die auch eine Größenänderung des Fensters mit Hilfe der Maus erlauben. Diese Größenänderung geschieht durch Anklicken des Rahmen und Ziehen mit der Maus in die gewünschte Richtung. Einige der Anwendungen des Windows SOUND SYSTEMS entsprechen in Ihrem Aufbau allerdings weitestgehend den Dialogfeldern in Windows und weisen, wie diese auch, keine Rahmen auf. Bei den einzelnen Programmen wird jeweils kurz darauf eingegangen, inwieweit sich das jeweilige Fenster mit Hilfe der Maus in seiner Größe verändern läßt.

Dialogfelder

Dialogfelder Ein weiterer wesentlicher Bestandteil des Bildschirms sind die sogenannten Dialogfelder, die temporär auf dem Bildschirm erscheinen. Dabei handelt es sich um spezielle Fenster, die Benutzereingaben anfordern. Auch die Dialogfelder beinhalten einheitliche Elemente, die immer wieder auftauchen (s. Abb. 3.3) und an dieser Stelle vorgestellt werden sollen.

Einige der Anwendungen, beispielsweise die LAUTSTÄRKEREGELUNG entspricht in dem Aufbau Ihres Fensters einem Dialogfeld. Zudem können aber auch in verschiedenen Anwendungen des Windows SOUND SYSTEMS weitere Dialogfelder aufgerufen werden. In Abb. 3.3 sehen Sie ein Dialogfeld der QUICK RECORDERS.

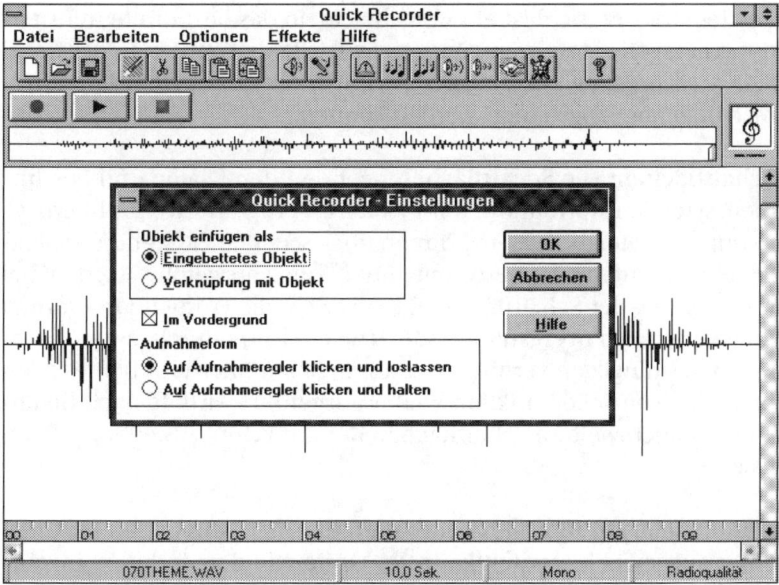

Abb. 3.3: Beispiel für ein Dialogfeld

Die Elemente, die in einem Dialogfeld vorkommen können, werden im folgenden erläutert. Beachten Sie, daß nicht alle Elemente in jedem Dialogfeld vorhanden sind.

Titelleiste: Die Titelleiste am oberen Rand des Dialogfelds enthält in der Regel den Namen des Dialogfelds. Zudem besitzt auch ein Dialogfeld in der Regel ein Systemmenüfeld in der Titelleiste, über das sich das Dialogfeld schließen und verschieben läßt. Durch Anklicken der Titelleiste und Ziehen mit der Maus können Sie Dialogfelder beliebig auf dem Bildschirm verschieben. Eine Größenänderung ist dagegen bei den Dialogfeldern nicht möglich.

Listenfeld: Ein Listenfeld stellt eine Auswahlliste zur Verfügung, aus der ein bestimmter Eintrag ausgewählt werden kann. Der jeweils angesteuerte Eintrag wird durch einen inversen Balken hervorgehoben. Auswahllisten können mit einer Bildlaufleiste ausgestattet sein, die auch die Anwahl über die Maussteuerung gestattet. Eine Reihe von Listenfelder muß zunächst durch Anklicken eines nach unten zeigenden Pfeils am rechten Rand aufgeklappt werden.

Textfeld: Ein Textfeld ist ein Eingabefeld, in das bestimmte Informationen eingetippt werden können. In Textfelder werden in der Regel Standardvorgaben eingetragen, die entweder unmittelbar übernommen oder aber abgeändert werden können.

Schaltflächen: Die Schaltflächen beenden den Dialog und bestimmen, wie die Informationen im weiteren Programmverlauf berücksichtigt werden. Außerdem können über Schaltfläche weitere Dialogfelder aufgerufen oder bestimmte Funktionen ausgeführt werden. Bei Ansteuerung der Schaltfläche <OK> werden die Werte übernommen und weitere daraus resultierende Arbeitsschritte durchgeführt. <Abbrechen> hingegen verhindert, daß Angaben übernommen werden bzw. eine spezielle Funktion weiter ausgeführt wird. Je nach Bedarf können auch weitere Schaltflächen definiert sein, z.B. <Ja>, <Nein> usw.

Optionsfeld: Optionsfelder enthalten Einträge, von denen maximal einer ausgewählt werden kann. In Optionsfelder sind die Einträge durch vorangestellte Kreise gekennzeichnet. Der jeweils gültige Eintrag besitzt eine Markierung in diesem Kreis.

Kontrollfeld: Ähnlich wie bei Optionsfeldern sind auch in einem Kontrollfeld mehrere Einträge vorhanden. Eingeleitet werden diese Einträge durch ein kleines leeres Quadrat. Je nach Bedarf können allerdings beliebige Einträge (auch mehrere) ausgewählt werden. Markierte Einträge sind durch ein X in dem Quadrat gekennzeichnet.

Damit haben Sie die allgemeinen Bestandteile der Benutzeroberfläche der Anwendungen des Windows SOUND SYSTEMS kennengelernt. Auf Besonderheiten wird bei den einzelnen Programmen jeweils eingegangen. Im folgenden Kapitel wird die Bedienung der Benutzeroberfläche mit der Maus und der Tastatur erläutert. Auch hier erhalten Sie zunächst allgemeine Informationen. Besondere Bedienmechanismen werden bei den einzelnen Programmen gesondert beschrieben.

Tastatur- und Maussteuerung

Das Windows SOUND SYSTEM läßt sich sowohl mit der Tastatur als auch mit der Maus bedienen. Im folgenden werden die Grundlagen zur Bedienung der einzelnen Bestandteile der im vorangehenden Kapitel beschriebenen Benutzeroberfläche vorgestellt.

Menüsteuerung

Ist eine Maus angeschlossen und korrekt in Windows angemeldet, so befindet sich auf dem Bildschirm ein Maus- und ein Textcursor. Der Textcursor markiert die Stelle, an der Eingaben durch die Tastatur eingefügt werden. Der Mauscursor hingegen kann frei über den Bildschirm bewegt werden. Um Menüeinträge anzuwählen, ist der Mauscursor lediglich auf den gewünschten Begriff zu positionieren und die linke Maustaste zu drücken. Erst wenn der Befehl aus dem entsprechenden Untermenü gewählt wurde, ist die linke Maustaste wieder zu lösen. Haben Sie ein Untermenü geöffnet und wollen keinen Befehl auswählen, steuern Sie die Menüleiste erneut an und lösen die gedrückte Maustaste. In diesem Fall wird kein Befehl ausgeführt. Neben der Erscheinung als Pfeil, sieht der Mauscursor zum Teil wie eine kleine Sanduhr aus. Dieses Symbol zeigt Ihnen, daß das SOUND SYSTEM eine Funktion ausführt und für Maus- und Tastatureingaben nicht bereit ist. Erst wenn die Sanduhr verschwunden ist, können Sie weitere Funktionen durchführen.

Menüsteuerung mit Maus und Tastatur

Die Taste ⟨Alt⟩ ist die wichtigste Taste für die Tastatursteuerung. Hiermit öffnen Sie Menüs und wählen in Verbindung mit anderen Tasten direkt spezielle Funktionen an. In der Menüleiste werden bestimmte Buchstaben der Einträge durch Unterstreichen hervorghgehoben. Drücken Sie einen dieser Buchstaben in Verbindung mit der Taste ⟨Alt⟩, wird der Begriff, in dem dieser hervorgehobene Buchstabe enthalten ist, direkt angesteuert und ein Untermenü öffnet sich. Auch hier sind wieder Buchstaben durch Unterstreichung hervorgehoben, die nun direkt ansteuerbar sind. Dazu ist kein erneutes Drücken von ⟨Alt⟩ erforderlich. Alternativ können Sie mit dieser Sondertaste lediglich das Menü durch einmaliges Drücken aktivieren. Der erste Eintrag der Menüleiste wird durch einen inversen Balken hervorgehoben. Diesen Balken können Sie nun mit Hilfe der Cursorsteuerung (⟨→⟩ und

Wichtige Tasten

⏎) auf den gewünschten Menüeintrag bewegen. Quittieren Sie die Anwahl mit ⏎, erscheint das entsprechende Untermenü, aus dem Sie wieder mit der Cursorstasten (⬆ und ⬇) einen Befehl ansteuern. Diesen können Sie mit ⏎ auswählen oder aber das Untermenü mit Esc wieder verlassen. Benutzen Sie statt dessen die Tasten ⬅ oder ➡ wechseln Sie zum vorangehenden oder nachfolgenden Untermenü.

Bearbeitung von Dialogfeldern

Dialogfelder mit Maus und Tastatur bedienen

Auch Dialogfelder können entweder mit der Maus oder der Tastatur bedient werden. Die einzelnen Elemente dieser Fenster, in denen Benutzereingaben abgefragt werden, haben Sie bereits kennengelernt. Options- und Kontrollfelder werden durch ein Anklicken mit der Maus markiert, der Textcursor kann in ein Eingabefeld plaziert und der Eintrag direkt aus einem Verzeichnisfeld (u.U. unter Verwendung der Bildlaufleisten) ausgewählt werden. Das Dialogende erfolgt durch das Ansteuern der Schaltflächen mit der Maus und einen Mausklick.

Die Steuerung über die Tastatur ist wieder auf unterschiedliche Art und Weise möglich. In der Regel ist jeder Eintrag in einem Dialogfeld durch einen speziellen Buchstaben hervorgehoben, der eine Direktansteuerung mit Hilfe der Tastenkombination Alt +hervorgehobener Buchstabe ermöglicht. Alternativ können Sie sich mit Hilfe der Tabulatortaste ⇥ von einem Element eines Dialogfelds zu einem anderen bewegen oder die Position mit Hilfe der Cursorsteuerung wechseln. Ein Dialogfeld kann mit E abgebrochen und mit ⏎ quittiert werden.

Regler

Das Windows SOUND SYSTEM weist in den verschiedenen Anwendungen und Dialogfeldern naturgemäß eine Vielzahl von Reglern auf, beispielsweise zur Einstellung der Lautstärke. Diese Regler sind den Vorbildern aus der Technik nachempfunden und werden mit der Maus bedient. Dazu klicken Sie den Regler mit dem Mauscursor an und ziehen die Maus bei gedrückt gehaltener linker Maustaste, bis die gewünschte Position erreicht ist.

Bei den einzelnen Programmen tauchen noch einige spezielle Bedienmechanismen auf, die dann jeweils genauer vorgestellt werden. Die grundsätzliche Bedienung des SOUND SYSTEMS haben Sie nun aber bereits kennengelernt. Im folgenden Kapitel wird das Hilfesystem vorgestellt. Dieses bietet Ihnen in vielen Situationen schnelle Hilfe zu einem Problem an und erleichtert damit insbesondere Einsteigern den Umgang mit den Programmen.

Hilfesystem

Microsoft bietet Ihnen zu jedem Dienstprogramm des Windows SOUND SYSTEMS ein umfassendes Hilfesystem, auch Online-Hilfe genannt. Die Online-Hilfe ist ein praktisches und schnelles Nachschlagewerk, das zu den einzelnen Bearbeitungsschritten und Funktionen eines Programms Hilfeinformationen anzeigt.

Für den Aufruf der Hilfe stehen von Programm zu Programm verschiedene Möglichkeiten bereit. Der QUICK RECORDER weist beispielsweise ein eigenes Pull-Down-Menü zur Hilfe auf, während die LAUTSTÄRKEREGELUNG den Eintrag HILFE im Systemmenü untergebracht hat. Beim VOICE PILOT finden Sie eine Symbolschaltfläche mit einem Fragezeichen, die dem Aufruf der Hilfe dient, im SOUND FINDER wird dagegen eine mit Hife beschriftete Schaltfläche bereitgestellt. In jeden Fall ist eine dieser Möglichkeiten realisiert, um Ihnen Zugang zu den Hilfeinformationen zu verschaffen. Zudem können Sie in jeder Anwendung jederzeit die Hilfe mit der Taste (F1) aufrufen.

Online-Hilfe

Abb. 3.4: Beispiel für ein Hilfefenster

Haben Sie die Hilfe aufgerufen, wird ein spezielles Hilfefenster geöffnet, wie Sie es auch in Abb. 3.4 sehen. Dieses Fenster bedienen Sie ebenso wie die Fenster der einzelnen Anwendungen. Sie können es außerdem in seiner Größe verändern und auf dem Bildschirm verschieben. Die Hilfefenster aller Anwendungen weisen einen einheitlichen Aufbau auf, lediglich der Inhalt variiert von Programm zu Programm. Die einzelnen Bedienelemente, die Sie zum Teil auch in Abb. 3.4 sehen, sind nachfolgend erläutert.

Am oberen Fensterrand finden Sie eine Titelleiste, wie Sie sie von den Fenstern der Anwendungen her kennen. In dieser Leiste sind auch das Systemmenüfeld und die Symbolschalter zur Fenstersteuerung enthalten. Unterhalb der Titlleiste besitzen die Hilfefenster eine Menüleiste, deren Einträge im folgenden Abschnitt erläutert sind.

Menü	DATEI
ÖFFNEN:	Mit diesem Befehl erhalten Sie ein Dialogfeld, mit dessen Hilfe Sie weitere Hilfethemen öffnen können. In einem Verzeichnislistenfeld wählen Sie das Verzeichnis aus, in dem sich das gewünschte Thema befindet. Anschließend suchen die entsprechende Datei aus der Dateliste. Haben Sie die Datei markiert, übernehmen Sie Sie per Doppelklick oder mit ⏎ in das Hilfefenster.
THEMA DRUCKEN:	Mit diesem Befehl haben Sie die Möglichkeit, das aktuell im Hilfefenster angezeigte Thema auf einem Drucker auszugeben. Nutzen Sie diese Möglichkeit, um Themen, die Sie immer wieder benötigen, auch als Ausdruck in der Hand zu haben. Voraussetzung für einen Ausdruck ist natürlich, daß ein Drucker an Ihr System angeschlossen und betriebsbereit ist. Die Druckereinrichtung können Sie direkt von der Hilfe aus über den nachfolgend beschriebenen Befehl im Menü DATEI vornehmen.

Menü	DATEI

DRUCKEREINRICHTUNG: Mit diesem Befehl erhalten Sie ein Dialogfeld, über das Sie die Druckereinrichtung vornehmen. Wie bei anderen Windowsanwendungen auch ist der unter Windows eingerichtete Drucker gültig, und die Druckaufträge werden von Windows-Druck-Manager bearbeitet. Sollten Probleme beim Ausdruck auftreten, so kontrollieren Sie einmal die Druckereinrichtung im Druck-Manager von Windows. Aus der Hilfe des SOUND SYSTEMS heraus können Sie den gültigen Drucker bestimmen, das Format für den Ausdruck festlegen und die Papiergröße bestimmen. Des weiteren können Sie die Druckoptionen Farbmischung und Druckdichte einstellen.

BEENDEN: Mit diesem Befehl beenden Sie die Hilfefunktion.

Menü	BEARBEITEN

KOPIEREN: Mit diesem Befehl kopieren Sie einen Textbereich aus der Hilfe in die Zwischenablage von Windows. Von dort aus können Sie den Text in eine andere Anwendung, beispielsweise eine Textverarbeitung unter Windows einfügen. Der Befehl öffnet ein Dialogfeld, in dem Sie eine Liste mit den Texten erhalten, die Sie kopieren können. Markieren Sie jeweils den Bereich, den Sie kopieren möchten und wählen Sie dann die Schaltfläche <Kopieren>.

ANMERKEN: Mit Hilfe dieser Funktion können Sie ein Hilfethema mit persönlichen Anmerkungen versehen. Wenn Sei den Menübefehl wählen, wird ein Dialogfeld angezeigt, in dem Sie eine Anmerkung eintippen können. Anschließend wählen Sie die Schaltfläche <Speichern>, um die Anmerkung zu sichern. Mit der Schaltfläche <Einfügen> lassen Sie die Anmerkung in die Liste der Anmerkungen einfügen.

Menü	LESEZEICHEN

DEFINIEREN:

Mit dieser Funktion versehen Sie ein Hilfethema mit einem Lesezeichen. Dieses Thema wird dann im Menü Lesezeichen aufgeführt und kann von dort schnell gestartet werden. Mit dem Befehl DEFINIEREN öffnen Sie ein Dialogfeld, in dem der Titel des aktuellen Hilfethemas angezeigt wird. Diesen Titel können Sie bei Bedarf durch einen eigenen Namen für das Lesezeichen ersetzen.

Menü	?

HILFE BENUTZEN:

Über diesen Befehl erhalten Sie eine ausführliche Hilfe zur Hilfefunktion des Windows SOUND SYSTEMS. Da Microsoft die Hilfe zu den Windows-Anwendungen immer gleich aufbaut, werden Sie sich mit der Hilfe zum Windows SOUND SYSTEM problemlos zurechtfinden, wenn Sie bereits mit der Hilfe eines anderen Microsoft-Programms unter Windows gearbeitet haben.

IMMER IM VORDERGRUND:

Einige Programme des Windows SOUND SYSTEMS, beispielsweise der QUICK RECORDER, bleiben mit Ihrem Fenster immer im Vordergrund, auch wenn Sie ein anderes Fenster aktivieren, das das Fenster des QUICK RECORDERS überschneidet. Das ist natürlich nicht sinnvoll, wenn Sie die Hilfe aufrufen, weil Sie den Inhalt der Hilfedatei dann nicht einsehen können. In diesem Fall wählen Sie den Befehl IMMER IM VORDERGRUND. Nun bleibt das Fenster der Hilfe im Vordergrund. Der Befehl bleibt so lange aktiv, bis Sie ihn erneut wählen.

Menü	?

INFO: Über diesen Befehl rufen Sie eine kurze Information zur Microsoft Windows Hilfe ab. Hier werden beispielsweise die Linzensierung, die aktuelle Hilfeversion und die freie Speicherkapazität angezeigt.

Unterhalb der Menüzeile finden Sie eine Zeile mit vier Schaltflächen, die nachfolgend erläutert sind.

<Inhalt>:   Mit dieser Schaltfläche kehren Sie aus einem beliebigen Hilfethema zum Inhaltsverzeichnis der Hilfe der jeweiligen Anwendung zurück. Von hier aus können Sie dann weitere Themen auswählen. Das Inhaltsverzeichnis wird immer beim ersten Aufruf der Hilfe angezeigt.

Schaltflächen in der Hilfe

<Suchen>:   Mit dieser Schaltfläche erhalten Sie ein Dialogfeld, in dem Sie gezielt nach bestimmten Hilfethemen suchen können. Geben Sie das gewünschte Thema entweder direkt in das Textfeld ein oder wählen Sie ein Thema aus der Liste. Die Themen sind hier alphabetisch geordnet. Haben Sie ein Thema eingegeben, wählen Sie die Schaltfläche <Themen auslisten>. Damit werden Unterthemen aufgelistet, die zu dem Thema gehören, das Sie angegeben haben. Wählen Sie dann eines der Unterthemen und anschließend die Schaltfläche <Gehe zu>: Daraufhin wird das gewünschte Thema angezeigt.

<Zurück>:   Die Hilfethemen sind untereinander verknüpft, und Sie können so von einem Thema in ein weiteres gelangen und das beliebig oft. Die Schaltfläche <Zurück> bringt Sie immer zu den zuvor angezeigten Thema zurück, so daß Sie quasi Ihren Weg durch die Hilfethemen rückwärts beschreiten können.

<Bisher>:   Mit dieser Schalfläche erhalten Sie eine Liste mit sämtlichen Themen, die Sie bei der aktuellen Arbeitssitzung in der Hilfe bisher haben anzeigen lassen. Mit dieser Liste können Sie ein einmal gewähltes Thema schnell wieder aufsuchen.

69

Neben diesen Bedienelementen sind auch im eigentlichen Hilfetext noch bestimmte Elemente vorhanden, über die Sie weitere Informationen abrufen können.

Hervorgehobener Text in der Hilfe

Unterstrichen gekennzeichnete Begriffe: Innerhalb der Hilfetexte finden Sie unterstrichen gekennzeichnete Begriffe. Steuern Sie diese Begriffe mit dem Mauscursor an, nimmt dieser die Form einer Hand mit ausgetrecktem Zeigefinger an. Das bedeutet, daß Sie durch einen Klick auf diesen Begriff zu einem weiteren Hilfethema verzweigen können.

Begriffe mit einer gestrichelten Unterstreichung: Begriffe, die mit dieser Linie unterstrichen sind, besitzen eine Definition, die Sie durch einen Mausklick auf den Begriff abrufen können. Die Definition erscheint in einem eigenen kleinen Fenster, das durch einen erneuten Mausklick wieder geschlossen wird. Dabei wird das aktuelle Hilfethema nicht verlassen.

Schaltflächen im Hilfetext

Schaltfächen im Hilfetext: Gelegentlich finden sich auch Schalflächen innerhalb der Hilfetexte, mit denen Sie bestimmte Funktionen aufrufen können. So wird beispielsweise mit einer Schaltfläche im Inhaltsverzeichnis der Hilfe eines Programms des Windows SOUND SYSTEMS das Lernprogramm gestartet.

Damit haben Sie bereits die Bestandteile und die Bedienung des Hilfesystems kennengelernt. Die Hilfedateien können Sie bei der benutzerdefinierten Installation von der Einrichtung aussparen. In diesem Fall sind die entsprechendne Schalflächen und Menüeinträge für die Hilfe inaktiv geschaltet. Sollten Sie die Hilfe nachträglich einrichten wollen, müssen Sie das Programm SETUP des Windows SOUND SYSTEMS erneut ausführen und die Hilfedateien dann für die Installation markieren.

Das folgende Kapitel beschäftigt sich mit dem Lernprogramm des Windows SOUND SYSTEMS. Haben Sie bislang noch nicht mit einer Audiaoanwendung gearbeitet oder sind Neuling auf dem Gebiet der grafischen Benutzeroberfläche Windows, sollten Sie das Lernprogramm nutzen, um sich in das SOUND SYSTEM einführen zu lassen.

Lernprogramm

Für das Windows SOUND SYSTEM ist ein spezielles Lernprogramm entwickelt worden, das Sie mit dem Symbol Lernprogramm in der Programmgruppe Windows SOUND SYSTEM aufrufen können. Es erscheint der Eröffnungsbildschirm des Lernprogramms, den Sie auch in Abb. 3.5 sehen. *Lernprogramm starten*

Abb. 3.5: Der Eröffnungsbildschirm des Lernprogramms

In diesem Bildschirm finden Sie drei Schaltflächen. Mit der Schaltfläche <Lautstärke> gelangen Sie in einen weiteren Bildschirm, über den Sie die Lautstärke für die Demonstrationen des Lernprogramms einstellen können. Sie haben die Wahl zwischen den Einstellungen Laut, Mittel, Leise und Aus. Um zu überprüfen, wie die Einstellung sich auswirkt, wählen Sie die Schaltfläche <Wiedergabe>. Mit der Schaltfläche <Stop> beenden Sie die Klangdemonstration. Wenn Sie einen Kopfhörer benutzen, stellen Sie die Lautstärke immer zunächst auf der niedrigsten Stufe ein, damit Sie nicht Ihr Gehör schädigen. Die Schaltfläche <Lernprogramm starten> startet das Lernprogramm direkt aus diesem Bildschirm heraus. Über die Schaltfläche <Beenden> *Lautstärke regeln* können Sie das Lernprogramm abbrechen. Wenn Sie sich im Eröffnungsbildschirm befinden, startet die Schaltfläche <Beginnen> das Lernprogramm. Die Schaltfläche <Beenden> bricht, wie auch bei der Lautstärkeregelung schon beschrieben, das Lernprogramm ab.

Hauptmenü des Lernprogramms

Starten Sie das Lernprogramm über die Schaltfläche <Lernprogramm starten> im Bildschirm zu Lautstärkeregelung oder die Schaltfläche <Beginnen> im Eröffnungsbildschirm. Sie erhalten nun einen Bildschirm mit der Themenauswahl des Lernprogramms (siehe Abb. 3.6). Dieser Bildschirm wird auch als Hauptmenü des Lernprogrsamms bezeichnet. Neben den Themen stehen zwei Schaltflächen zur Verfügung, die Sie auch bei den weiteren Bildschirmen des Lernprogramms finden. Mit der Schaltfläche <Optionen> können Sie eine Anleitung zum Umgang mit dem Lerprogramm abrufen und wiederum auf die Lautstärkeregelung zugreifen. Außerdem können Sie jederzeit zum Hauptmenü des Lernprogramms zurückkehren sowie das Lernprogramm beenden oder die Optionen abbrechen. Die Schaltfläche <Beenden> dient zum Beenden des Lernprogramms. Diese Schaltfläche steht Ihnen in nahezu jedem Bildschirm des Lernprogramms zur Verfügung. Das Lernprogramm bietet optische und akustische Beispiele zu den einzelnen Funktionen, um diese möglichst praxisnah zu demonstrieren.

Sie können im Lernprogramm zwischen sechs verschiedenen Themen wählen. Diese Themen sind nachfolgend im einzelnen beschrieben.

Hinzufügen von Klängen zu Dokumenten

Erstes Thema im Lernprogramm

Das erste Thema lautet Hinzufügen von Klängen zu Dokumenten. Klicken Sie das Feld zu diesem Thema an, oder geben Sie die Zahl 1 ein. Nun erscheint die Auswahl der Lektionen zu diesem Thema in der Mitte des Bildschirms. Sie können zwischen vier Lektionen wählen:

Aufnahme von Klängen mit dem QUIK RECORDER

Hinzufügen von Klängen zu einem Dokument

Hinzufügen von Bildern und Text zu Klängen

Verwalten von Klängen mit dem Sound Finder

Die erste Lektion, Aufnahme von Klängen mit dem QUIK RECORDER, enthält eine Beschreibung des QUICK RECORDERS und informiert Sie über die Erstellung von Klangdateien. An einem einfachen Beispiel wird Ihnen die Funktionsweise des Dienstprogramms verdeutlicht. Am unteren Rand des Bildschirms sehen Sie drei Schaltflächen. Die Schaltfläche <Optionen> wurde bereits erläutert. Mit den mit Pfeilen gekennzeichneten Schaltflächen blättern Sie innerhalb einer Lektion jeweils einen Bildschirm vor beziehungsweise zurück. Die Funktionsweise dieser Schaltflächen ist auch bei der Anleitung zu dem Lernprogramm beschrieben. Am Beginn einer Lektion ist die Schaltfläche zum Zurückblättern inaktiv geschaltet. Haben Sie das Ende einer Lektion erreicht, erhält die Schaltfläche zum Vorblättern die Aufschrift Menü, und Sie gelangen mit ihr zum Hauptmenü des Lernprogramms zurück.

Um die Lektion durchzuarbeiten, betätigen Sie jeweils die Schaltfläche mit dem nach rechts zeigenden Pfeil beziehungsweise die rechte Pfeiltaste auf Ihrer Tastatur. Beachten Sie, daß das Lernprogramm relativ langsam arbeitet und die Durcharbeitung der Lektionen somit geraume Zeit in Anspruch nimmt. Die Investition dieser Zeit lohnt sich aber durchaus, da Sie mit dem Lernprogramm umfassend in das Windows SOUND SYSTEM eingeführt werden.

Starten Sie die zweite Lektion, Hinzufügen von Klängen zu einem Dokument, wird Ihnen anhand des Beispiels Microsoft Mail verdeutlicht, wie Sie vorgehen müssen, wenn Sie Dokumenten Klangdateien zuweisen möchten.

Die dritte Lektion, Hinzufügen von Bildern und Texten zu Klängen, beschreibt, wie Sie vorgehen müssen, wenn Sie einer Klangdatei ein Bild und eventuell noch einen Text zufügen wollen. Dieses geschieht mit Hilfe des Befehls EIGENSCHAFTEN im Menü DATEI des QUICK RECORDERS.

Die vierte Lektion, Verwalten von Klängen mit dem Sound Finder, beschreibt den Sound Finder. Ihnen wird gezeigt, wie Sie vorgehen müssen, um Klangdateien abzuspielen und zu bearbeiten. Sie können sowohl das Bild als auch die Beschreibung und Bildbeschriftung ändern.

Steuern der Klangqualität

Zweites Thema im
Lernprogramm
Im zweiten Thema werden die verschiedenen Einstellungsmöglich-
keiten für die Klangqualität mit dem SOUND SYSTEM beschrieben.
Sie erfahren unter anderem, wie Sie die Lautstärke und die Klangeigenschaften einstellen. Die Bedienung erfolgt ebenso, wie beim ersten Thema beschrieben.

Ändern der Lautstärke mit der Lautstärkeregelung

Einstellen von Pegeln mit der Aufnahmeregelung

Einstellen von Klangeigenschaften

In der ersten Lektion, Ändern der Lautstärke mit der Lautstärkeregelung, wird beschrieben, wie Sie die LAUTSTÄRKEREGELUNG
einsetzen. Dabei wird einfach und leicht verständlich erläutert, wie
Sie die einzelnen Bedienungskomponenten der Regelung bedienen
müssen. Ihnen wird erklärt, wie Sie die LAUTSTÄRKEREGELUNG von
der reduzierten Ansicht in die erweiterte Ansicht umstellen können
und wie die LAUTSTÄRKEREGELUNG in erweiterter und reduzierter
Ansicht angewendet wird.

Die zweite Lektion, Einstellen von Pegeln mit der Aufnahmeregelung,
behandelt das Programm AUFNAHMEREGELUNG. Auch hier wird
Ihnen mit Hilfe von Grafiken und einfachen Beschreibungen die Anwendung der Regelung erklärt. Es wird beschrieben, wie Sie die einzelnen Regler benutzen und wie Sie auf die verschiedenen Färbungen
der Pegelanzeige reagieren sollten.

Die dritte Lektion, Einstellen von Klangeigenschaften, liefert Ihnen
eine Erläuterung, wie Sie mit Hilfe des QUICK RECORDERS die Klangqualität Ihrer Aufnahmen optimal einstellen.

Verbessern von Klängen

Drittes Thema im
Lernprogramm
Das dritte Thema, Verbessern von Klängen, zeigt, wie Sie in der erweiterten Ansicht des QUICK RECORDERS Klänge mit speziellen Effekten
versehen und wie Sie Klänge bearbeiten und mischen. Die folgenden
drei Lektionen werden angeboten:

Hinzufügen von Effekten in der erweiterten Ansicht

Bearbeiten von Klängen

Mischen von Klängen

Die erste Lektion, Hinzufügen von Effekten in der erweiterten Ansicht, beschreibt die Vorgehensweise, wie Sie mit dem QUICK RECORDER in der erweiterten Ansicht das Menü EFFEKTE einsetzen. Dieses Menü hält verschiedene Effektypen, beispielsweise Echos bereit, mit denen Sie Klänge verändern können.

In der zweiten Lektion, Bearbeiten von Klängen, wird Ihnen erklärt, wie Sie in der erweiterten Ansicht des QUICK RECORDERS Klangdateien berabeiten. Diese Bearbeitung gestaltet sich ähnlich wie bei Texten in einer Textverarbeitung. An einem Beispiel wird beschrieben, wie Sie überflüssige Pausen aus Ihrer Aufnahme herausschneiden. Dabei wird auch der Einsatz der Symbolleiste im QUICK RECORDER demonstriert.

Die dritte Lektion beschäftigt sich mit dem Mischen von Klängen. Anhand eines Beispiels wird Ihnen aufgezeigt, wie Sie den QUICK RECORDER verwenden müssen, um Klänge zu mischen. So können Sie beispielsweise Musik und eine Stimme mischen, um die Information zu unterstreichen oder angenehmer zu gestalten.

Mühelose Verifikationen mit dem PROOFREADER

Das vierte Thema, Mühelose Verifikationen mit dem PROOFREADER, beschäftigt sich mit dem Verifikationsprogramm PROOFREEADER. Drei Lektionen werden zu diesem Thema anbgeboten.

Viertes Thema im Lernprogramm

Verifikationen mit dem PROOFREADER

Einstellungen und Wiedergabegeschwindigkeit

Hinzufügen von neuen Begriffen

In der ersten Lektion, Verifikationen mit dem PROOFREADER, werden Sie in den Gebrauch des PROOFREADERS eingeführt. Ihnen wird gezeigt, wie der PROOFREADER funktioniert, und wie Sie die zu überprüfenden Einträge festlegen. Der PROOFREADER liest Zahlen, die Sie in Kalkulationstabellen von EXCEL oder LOTUS 1-2-3 für Windows eingeben vor und hilft Ihnen so, Tippfehler sofort zu erkennen. Außerdem können Sie auch bereits eingegebene Zahlen vorlesen lassen und so deren Richtigkeit überprüfen.

Die zweite Lektion, Einstellungen und Wiedergabegeschwindigkeit beschäftigt sich mit den Einstellungen des PROOFREADERS. So wird erklärt, wie Sie die Aussprachegeschwindigkeit einstellen, die Pause zwischen den einzelnen Aussprachen verändern, die Prioritäten festlegen und die Formataussprache verändern können.

In der dritten Lektion, Hinzufügen von neuen Begriffen, werden Sie über die einzelnen Wörterbücher informiert. Es wird erklärt, wie Sie selber neue Begriffe zu diesen Wörterbüchern hinzufügen können.

Sprechen Sie mit Ihrem Computer

Fünftes Thema im Lernprogramm

Das fünfte Thema, Sprechen Sie mit Ihrem Computer, behandelt das Dienstprogramm VOICE PILOT. Drei Lektionen werden zu diesem Thema angeboten.

Arbeiten mit dem Voice Pilot

Trainieren von akustischen Befehlen

Erstellen von akustischen Befehlen

Die erste Lektion, Arbeiten mit dem VOICE PILOT, führt Sie in die Verwendung des VOICE PILOTS ein. Sie werden über den Aufbau des VOICE PILOT-Fensters informiert, und erfahren, wie Sie das Programm bedienen müssen.

In der zweiten Lektion, Trainieren von akustischen Begriffen, erfahren Sie, wie Sie den VOICE PILOT mit Ihrer eigenen Stimme trainieren, damit er die von Ihnen gesprochenen Begriffe besser erkennt.

In der dritten Lektion, Erstellen von akustischen Befehlen, finden Sie Informationen, wie Sie akustische Befehle für den VOICE PILOT erzeugen und somit den Funktionsumfang des Programms erweitern können. Zwar bietet Ihnen der VOICE PILOT eine breite Palette von

Befehlen, doch auch hier kann es zu Lücken kommen. Diese Lücken können Sie selber füllen, indem Sie neue Befehle eingeben.

Viel Vergnügen

Das sechste Thema, Viel Vergnügen, behandelt die Dienstprogramme KLANG, DESKTOP und MUSIKBOX. Drei Lektionen werden zu diesem Thema angeboten.

Sechstes Thema im Lernprogramm

Zuweisen von Klängen zu Systemereignissen

Wählen eines Audio Bildschirmschoners

Abspielen von CDs mit der Musikbox

Die erste Lektion, Zuweisen von Klängen zu Systemereignissen, führt Sie in die Verwendung des Dienstprogramms KLANG ein. Es wird Ihnen erklärt, wie Sie vorgehen müssen, um einzelnen Systemereignissen Klänge zuzuweisen. Das Programm KLANG finden Sie im Gegensatz zu den bisher besprochen Programmen nicht in der Programmgruppe des Windows SOUND SYSTEMS, sondern in der Gruppe Systemsteuerung im Windows Programm-Manager.

Die zweite Lektion, Wählen eines Audio-Bildschirmschoners, informiert Sie über die Einrichtung eines Audio-Bildschirmschoners. Mit dem Windows SOUND SYSTEM können Sie eine Alternative zu den visuellen Bildschirmschonern einrichten. Der Bildschirmschoner des SOUND SYSTEMS ist in den Bildschirmschoner von Windows integriert und wird wie dieser über das Dienstprogramm DESKTOP in der Gruppe Systemsteuerung eingerichtet. Diese Lektion zeigt Ihnen, wie Sie dabei vorgehen müssen.

In der dritten Lektion, Abspielen von CDs mit der MUSIKBOX, erhalten Sie einen Einblick in das Programm MUSIKBOX. Es wird erklärt, wie Sie mit Hilfe der MUSIKBOX CDs von einem CD-ROM-Laufwerk abspielen lassen können. Auch wird beschrieben, wie Sie Abspiellisten erstellen können. Beachten Sie, daß Sie diese Lektion auch dann abarbeiten können, wenn kein CD-ROM-Laufwerk an Ihren Rechner angeschlossen ist. Um das Programm MUSIKBOX tatsächlich einsetzen zu können, muß Ihr Rechner mit einem solchen Laufwerk ausgestattet sein.

Damit haben Sie die Bedienung und die verschiedenen Themen und Lektionen des Lernprogramms kennengelernt. Nutzen Sie diesen Programmteil, um sich auf verständliche Art und Weise in das SOUND SYSTEM einführen zu lassen. Natürlich können die Funktionen der einzelnen Programme im Rahmen des Lernprogramms nicht vollständig abgehandelt werden. Welche weiteren Möglichkeiten Ihnen das SOUND SYSTEM noch bietet, erfahren Sie in den folgenden Kapiteln.

4

Die Dienstprogramme

Das Windows SOUND SYSTEM bietet eine Reihe von Dienstprogrammen, mit denen Sie die Fähigkeiten der Soundkarte nutzen. Einige Informationen zu den Programmen haben Sie bereits in den vorangehenden Kapiteln erhalten. Dabei konnten Sie auch sehen, daß die Software des Windows SOUND SYSTEMS aus einzelnen Teilprogrammen besteht, die nicht in einer einheitlichen Oberfläche integriert sind. Teile der Software bilden lediglich eine Erweiterung bereits bestehender Programme, so beispielsweise der Audio-Bildschirmschoner, der in den Bildschirmschoner von Windows integriert wird.

Zusätzlich werden die Tabellenkakulationsprogramme Microsoft EXCEL und LOTUS 1-2-3 für Windows erweitert, wenn diese Programme auf der Festplatte installiert sind. In der Menüleiste dieser Programme wird dann das Menü VERIFIKATIONEN eingerichtet.

Im den folgenden Unterkapiteln werden die Dienstprogramme des Windows SOUND SYSTEMS genauer beschrieben und durch praktische Beispiele erläutert. Dabei wird auf die einzelnen Funktionen eingegangen, die Zusammenarbeit verschiedener Anwendungen wird hier allerdings noch nicht besprochen. Wie Sie die Programme des SOUND SYSTEMS zusammen einsetzen können, erfahren Sie in Kapitel 5.

Die Lautstärkeregelung

Die LAUTSTÄRKEREGELUNG verwenden Sie, um die Lautstärke und die Balance eines Klanges zu regeln. Mit dem Programm können Sie in einer reduzierten und einer erweiterten Ansicht arbeiten. Je nach Ansicht steht Ihnen eine kleinere oder größere Auswahl an Funktionen zur Verfügung. Im folgenden sehen Sie Abbildungen der verschiedenen Ansichten uund erhalten eine Beschreibung der jeweils zur Verfügung stehenden Möglichkeiten.

*Programm
LAUTSTÄRKE-
REGELUNG*

Die LAUTSTÄRKEREGELUNG starten Sie über das entsprechende Symbol in der Programmgruppe des Windows SOUND SYSTEMS. Sie finden ebenfalls ein Programmsymbol für diese Anwendung in der Gruppe der Windows-Systemsteuerung, die wiederum in der Hauptgruppe von Windows vertreten ist. An dieser Stelle wird allerdings davon ausgegangen, daß Sie zunächst nur mit der Programmgruppe des SOUND SYSTEMS arbeiten.

Wenn Sie die LAUTSTÄRKEREGELUNG zum ersten Mal starten, erhalten Sie die reduzierte Ansicht, die Sie auch in Abb. 4.1 sehen.

Reduzierte Ansicht

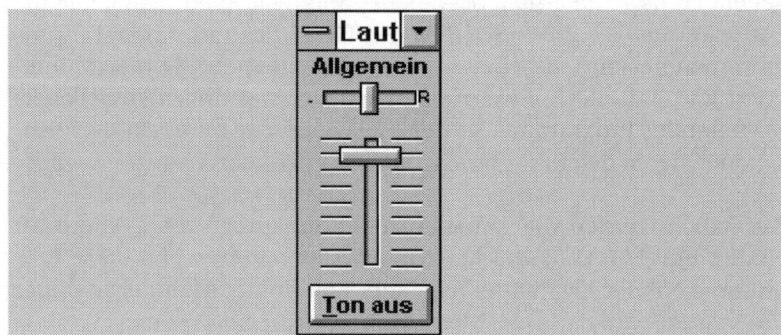

Abb. 4.1: Die LAUTSTÄRKEREGELUNG in der reduzierten Ansicht

Am oberen Rand des Anwendungsfenster sehen Sie die Titelleiste, in die der Name nicht vollständig hineinpaßt und das Systemmenüfeld sowie das Symbol zum Verkleinern. Ein Symbol zum Vergrößern fehlt, Sie können das Fenster dieser Anwendung also nicht auf die volle Bildschirmgröße zoomen.

Das Systemmenü der LAUTSTÄRKEREGELUNG enhält eine Reihe von Befehlen, mit denen Sie die Ansicht des Fensters verändern. Auch die Hilfefunktion des Programms rufen Sie von diesem Menü aus auf. Die einzelnen Befehle sind im folgenden erläutert.

WIEDERHERSTELLEN: Mit diesem Befehl können Sie die ursprüngliche Fenstergröße wiederherstellen, nachdem Sie das Fenster der Anwendung auf Symbolgröße verkleinert haben.

VERSCHIEBEN: Haben Sie diesen Befehl gewählt, können Sie das Fenster des Programms anschließend mit Hilfe der Pfeiltasten auf dem Bildschirm verschieben. Vergleichen Sie hierzu die Ausführungen zur Programmbedienung in Kapitel 3.1.

SYMBOL: Mit diesem Befehl verkleinern Sie das Anwendungsfenster auf Symbolgröße. Durch einen Doppelklick auf dieses Symbol öffnen Sie das Fenster wieder in der ursprünglichen Größe. Das Symbol zeigt Ihnen dabei jeweils den Funktionszustand des Programms an. So können Sie am Symbol erkennen, wie die allgemeine Lautstärke aktuell eingestellt ist und ob der Ton eingeschaltet ist oder nicht.

SCHLIESSEN: Mit diesem Befehl schließen Sie das Programm. Der Tastaturkurzbefehl für diese Funktion ist [Alt]+[F4].

INFO: Mit diesem Befehl erhalten Sie ein Dialogfeld mit einer kurzen Information zum Programm LAUTSTÄRKEREGELUNG.

HILFE: Über diesen Befehl oder mit der Taste [F1] rufen Sie die Hilfefunktion zur LAUTSTÄRKEREGELUNG auf. Die Hilfe bietet eine Inhaltsübersciht über die Hauptthemen zur LAUTSTÄRKEREGELUNG. So können Sie beispielsweise nachlesen, welche Bestandteile das Fenster der erweiterten Ansicht aufweist oder wie Sie mit der LAUTSTÄRKEREGELUNG arbeiten. Nähere Informationen zum Umgang mit der Hilfefunktion finden Sie in Kapitel 3.3.

EINSTELLUNGEN: Mit diesem Befehl öffnen Sie ein Dialogfeld, in dem Sie Einstellungen zum Programm vornehmen können. Markieren Sie das Kontrollfeld Fenster anzeigen, wenn Klang wiedergegeben wird, wenn Sie eine Anzeige der LAUTSTÄRKEREGELUNG immer dann wünschen, wenn ein Klang durch das SOUND SYSTEM wiedergegeben wird. Sie haben so die Möglichkeit, die Lautstärke beziehungsweise die Balance sofort zu regulieren. Soll das Fenster der LAUTSTÄRKEREGELUNG immer im Vordergrund angezeigt werden, auch wenn Sie ein anderes Fenster aktivieren, markieren Sie das Kontrollfeld Immer im Vordergrund. Diese Einstellung ermöglicht Ihnen eine Regulierung der Klangwiedergabe, auch wenn Sie mit einer anderen Anwendung arbeiten.

ERWEITERTE ANSICHT: Mit diesem Befehl oder dem Tastaturkurzbefehl [Alt]+[E] wechseln Sie zur erweiterten Ansicht des Programms. Befinden Sie sich bereits in dieser Ansicht, ist der Befehl mit einem vorangestellten Häkchen markiert.

Bedienelemente der LAUTSTÄRKEREGELUNG

Bedienelemente   Im vorangehenden Abschnitt haben Sie das Menü der LAUTSTÄRKE-REGELUNG kennengelernt und erfahren, welche Funktionen Sie über die Befehle des Menüs aufrufen können. Die eigentliche Programmfunktion, die Regulierung von Lautstärke und Balance von Klängen, wird über weitere Bedienelelment im Fenster der Anwendung realisiert.

Sie können die Lautstärke und Balance für alle Klangquellen festlegen und individuell verändern oder den Ton ganz ausschalten. Die Hauptkontrolle in der reduzierten Ansicht besteht aus dem Balanceregeler, dem Lautstärkeregeler und der Schaltfläche <Ton aus>.

Die Schaltfläche <Ton aus> verwenden Sie, wenn Sie den Ton vollständig austellen wollen. Haben Sie den Ton ausgestellt, wechselt die Beschriftung der Schaltfläche in <Ton ein>. Nun stellen Sie bei Anwahl der Schaltfläche den Ton wieder ein. Anhand der Beschriftung der Schaltfläche haben Sie eine Kontrolle, ob der Ton aktuell ein- oder ausgeschaltet ist. Der ausgeschaltete Ton wird auch kenntlich gemacht, wenn die Anwendung zum Symbol verkleinert wird. Wird der Ton wieder eingeschaltet, werden die Klänge in der ursprünglich eingestellten Lautstärke wiedergegeben.

Mit dem Lautstärkeregler können Sie die Lautstärke verändern. Schieben Sie den Regler nach oben, wird die Lautstärke erhöht. Schieben Sie den Regler ganz nach unten, schalten Sie den Ton damit aus. Die allgemeine Lautsärkeregelung bezieht sich auf alle derzeit aktiven Klangquellen. Stellen Sie den Ton leiser, werden beispielsweise sowohl die von Computer wiedergegebenen Klänge wie auch die einer externen Klanquelle (z.B. CD-Player) leiser wiedergegeben. Die Bedienung der Regler erfolgt entweder mit der Maus oder der Tastatur. Klicken Sie den Schieber mit der Maus an, und ziehen Sie ihn dann bei gedrückt gehaltener linker Maustaste in die gewünschte Richtung. Auch mit der Tastatur können Sie die Regler bedienen. Mit der Taste ⇥ wählen Sie den gewünschten Regler und bewegen den Schieber dann mit den Pfeiltasten oder den Tasten ⬇ und ⬆. Mit den Pfeiltasten können Sie den Schieber dabei in kleineren Schritten bewegen. Der aktive Schieber ist jeweils durch einen schwarzen Balken gekennzeichnet. Die Lautstärkeregler können Sie zudem durch Eingabe einer Zahl zwischen ① und ⑨ steuern. Bei ① steht der Schieber ganz unten, bei ⑨ ganz oben. Bei der Einstellung über Zahlen wird der Schieber immer entsprechend der Skalierung des Reglers plaziert. Sie können somit die Position und damit auch die Lautstärke immer exakt gleich einstellen.

Mit dem Balanceregler können Sie die Balance verändern. Schieben Sie den Schalter nach rechts, wird der Ton beziehungsweise die Balance nach rechts verschoben. Das heißt, der Ton kommt verstärkt aus dem rechten Lautsprecher, wohingegen der linke Lautsprecher leiser wird. Auch diesen Regler können Sie mit der Maus oder der Tastatur bedienen.

Erweiterte Ansicht

Mit dem Befehl ERWEITERTE ANSICHT aus dem Systemmenü der Anwendung stellen Sie die reduzierte Ansicht auf die erweiterte Ansicht um. Diese sehen Sie auch in Abb. 4.2. Zusätzlich zur Hauptkontrolle erscheinen weitere Regler, mit denen Sie spezielle Klangquellen kontrollieren und deren Lautstärke und Balance verstellen können. Die zusätzlichen Kontrollen sind Line-in, Wave und Synth. Mit Hilfe dieser drei Kontrollen können Sie auch Klangquellen mischen.

Erweiterte Ansicht

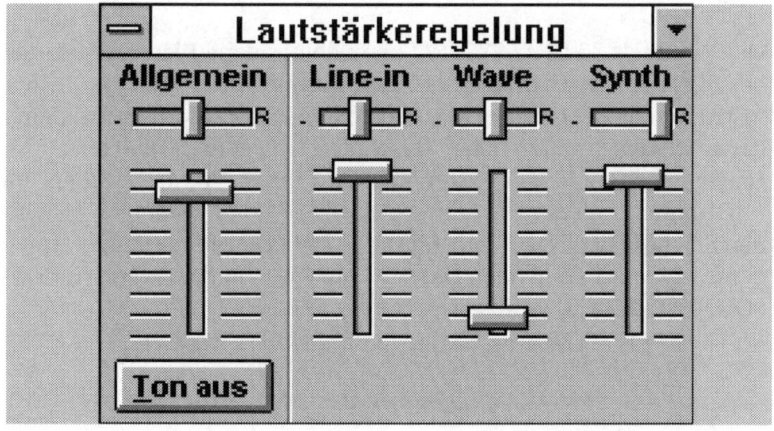

Abb. 4.2: Die LAUTSTÄRKEREGELUNG in der erweiterten Ansicht

Mit der Line-in-Kontrolle können Sie die Lautstärke extern angeschlossener Klangquellen, wie CD-Player, Kassettendeck und Plattenspieler, verstellen. Sie können separat die Lautstärke und die Balance des hier angeschlossenen Geräts kontrollieren. Das ensprechende Gerät muß an den Line-in-Anschluß der Soundkarte angeschlossen sein. Außerdem können Sie mit diesem Regler die Lautstärke und Balance beim Abspielen von CDs mit dem CD-ROM-Laufwerk regulieren, wenn Sie das Programm MUSIKBOX verwenden. Über den korrekten Anschluß der Geräte informieren Sie sich in Kapitel 2.2.

Mit der Wave-Kontrolle steuern Sie Klangdaten in Wellenform. Diese Form ist das wichtigste Dateifomat für Klangdateien im Windows SOUND SYSTEM. Im Wellenformat werden Dateien von den Anwendungen des Windows SOUND SYSTEMS bearbeitet und verwaltet. Mit dem SOUND FINDER können Sie Klangdateien anderer Formate in das .WAV-Format konvertieren und so auch Dateien anderer Quellen und Programme nutzen. Dateien im Wellenformat sind beispielsweise akustische Nachrichten (Stimmen), Musik und Klangeffekte. Die Klänge, die vom SOUND FINDER, QUICK RECORDER, Audio-Bildschirmschoner, PROOFREADER und der Audio-Systemsteuerung gespielt werden, sind wellenförmige Klangdaten. Haben Sie eine externe Klanquelle angeschlossen und lassen gleichzeitig Klänge über den QUICK RECORDER abspielen, können Sie diese beiden Klänge mit der LAUTSTÄRKEREGELUNG mischen. So ist es beispielsweise möglich, gesprochene Texte mit Musik zu hinterlegen.

Das Windows SOUND SYSTEM kann auch solche Klänge wiedergeben, die im MIDI-Format gespeichert wurden. MIDI steht für Musical Instrumental Digital Interface und ist ein Standardformat für Klangdateien. MIDI-Dateien haben das Suffix .MID oder .RMI, wobei .RMI Dateien auch Bilder und Text enthalten können. Wenn Sie Klänge im MIDI-Format mit dem Windows SOUND SYSTEM wiedergeben, können Sie diese über die Synth-Kontrolle steuern. Diese Klänge werden dann aus den vorliegenden Dateien von der Soundkarte des Windows SOUND SYSTEMS synthetisiert.

Anwendungsbeispiel

Arbeiten mit der LAUTSTÄRKE-REGELUNG

Im folgenden wird exemplarisch beschrieben, wie Sie die LAUTSTÄRKEREGELUNG starten und die Ansicht verändern. Beispiele zur Steuerung verschiedener Klangquellen folgen in den Kapiteln 4.7 und 5.

Sie haben Windows gestartet und befinden sich nun im Windows Programm-Manager. Hier doppelklicken Sie das Bildsymbol der Gruppe

Windows SOUND SYSTEM, um das Gruppenfenster zu öffnen. Jetzt doppelklicken Sie auf das Bildsymbol der Lautstärkeregelung, um diese zu starten. Sofort erscheint das Fenster der Anwendung. Beachten Sie, daß dieses Fenster immer so geöfnet wird, wie es zuletzt geschlossen wurde. Haben Sie das Programm also bei dem letzten Einsatz in der erweiterten Ansicht anzeigen lassen, wird die LAUTSTÄRKE-REGELUNG auch so wieder geöffnet.

Wird das Fenster in reduzierter Ansicht gezeigt, Sie wollen aber die erweiterte Ansicht benutzen, öffnen Sie das Systemmenü durch einen Klick auf das Systemmenüfeld oder mit der Tastenkombination [Alt]+[   ]. Hier wählen Sie den Befehl ERWEITERTE ANSICHT. Daraufhin erhalten Sie das Fenster in der erweiterten Ansicht. Wählen Sie nun die Schaltfläche <Ton aus> und kontrollieren Sie, ob sich die Beschriftung in <Ton ein> verändert. Anschließend öffnen Sie das System-menü ein weiteres Mal und wählen den Befehl SYMBOL. Das Anwendungsfenster wird zum Symbol verkleinert und zeigt das Wort Aus. Damit wissen Sie auch in dieser Ansicht, daß der Ton derzeit ausgeschaltet ist. Doppelklicken Sie auf das Symbol, um das Fenster wieder in der erweiterten Ansicht darstellen zu lassen.

Damit haben Sie den Aufbau und die Bedienung der LAUTSTÄRKE-REGELUNG kennengelernt. Sie können das Programm dazu einsetzen, die Lautstärke und die Balance zu verändern und den Ton einbeziehungsweise auszustellen. Weitere Anwendungsbeispiele finden Sie in den folgenden Kapiteln, da das Programm auch in Verbindung mit anderen Anwendungen für die Lautstärkeregelung eingesetzt wird.

Die Aufnahme von Sounds

Für die Aufnahme von Klängen mit dem Windows SOUND SYSTEM gibt es zwei Dienstprogramme, mit denen Sie die Aufnahme starten, stoppen und regeln können. Die Dienstprogramme heißen AUFNAH-MEREGELUNG und QUICK RECORDER. Mit der AUFNAHME-REGELUNG regeln Sie den Aufnahmepegel und bestimmen die Aufnahmequelle. Dabei legen Sie fest, ob über das Mikrofon oder über den Line-in-Anschluß aufgenommen wird. Mit dem QUICK RECOR-DER starten und stoppen Sie die Aufnahme und lassen die Aufnahmen wiedergeben.

Die Aufnahmeregelung

Die Aufnahmeregelung wird verwendet, um die Aufnahmequelle fest-zulegen und um den Eingabepegel zu bestimmen. Der Eingabepegel ist wichtig für Aufnahmen, die sowohl über ein Mikrofon als auch über Geräte, die an den Line-in-Anschluß angeschlossen sind, vorge-nommen werden können. In der Gruppe des SOUND SYSTEMS im Programm-Manager finden Sie das Symbol für die AUFNAHME-REGELUNG. Das Symbol ist außerdem in der Gruppe der Windows Systemsteuerung enthalten. Mit einem Doppelklick auf dieses Symbol starten Sie das Programm.

Das Fenster der Anwendung, das Sie auch in Abb. 4.3 sehen, ist ähn-lich aufgebaut wie das der LAUTSTÄRKEREGELUNG. Die Menü-funktionen sind in das Systemmenü eingebaut, über ein spezielles Pull-down-Menü verfügt das Programm nicht. Die einzelnen Menü-funktionen sind im folgenden erläutert.

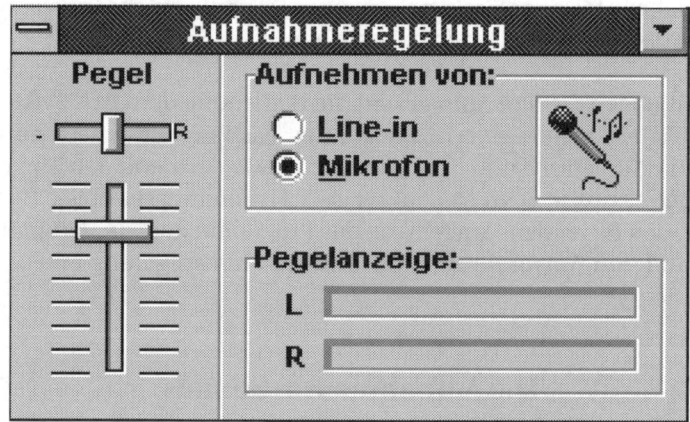

Abb. 4.3: Das Fenster der AUFNAHMEREGELUNG

WIEDERHERSTELLEN: Mit diesem Befehl können Sie die ursprüngliche Fenstergröße wiederherstellen, nachdem Sie das Fenster der Anwen-dung auf Symbolgröße verkleinert haben. Das Fenster der AUF-NAHMEREGELUNG können Sie nicht auf volle Bildschirmgröße zoomen und auch nicht über Rahmen in der Größe verändern. Damit entspricht der Fensteraufbau eher einem Dialogfeld als einem An-wendungsfenster.

VERSCHIEBEN: Haben Sie diesen Befehl gewählt, können Sie das Fenster des Programms anschließend mit Hilfe der Pfeiltasten auf dem Bildschirm verschieben. Vergleichen Sie hierzu die Ausführungen zur Programmbedienung in Kapitel 3.1.

SYMBOL: Mit diesem Befehl verkleinern Sie das Anwendungsfenster auf Symbolgröße. Durch einen Doppelklick auf dieses Symbol öffnen Sie das Fenster wieder in der ursprünglichen Größe. Das Symbol für die AUFNAHMEREGELUNG stellt die jeweils aktuelle Aufnahmequelle dar. Bei der Einstelllung Mikrofon zeigt das Symbol ein Mikrofon und Noten, bei der Einstellung Line-in das Bild eines Kabelanschlusses.

SCHLIESSEN: Mit diesem Befehl schließen Sie das Programm. Der Tastaturkurzbefehl für diese Funktion ist ⎡Alt⎤+⎡F4⎤.

INFO: Mit diesem Befehl erhalten Sie ein Dialogfeld mit einer kurzen Information zum Programm AUFNAHMEREGELUNG.

HILFE: Über diesen Befehl oder mit der Taste ⎡F1⎤ rufen Sie die Hilfefunktion zur AUFNAHMEREGELUNG auf. Die Hilfe bietet eine Inhaltsübersicht über die Hauptthemen zur AUFNAHMEREGELUNG. Über diese Hauptthemen rufen Sie die einzelnen Hilfedateien für die Anwendung auf. Nähere Informationen zum Umgang mit der Hilfefunktion finden Sie in Kapitel 3.3.

EINSTELLUNGEN: Mit diesem Befehl öffnen Sie ein Dialogfeld, in dem Sie Einstellungen zum Programm vornehmen können. Markieren Sie das Kontrollfeld Fenster bei Aufnahme anzeigen, wenn Sie eine Anzeige der AUFNAHMEREGELUNG immer dann wünschen, wenn Sie Klänge über das Mikrofon oder den Line-in-Anschluß aufnehmen. Sie haben so die Möglichkeit, die Aufnahme sofort zu regulieren, wenn sie erfolgt. Soll das Fenster der AUFNAHMEREGELUNG immer im Vordergrund angezeigt werden, auch wenn Sie ein anderes Fenster aktivieren, so markieren Sie das Kontrollfeld Immer im Vordergrund. Diese Einstellung ermöglicht Ihnen eine Regulierung der Aufnahmen, auch wenn Sie mit einer anderen Anwendung arbeiten.

Bedienelemente der AUFNAHMEREGELUNG

Im vorangehenden Abschnitt haben Sie das Menü der AUFNAHMEREGELUNG kennengelernt und erfahren, welche Funktionen Sie über

Bedienelemente

die Befehle des Menüs aufrufen können. Daneben weist das Anwendungsfenster eine Reihe von Bedienelementen auf, die im folgenden erläutert sind und die Sie auch in Abb. 4.3 sehen.

Links im Fenster finden Sie zwei Regler für den Aufnahmepegel. Der obere Regler ist ein Balanceregler, der untere dient der Regulierung des Aufnahmepegels. Mit dem Balanceregler stellen Sie die Kanalbalance ein, also das Verhältnis zwischen rechtem und linkem Kanal. Diese Einstellungsmöglichkeit benötigen Sie bei Stereoaufnahmen. Der Aufnahmepegel wird mit Hilfe der Pegelanzeige rechts unten im Fenster genutzt, um die optimale Qualität der Aufnahme einzustellen. Diese Pegelanzeige weist je nach Einstellung des Aufnahmepegels einen bestimmten Farb- beziehungsweise Grauton (Monochrombildschirme) auf. Folgende Farben werden angezeigt.

Grün: Grün deutet Ihnen einen zu niedrigen Aufnahmepegel an. Die Qualität der Aufnahme ist damit nicht optimal eingestellt, weist aber in der Regel keine Verzerrungen auf. Allerdings können bei der Aufnahme Verluste entstehen, daß heißt einige Klänge einer Aufnahme werden bei niedrigem Aufnahmepegel eventuell nicht mit aufgenommen.

Gelb: Ein gelber Farbton zeigt die optimale Einstellung des Aufnahmepegels an.

Rot: Wird ein roter Farbton angezeigt, so haben Sie den Aufnahmepegel zu hoch eingestellt. Die Qualität der Aufnahme leidet und es kommt häufig zu Verzerrungen.

Unter Aufnehmen von wird angezeigt, welche Aufnahmequelle aktuell eingestellt ist. Mit der Option Line-in wählen Sie ein externes Audio-Gerät, wie CD-Player oder Kassettenrekorder, der an den Line-in-Anschluß der Soundkarte angeschlossen ist. Die Option Mikrofon wählen Sie, wenn Sie über das Mikrofon aufnehmen.

Die einzelnen Bedienelemente können entweder mit der Maus oder mit der Tastatur bedient werden. Mit der Maus klicken Sie auf die Regler und ziehen diese bei gedrückt gehaltener linker Maustaste in die gewünschte Richtung. Die Optionsfelder werden durch einen Mausklick aktiviert. Mit der Tastatur bewegen Sie sich mit der Tabulatortaste von einem Bedienelement zum nächsten. Die Pfeiltasten nutzen Sie zur Einstellung der Regler. Die Optionsfelder aktivieren Sie mit der Tastenkombination (Alt)+ unterstrichener Buchstabe.

Anwendungsbeispiel

Mit der AUFNAHMEREGELUNG steuern Sie Aufnahmen, die Sie mit dem Windows SOUND SYSTEM vornehmen. Die Aufnahme wird allerdings nicht mit der AUFNAHMEREGELUNG allein durchgeführt. Dieses Anwendungsprogramm dient lediglich der Einstellung der Aufnahmequelle und der -qualität. Sie benötigen also eine weitere Anwendung, um die Aufnahme zu starten. Dazu dient der QUICK RECORDER, der im folgenden Absatz besprochen wird.

AUFNAHME-REGELUNG praktisch einsetzen

Um nun eine Aufnahme zu steuern, starten Sie den QUICK RECORDER, und öffnen, falls dies noch nicht der Fall ist, die AUFNAHMEREGELUNG. Dazu steht Ihnen übrigens im Menü OPTIONEN des QUICK RECORDERS der Befehl AUNAHMEPEGEL EINSTELLEN zur Verfügung. Ordnen Sie die Fenster der Programme so auf dem Bildschirm an, daß Sie beide Fenster vollständig einsehen können. Haben Sie übrigens bei beiden Anwendungen die Einstellung Immer im Vordergrund aktiviert, wird das Fenster tatsächlich im Vordergrund dargestellt, das gerade aktiv ist.

Stellen Sie nun die Option Mikrofon in der AUFNAHMEREGELUNG ein. Wählen Sie die Schaltfläche zum Starten einer Aufnahme im QUICK RECORDER und sprechen Sie in das Mikrofon. Sie erhalten eine Pegelanzeige, die abhängig davon ist, wie laut Sie sprechen. Stellen Sie nun den Aufnahmepegelregler so ein, daß die Anzeige der Pegel vorwiegend im gelben Bereich ist. Sollten Sie ein externes Gerät angeschlossen haben, können Sie nun einmal die Aufnahmequelle auf den Line-in-Anschluß umstellen und das Gerät einstellen. Der zuvor für die Mikrofonaufnahme korrekt eingestellte Pegel ist nun viel zu hoch gesetzt, was Sie anhand der roten Anzeige der Pegel sehen.

Regeln Sie den Aufnahmepegelregler so weit herunter, daß sich die Anzeige wieder im gelben Bereich befindet. Sie sehen an diesem Beispiel, daß die Einstellungen der AUFNAHMEREGELUNG insbesondere bei dem Einsatz unterschiedlicher Aufnahmequellen sehr wichtig ist, damit Sie optimale Aufnahmen erhalten. Beachten Sie, daß Sie mit dem SOUND SYSTEM nicht gleichzeitig von den Aufnahmenquellen Line-in-Anschluß und Mikrofon aufnehmen können. Es besteht aber, wie bei der Erläuterung der LAUTSTÄRKEREGELUNG bereits gezeigt, die Möglichkeit, Klänge verschiedener Quellen im nachhinein zu mischen.

Im folgenden Abschnitt über den QUICK RECORDER erfahren Sie weiteres über das Zusammenwirken der beiden Anwendungen bei Aufnahme von Sounds.

Der QUICK RECORDER

Den QUICK RECORDER setzen Sie ein, um Klangdateien zu erstellen, zu bearbeiten oder um Klangdateien wiederzugeben. Auch können Sie mit Hilfe des QUICK RECORDERS diesen Klangdateien Bilder, Beschriftungen und Beschreibungen hinzufügen. Zudem dient dieses Programm dem Einbinden von Klangdateien in Dokumente anderer Anwendungen.

 Den QUICK RECORDER starten Sie über das zugehörige Symbol in der Programmgruppe des Windows SOUND SYSTEMS. Das Progamm kann in einer reduzierten und in einer erweiterten Ansicht verwendet werden. Beim Start erscheint das Anwendungsfenster immer in der Ansicht, in der es zuletzt eingesetzt wurde. Da sich die Ansichten und damit auch der Funktionsumfang und das Einsatzgebiet bei diesem Programm stark unterscheiden, werden die beiden Ansichten im folgenden getrennt behandelt.

Der QUICK RECORDER in der reduzierten Ansicht

In der reduzierten Ansicht stehen Ihnen die wichtigsten Funktionen zur Aufnahme und Wiedergabe von Klangdateien zur Verfügung. Das Fenster, das Sie auch in Abb. 4.4 sehen, enthält eine Titelzeile, eine Menüzeile, drei Schaltflächen, die Wiedergabe-Positionsanzeige und eine Bildfläche, die ein zum Klangobjekt zugehöriges Bild enthält, sofern dem aktuellen Klangobjekt ein solches Bild zugewiesen worden ist. Anderenfalls bleibt diese Fläche unten rechts im Fenster leer. Den unteren Abschluß des Fensters bildet die Statuszeile, in der der aktuelle Dateiname sowie die Länge einer Wiedergabe angezeigt werden. Wird eine Datei geladen, zeigt die Statuszeile die Gesamtlänge der Klangdatei an. Lassen Sie die Datei abspielen, wird jeweils die aktuelle Spieldauer angezeigt.

In der reduzierten Ansicht können Sie die Anwendung zum Symbol verkleinern, die Fenstergröße läßt sich allerdings nicht verändern. Im Systemmenü stehen die bereits beschriebenen Befehle zum Verändern des Fensters und Schließen der Anwendung zur Verfügung. Zudem finden Sie beim QUICK RECORDER auch den Befehl WECHSELN ZU im Systemmenü. Dieser Befehl öffnet die Tastkliste und erlaubt Ihnen über den Task-Manager von Windows den Wechsel zu anderen Anwendungen.

Die übrigen Funktionen sind in einzelne Pull-down-Menüs eingebunden. Auch die Hilfe besitzt in diesem Programm ein eigenes Menü. Die Menüfunktionen sind nachfolgend im einzelnen erläutert. Beachten Sie, daß das Menü in der erweiterten Ansicht umfangreicher ist. Bei der Besprechung der erweiterten Ansicht werden alle zur Verfügung stehenden Funktionen ebenfalls erläutert.

Abb. 4.4: Der QUICK RECORDER in der reduzierten Ansicht

Menü	DATEI	
NEU:	Mit diesem Befehl legen Sie eine neue Klangdatei an. Nach Wahl dieses Befehls können Sie mit der Aufnahme von Klängen beginnen und die Datei schließlich unter eigenem Namen speichern.	*Neue Datei anlegen*
ÖFFNEN:	Mit diesem Befehl erhalten Sie ein Dialogfeld, mit dessen Hilfe Sie bestehende Klangdateien öffnen. In einem Verzeichnislistenfeld wählen Sie das Verzeichnis aus, in dem sich die gewünschte Datei be-	*Vorhandene Datei öffnen*

Menü	DATEI

findet. Anschließend suchen die entsprechende Datei aus der Dateiliste. Haben Sie die Datei markiert, laden Sie sie per Doppelklick oder mit ⏎ in den QUICK RECORDER. In dem Dialogfeld bestimmen Sie zudem den Dateityp der zu öffnenden Datei und erhalten die zugehörige Beschriftung, das Bild und die Beschreibung der gewählten Datei angezeigt. Bei der Erläuterung der erweiterten Ansicht finden Sie auch ein Bild dieses Dialogfeldes (siehe Abb. 4.6). Bei Bedarf können Sie die Klangdatei vor dem Öffnen wiedergeben lassen. Dazu nutzen Sie die Schaltfläche <Wiedergabe>. So können Sie sich beispielsweise zunächst vergewissern, ob es sich bei der markierten Datei wirklich um die Datei handelt, die Sie öffnen wollten. Im QUICK RECORDER können Sie bis zu 10 Dateien öffnen. Allerdings wird immer nur eine Datei angezeigt. Die geöffneten Datei werden jeweils am Ende des Menüs DATEI mit aufgeführt und können von hier aus für die Anzeige und Bearbeitung ausgewählt werden. Für das Öffnen von Dateien steht der Tastaturkurzbefehl (Strg)+(F12) zur Verfügung.

Datei schließen   SCHLIESSEN: Mit diesem Befehl schließen Sie die aktuell angezeigte Datei. Sollten Sie seit dem letzten Speichern Änderungen an dieser Datei vorgenommen haben, werden Sie gefragt, ob Sie diese speichern wollen. Anworten Sie mit Nein, gehen die Veränderungen verloren.

Datei speichern   SPEICHERN: Mit diesem Befehl speichern Sie die Änderungen an einer Datei. Wurde die Datei noch nicht unter eigenem Namen gespeichert, erscheint der Dialog wie bei dem Befehl SPEICHERN UNTER und Sie vergeben der Datei zunächst einen Namen. Bereits entsprechend gespeicherte Dateien können Sie jederzeit nach Änderungen zwischenspeichern. Dazu erscheint kein Dialog. Wurde eine Datei nicht bearbeitet, ist der Be-

Menü	DATEI

fehl SPEICHERN abgeblendet dargestellt und kann nicht gewählt werden. Für das Speichern unter existiert der Tastaturkurzbefehl ⟨⇧⟩+⟨F12⟩.

SPEICHERN UNTER: Mit diesem Befehl öffnen Sie ein Dialogfeld, in dem Sie einer Datei einen Namen vergeben sowie ein Verzeichnis und ein Dateiformat zuweisen. Alle neu erstellten Dateien, die Sie sichern möchten, speichern Sie über diesen Befehl. Von bereits gespeicherten Dateien können Sie mit diesem Befehl Kopien in einem anderen Verzeichnis, unter anderem Namen oder beispielsweise auch auf Diskette anfertigen. Der Tastaturkurzbefehl lautet ⟨F12⟩. Bei Bedarf weisen Sie der zu speichernden Daei einen Schreibschutz zu. Dieser verhindert unbeabsichtigte Änderungen an der Datei.

Datei unter eigenem Namen speichern

ALLES SPEICHERN: Mit diesem Befehl speichern Sie alle derzeit im QUICK RECORDER geöffneten Dateien. Auch hierbei erhalten Sie den Dialog zum Speichern unter, wenn Datien noch nicht unter eigenem Namen gespeichert wurden

Alle offenen Dateien speichern

EIGENSCHAFTEN: Mit diesem Befehl öffnen Sie ein Dialogfeld, mit dessen Hilfe Sie einem Klangobjekt eine Beschreibung, eine Beschriftung und ein Bild zuweisen können. Mit Hilfe dieser Elemente können Sie eine Klangdatei auch nach längerer Zeit sehr gut identifizieren. Diese Bestandteile der Datei sind zudem beim Einbetten und Verknüpfen von Klangdateien mit anderen Programmen sehr hilfreich. Um die Beschriftung festzulegen, geben Sie in das Feld Beschriftung einen Text Ihrer Wahl ein. Um der Klangdatei ein Bild zuzuweisen, klicken Sie die Schaltfläche <Bild festlegen> an. Es erscheint das Dialogfeld Bild festlegen. Es enthält eine Liste, in der alle zur Verfügung stehenden Bilder gezeigt werden. Hier können Sie sich ein Bild aussuchen. Bestätigen Sie mit <OK>, wird der Klangdatei ab sofort das neu gewählte Bild zugeordnet. In das Feld Beschreibung geben Sie einen Text zur Klang-

Dateieigenschaften bestimmen

Menü	Dᴀᴛᴇɪ

datei ein. Sie können zum Beispiel die Länge der Aufnahme oder das Entstehungsdatum eingeben. Möglich ist auch eine Beschreibung dessen, was Sie bei der Wiedergabe der Klangdatei hören oder eine Angabe der Quelle der Klangdatei. Eine Beschriftung darf höchstens 255 Zeichen lang sein, und eine Beschreibung darf bis zu 4095 Zeichen umfassen.

Programm beenden Bᴇᴇɴᴅᴇɴ:

Mit diesem Befehl beenden Sie die Anwendung. Sollten Klangobjekte, die zum Zeitpunkt des Schließens noch geöffnet waren, nicht gespeicherte Änderungen enthalten, gibt Ihnen der QUICK RECORDER eine Meldung aus, in der Sie gefragt werden, ob diese Veränderungen gesichert werden sollen. Bestätigen Sie durch <Ja>, werden die Änderungen gesichert. Drücken Sie <Abbrechen>, wird der Vorgang des Schließens unterbrochen. Wollen Sie die Veränderungen nicht speichern, drücken Sie <Nein>.

Angezeigte Datei wechseln

Mit dem Tastaturkurzbefehl ⟨Alt⟩+⟨F4⟩ oder enem Doppelklick auf das Systemmenüfeld beenden Sie das Programm ebenfalls.

Unterhalb des Befehls Bᴇᴇɴᴅᴇɴ stehen die aktuell im QUICK RECORDER geöffneten Dateien. Per Mausklick können Sie diese anzeigen lassen. Zudem werden die Datei durchnumeriert und lassen sich durch Eingabe der ensprechenden Ziffer anzeigen.

Menü	Bᴇᴀʀʙᴇɪᴛᴇɴ

Bearbeitungsschritt rückgängig machen Rᴜ̈ᴄᴋɢᴀ̈ɴɢɪɢ:

Mit diesem Befehl machen Sie den zuletzt durchgeführten Bearbeitungschritt an einer Klangdatei rückgängig. Einige Aktionen lassen sich nicht widerrufen. In diesem Fall ist der Befehl abgeblendet dargestellt und kann nicht gewählt werden. Für das Rückgängigmachen existiert der Tastaturkurzbefehl ⟨Strg⟩+⟨Z⟩.

Menü	**BEARBEITEN**

KOPIEREN: Mit diesem Befehl kopieren Sie eine Klangdatei in die Windows Zwischenablage. Von hier aus können Sie die Datei in eine andere Anwendung einfügen. Den Befehl rufen Sie mit der Tastenkombination Strg+C auf.

Klangdatei in die Zwischenablage kopieren

Menü	**OPTIONEN**

EINSTELLUNGEN: Mit diesem Befehl rufen Sie ein Dialogfeld auf, in dem Sie eine Reihe von Einstellungen für den QUICK RECORDER vornehmen können. Im Feld Objekt einfügen als legen Sie mit den jeweiligen Optionen fest, ob Sie eine Klangdatei einbetten oder verknüpfen möchten. Diese Optionen sind wichtig bei der Übernahme von Klangdateien in Dokumente anderer Anwendungen. Das Thema Datenaustausch wird weiter unten in diesem Kapitel noch ausführlich besprochen. Soll der QUICK RECORDER immer im Vordergrund angezeigt werden, markieren Sie das Kontrollfeld Im Vordergrund. Im Feld Aufnahmeform stellen Sie die gewünschte Aufnahmeform ein. Dabei haben Sie die Wahl zwischen Auf Aufnahmeregler klicken und loslassen und Aufnahmeregler klicken und halten. Bei der Methode Klicken und Loslassen verwenden Sie die Aufnahme- und Stoptaste. Sie klicken die Aufnahmetaste an, um die Aufnahme zu starten. Wollen Sie die Aufnahme beenden, müssen Sie die Stoptaste drücken. Diese Methode hat gegenüber der zweiten Methode Klicken und Halten den Vorteil, daß Sie beide Hände frei haben, und nicht mit dem Halten des Mausknopfes beschäftigt sind. Nachteilig ist, daß die Aufnahme nur durch das Drücken einer weiteren Taste, der Stoptaste, erreicht werden kann. In kritischen Situationen, wo es auf hundertstel Sekunden ankommt, haben Sie mit der Methode Klicken und Halten die schnellere Reaktion beim Stoppen. Anders als bei der Methode Klicken und Loslassen verwenden Sie bei der Methode Klicken und Halten nur die Aufnahmetaste. Sie klicken die Aufnahmetaste an und halten die Maustaste, bis Sie die Aufnahme be-

Einstellungen für den QUICK RECORDER

Menü	OPTIONEN

enden wollen. Einen genauen Abschluß einer Aufnahme können Sie allerdings auch durch eine nachträgliche Bearbeitung der Klangdatei erreichen.

Klangdatei komprimieren KOMPRIMIERUNG: Klangdateien belegen sehr viel Speicher. Bei der Aufnahem einer Klangdatei benötigt das Windows SOUND SYSTEM 22 KByte Speicher pro Sekunde. Dabei wird zunächst der Arbeitsspeicher des Rechners belegt. Speichern Sie die Aufnahme dann auf einem Datenträger, beispielsweise einer Diskette oder einer Festplatte, können Sie sie mit dem Befehl KOMPRIMIERUNG ein Komprimierungsverfahren wählen, mit dem Sie Speicher sparen. Ein Komprimierung bedeutet aber gleichzeitig einen Verlust an Qualität. Die Komprimierung wird in Bit pro Sampel angegeben. Ein Sampel ist eine Klangeinheit, in die der QUICK RECORDER einen Klang zerlegt. Je mehr Bit für das Speichern eines Sampels bereitgestellt werden, je mehr unterschiedliche Digitalzahlen das Programm für die Darstellung des Sampel also verwendet, desto höher ist die Qualität der Aufnahme. Drei Optionen stehen zur Auswahl. Mit der Option Komprimiert (4 Bit pro Sampel) benötigen Sie am wenigsten Speicher (5 KByte pro Sekunde), die Aufnahme hat damit aber auch eine relativ geringe Qualität, die für gesprochene Texte aber durchaus ausreicht. Die Option Normal (8 Bit pro Sampel) benötigt 11 KByte pro Sekunde und bietet eine mittlere Klangqualität. Benötigen Sie hohe Qualität und haben ausreichend Speicher zur Verfügung, so wählen Sie die Option High Fidelity (16 Bit pro Sampel), mit der 22 KByte pro Sekunde benötigt werden.

Programm LAUTSTÄRKE-REGELUNG aufrufen LAUTSTÄRKE EINSTELLEN: Mit diesem Befehl öffnen Sie das Fenster der LAUTSTÄRKEREGELUNG. Dies ist eine eigenständige Anwendung des Windows SOUND SYSTEMS, die Sie jedoch zusammen mit dem QUICK RECORDER einsetzen, um die Lautstärke bei der Wiedergabe von Klangdateien zu regeln.

Menü	OPTIONEN	
AUFNAHMEPEGEL EINSTELLEN:	Mit diesem Befehl starten Sie die AUFNAHME-REGELUNG. Diese Anwendung wurde weiter oben in diesem Kapitel besprochen. In Kapitel 5 erfahren Sie mehr über die Zusammenarbeit der einzelnen Programme.	*Programm AUFNAHME-REGELUNG aufrufen*
ERWEITERTE ANSICHT:	Mit diesem Befehl stellen Sie auf die erweiterte Ansicht des QUICK RECORDERS um. In dieser Ansicht, die weiter unten in diesem Kapitel vorgestellt wird, stehen Ihnen weitere Menüfunktionen und Bedienelemente zur Verfügung. In der erweiterten Ansicht können Sie auch Klangdateien in allen Einzelheiten bearbeiten.	*Erweiterte Ansicht einstellen*

Menü	HILFE	
INHALT:	Mit diesem Befehl erhalten Sie die Inhaltsübersicht zu den Hilfethemen des QUICK RECORDERS. Von dieser Inhaltübersicht rufen Sie die Themen auf, zu denen Sie Hilfe benötigen.	*Hilfefunktionen über das Menü aufrufen*
INFO:	Über diesen Befehl rufen Sie eine kurze Information zum QUICK RECORDER auf.	

Damit haben Sie die Menüfunktionen in der reduzierten Ansicht bereits kennengelernt. Wie Sie die Funktionen praktisch einsetzen, erfahren Sie bei den Anwendungsbeispielen weiter unten in diesem Kapitel. Im folgenden werden Ihnen nun die weiteren Bedienelemente des QUICK RECORDERS in der reduzierten Ansicht vorgestellt.

Unterhalb der Menüleiste sehen Sie drei Befehlsschaltflächen. Ganz links finden Sie die Schaltfläche <Aufnahme> mit der Sie eine Aufnahme mit dem QUICK RECORDER starten. Je nach gewähltem Aufnahmeverfahren halten Sie die Aufnahmeschaltfläche während der Dauer der Aufnahme gedrückt oder klicken nur einmalig auf diese Schaltfläche und stoppen die Aufnahme über die Schaltfläche <Stop>. Die zweite Schaltfläche startet die Wiedergabe einer Klangdatei. Diese Wiedergabe können Sie mit der Schaltfläche <Stop> beenden. Ist das

Bedienelemente

Ende einer Klangdatei erreicht, stopt das Programm automatisch. Die Schaltfläche bedienen Sie am einfachsten mit der Maus, indem Sie auf die Schalter klicken. Mit der Tastatur steuern Sie die einzelnen Bedienelemente mit der Tabulatortaste an. Eine Schaltfläche drücken Sie durch Betätigen der Taste ⬚. Dabei muß die gewünschte Schaltfläche zuvor markiert sein.

Wiedergabe-Positionsanzeige

Die Wiedergabe-Positionsanzeige zeigt die aktuelle Position in der Datei bei einer Aufnahme oder Wiedergabe an. Haben Sie beispielsweise die Hälfte einer Kassette abgespielt oder aufgenommen, steht die Anzeige auf der halben Strecke der Skala. Sie können diesen Regler benutzen, um die Position beliebig nach links oder rechts zu verändern. Ist die Aufnahme beendet und der Regler steht am Ende der Skala, springt er zurück zum Anfang, sobald Sie die Wiedergabeschaltfläche drücken.

Bildfläche

Rechts im Fenster sehen Sie eine Bildfläche. Diese stellt das zu einer Klangdatei zugehörige Bild an. Ist kein Bild mit der aktuelle angezeigten Klangdatei verbunden, bleibt diese Fläche leer. Besitzt das Klangobjekt eine Beschriftung, erscheint diese unterhalb des Bildes. Sie ist allerdings in der Regel nicht lesbar, da sie in sehr kleiner Schrift dargestellt wird. Das Bild dient nicht nur der Anzeige, Sie können durch Ziehen dieses Bildes auch die Klangdatei in eine andere Datei einbinden. Dazu folgt weiter unten in diesem Kapitel noch ein Anwendungsbeispiel.

Statuszeile

In der Statuszeile wird der Name des aktuellen Klangobjektes oder der aktuellen Aktion angezeigt (AUFNAHME oder WIEDERGABE). Die zweite Anzeige gibt die Länge einer Klangdatei oder die aktuelle Spielzeit beziehungsweise Aufnahmezeit wieder. Beim Speichern und Öffnen von Dateien sowie beim Aktualisieren erhalten Sie eine prozentuale Angabe zum Fortschritt der jeweiligen Aktion.

Damit haben Sie die Elemente des QUICK RECORDERS der reduzierten Ansicht kennengelernt. Nutzen Sie das Programm in dieser Ansicht, wenn Sie Dateien austauschen oder Klandateien aufnehmen wollen, ohne daß Sie diese gleichzeitig bearbeiten möchten. Auch für das Abspielen von Klangdateien ist die reduzierte Ansicht gut geeignet. Im folgenden Abschnitt lernen Sie die erweiterte Ansicht des Programms kennen und erfahren, welche weiteren Funktionen Ihnen hier zur Verfügung stehen. Weiter unten in diesem Kapitel sind dann einige Anwendungsbeispiele für den QUICK RECORDER aufgeführt:

Der QUICK RECORDER in der erweiterten Ansicht

Wollen Sie Klangdateien bearbeiten, müssen Sie den QUICK RECORDER in der erweiterten Ansicht anzeigen lassen. Dazu nutzen Sie den Befehl ERWEITERTE ANSICHT aus dem Menü OPTIONEN des Programms. Ist die erweiterte Ansicht eingestellt, ist dieser Befehl durch ein vorangestelltes Häkchen gekennzeichnet. Das Fenster in der erweiterten Ansicht sehen Sie in Abb. 4.5.

Neben dem erweiterten Menü, sehen Sie in dem Bild auch eine Symbolleiste. Hier werden verschiedene Funktionen des Programms für den schnellen Aufruf mit der Maus angeboten. Die Symbolleiste ist im einzelnen weiter unten in diesem Kapitel erläutert. Außerdem stehen zwei Bearbeitungsfenster für die Klangdateien zur Verfügung. Auch die Statuszeile ist erweitert und zeigt weitere Informationen an. In der erweiterten Ansicht können Sie das Fenster der Anwendung auf volle Bildschirmgröße zoomen (vergleiche Darstellung in Abb. 4.5) und mit Hilfe der Maus oder der Tastatur auf eine beliebige Größe bringen.

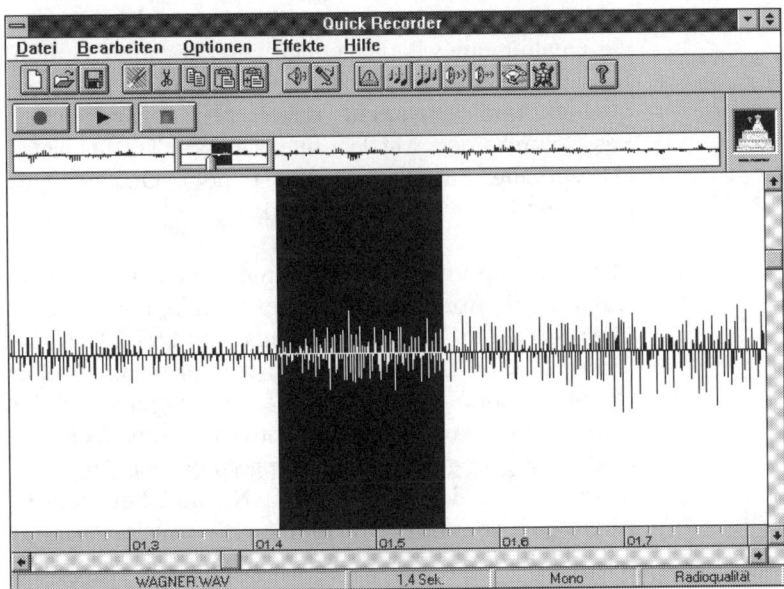

Abb. 4.5: Der QUICK RECORDER in der erweiterten Ansicht

An dieser Stelle werden zunächst die Menüfunktionen in der erweiterten Ansicht beschrieben. Viele dieser Funktionen werden auch in der reduzierten Ansicht angeboten und sind dort bereits erläutert worden. Daher wird an dieser Stelle vorwiegend auf Unterschiede eingegangen.

Das Menü DATEI

Neue Datei anlegen und Eigenschaften bestimmen

NEU: In der erweiterten Ansicht erhalten Sie mit diesem Befehl zunächst das Dialogfeld Klangeigenschaften. Hier bestimen Sie die Abtastrate und die Komprimierung für eine neue Klangdatei. Außerdem können Sie bestimmen, ob es sich um eine Stereoaufnahme handeln soll. Beachten Sie dabei, daß eine Stereoaufnahme doppelt soviel Arbeitsspeicher benötigt wie eine Aufnahme in Mono.

Abtastrate wählen

Bei der Abtastrate haben Sie die Wahl zwischen drei Optionen. Die Abtastrate bestimmt die Häufigkeit der Abtastungen eines Klangs, woraus sich die Qualität der Aufnahme ergibt. Dabei gilt, je höher die Abtastrate, desto höher die Qualität der Aufnahme. Die erste Option, Radioqualität (11 kHz), bietet eine niedrige Klangqualität, die etwa der Qualität eines Radios entspricht. Die zweite Option, Kassettenqualität (22 kHz), ergibt eine mittlere Klangqualität und entspricht dabei der Qualität eines Kassettenrekorders. Mit der dritten Option, CD-Qualität (44 kHz), erhalten Sie eine Aufnahme in hoher Qualität, etwa der eines CD-Players entsprechend.

Komprimierung festlegen

Mit der Komprimierung können Sie bereits für eine neue Datei die Komprimierungsart bestimmen, die Sie sonst über den Befehl KOMPRIMIERUNG aus dem Menü OPTIONEN festlegen. Drei Optionen stehen zur Auswahl. Mit der Option Komprimiert benötigen Sie am wenigsten Speicher (5 KByte pro Sekunde), die Aufnahme hat damit aber auch eine relativ geringe Qualität, die für gesprochene Texte aber durchaus ausreicht. Die Option Normal benötigt 11 KByte pro Sekunde und bietet eine mittlere Klangqualität. Benötigen Sie hohe Qualität und haben ausreichend Speicher zur Verfügung, so wählen Sie die Option High Fidelity, mit der 22 KByte pro Sekunde benötigt werden. Haben Sie den Befehl NEU gewählt und die gewünschten Einstellungen im Dialogfeld Klangeigen-

Das Menü DATEI

schaften vorgenommen, quittieren Sie dieses mit <OK>,
um die neue Datei anzulegen. Diese wird vom Programm
mit <Unbenannt>x bezeichnet. Das x steht für eine Zahl,
wobei die neu angelegten Dateien einer Arbeitsitzung jeweils fortlaufend durchnumeriert werden.

Sie erhalten so nun das Gerüst, in das der Klang eingebunden wird. Sie müssen diesen Klang liefern, indem Sie
mit dem QUICK RECORDER eine Aufnahme anfertigen.
Anschließend speichern Sie die neue Datei dann unter eigenem Namen.

ÖFFNEN: Mit diesem Befehl können Sie bereits existierende Dateien   *Vorhandene Datei*
öffnen. Dazu wird das Dialogfeld Quick Recorder - Klang-   *öffnen*
datei öffnen angezeigt. Dieses Dialogfeld sehen Sie auch in
Abb. 4.6. Wählen Sie zunächst das Verzeichnis, das die zu
öffnende Datei enthält. Dabei können Sie mit Hilfe des
Laufwerklistenfeldes auch auf die verschiedenen Laufwerke
Ihres Systems zugreifen. Die Listenfelder für den Dateityp
und die Laufwerke müssen Sie jeweils durch einen Klick
auf den Pfeilschalter am rechten Rand des Feldes auf-
klappen.

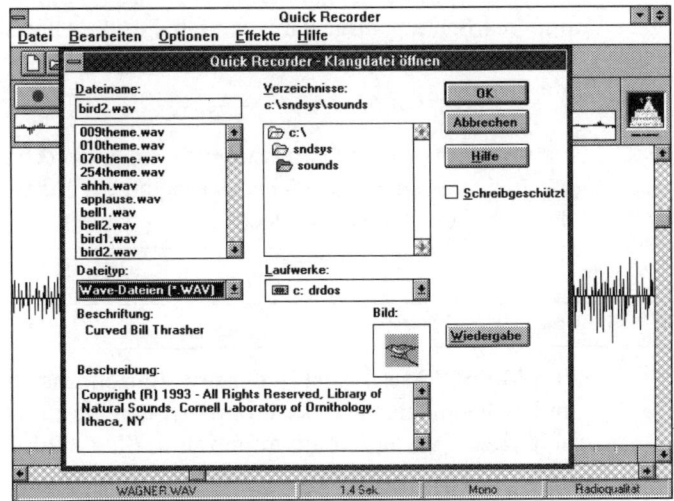

Abb. 4.6: Das Dialogfeld zum Öffnen von Klangdateien

Das Menü DATEI

Verzeichnis bestimmen und Datei auswählen

Haben Sie das Verzeichnis bestimmt, suchen Sie die gewünschte Datei aus der Dateiliste. Es werden in der Dateiliste immer die Dateien angezeigt, die durch das Dateiformat, das aktuell eingestellt ist, bestimmt werden. Haben Sie Dateien verschiedener Formate in einem Verzeichnis gespeichert, wählen Sie Alle Dateien (*.*), um diese Dateien in der Liste anzeigen zu lassen. Neben der Auswahl über die Listen können Sie den Dateinamen auch direkt in das entsprechende Textfeld eintippen. Soll die Datei vor Veränderungen geschützt werden, markieren Sie das Kontrollfeld Schreibgeschützt. Sie können die Datei dann zwar einsehen und abspielen, jedoch keine Veränderungen vornehmen. Im Dialogfeld werden jeweils die Beschriftung, die Beschreibung und das Bild der aktuell gewählten Datei angezeigt. So können Sie sich besser orientieren, ob es sich hier wirklich um die gewünschte Datei handelt. Mit Hilfe der Schaltfläche <Wiedergabe> können Sie die Datei sogar abspielen lassen, bevor Sie sie tatsächlich öffnen. Sie vermeiden es so, eine Datei erst öffnen zu müssen, um deren Inhalt zu überprüfen. Im QUICK RECORDER können Sie bis zu 10 Dateien öffnen. Allerdings wird immer nur eine Datei angezeigt. Die geöffneten Dateien werden jeweils am Ende des Menüs DATEI mit aufgeführt und können von hier aus für die Anzeige und Bearbeitung ausgewählt werden. Für das Öffnen von Dateien steht der Tastaturkurzbefehl [Strg]+[F12] zur Verfügung.

Die übrigen Menübefehle des Menüs DATEI entsprechen denen in der reduzierten Ansicht des Programms und werden daher an dieser Stelle nicht noch einmal erläutert.

Menü BEARBEITEN

Das Menü BEARBEITEN ist in der erweiterten Ansicht um einige Befehle reicher. Es werden hier Befehle zum Bearbeiten von Klangdateien angeboten, die nachfolgend näher erläutert werden.

Menü	Bearbeiten

RÜCKGÄNGIG: Mit diesem Befehl machen Sie den zuletzt durchgeführten Bearbeitungschritt an einer Kangdatei rückgängig. Einige Aktionen lassen sich nicht widerrufen. In diesem Fall ist der Befehl abgeblendet dargestellt und kann nicht gewählt werden. Für das Rückgängigmachen existiert der Tastaturkurzbefehl [Strg]+[Z].

Bearbeitungsschritt rückgängig machen

AUSSCHNEIDEN: Bevor Sie diesen Befehl wählen können, müssen Sie zunächst einen Bereich in Ihrer Klangdatei markieren. Die Klangdatei wird in zwei Fenster, dem oberen Übersichtsfenster und einem unteren Bearbeitungsfenster angezeigt. Sie markieren einen Bereich, indem Sie im Bearbeitungsfenster an den Anfangspunkt des Bereichs klicken und dann die Maus bis zum gewünschten Endpunkt des Bereichs ziehen. Der markierte Abschnitt wird invers dargestellt. Nähere Informationen zum Markieren innerhalb von Klangdateien erhalten Sie bei den Anwendungsbeispielen weiter unten in diesem Kapitel. Haben Sie nun einen Bereich markiert, können Sie ihn mit dem Befehl AUSSCHNEIDEN aus der Klangdatei entfernen. Der ausgeschnittene Teil wird dabei in der Windows Zwischenablage abgelegt und kann von dort aus an anderer Stelle, beispielsweise in eine andere Klangdatei eingefügt werden. Sie können auch eine vollständige Klangdatei ausschneiden, indem Sie den Befehl ALLES AUSWÄHLEN aus dem Menü BEARBEITEN wählen und anschließend den Befehl AUSSCHNEIDEN aufrufen. Den Befehl wählen Sie auch mit der Tastenkombination [Strg]+[X].

Bereich ausschneiden

KOPIEREN: Mit diesem Befehl kopieren Sie eine vollständige Klangdatei oder einen Bereich in die Windows Zwischenablage. Von hier aus können Sie die Datei in eine andere Anwendung einbinden beziehungsweise den kopierten Bereich in eine andere Klangdatei einfügen. Das Einfügen in eine Klangdatei geschieht dabei immer an der Stelle, die durch den Bearbeitungscursor im Bearbeitungsfenster markiert ist. Beachten Sie hierzu die Anwendungsbeispiele weiter unten in diesem Kapitel. Die Tastenkombination für diesen Befehl lautet [Strg]+[C].

Klangdatei oder Bereich kopieren

Das Menü	DATEI
Klangdatei oder Bereich einfügen — EINFÜGEN:	Mit diesem Befehl fügen Sie eine Klangdatei oder einen Bereich aus einer Klangdatei an der aktuellen Cursorposition im Bearbeitungsfenster ein. Dazu muß allerdings zuvor eine Datei oder ein Bereich in der Zwischenablage abgelegt worden sein. Dazu nutzen Sie die Befehle AUSSCHNEIDEN und KOPIEREN. Beachten Sie, daß immer, wenn Sie etwas ausschneiden oder kopieren, der vorherige Inhalt der Zwischenablage gelöscht wird. Der Tastaturkurzbefehl lautet [Strg]+[V].
Mischen von Klangdateien — MISCHUNG EINFÜGEN:	Diesen Befehl nutzen Sie zum Mischen von Klangdaten. Dabei wird der Inhalt der Zwischenablage mit der aktuell angezeigten Datei gemischt. Sie positionieren den Bearbeitungscursor an der Stelle der aktuellen Klangdatei, an der Sie mit dem Mischen beginnen wollen. anschließend rufen Sie den Befehl auf. Auf diese Weise können Sie zwei oder mehrere Klangdateien miteinander mischen. Der Aufruf über die Tastatur erfolgt mit [Strg]+[M].
Bereich löschen — LÖSCHEN:	Mit diesem Befehl wird ein zuvor markierter Bereich aus einer Klangdatei gelöscht. Versehentliche Löschungen können Sie mit dem Befehl RÜCKGÄNGIG ungeschehen machen. Der Aufruf dieses Befehls muß allerdings sofort nach dem Löschen erfolgen. Beim Löschen wird der Bereich nicht in der Zwischenablage abgelegt. Über die Tastatur rufen Sie den Befehl mit [Entf] auf.
Vollständige Klangdatei markieren — ALLES AUSWÄHLEN:	Mit diesem Befehl wählen Sie die vollständige Klangdatei für einen Bearbeitungsschritt, beispielweise das Kopieren auf. Hier steht Ihnen der Tastaturkurzbefehl [Strg]+[K] zur Verfügung.

Menü	OPTIONEN
	Die Befehle des Menüs OPTIONEN weisen keine Unterschiede zur reduzierten Ansicht auf. Daher soll auf eine erneute Erläuterung an dieser Stelle verzichtet werden.

Menü	EFFEKTE
	Das Menü EFFEKTE ist nur in der erweiterten Ansicht des QUICK RECORDERS vorhanden. Es dient dazu, Klangdateien mit wirkungsvollen Effekten zu versehen. Die einzelnen Befehle des Menüs sind nachfolgend erläutert.

NORMALISIEREN: Dieser Befehl ermöglicht eine maximale Erhöhung der Lautstärke, ohne daß es dabei zu Verzerrungen kommt. Haben Sie bei einer Aufnahme mit einer geringen Lautstärke arbeiten müssen, können Sie diesen Befehl nutzen, um die Lautstärke verzerrungsfrei zu erhöhen.

Effekt normalisieren

EIN / -AUSBLENDEN: Dieser Befehl verzweigt in ein Untermenü mit den Befehlen EIN und AUS. Mit Hilfe dieser Befehle können Sie einen zuvor markierten Bereich in einer Klangdatei langsam ein- beziehungsweise ausblenden. Nutzen Sie diese Effekt beispielsweise, um den Beginn einer Aufnahme langsam einzublenden, so daß der Klang allmählich lauter wird. Ebenso können Sie das Ende einer Aufnahme langsam ausklingen lassen.

Effekt ein- und ausblenden

LAUTSTÄRKE: Mit diesem Befehl regeln Sie die Lautstärke in einem ausgewählten Bereich. Der Menübefehl verzweigt in ein Untermenü mit den Befehlen ERHÖHEN und VERRINGERN, mit denen Sie bestimmen, ob die Lautstärke lauter oder leiser werden soll.

Lautstärke verändern

GESCHWINDIGKEIT: Mit diesem Befehl können Sie die Geschwindigkeit eines ausgewählten Bereichs der Aufnahme regeln. Der Befehl verzweigt in ein Untermenü mit den Befehlen SCHNELLER und LANGSAMER. Hier

Geschwindigkeit verändern

Menü	EFFEKTE
	bestimmen Sie, wie die Geschwindigkeit verändert wird. Doch Vorsicht: Haben Sie einmal SCHNELLER gewählt und wählen danach LANGSAMER, wird die ursprüngliche Geschwindigkeit nicht erreicht, sondern eine verlangsamte Geschwindigkeit. Das gleiche gilt in der anderen Richtung.

Effekt Echo   ECHO: Mit diesem Befehl können Sie ein Echo zu der Aufnahme hinzufügen. Das Untermenü enthält die Befehle SCHRANK, AUDITORIUM, KONZERTSAAL, STADION und SCHLUCHT. Das Echo ist bei der Schrankeinstellung am schnellsten und wird von Unterpunkt zu Unterpunkt stufenweise immer langsamer, ensprechend der Entfernung, die durch die Befehle verdeutlicht werden soll.

Höhen und Bässe herausfiltern   HERAUSFILTERN: Mit diesem Befehl können Sie die Frequenzen regeln und ausfiltern. Das Untermenü enthält die Befehle HÖHEN und BÄSSE. Hier bestimmen Sie, ob die Höhen oder die Bässe herausgefiltert werden sollen.

PAUSEN KÜRZEN: Mit diesem Befehl löschen Sie Teile der Aufnahme, die keinen Klang enthalten. Das heißt, unnötige Pausen können herausgeschnitten werden.

Menü	HILFE
	Das Menü HILFE enthält in der erweiterten Ansicht dieselben Befehle und Funktionen wie in der reduzierten Ansicht. Es soll daher an dieser Stelle nicht erneut erläutert werden.

Symbolleiste   Damit haben Sie die Menüfunktionen der erweiterten Ansicht kennengelernt. Der Großteil der Funktionen wird auch über eine Symbolleiste bereitgestellt, die Sie auch in Abb. 4.7 sehen. Die folgende Liste zeigt die Funktionen der einzelnen Symbole auf.

Abb. 4.7: Die Symbolleiste des QUICK RECORDERS

Funktionen der Symbolleiste

Dieses Symbol enspricht dem Menübefehl DATEI NEU. Hiermit öffnen Sie das Dialogfeld Klangeigenschaften und legen eine neue Klangdatei an.

Dieses Symbol entspricht dem Menübefehl DATEI ÖFFNEN. Hiermit rufen Sie das Dialogfeld zum Öffnen einer existierenden Datei auf (vergleiche Abb. 4.6).

Dieses Symbol entspricht dem Menübefehl DATEI SPEICHERN/ AKTUALISIEREN. Hiermit speichern Sie Änderungen, die Sie an einer Datei vorgenommen haben.

Dieses Symbol entspricht dem Menübefehl BEARBEITEN RÜCKGÄNGIG. hiermit machen Sie den letzten Bearbeitungsschritt an einer Klangdatei rückgängig.

Dieses Symbol entspricht dem Menübefehl BEARBEITEN AUSSCHNEIDEN. Hiermit schneiden Sie einen zuvor markierten Bereich aus einer Klangdatei aus und legen ihn in der Zwischenablage ab.

Dieses Symbol entspricht dem Menübefehl BEARBEITEN KOPIEREN. Hiermit kopieren Sie einen zuvor markierten Bereich einer Klangdatei in die Zwischenablage.

Dieses Symbol entspricht dem Menübefehl BEARBEITEN EINFÜGEN. Hiermit fügen Sie einen zuvor augeschnittenen oder kopierten Bereich einer Klangdatei an der aktuellen Position des Bearbeitungscursors in eine Klangdatei ein.

Dieses Symbol entspricht dem Menübefehl BEARBEITUNG MISCHUNG EINFÜGEN. Hiermit mischen Sie Klangdateien, indem Sie Klangdaten aus der Zwischenablage in eine Klangdatei einfügen.

Dieses Symbol entspricht dem Menübefehl OPTIONEN LAUTSTÄRKE EINSTELLEN. Hiermit öffnen Sie das Programm LAUTSTÄRKEREGELUNG.

Dieses Symbol entspricht dem Menübefehl OPTIONEN AUFNAHMEPEGEL EINSTELLEN. Hiermit öffnen Sie das Programm AUFNAHMEREGE-LUNG.

 Dieses Symbol entspricht dem Menübefehl EFFEKT NORMALISIEREN. Hiermit erhöhen Sie die Lautstärke eines zuvor markierten Bereichs ohne Verzerrungen.

 Dieses Symbol entspricht dem Menübefehl EFFEKTE EINBLENDEN. Hiermit lassen Sie die Lautstärke eines zuvor markierten Bereichs langsam ansteigen.

 Dieses Symbol entspricht dem Menübefehl EFFEKTE AUSBLENDEN. Hiermit lassen Sie die Lautstärke eines zuvor markierten Bereichs langsam abnehmen.

 Dieses Symbol entspricht dem Menübefehl EFFEKTE LAUTSTÄRKE ERHÖHEN. Hiermit erhöhen Sie die Lautstärke eines zuvor markierten Bereichs.

 Dieses Symbol entspricht dem Menübefehl EFFEKTE LAUTSTÄRKE VERRINGERN. Hiermit verringern Sie die Lautstärke eines zuvor markierten Bereichs.

 Dieses Symbol entspricht dem Menübefehl EFFEKTE GESCHWINDIGKEIT SCHNELLER. Hiermit erhöhen Sie die Geschwindigkeit eines zuvor markierten Bereichs.

 Dieses Symbol entspricht dem Menübefehl EFFEKTE GESCHWINDIGKEIT LANGSAMER. Hiermit verringern Sie die Geschwindigkeit eines zuvor markierten Bereichs.

 Dieses Symbol entspricht dem Menübefehl HILFE INHALT. Hiermit rufen Sie die Inhaltsübersicht der Hilfe für den QUICK RECORDER auf.

Nutzen Sie die Symbolleiste, um Funktionen schnell per Mausklick aufzurufen. Je nachdem, ob Sie lieber mit der Maus oder der Tastatur arbeiten, können Sie auch die Tastaturkurzbefehle nutzen, um Funktionen möglichst schnell aufzurufen.

Das erweiterte Fenster des QUICK RECORDERS weist eine Reihe von Bedienelementen auf, mit deren Hilfe Sie Klangdateien bearbeiten können. Diese Bedienelemente werden im folgenden vorgestellt und ihr Einsatz wird erläutert.

Bedienelemente in der erweiterten Ansicht

Unterhalb der Symbolleiste finden Sie die drei Schaltflächen, die Sie von der reduzierten Ansicht her kennen. Oben rechts ist das Bildfeld positioniert, das jeweils das einer Klangdatei zugeordnete Bild anzeigt. Dieses Element wird auch in der reduzierten Ansicht angezeigt.

Unterhalb der Schaltflächen sehen Sie das Übersichtsfenster. Dieses Fenster zeigt die Klangdatei in einer Übersicht an. Ebenso wie im darunter liegenden Bearbeitungsfenster werden die Klangdateien hier in Wellenform angezeigt. Diese Wellen geben den Frequenzverlauf enes Klanges wieder. In der Mitte wird einen Nulllinie angezeigt. Je weiter die Spitze eine Welle von dieser Linie entfernt ist, desto lauter ist der Ton. Die Höhe eines Tons wird durch die Anzahl der Schwingungen pro Zeiteinheit repräsentiert. Viele Schwingungen pro Zeiteinheit entsprechen einem hohen Ton, wenige einem niedrigen.

Übersichtsfenster

Das Übersichtsfenster enthält einen Wiedergabe-Positionsanzeiger, der während einer Aufnahme oder einer Wiedergabe immer den aktuellen Standort innerhalb der Klangdatei anzeigt. Sie können diesen Zeiger mit der Maus durch Anklicken und Ziehen beliebig verschieben und so beispielsweise den Punkt bestimmen, an dem eine Wiedergabe starten soll. Wenn Sie den Zeiger mit der Maus verschieben, nimmt der Mauscorsor die Form einer Hand mit ausgestrecktem Zeigefinger an.

Wiedergabe-Positionsanzeiger

Zudem können Sie in dem Übersichtsfenster einen Auswahlrahmen anzeigen lassen. Dieser erscheint, sobald Sie mit der Maus an einer beliebigen Stelle innerhalb des Übersichtsfensters klicken. Mit dem Rahmen wählen Sie einen bestimmten Bereich innerhalb der Datei aus, der dann im Bearbeitungsfenster (siehe unten) genauer dargestellt wird. Den Rahmen können Sie in seinen Abmessungen und in der Position verändern. Um die Breite zu erhöhen oder zu vermindern, klicken Sie mit der Maus auf eine der vertikalen Seiten des Rahmens und ziehen den Rahmen dann in die gewünschte Richtung. Der Mauscursor hat bei dieser Aktion die Form eines Doppelpfeils. Um den Auswahlrahmen zu verschieben, klicken Sie auf die untere horizontale Seite des Rahmens und verschieben diesen dann in die gewünschte Richtung. Der Mauscursor nimmt dabei die Form einer

Hand mit ausgestreckten Fingern an. Anhand der Form des Maus-cursors können Sie also erkennen, welche Aktion aktuell durchgeführt wird. Der Wiedergabe-Positionsanzeiger kann mit der Tabulatortaste angesteuert und dann mit den Pfeiltasten verschoben werden. Mit der Tastatur können Sie den Auswahlrahmen vergrößern und verkleinern, indem Sie die Tastenkombinationen ⇧+↑ (Vergrößern) und ⇧+↓ (Verkleinern) nutzen. Wollen Sie den Rahmen aus dem Über-sichtsfenster entfernen, ziehen Sie die vertikalen Seiten des Rahmens über den Fensterrand hinaus. Der Auswahlrahmen läßt sich zudem über die Zoom-Bildlaufleiste des Bearbeitungsfensters steuern (siehe unten).

Das Bearbeitungsfenster zeigt die Wellen der Klangdatei in einer grö-ßeren Auflösung als das Übersichtsfenster. Die Größe der Anzeige läßt sich bei Bedarf noch verändern. Bei längeren Dateien können Sie hier immer nur einen Ausschnitt betrachten und bearbeiten. Haben Sie im Übersichtsfenster einen Bereich mit dem Auswahlrahmen markiert, wird dieser Bereich im Bearbeitungsfenster angezeigt. Das Fenster verfügt über zwei Bildlaufleisten, wobei die vertikale Leiste zum Zoomen, also dem Vergrößern und Verkleinern der Anzeige dient. Dabei wird nicht nur die Anzeige im Bearbeitungsfenster verändert, sondern auch der Inhalt des Auswahlrahmens im Übersichtsfenster entsprechend angepaßt. Positionieren Sie das Bildlauffeld der Zoom-Bildlaufleiste ganz am oberen Rand, verschwindet der Auswahl-rahmen aus dem Übersichtsfenster. Mit Hilfe der horizontalen Bild-laufleiste lassen Sie Bereiche der Datei anzeigen, die Sie aktuell nicht im Fenster sehen. Beim Verschieben der Datei innerhalb des Fensters wird auch der Auswahlrahmen im Übersichtsfenster entsprechend mitbewegt. Die Steuerung der beiden Fenster beeinflußt sich also gegenseitig.

Berabeitungs-fenster

Innerhalb der Bearbeitungsfenster markieren Sie Teile der Datei mit Hilfe des Bearbeitungscursors. Dieser präsentiert sich als senkrechter blinkender Strich, der die gesamte Höhe des Bearbeitungsfensters einnimmt. Mit der Maus klicken Sie in das Fenster, um diesen Cursor zu erhalten, und ziehen ihn in die gewünschte Richtung. Der markier-te Bereich wird dann invers dargestellt. Haben Sie einen Bereich im Berarbeitungsfenster markiert, wird dieser auch im Übersichtsfenster markiert dargestellt. Über die Tastatur gelangen Sie mit der Tabula-tortaste in das Bearbeitungsfenster. Sobald der Cursor angezeigt wird, können Sie ihn mit Hilfe der Pfeiltasten verschieben. Die Tasten-kombinationen ⇧+← und ⇧+→ dienen dem Markieren eines Be-

reichs der Klangdatei. Wenn Sie die Taste ⬆ zusammen mit den Tasten (Bild↓) und (Bild↑) einsetzen, makieren Sie jeweils einen größeren
Abschnitt in der Klangdatei. Durch einen Mausklick oder alleiniges
Drücken der Taste ← beziehungsweise der Taste → wird die Markierung wieder aufgehoben.

Haben Sie einen Bereich im Bearbeitungsfenster markiert, könnnen   *Markierten*
Sie ihn auf verschiedene Weise bearbeiten. Dazu stehen Ihnen die   *Bereich bearbeiten*
Menüfunktionen zur Verfügung, die weiter oben in diesem Kapitel be-
schrieben sind. Kopieren Sie beispielsweise den markierten Bereich
oder weisen Sie ihm Effekte zu. Wollen Sie die vollständige Datei mar-
kieren, nutzen Sie dazu den Menübefehl Bearbeiten Alles markieren.
Aktionen, die Sie nun ausführen, gelten für die komplette Klangdatei.
Weiter unten in diesem Kapitel sind Beispiele für die Bearbeitung von
Klangdateien angeführt.

Oberhalb der horizontalen Bildlaufleiste enhält das Bearbeitungs-   *Spielzeitanzeige*
fenster die Spielzeitanzeige. Dies ist eine Skala, die jeweils die Spielzeit
des aktuellen Dateiausschnitts im Bearbeitungsfenster anzeigt. So haben Sie eine genaue Kontrolle über die Zeit, die der ausgewählte Bereich einnimmt. Ändern Sie den Ausschnitt, wird auch die Skala entsprechend verändert. Die Werte werden dabei in der Regel in
Sekunden angegeben. Bei sehr langen Dateien und großen Ausschnitten werden entsprechend größere Einheiten gewählt. Haben Sie eine
Datei mit einer Gesamtlänge von 5 Sekunden und wählen einen Ausschnitt in der Mitte, so wird Ihnen beispielsweise die Zeitspanne ab
02,50 Sekunden bis 02,58 Sekunden angezeigt. Die Skalierung wird
dabei dem Ausschnitt entsprechend in kleinere oder größere Stufen
eingeteilt.

Den unteren Rand des Bearbeitungsfensters bildet die Statuszeile.   *Statuszeile*
Auch das Fenster in der reduzierten Ansicht verfügt über eine Statuszeile, allerdings enthält diese weniger Informationen. Von links nach
recht zeigt die Statuszeile in der erweiterten Ansicht die folgenden Angaben:

Dateiname: Hier wird der Name der aktuell angezeigten Datei aufge-
             führt.

Spielzeit: Hier wird die aktuelle Spielzeit angegeben. Je nach Gesamtlänge der Aufnahme wird eine entsprechende einheit gewählt. Bei Längen bis zu 60 Sekunden erfolgt die Angabe in Zehntelsekunden, bis 180 Sekunden in Sekunden und darüber hinaus in Minuten.

Mono-/Stereoanzeige: Hier erhalten Sie eine Angabe, ob es sich bei der aktuellen Datei um eine Mono- oder eine Stereoaufnahme handelt.

Klangqualität: Diese Anzueiege gibt die Klangqualität, also Radioqualität, Kassettenqualität oder CD-Qualität der aktuellen Klangdatei wieder.

Damit haben Sie die Bedienelemente des QUICK RECORDERS in der erweiterten Ansicht kennengelernt. In den folgenden Abschnitten werden Sie erfahren, wie Sie diese praktisch einsetzen können.

Datei öffnen und Lautstärke einstellen

Anwendungs-beispiele

Öffnen Sie den QUICK RECORDER über das Symbol in der Programmgruppe des Windows SOUND SYSTEMS. Stellen Sie die erweiterte Ansicht über den Befehl OPTIONEN ERWEITERTE ANSICHT ein. Öffnen Sie die Datei WAGNER.WAV. Dazu rufen Sie den Menübefehl DATEI ÖFFNEN auf. Die Datei finden Sie am Ende der Liste der beim Windows SOUND SYSTEM mitgelieferten Dateien im Verzeichnis C:\SNDSYS\SOUNDS. Sollten Sie die Beispieldateien in einem anderen Verzeichnis installiert haben, müssen Sie die Datei entsprechend in diesem Verzeichnis suchen. Haben Sie die Datei in der Dateiliste markiert, wird das zugehörige Bild, die Beschriftung und die Beschreibung angezeigt. Betätigen Sie die Schaltfläche <Wiedergabe>, um sich die Datei anzuhören, bevor Sie sie öffnen. Anschließend übernehmen Sie die Datei mit ⏎ oder einem Doppelklick auf den Dateinamen in den QUICK RECORDER. Zoomen Sie das Fenster der Anwendung auf die volle Bildschirmgröße, indem Sie das Symbol zum Vergrößen in der rechten oberen Fensterecke anklicken. So erhalten Sie maximalen Platz zum Bearbeiten der Datei.

Wählen Sie nun den Befehl Optionen Lautstärke einstellen, um die LAUTSTÄRKEREGELUNG zu öffnen. Sie wird wie ein Dialogfeld innerhalb des Fensters des QUICK RECORDERS angezeigt (siehe Abb. 4.8). Für die Wiedergabe von Dateien im Wellenformat müssen Sie den Regler Wave wählen. Sollte die LAUTSTÄRKEREGELUNG in der reduzierten Ansicht geöffnet werden, müssen Sie zunächst in die erweiterte Ansicht wechseln. Dazu öffnen Sie das Systemmenü der Anwendung und wählen den Befehl Erweiterte Ansicht oder nutzen den Tastaturkurzbefehl ⟨Alt⟩+⟨E⟩. Anschließend stellen Sie die Balance und die Lautstärke mit dem Wave-Regler ein.

Programm LAUTSTÄRKE-REGELUNG aufrufen

Haben Sie bei dem QUICK RECORDER die Einstellung Im Vordergrund gewählt, so verschwindet das Fenster der LAUTSTÄRKE-REGELUNG, sobald Sie das Fenster des QUICK RECORDERS aktivieren. Möchten Sie die LAUTSTÄRKEREGELUNG konstant anzeigen lassen, so deaktivieren Sie die Option Im Vordergrund für den QUICK RECORDER. Diese Einstellung erfolgt über das Dialogfeld, das Sie mit dem Befehl Optionen Einstellungen öffnen. Haben Sie die Lautstärke eingestellt, nutzen Sie die Schaltfläche zur Wiedergabe der Klangdatei, um Ihre Einstellungen zu überprüfen. Entspricht die Lautstärke noch nicht Ihren Wünschen, regeln Sie entsprechend nach. In diesem Fall ist es beispielsweise sinnvoll, das Fenster der LAUTSTÄRKE-REGELUNG permanent anzeigen zu lassen, da Sie es sonst immer wieder neu aufrufen müßten, um die Lautstärke nachzuregeln. Auch bei der Zuweisung von Effekten, die Sie sich anschließend anhören möchten, ist diese Einstellung sinnvoll.

Möchten Sie das Fenster der LAUTSTÄRKEREGELUNG nicht innerhalb des QUICK RECORDER anzeigen lassen, da es Ihnen dort Teile der Klangdatei oder der Bedienelemente verdeckt, stellen Sie die Fenstergröße des QUICK RECORDERS so ein, daß die Fenster der beiden Anwendungen nebeneinander passen. Ebenso können Sie verfahren, wenn Sie zusätzlich die AUFNAHMEREGELUNG anzeigen lassen wollen.

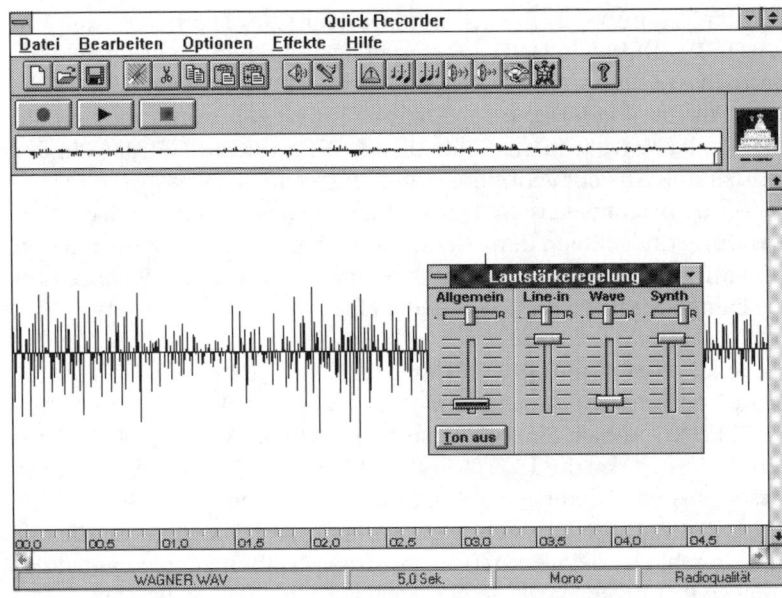

Abb. 4.8: Einstellen der Lautstärke aus dem QUICK RECORDER heraus

Klangdatei einbetten oder verknüpfen

Datenaustausch über OLE

Der QUICK RECORDER ist eine OLE-fähige Anwendung, die als OLE-Server dient. OLE steht für Object Linking and Embedding und ist eine Form des Datenaustauschs unter Windows. Der Ausdruck bedeutet übersetzt Verknüpfen und Einbetten von Objekten. Dateien des QUICK RECORDERS können also in Dokumente anderer Anwendungen eingebettet beziehungsweise mit diesen verknüpft werden. Dazu muß die andere Anwendung ein Windows-Programm und ebenfalls OLE-fähig sein. Das andere Programm fungiert als OLE-Klient, wenn es Dateien eines OLE-Servers aufnimmt. Bei dem Datenaustausch über OLE gibt es zwei Möglichkeiten, das Einbetten und das Verknüpfen. Eingebettete Klangdateien werden zu einem festen Bestandteil des Dokumentes. Sie können das Dokument mit dem eingebetteten Objekt auf einen anderen Rechner übertragen und dort weiterbearbeiten. Ist die Klangdatei jedoch mit dem Dokument verknüpft und Sie möchten das Dokument auf einem anderen System weiterbearbeiten, dann müssen Sie dafür sorgen, daß die Klangdatei mit übertragen wird oder daß der im Dokument angegebene Pfad zu dem verknüpften Objekt weiterhin gültig ist. Das heißt, die Server-Anwendung, in diesem Fall der QUICK RECORDER, muß auch auf dem anderen System ebenfalls installiert sein, und die Pfade müssen übereinstimmen.

Eine eingebettete Klangdatei ist in einem Dokument nicht von einer verknüpften Klangdatei zu unterscheiden. Beide sehen gleich aus und haben die gleichen Funktionen. Der einzige Unterschied ist der, daß ein Klangobjekt, das eingebettet ist, nur für das Dokument verändert wird, im Original jedoch unverändert bleibt. Die Bearbeitung einer verknüpften Klangdatei wird dagegen im Original genauso wirksam, wie in dem Dokument.

Um nun eine Klangdatei in ein Dokument einfügen zu können, haben Sie mehrere Möglichkeiten. Die einfachste Variante ist Ziehen und Ablegen. Im folgenden wird diese Variante anhand der zu Windows gehörenden Textverarbeitung WRITE beschrieben.

Ziehen und Ablegen

Sie öffnen den QUICK RECORDER in der Progrmmgruppe Windows SOND SYSTEM und stellen ihn so ein, das er immer im Vordergrund steht (siehe oben). Nun schließen Sie die Programmgruppe des SOUND SYSTEMS und öffnen die Gruppe Zubehör, in der Sie das Programm WRITE finden. Nun ordnen Sie die Fenster der beiden Anwendungen so an, daß sie untereinander oder nebeneinander auf dem Bildschirm zu sehen sind und Sie auf die Funktionen beider Programme Zugriff haben, ohne ein Fenster verschieben zu müssen. Vergleichen Sie hierzu das Abb. 4.8. Diese Anordnung ist nicht zwingend, ermöglicht Ihnen aber einen besseren Überblick über das Geschehen.

Im QUICK RECORDER stellen Sie nun im Dialogfeld Quick Recorder - Einstellungen ein, ob Sie eine Einbettung oder eine Verknüpfung vornehmen möchten. Das Dialogfeld rufen Sie über den Menübefehl OPTIONEN EINSTELLUNGEN auf. Anschließend öffnen Sie die Klangdatei, die Sie übertragen möchten. Das Übertragen des Objeks wird nun mit Hilfe des der Klangdatei zugeordneten Bildes vorgenommen. Das Bild wird in beiden Ansichten des QUICK RECORDERS angezeigt. Auf dieses Bild setzen Sie den Mauscursor, der daraufhin die Form einer Hand annimmt. Diese Form weist immer darauf hin, daß nun die Aktion Ziehen mit der Maus möglich ist. Nun drücken Sie die linke Maustaste und ziehen das Bild in das Fenster von WRITE.

Um nun die Klangdatei einzufügen, führen Sie das Bild an die Stelle des Dokuments, an der die Klangdatei eingesetzt werden soll, und lösen die Maustaste. Im Dokument erscheint das Bild mit der zugehörigen Beschriftung. Sie können die Klangdatei nun aus WRITE heraus abspielen lassen, indem Sie auf das eingefügte Bild doppelklicken. Im QUICK RECORDER können Sie während des Abspielens die Anzeige kontrollieren. Sie wechseln ganz einfach per Mausklick zwischen den beiden Anwendungen und können beispielsweise die LAUTSTÄRKE-REGELUNG aufrufen, um die Lautstärke für Wiedergabe der Datei in WRITE zu verändern. Mit der hier beschriebenen Variante wird die Klangdatei in WRITE eingebettet. Änderungen in WRITE wirken sich also nur auf die hier eingebundene Datei aus, nicht auf das Orginal.

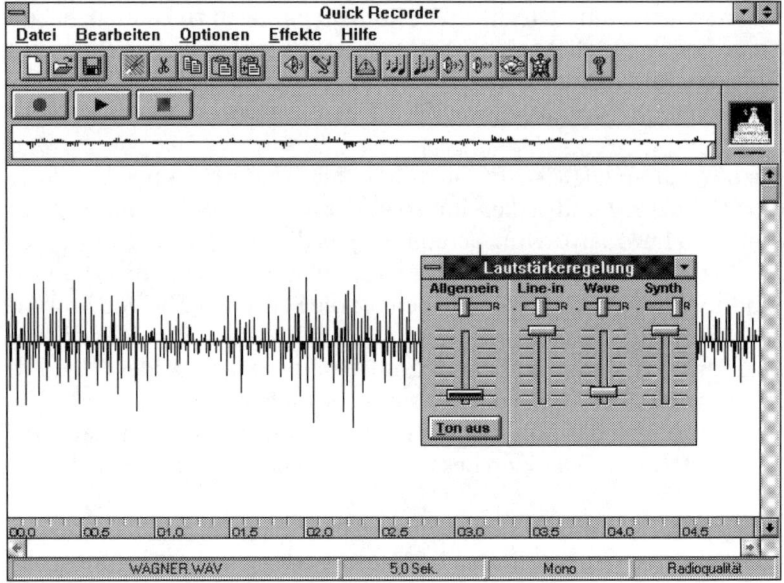

Abb. 4.8: Einbetten einer Klangdatei in WRITE

Wollen Sie nun die Klangdatei in WRITE bearbeiten, wählen Sie in der Textverarbeitung den Befehl BEARBEITEN OBJEKT KLANG BEARBEITEN. Dazu muß zuvor das Bild der Klangdatei markiert sein, da der Befehl sonst nicht anwählbar ist. Daraufhin wird zum QUICK RECORDER gewechselt, in dem nun als aktuelle Datei die WRITE-Datei angezeigt wird, einschließlich der Benennung des zugehörigen Anwendungsprogramms, in diesem Fall also WRITE. So haben Sie eine Kontrolle, an welcher Datei Sie Änderungen vornehmen. Die Bearbeitung der

Datei erfolgt wie bei den anderen Dateien im QUICK RECORDER üblich. Wenn Sie im QUICK RECORDER eine eingebettete Datei bearbeiten, werden die Befehl DATEI SPEICHERN und DATEI ALLES SPEICHERN in die Befehle DATEI AKTUALISIEREN und DATEI ALLES SPEICHERN UND AKTUALISIEREN geändert. Mit diesen Befehlen aktualisieren Sie die jeweils aktuell bearbeitete Datei beziehungsweise speichern und aktualisieren alle derzeit im QUICK RECORDER geöffneten Dateien. Haben Sie die Bearbeitung abgeschlossen, wechseln Sie per Mausklick zu WRITE und können von hier aus auch die veränderte Datei abspielen lassen. Die Orginaldatei im QUICK RECORDER bleibt derweil unverändert.

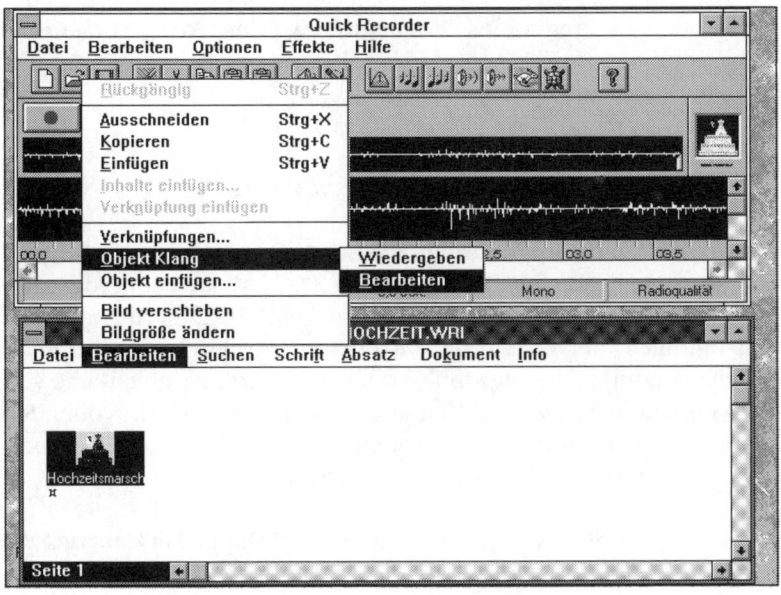

Abb. 4.9: Bearbeiten einer eingebetteten Klangdatei

Haben Sie den QUICK RECORDER geschlossen, können Sie trotzdem die eingebetteten Klangdateien abspielen und bearbeiten. Für das Abspielen doppelklicken Sie auf das Bild der Klangdatei. Der QUICK RECORDER wird daraufhin als Symbol angezeigt und die Datei abgespielt. Für die Dateibearbeitung wählen Sie den oben genannten Befehl, woraufhin der QUICK RECORDER mit der in WRITE markierten Datei geöffnet wird. Sollten Sie mehrere Klangdateien in ein Dokument eingebunden haben, wird immer die Datei geladen, die im Do-

Eingebettete Datei abspielen und bearbeiten

kument markiert ist. Das zugehörige Bild sehen Sie im Bildfeld. In der Statuszeile wird jeweils die Dokumentdatei und die zugehörige Anwendung angezeigt, nicht jedoch die einzelne Klangdatei.

Um den hier besprochenen Datenaustausch durchzuführen, verwendet der QUICK RECORDER die Zwischenablage von Windows. Alle dort vorhandenen Daten werden gelöscht. Also sollten Sie die Variante Ziehen und Ablegen nur dann verwenden, wenn in der Zwischenablage keine wichtigen Daten vorhanden sind.

Damit haben Sie den QUICK RECORDER auch in der praktischen Anwendung erlebt. Dabei ist bislang allerdings nur ein kleiner Teil der Fähigkeiten des Programms demonstriert worden: Weitere praktische Anwendungsbeispiele, auch in Verbindung mit anderen Programmen, finden Sie in Kapitel 5.

Die Sound-Verwaltung

Neben den Dienstprogrammen, die der Aufnahme und Wiedergabe von Klängen dienen, bietet das SOUND SYSTEM auch ein Programm zur Verwaltung von Klangdateien. Der SOUND FINDER ist zwar keine vollständige Dateiverwaltung, wie etwa die zu Windows gehörende Dateiverwaltung (Hauptgruppe), sie bietet allerdings eine Reihe von Funktionen die speziell an Klangdateien angepaßt sind. Wollen Sie Klangdateien auf Ihrem System suchen, konvertieren oder bearbeiten, ist der SOUND FINDER das Werkzeug der Wahl.

Sie starten den SOUND FINDER durch einen Doppelklick auf das zugehörige Programmsymbol in der SOUND SYSTEM Programmgruppe.

Das Fenster des SOUND FINDERS, das Sie auch in Abb. 4.10 sehen, weist mehrere Listenfelder und eine Reihe von Schaltflächen auf. Ein eigenes Pull-down-Menü besitzt das Programm nicht. Die verschiedenen Funktionen werden mit Hilfe der Schaltflächen aufgerufen.

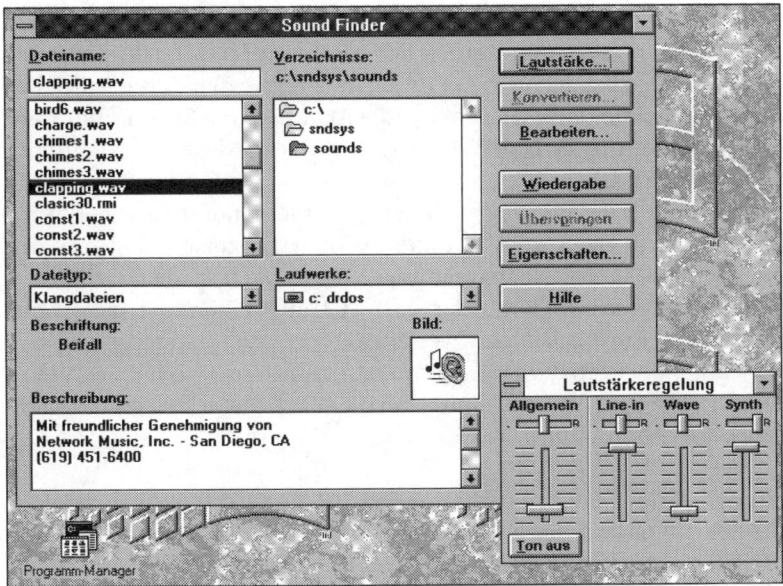

Abb. 4.10: Das Fenster des SOUND FINDERS

Die einzelnen Bestandteile des Fensters sind nachfolgend erläutert. Bei den Bedienelementen wird die jeweilige Funktion ausführlich erklärt. Weiter unten in diesem Kapitel finden Sie zudem ein Anwendungsbeispiel für das Programm, das Ihnen die Funktionen des Programms praktisch vorführt.

Den oberen Abschluß des Fensters bildet die Titelleiste. Sie enthält in der linken Ecke das Systemmenüfeld und in der rechten Ecke das Symbol zum Verkleinern Mit diesem Symbol verkleinern Sie den SOUND FINDER auf Symbolgröße. Vergrößern können Sie das Anwendungsfenster nicht, bei Bedarf jedoch auf dem Bildschirm verschieben.

Das Systemmenü enthält die Befehle WIEDERHERSTELLEN, VERSCHIEBEN, SYMBOL, SCHLIESSEN und INFO. Diese Befehle wurden bereits in Kapitel 3.1 erläutert und auch bei dem Programm LAUTSTÄRKEREGELUNG noch einmal beschrieben. Daher soll auf eine erneute Ausführung an dieser Stelle verzichtet werden.

Dateiliste Unter Dateinamen finden Sie ein Textfeld und ein Listenfeld. In das Textfeld können Sie den Namen der gewünschten Datei direkt eingeben. Wenn Sie dagegen einen Eintrag in der Liste markieren, wird dieser in das Textfeld übernommen. Alle Aktionen, die Sie durchführen, gelten immer für die Datei, die aktuell im Textfed steht beziehungsweise in der Liste markiert ist. Die Dateiliste läßt auch Mehrfachmarkierungen zu. Allerdings können nur aufeinanderfolgende Einträge in der Liste gleichzeitig markiert werden. Dazu ziehen Sie mit der Maus über die gewünschten Einträge oder markieren die Dateinamen nacheinander mit ⇧+↑ oder ⇧+↓. Durch einen Mausklick oder Druck einer Pfeiltaste alleine werden die Mehrfachmarkierungen wieder aufgehoben. In der Regel können nur einzelne Dateien bearbeitet werden. Die Lautstärkeregelung und die Wiedergabe können Sie allerdings auch für mehrere Dateien gleichzeitig aufrufen.

Unterhalb des Dateilistenfeldes sehen Sie das aufklappbare Listenfeld für den Dateityp. Hier sind die Dateitypen, die sie mit dem SOUND FINDER verwalten können, aufgelistet. Wollen Sie alle Klangdateien eines Verzeichnisses auflisten lassen, unabhängig vom einzelnen Dateiformat, so wählen Sie den Eintrag Klangdateien. Sie können aber auch alle vorhandenen Dateiein, also auch Textdateien oder Programmdateien anzeigen lassen, wenn Sie den Eintrag Alle wählen. Im übrigen suchen Sie jeweils das Suffix heraus, das den Dateityp repräsentiert, den Sie anzeigen lassen wollen. Sie können auf diese Weise zum Beispiel überprüfen, ob sich Dateien eines bestimmten Formats in einem Verzeichnis befinden, ohne die vollständige Dateiliste durchsuchen ´zu müssen. Um das Listenfeld zu öffnen, klicken Sie auf den Pfeil rechts des Feldes oder steuern die Liste mit Alt+T an und öffnen sie mit ↓. Sie wählen einen Eintrag entweder mit einem Klick aus oder steuern ihn mit Hilfe der Pfeiltasten an und übernehmen ihn mit ↵.

Neben dem Dateilistenfeld sehen Sie das Verzeichnislistenfeld. Hier werden die Verzeichnisse auf Ihrem System angezeigt, wobei immer nur ein Teil der vorhandenen Verzeichnisse in der Liste aufgeführt wird. Welche Verzeichnisse angezeigt werden, ist abhängig von der Auswahl, die Sie treffen. Das Laufwerk, also das Wurzelverzeichnis, bestimmen Sie im aufklappbaren Listenfeld für die Laufwerke. Diese bedienen Sie ebenso, wie das Listenfeld für den Dateityp. Im Verzeichnislistenfeld erhalten Sie die untergeordneten Verzeichnisse, indem Sie auf das übergeordnete Verzeichnis doppelklicken oder es mit Hilfe der Pfeiltasten anwählen und dann ↵ drücken. Sie lassen die Dateien eines Unterverzeichnisses anzeigen, indem Sie dieses Verzeichnis durch einen Mausklick oder mit den Pfeiltasten in der Liste markieren. Wenn Sie in der aktuellen Arbeitssitzung mit Windows noch kein anderes Verzeichnis im SOUND FINDER bestimmt haben, wird das Verzeichnis C:\SNDSYS\SOUNDS angezeigt. In diesem Verzeichnis befinden sich die Beispielklangdateien, die Sie mit dem SOUND SYSTEM erhalten.

Haben Sie in der Dateiliste eine Datei gewählt, der eine Beschriftung, eine Beschreibung und ein Bild zugeordnet sind, werden diese Elemente in den entsprechenden Feldern des SOUND FINDER-Fensters angezeigt. Haben Sie mehrere Dateien markiert, werden diese Elemente nicht angezeigt, auch wenn eine oder alle der markierten Dateien über Beschreibung, Beschriftung und/oder ein Bild verfügen.

Nachdem Sie eine Datei aus der Liste gewählt haben, können Sie die verschiedenen Funktionen des SOUND FINDERS nutzen. Im folgenden werden die einzelnen Schaltflächen und deren Funktionen erläutert.

Mit der Schaltfläche <Lautstärke> öffnen Sie die LAUTSTÄRKE-REGELUNG. Stellen Sie hier die Lautstärke für die Dateien an, die Sie sich aus dem SOUND FINDER heraus anhören wollen. Handelt es sich um Wave-Dateien (.WAV), so nutzen Sie für die Lautstärkeregelung den WAVE-Regler. Dateien mit dem Kürzel .MID oder .RMI regeln Sie über den Synth-Regler. Vergleichen Sie hierzu die Ausführungen zur LAUTSTÄRKEREGELUNG in Kapitel 4.1.

Die Schaltfläche <Konvertieren> ist nur dann aktiv, wenn eine oder mehrere Dateien mit den Kürzeln .AIF, .SND oder .VOC in der Dateinliste markiert sind. Diese Dateiformate können mit dem SOUND FINDER in das Format .WAV umgewandelt werden. Um nun Dateien dieser Formate in Wave-Dateien zu konvertieren, wählen Sie eine oder mehrere Dateien aus und drücken die Schaltfläche <Konvertieren>. Sie erhalten daraufhin ein Dialogfeld, das Sie auch in Abb. 4.11 sehen.

Dateien konvertieren

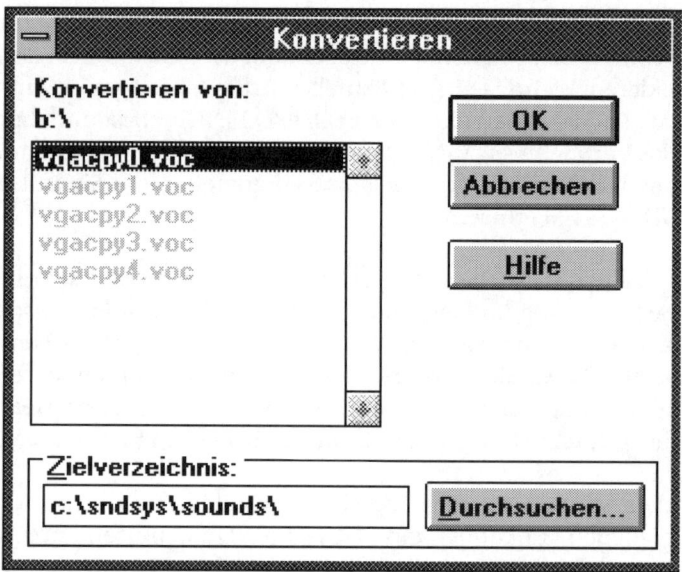

Abb. 4.11: Dialogfeld zum Konvertieren von Klangdateien

Unter KONVERTIEREN VON wird das Verzeichnis, in dem die Dateien vorhanden sind, angezeigt und im Listenfeld darunter die Dateien, die Sie für die Konvertierung markiert haben.

Unter ZIELVERZEICHNIS wird das Verzeichnis angegeben, in das die konvertierten Dateien gespeichert werden sollen. Sie können es verändern, indem Sie ein neues Verzeichnis über die Tastatur eingeben oder mit Hilfe der Schaltfläche <Durchsuchen> eine Auswahlliste der Verzeichnisse auf Ihrem System anzeigen lassen und eines daraus wählen. Bestätigen Sie anschließend die Einstellungen zur Konvertierung mit <OK>. Sie erhalten daraufhin ein Dialogfeld, das Sie über den Fortschritt der Konvertierung informiert. Sollten die Dateien nicht in einem korrekten Format vorliegen, erhalten Sie eine Meldung, die Sie über diesen Sachverhalt informiert und es Ihnen ermöglicht, die Formatierung abzubrechen oder doch durchführen zu lassen. Werden Dateien von einem anderen als den drei genannten Formaten konvertiert, ist damit zu rechnen, daß diese Dateien nachher nicht mehr lesbar sind. Ist die Konvertierung erfolgreich abgeschlossen worden, kehren Sie in das Fenster des SOUND FINDERS zurück. Wechseln Sie nun in das angegebene Zielverzeichnis, finden Sie dort die konvertierten Dateien vor. Diese Dateien können Sie dann im QUICK RECORDER bearbeiten. Beispielsweise können Sie ihnen nun Bilder, Beschreibungen oder Beschriftungen zuweisen oder sie einem anderen Anwendungsprogramm zugänglich machen, das nur das .WAV-Format unterstützt.

Hinweis: Wenn Sie mit dem SOUND SYSTEM Dateien mit den Formaten .AIF, .SND oder .VOC wiedergeben, werden diese jeweils im Arbeitsspeicher Ihres Rechners zunächst in das Wave-Format konvertiert und dann erst abgespielt. Haben Sie die Dateien im SOUND FINDER konvertiert, erfolgt die Wiedergabe schneller da die vorherige Konvertierung nicht mehr durchgeführt werden muß. Beachten Sie, daß Sie Dateien in den Formaten .MID und .RMI nicht im SOUND FINDER konvertieren können. Dies sind Dateien die dem MIDI-Standard (Musical Instrument Digital Interface) ensprechen. Die Klänge werden bei der Wiedergabe von der Soundkarte synthetisiert. In der LAUTSTÄRKEREGELUNG steht für diese Dateien ein spezieller Regler zur Verfügung (siehe Kapitel 4.1).

Mit der Schaltfläche <Bearbeiten> rufen Sie den QUICK RECORDER auf. Die Schaltfläche ist nur aktiv, wenn Sie eine oder mehrere Dateien vom Format .AIF, .SND, .VOC oder .WAV ausgewählt haben, da nur diese Formate im QUICK RECORDER bearbeitet werden können. Der QUICK RECORDER wird parallel zum SOUND FINDER betrieben und Sie können so Dateien, die Sie mit dem SOUND FINDER gesucht haben, direkt an den QUICK RECORDER übergeben. Beim Öffnen dieser Anwendung sind die im SOUND FINDER aktuell markierten Dateien bereits geladen.

Aufruf des QUICK RECORDERS

Wählen Sie die Schaltfläche <Wiedergabe> an, wird die aktuell gewählte Klangdatei abgespielt. Die Schaltfläche Wiedergabe wird zur Schaltfläche <Stop>. Drücken Sie diese Schaltfläche, wird die Wiedergabe vorzeitig beendet. Sie können auch mehrere Dateien nacheinander wiedergeben lassen. Dazu markieren Sie die gewünschten Dateien in der Liste und wählen dann die Schaltfläche <Wiedergabe>. Das Abspielen erfolgt in aphabetischer Reihenfolge, wie die Dateien auch in der Dateiliste geordnet sind. Die jeweils aktuell gespielte Datei ist durch eine Umrandung hervorgehoben. Mit dieser Funktion können Sie die Dateiliste nach bestimmten Dateien durchsuchen, die Sie nur bei der Wiedergabe eindeutig identifizieren können. Haben Sie beispielsweise eine Reihe ähnlicher Klangdateien aufgenommen und bei der Benennung einfach durchnumeriert, lassen Sie sie nacheinander wiedergeben, um die gesuchte Datei herauszufinden.

Lassen Sie mehrere Dateien in Folge wiedergeben, ist möglicherweise eine darunter, die Sie nicht hören wollen, oder die Sie bereits nach den ersten Takten identifizieren und nicht vollständig abspielen lassen wollen. Dann nutzen Sie die Schaltfläche <Überspringen>. Hiermit können Sie das Abspielen einer Klangdatei beenden und zum Anfang der nächsten Datei in der markierten Liste springen.

Die Schaltfläche <Eigenschaften> ruft das Dialogfeld Eigenschaften (Dateiname) auf. Sie ist nur aktiv, wenn Sie in der Dateiliste eine Datei mit dem Kürzel .WAV oder .RMI markieren. Bei Mehrfachmarkierungen ist die Schaltfläche inaktiv, da immer nur eine Datei hier bearbeitet werden kann. Über das Dialogfeld weisen Sie einer Datei eine Beschreibung, eine Beschriftung und ein Bild zu. Lediglich die .WAV und .RMI-Dateien können diese Elemente enthalten. Das Dialogfeld sehen Sie auch in Abb. 4.12.

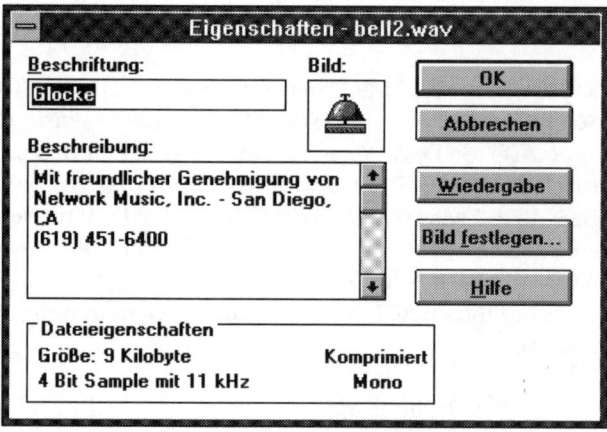

Abb. 4.12: Dialogfeld zum Festlegen von Eigenschaften von Klangdateien

In diesem Dialogfeld sehen Sie jeweils ein Feld für die Beschreibung, die Beschriftung und das Bild. Im Feld Eigenschaften werden programmintern Informationen ausgegeben, die Sie nicht ändern können. Die Beschriftung und die Beschreibung geben Sie wie anderen Text auch über die Tastatur ein. Dazu positionieren Sie jeweils den Cursor innerhalb des Textfeldes und tippen dann den Text ein. In ein Textfeld gelangen Sie durch einen Klick mit der Maus innerhalb dieses Feldes oder durch die Tastenkombination [Alt]+ unterstrichener Buchstabe.

Das Bild legen Sie mit Hilfe eines speziellen Dialogfeldes fest, das Sie über die Schaltfläche <Bild festlegen> öffnen. In diesem Dialogfeld finden Sie Listenfelder wie im Fenster des SOUND FINDERS. Wählen Sie mit Hilfe der Verzeichnisliste und der Dateiliste ein Bild für die aktuell gewählte Klangdatei aus. Die Bedienung der Listenfelder ist beim SOUND FINDER weiter oben in diesem Kapitel ausführlich erläutert. Dabei stehen Ihnen zum einen die vom SOUND SYSTEM mitgelieferten Bilder zur Verfügung, die Sie im Verzeichnis C:\SNDSYS\ ICONS finden. Zum andern können Sie weitere Bilder nutzen, die Sie anderen Anwendungen entnehmen. Unterstützt werden Bilder in den Formaten .DIB und .BMP sowie Symbole im Format .ICO, .WAV,. EXE und .DLL. Die drei letztgenannten Formate sind keine eigentlichen Symboldateiformate, können aber Symbole enthalten, die Sie wiederum verwenden können. EXE-Daeien, also ausführbare Programmdateien, enthalten zum Beispiel häufig ein Programmsymbol.

Bild festlegen

Das in der Dateiliste gewählte Bild wird jeweils im Feld Bild angezeigt. Von größeren Bildern sehen Sie dabei immer nur die linke obere Ecke. Mit Hilfe der Bildlaufleisten des Feldes scrollen Sie das Bild, so daß Sie es in der vollen Größe kontrollieren können. Wenn Sie ein solches Bild zuweisen, wird nicht nur der gezeigte Ausschnitt, sondern das vollständige Bild der Klangdatei zugewiesen. Mit der Schaltfläche <OK> übernehmen Sie das aktuell gewählte Bild für die Klangdatei, die Sie im SOUND FINDER markiert haben. Haben Sie im Dialogfeld Eigenschaften Beschreibung und Beschriftung sowie ein Bild für die Klangdatei festgelegt, übernehmen Sie diese durch Betätigen von <OK>. Damit kehren Sie zum SOUND FINDER zurück, in dem nun die Eigenschaften der Datei ebenfalls angezeigt werden.

Mit der Schaltfläche <Hilfe> öffnen Sie die Online-Hilfe für den SOUND FINDER. Hinweise zum Umgang mit der Hilfefunktion entnehmen Sie Kapitel 3.3.

Damit haben Sie die Elemente des SOUND FINDER-Fensters und die Funktionen des Programms kennengelernt. Im folgenden wird ein Anwendungsbeispiel beschrieben, das Ihnen den praktischen Umgang mit der Anwendung demonstriert.

Anwendungsbeispiel

Starten Sie den SOUND FINDER über das zugehörige Symbol in der Programmgruppe des Windows SOUND SYSTEMS. Wechseln Sie über das Verzeichnislistenfeld zum Verzeichnis C:\WINDOWS. Das ist das Windows-Hauptverzeihnis, das eine Reihe von Klangdateien im .WAV-Format enthält. Diese Dateien gehören zu Windows und sollten daher auch auf Ihrem System zu finden sein. Die Dateien besitzen keine Beschriftung, Beschreibung oder ein Bild. Um nur die Wave-Dateien in der Dateiliste anzeigen zu lassen, wählen Sie das Format .WAV aus der Liste der Dateiformate im Listenfeld Dateityp.

Klänge anhören Markieren Sie nun die Dateien durch Ziehen mit der Maus, und lassen Sie sie wiedergeben. Rufen Sie dazu zunächst die LAUTSTÄRKE-REGELUNG mit der Schaltfläche <Lautstärke> auf und regiulieren Sie die Lauststärke und die Balance mit dem Wave-Regler. Wählen Sie dann die Schaltfläche <Wiedergabe> und hören Sie sich die einzelnen Klänge in Folge an. Sie werden festellen, daß Sie die Klänge vom Umgang mit Windows her kennen. TATAA.WAV wird beispielsweise immer dann gespielt, wenn Sie Windows starten oder verlassen.

Markieren Sie diese Datei nun einzeln und wählen Sie die Schaltfläche <Eigenschaften>. Geben Sie eine Beschriftung ein, beispielsweise Tataa oder etwas ähnliches. Auch eine Beschreibung können Sie sich nun ausdenken, um die Datei zu charakterisieren. Anschließend wählen Sie die Schaltfläche <Bild festlegen> um der Klangdatei ein Bild zuzuweisen. Im Dialogfeld BILD FESTLEGEN wird bereits das Verzeichnis C:\WINDOWS angezeigt. Wählen Sie aus der Liste der Dateien WINVER.EXE aus. Diese Datei enthält das Windows-Logo. Quittieren Sie Ihre Auswahl mit <OK>. Schließen Sie auch das Dialogfeld EIGENSCHAFTEN mit <OK>, und kehren Sie so zum Fenster des SOUND FINDERS zurück. Hier sehen Sie nun in den entsprechenden Feldern die neu zugewiesenen Eigenschaften für die Datei TATAA.WAV. Sie können die Datei nun beispielsweise über die Schaltfläche <Bearbeiten> in den QUICK RECORDER laden und dort nach Belieben bearbeiten oder einem Dokument zuweisen.

Im folgenden Kapitel lernen Sie den PROOFREADER kennen. Dieses Programm unterstützt Sie bei der Arbeit mit Kalkulationsprogrammen.

Kontrolle von Daten

Der PROOFREADER ist ein akustisches Verifikationsprogramm, das Ihnen bei der Verifikation von Daten in einer Tabelle in Microsoft EXCEL oder LOTUS 1-2-3 für Windows hilft. Verifikation ist der Fachausdruck für Überprüfung. Also hilft Ihnen das Programm bei der Überprüfung von Daten. Der PROOFREADER ersetzt Ihnen eine zweite Person, die die eingegebenen Daten vorliest, während Sie die Daten im Orginal vergleichen.

Den PROOFREADER können Sie nur mit Microsoft EXCEL oder LOTUS 1-2-3 einsetzen. Dabei werden die Programmversionen EXCEL ab der Version 3.0 und LOTUS 1-2-3 1.0, 1.0a und 1.1.01 unterstützt. Beachten Sie, daß Sie in jedem Fall zuerst das Kalkulationsprogramm installiert haben müssen, bevor Sie den PROOFREADER einrichten. Haben Sie den PROOFREADER installiert und er arbeitet nicht mit Ihrer Version des Tabellenkalkulationsprogramms zusammen, erhalten Sie beim Start des Programms eine entsprechende Meldung. Wenden Sie sich in diesem Fall an die Softwarefirma, um eine Version zu erhalten, mit der Sie den PROOFREADER einsetzen können.

Der PROOFREADER wird in die jeweilige Tabellenkalkulation integriert und erscheint als Menü VERIFIKATION in der Menüleiste des Programms (siehe Abb. 4.13.). Mit Hilfe der einzelnen Menübefehle nehmen Sie Einstellungen für das Programm vor und führen die Verifikation durch. Es handelt sich in diesem Fall also um eine Programmerweiterung, nicht um ein eigenständig lauffähiges Programmm.

Sie können unter Windows von vielen Anwendungen gleichzeitig mehrere Kopien starten. Haben Sie mehrere Kopien der Tabellenkalkulation geladen, wird das Menü VERIFIKATION nur in der ersten Kopie angezeigt, und Sie können somit auch nur in dieser Kopie mit dem PROOFREADER arbeiten.

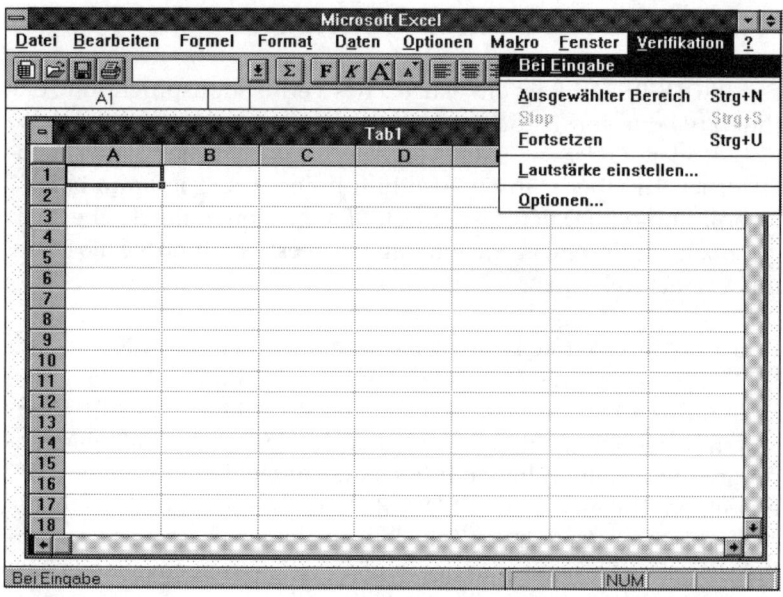

Abb. 4.13: Das Menü VERIFIKATION in der Menüleiste von Microsoft EXCEL

Die einzelnen Menübefehle sind nachfolgend ausführlich erläutert. Die Befehle lauten in Microsoft EXCEL und LOTUS 1-2-3 gleich.

Menü VERIFIKATION   BEI EINGABE: Mit diesem Befehl bestimmen Sie, daß die Zahlenwerte, die Sie in die Kalkulationstabelle eingeben, direkt bei der Eingabe vorgelesen werden. Wählen Sie zunächst den Befehl, der dann durch ein vorangestelltes Häkchen gekennzeichnet wird und beginnen Sie dann mit der Eingabe der Daten. Es wird nun nicht jede einzelne Ziffer sofort bei ihrer Eingabe akustisch wiedergegeben. Erst wenn Sie die Eingabe in eine Zelle mit einer der Tasten ⏎, ⇧, ⬆ oder ⬇ beenden, wird die Zahl vorgelesen.

AUSGEWÄHLTER BEREICH: Wollen Sie Zahlenwerte vorlesen lassen, die bereits in einer Tabelle stehen, markieren Sie diesen Bereich wie für andere Aktionen (z.B. Formatierungen) und rufen dann den Befehl AUSGEWÄHLTER BEREICH aus. Welchen Bereich der PROOFREADER Ihnen nun vorliest, bestimmen Sie im Dialogfeld Optionen, das mit dem Befehl OPTIONEN aufgerufen wird und weiter unten in diesem Kapitel erläutert ist. Für den Befehl AUSGEWÄHLTER BEREICH steht das Tastaturkommando Strg+N zur Verfügung.

Stop: Mit diesem Befehl unterbrechen Sie die Verifikation. Nutzen Sie den Befehl beispielsweise, wenn Sie einen größeren Bereich überprüfen und auf einen Fehler stoßen. Sie können den Fehler dann im Orginal markieren und fahren anschließend mit der Verifikation fort. Lassen Sie einen Bereich vorlesen und unterbrechen innerhalb dieses Bereichs, nimmt der PROOFREADER an der Stelle, an der Sie unterbrochen haben, seine Arbeit wieder auf, wenn Sie den Befehl Fortsetzen wählen. Sie rufen diesen Befehl auch mit dem Tastaturkommando ⌨Strg+⌨S auf. Wollen Sie die Verifikation nur kurzzeitig unterbrechen, drücken Sie die Taste ⌨⇧. So lange diese Taste gedrückt wird, stoppt der PROOFREADER das Vorlesen und fährt fort, wenn Sie die Taste wieder loslassen.

Verifikation unterbrechen

Fortsetzen: Mit diesem Befehl setzen Sie die Verifikation eines Bereichs fort, nachdem Sie sie mit dem Befehl Stop unterbrochen hatten. Beachten Sie, daß Sie zwischenzeitlich keine neue Markierung vornehmen dürfen, da der PROOFREADER ansonsten diesen neuen Bereich vorlesen würde. Der Tastaturkurzbefehl lautet ⌨Strg+⌨V.

Verifikation wieder aufnehmen

Lautstärke einstellen: Mit diesem Befehl rufen Sie die LAUTSTÄRKE-REGELUNG auf, wie Sie es schon bei dem QUICK RECORDER kennengelernt haben. Regeln Sie hier die Lautstärke für das Vorlesen.

Optionen: Mit diesem Befehl öffnen Sie ein Dialogfeld, in dem Sie verschiedene Einstellungen für den PROOFREADER vornehmen. das Dialogfeld sehen Sie auch in Abb. 4.14. Die einzelnen Elemente und Funktionen sind nachfolgend beschrieben. Das Dialogfeld heißt, je nachdem, für welches Kalkulationsprogramm Sie den PROOFREADER installiert haben, Optionen - ProofReader für EXCEL oder Optionen - ProofReader für LOTUS 1-2-3.

Optionen für den PROOFREADER einstellen

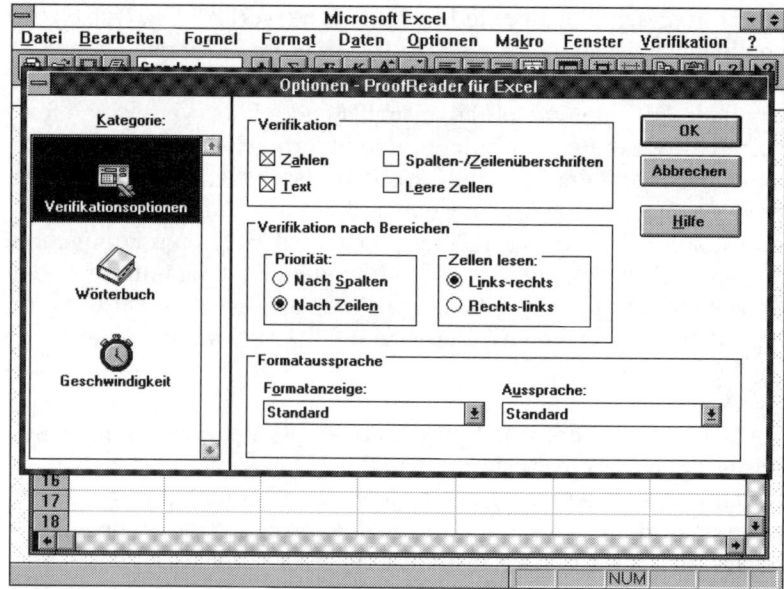

Abb. 4.14:   Optionen für den PROOFREADER einstellen, Kategorie Verifikationsoptionen

Links im Dialogfeld wählen Sie die Kategorie aus, für die Sie die Einstellungen verändern möchten. Je nachdem, welche Kategorie Sie gewählt haben, wird der rechte Teil des Dialogfelds angepaßt und weist
die zugehörigen Optionen auf. Abb. 4.14 zeigt das Dialogfeld für die
Kategorie Verifikationsoptionen. Abb. 4.15 und 4.17 zeigen die beiden
anderen Kategorien.

Mit der Kategorie Verifikationsoptionen nehmen Sie folgende Einstellungen vor:

Verifikation: Hier entscheiden Sie, ob Sie Zahlen und/oder Text vorlesen lassen wollen und ob auf Zeilen- und Spaltenüber-
schriften sowie auf leere Zellen beim Vorlesen hingewiesen werden sollen. Da es sich hier um Kontrollfelder
handelt, ist eine Mehrfachauswahl für diese Einstellungen möglich.

Verifikation nach Bereichen:	Hier legen Sie die Richtung fest, in der der PROOFREADER die Daten vorlesen soll. Dabei wird eine Priorität bestimmt, die das Programm veranlaßt. entweder spaltenweise oder reihenweise vorzulesen. Zudem können Sie bestimmen, ob der PROFFREADER von links nach rechts oder von rechts nach links vorgehen soll. Diese Richtung steht dann immer im Zusammenhang mit der Wahl spalten- oder zeilenweise.
Formataussprache:	Mit der Formataussprache legen Sie die AusSprache für Datumsformate fest. Bei der Formatanzeige, wird das Format angezeigt, das auch in der Tabelle erscheint. Im Feld Aussprache legen Sie für das jeweils gewählte Anzeigeformat die Aussprache fest. Anzeige und Aussprache müssen also nicht übereinstimmen. So kann die Anzeige beispielsweise durchaus auch die Jahreszahl enthalten, die Aussprache aber nur den Tag und den Monat wiedergeben.

Die zweite Kategorie, Wörterbuch, erlaubt die Bearbeitung der Wörterbücher des PROOFREADER und unter anderem auch das Hinzufügen eigener Begriffe zum Sprachumfang des Programms. Sie erhalten jeweils eine Auflistung des aktiven Vokabulars in den Wörterbüchern Dates, Money, Numbers, Other und User. Das Wörterbuch User ist ein benutzerspezifisches Wörterbuch. Hier können Sie eigene Wörter eingeben und verändern. Abb. 4.15 zeigt das Dialogfeld Optionen mit den Einstellungendfür die Kategorie Wörterbuch.

Wörterbücher bearbeiten

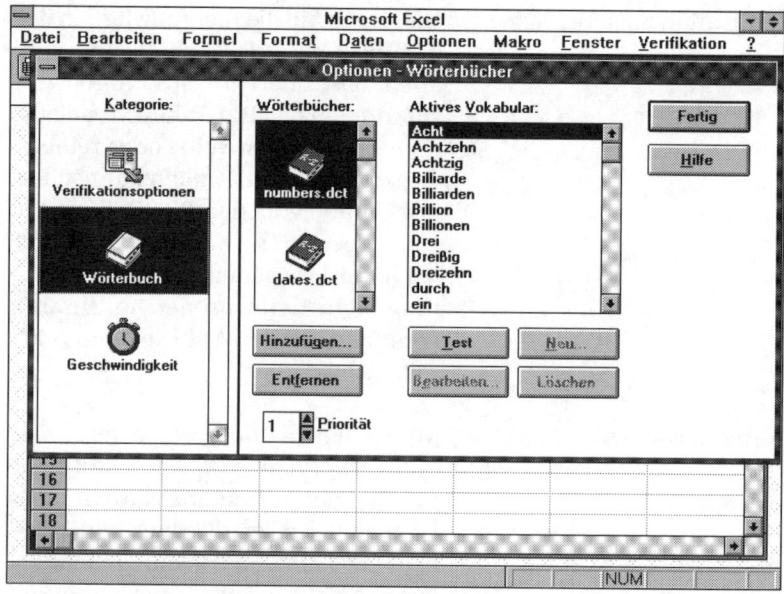

Abb. 4.15: Optionen für den PROOFREADER einstellen, Kategorie Wörterbuch

In den Wörterbüchern sind die Klangsignale gespeichert, die den PROOFREADER zum Vorlesen von Zahlen und Wörtern befähigen. Die einzelnen Bücher umfassen jeweils einen speziellen Satz an Klängen.

Buch	Inhalt
Dates	Datumsangaben, z.B. Monatsnamen und Wochentage sowie Zeiteinheiten, z.B. Tage und Stunden
Money	Währungseinheiten, z.B DM und Pfennig
Numbers	Zahlen, z.B. 2 oder 23456
Others	verschiedene bei Kalkulationen wichtige Begriffe
User	benutzerdefinierte Einträge

Im Listenfeld WÖRTERBÜCHER sind die vorhandenen Wörterbücher aufgelistet. Per Mausklick markieren Sie das Buch in der Liste, dessen aktives Vokabular Sie anzeigen lassen wollen. Dieses wird im Listenfeld AKTIVES VOKABULAR aufgeführt. Möchten Sie einen neuen Begriff aufnehmen, wählen Sie ein benutzerspezifisches Wörterbuch aus.

Das Wörterbuch User dient, wie bereits erwähnt, der Aufnahme eigener Begriffe. Sie können darüber hinaus weitere Wörterbücher anlegen, um spezielle Begriffe zu ordnen. Verwenden Sie zum Beispiel häufig bestimmte Abkürzungen in Ihren Tabellen, nehmen Sie diese in ein hierfür eingerichtetes Wörterbuch auf, um sie vom PROOF-READER vorlesen lassen zu können. Die Einträge in den anderen Wörterbüchern der Tabelle können Sie nicht ändern. Die Schaltflächen zum Bearbeiten von Wörterbüchern sind inaktiv geschaltet, wenn Sie das aktive Vokabular dieser Bücher anzeigen lassen.

Das benutzerdefinierte Wörterbuch

Mit der Schaltfläche <Hinzufügen> unterhalb der Liste der Wörterbücher, können Sie ein neues Wörterbuch anlegen. Beachten Sie, daß der PROOFREADER insgesamt nur bis zu zehn Wörterbücher verwalten kann. Das heißt aber nicht, daß Sie nicht mehr als zehn Wörterbücher anlegen können. Lediglich die Zahl der Bücher, die der PROOFREADER durchsucht, ist auf diese Weise begrenzt. Entsprechend werden auch nur zehn Wörterbücher in der Liste geführt. Legen Sie weitere Bücher an, speichern Sie diese in einem von Ihnen gewählten Verzeichis, und nehmen Sie sie bei Bedarf in die Liste des PROOFREADERS mit auf. Sind bereits zehn Bücher in der Liste enthalten, entfernen Sie eines, auf das Sie zum aktuellen Zeitpunkt verzichten können.

Für das Erstellen eines neuen Wörterbuchs öffnen Sie mit der Schaltfläche <Hinzufügen> ein spezielles Dialogfeld. Hier geben Sie einen Dateinamen an, den Sie mit dem Kürzel .DCT versehen. Wählen Sie außerdem das Verzeichnis, in dem das neue Wörterbuch gespeichert werden soll. Wie Sie mit Datei- und Verzeichnislisten umgehen, ist bei dem Programm SOUND FINDER in Kapitel 4.3 ausführlich beschrieben. Haben Sie den Dateinamen und das Verzeichnis bestimmt, wählen Sie die Schaltfläche <Neu>. Damit wird das neue Buch angelegt und der Liste im Dialogfeld OPTIONEN an erste Stelle hinzugefügt, sofern sich in dieser Liste noch nicht insgesamt zehn Wörterbücher befinden.

Neues Wörterbuch erstellen

Über das Dialogfeld WÖRTERBUCH hinzufügen, nehmen Sie auch bestehende Wörterbücher in die Liste auf. Dazu wählen Sie den entsprechenden Dateinamen aus der Liste, nachdem Sie bei Bedarf in das Verzeichnis gewechselt haben, das die Wörterbuchdatei enthält. Anschließend übernehmen Sie das Wörterbuch mit der Schaltfläche <OK> in die Liste.

Mit der Schaltfläche <Entfernen> unterhalb des Listenfeldes WÖRTERBÜCHER entfernen Sie das aktuell markierte Wörterbuch aus der Liste. Das Wörterbuch wird dabei nicht gelöscht und kann jederzeit, wie oben beschrieben, wieder in die Liste aufgenommen werden.

Unterhalb der Schaltfläche <Entfernen> wird das Feld PRIORITÄT angezeigt. Hier legen Sie mit einer Zahl zwischen 1 und 10 die Priorität für das aktuell in der Liste markierte Wörterbuch fest. Das Wörterbuch wird dann zum einen an der entsprechenden Position in der Liste geführt, zum anderen wird es bei der Durchführung der Verifiaktion mit dieser Priorität vom PROOFREADER durchsucht. Sie sollten somit die Wörterbücher ihrer Wichtigkeit, also nach dem vorkommen der enthaltenen Begriffe in Ihren Tabellen, entsprechend ordnen. So arbeiten Sie ohne unnötigen Zeitverlust. Fügen Sie ein Wörterbuch zur Liste hinzu, steht es zunächst an erster Stelle. Verändern Sie anschließend die Priorität des neu hinzugefügten Buchs so, wie es seiner Wichtigkeit entspricht. Sie stellen die Zahl entweder mit Hilfe der Bildlaufpfeile ein oder geben die Zahl direkt über die Tastatur ein.

Das Listenfeld AKTIVES VOKABULAR zeigt das Vokabular des jeweils markierten Wörterbuchs an. Wenn es sich um ein benutzerdefiniertes Wörterbuch handelt, sind alle unter diesem Listenfeld angeordneten Schaltflächen aktiv. Bei den übrigen Wörterbüchern können Sie lediglich die Schaltfläche <Test> wählen. Sie dient der Wiedergabe einer Vokabel.

Wollen Sie sich also eine Vokabel eines Wörterbuchs vorsprechen lassen, markieren Sie den Begriff in der Liste, und wählen die Schaltfläche <Test>.

Neuen Begriff
hinzufügen   Mit Hilfe der Schaltfläche <Neu> fügen Sie einem benutzerdefinierten Wörterbuch einen neuen Begriff hinzu. Die Schaltfläche öffnet das Dialogfeld NEUER BEGRIFF, das Sie auch in Abb. 4.16 sehen.

Abb. 4.16: Dialogfeld zum Erstellen neuer Begriffe für den PROOFREADER

In diesem Dialogfeld wird das aktuelle Wörterbuch angezeigt, das den neuen Begriff aufnehmen soll. Geben Sie den Begriff in das Feld Name so ein, wie Sie ihn auch in der Tabelle eingeben. Die Zeichen müssen übereinstimmen, da der PROOFREADER den Begriff sonst nicht verifizieren kann. Der Begriff kann Zahlen, Buchstaben, Sonderzeichen und Leerzeichen enthalten. Folgende Sonderzeichen sind zulässig:

! @ # $ % ^ & * ( ) _ { } ; , „ , . / < > ? \ ~ `

Um dem Begriff einen Klang zuzuweisen, haben Sie zwei Möglichkeiten. Zum einen können Sie eine eigene Aufnahme erstellen, in dem Sie den Begriff beispielsweise vorsprechen oder vorsprechen lassen. Zum anderen können Sie eine auf dem System vorhandene Klangdatei zuweisen.

Für eine Aufnahme können Sie entweder das Mikrofon verwenden oder ein extern angeschlossenes Gerät benutzen. Bevor Sie mit der Aufnahme beginnen, sollten Sie mit der AUFNAHMEREGELUNG überprüfen, ob der korrekte Anschluß gewählt ist. Ist die Anwendung nicht geöffnet, wechseln Sie mit Hilfe der Taskliste (Systemmenü der Tabellenkaltkulation, Befehl WECHSELN ZU) zum Datei-Manager von Windows und starten dort wie gewohnt die Aufnahmeregelung. Wählen Sie die Option IMMER IM VORDERGRUND, wenn die Anwendung auch angezeigt werden soll, wenn Sie wieder zur Tabellenkalkulation wechseln. Stellen Sie den Anschluß ein, und wechseln Sie über die Taskliste wieder zu Ihrer Tabellenkalkulation. Das Programm AUFNAHMEREGELUNG ist in Kapitel 4.2 ausführlich besprochen.

Neuen Begriff selbst aufnehmen

Fertigen Sie eine eigene Aufnahme an, halten Sie das mitgelieferte Mikrofon in einem Abstand von 20-30 cm von Ihrem Mund entfernt. Bedienen Sie die Schaltfläche <Aufnahme>. Diese Schaltfläche wird durch die Schaltfläche <Stop> ersetzt. Nun sprechen Sie in das Mikrofon, und geben dem PROOFREADER somit an, was er Ihnen vorlesen soll, wenn er auf den neuen Begriff stößt. Um die Aufnahme zu beenden, betätigen Sie die Schaltfläche <Stop>, die nun wiederum von der Schaltfläche <Aufnahme> ersetzt wird. Um die Aufnahme zu überprüfen, wählen Sie die Schaltfläche <Test>. Der PROOFREADER liest Ihnen daraufhin den Begriff vor. Um eine gleichförmige Lautstärke der Aufnahme zu erhalten, bedienen Sie die Schaltfläche <Normalisieren>. Überflüssige Pausen zu Beginn und am Ende der Aufnahme, können Sie mit der Schaltfläche <Pausen kürzen> löschen. Ist alles zu Ihrer Zufriedenheit ausgefallen, bestätigen Sie durch OK.

Klangdatei importieren

Um dem Begriff eine vorhandene Klangdatei zuzuweisen, bedienen Sie die Schaltfläche <Importieren>. Das Dialogfeld WAVE-DATEI IMPORTIEREN erscheint. Wählen Sie das Verzeichnis, in dem die gesuchte Datei enhalten ist, und suchen Sie den Dateinamen aus der Liste. Wissen Sie diesen Namen, können Sie ihn auch direkt in das Textfeld DATEINAME eingeben. Sind der Datei eine Beschreibung, eine Beschriftung und ein Bild zugewiesen, so werden diese nun im Dialogfeld angezeigt. Mit der Schaltfläche <Wiedergabe> lassen Sie die Datei wiedergeben und können so überprüfen, ob es sich tatsächlich um die gewünschte Datei handelt. Ist dies der Fall, übernehmen Sie die Datei mit der Schaltfläche <OK> für den neuen Begriff.

Haben Sie die Aufnahme quittiert beziehungsweise die Klangdatei ausgewählt, kehren Sie zum Dialogfeld NEUER BEGRIFF zurück. Wenn Sie auch dieses Dialogfeld quittieren, wird das Dialogfeld OPTIONEN - WÖRTERBÜCHER wieder angezeigt, und der neue Begriff wird nun in Ihrem benutzerdefinierten Wörterbuch geführt.

Auf die gleiche Art, wie für einen neuen Begriff beschrieben, können Sie auch einen vorhandenen Begriff bearbeiten. Dazu markieren Sie den Begriff, den Sie bearbeiten möchen in der Liste AKTIVES VOKABULAR, und wählen Sie die Schaltfläche <Bearbeiten> im Dialogfeld OPTIONEN - WÖRTERBÜCHER. Das Dialogfeld BEGRIFF BEARBEITEN wird angezeigt, das in seinem Aufbau mit dem Dialogfeld NEUER BEGRIFF identisch ist. Ändern Sie den Begriff oder weisen Sie eine andere Klangdatei zu, beziehungweise fertigen Sie eine neue Aufnahme an, und quittieren Sie anschließend das Dialogfeld. Der geänderte Begriff wird nun in der Liste AKTIVES VOKABULAR angezeigt. Nutzen

Sie diese Möglichkeit der Bearbeitung von Begriffen, wenn Sie beispielsweise einen Schreibfehler in einem Begriff entdecken.

Mit der Schaltfläche <Löschen> löschen Sie einen markierten Begriff aus
der Liste AKTIVES VOKABULAR. Es erfolgt eine Sicherheitsabfrage, mit der Sie
das Löschen der Datei bestätigen müssen. Kontrollieren Sie hier, ob es sich
bei der angezeigten Datei wirklich um die Datei handelt, die Sie löschen
möchten. Quittieren Sie anschließend mit <OK> und die Löschung erfolgt.
Sie sollten keine Begriffe in dieser Liste lassen, die Sie nicht mehr benötigen, da eine umfangreiche Liste entsprechend viel Zeit für das Durchsuchen in Anspruch nimmt. Kontrollieren Sie daher Ihre Wörterbücher re-
gelmäßig auf überflüssige Begriffe, und löschen Sie diese.

Haben Sie alle Einstellungen und Bearbeitungsvorgänge im Dialogfeld
OPTIONEN - WÖRTERBÜCHER abgeschlossen, kehren Sie über die Schaltfläche
<Fertig> zur Tabellenkalkulation zurück.

Mit der Kategorie *Geschwindigkeit* können Sie die Lesegeschwin-digkeit
und die Pause zwischen einzelnen vorgelesenen Einträgen festlegen. Wählen Sie diese Kategorie, wird das Dialogfeld OPTIONEN - GESCHWINDIGKEIT angezeigt, das Sie auch in Abb. 4.17 sehen.

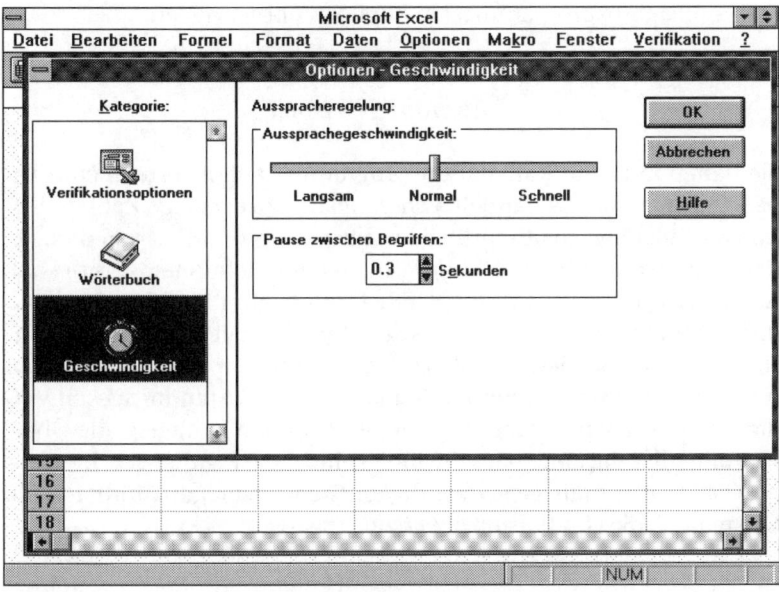

Abb. 4.17: Optionen für den PROOFREADER einstellen, Kategorie Geschwindigkeit

Im Feld Aussprachegeschwindigkeit können Sie mit einem Regler die Geschwindigkeit der Aussprache verstellen. Die Skala reicht von Langsam über Normal bis Schnell. Haben Sie hier eine Einstellung gewählt, kontrollieren Sie sie anschließend in der Tabellenkalkulation anhand einer kurzen Verifikation. Enspricht die Geschwindigkeit noch nicht Ihren Wünschen, kehren Sie zum Dialogfeld Optionen - Geschwindigkeit zurück und regeln die Aussprachegeschwindigkeit nach. Beachten Sie, daß die Geschwindigkeitsänderung zu einer Verzerrung der Stimme führt.

Unter Pause zwischen Begriffen können Sie mit Hilfe der Bildlaufpfeile die Pausendauer verändern. Sie stellen hier einen Wert ein, der dann zwischen dem Vorlesen zweier Begriffe jeweils eingehalten wird. Kontrollieren Sie auch diese Einstellung mit einer Verifikation, und wählen Sie bei Bedarf einen anderen Pausenzeitraum.

Damit haben Sie die Bedienelemente und die Funktionen des PROOFREADERS kennengelernt. Weitere Informationen stehen auch in den Benutzerhandbüchern der jeweiligen Tabellenkalkulation. Sollten Sie keine Hinweise zur Nutzung des PROOFREADERS in diesen Büchern finden, so wenden Sie sich an den jeweiligen Sofware-Hersteller, um weitere Informationen zu erhalten. Die Deinstallation des Verifikationsprogramm ist in Kapitel 2.7 beschrieben.

Anwendungsbeispiel

Der PROOFREA-DER im praktischen Einsatz

Sie haben in Ihrem Kalkulationsprogramm Zahlenwerte in eine Tabelle eingegeben. Es handelt sich dabei um zweistellige Zahlen. Um nun die Eingaben zu überprüfen, markieren Sie zunächst den Bereich, der vorgelesen werden soll und wählen dann den Befehl VERIFIKATION AUSGEWÄHLTER BEREICH. Der PROOFREADER beginnt mit dem Vorlesen der Daten. Entspricht die Vorlesegeschwindigkeit nicht Ihren Wünschen, wählen Sie den Befehl VERIFIKATION STOP, um die Verifikation zu unterbrechen. Bei kurzen Zahlen ist Ihnen die Standardgeschwindigkeit vermutlich zu langsam. Bei mehrstelligen Zahlen ist die Überprüfung mit langsamer Geschwindigkeit dagegen günstiger. Im übrigen ist die optimale Geschwindigkeit sicher eine ganz individuelle Einstellung, die von Person zu Person variiert.

Rufen Sie den Befehl VERIFIKATION OPTIONEN auf und wählen die Kateorie
Geschwindigkeit. Schieben Sie durch Ziehen mit der Maus den Regler
für die Ausprachegeschwindigkeit nach rechts, um diese zu beschleunigen. Auch die Pause zwischen den Einträgen können Sie bei bei
zweistelligen Zahlen möglichst kurz wählen. Eine halbe Sekunde ist in
derr Regel ausreichend. Anschließend schließen Sie das Dialogfeld
mit <OK> und kehren so zu Ihrer Tabelle zurück.

*Aussprache-
geschwindigkeit
variieren*

Wählen Sie nun den Menübefehl VERIFIAKTION FORSETZEN. Damit fahren
Sie bei Ihrer zuvor unterbrochenen Verifiaktion an der Setlle fort, an
der Sie gestoppt hatten. Das Vorlesen erfolgt mit der neu eingestellten
Geschwindigkeit. Sollte diese noch zu langsam sein, wiederholen Sie
den Aufruf der Geschwindigkeitseinstellung und regeln Sie nach.

Nutzen Sie den PROOFREADER beim täglichen Umgang mit Ihrem
Kalkualtionsprogramm, um die Daten bei der Eingabe oder in bereits
fertiggestellten Tabellen zu überprüfen. Sie haben so eine ausgezeich-
nete Kontrolle für die Richtigkeit Ihrer Daten und vermeiden fehler-
hafte Ergebnisse, die auf unkorrekte Eingaben zurückzuführen sind.

Programmsteuerung durch Spracheingabe

Sie haben sich vielleicht schon oft gewünscht, Ihrem Computer einen
Befehl einfach nur sagen zu müssen, statt diesen mit Hilfe der Tasta-
tur oder der Maus aufzurufen. Insbesondere in Situationen, in den Sie
Ihre Hände für andere Aktionen frei haben möchten, ist die akustische
Steuerung eines Programms sehr hilfreich.

Das SOUND SYSTEM enhält das Programm VOICE PILOT, das es Ihnen erlaubt, Ihren Computer über akustische Befehle zu steuern. Der
VOICE PILOT enthält Listen aktiver Begriffe, die Sie für viele auf
Windows basierende Anwendungen verwenden können. Zusätzlich
können Sie mit dem Programm eigene Befehle trainieren und so den
Funktionsumfang erweitern. Neben der Steuerung über die Sprache
setzen Sie wie gewohnt die Tastatur und die Maus ein. Betrachten Sie
also den VOICE PILOT nicht als Ersatz für die übliche Programmsteuerung, sondern als Bereicherung der Steuermechanismen, die Sie
in Kombination einsetzen.

Der VOICE PILOT wird über das zugehörige Programmsymbol in der Gruppe des Windows SOUND SYSTEMS aufgerufen. Beachten Sie, daß Sie für die Nutzung dieser Anwendung ein Mikrofon als Aufnahmequelle verwenden müssen und entsprechend das Mikrofon als Aufnahmequelle in der AUFNAHMEREGELUNG eingestellt sein muß. Vergewissern Sie sich also vor Aufruf des VOICE PILOT, daß dies der Fall ist. Stimmt die Einstellung nicht, erhalten Sie bei Aufruf des Programms eine entsprechende Meldung und müssen die AUF-NAHMERERGELUNG starten, um die Aufnahmequelle korrekt einzustellen.

Das Mikrofon, das mit dem SOUND SYSTEM ausgeliefert wird, kann an der Kleidung befestigt werden und läßt Ihnen so beide Hände frei. Sie können das Mikrofon aber auch auf Ihrem Schreibtisch aufstellen. Der VOICE PILOT kann so trainiert werden, daß er einen Befehl auch bei verschiedenen Abständen vom Mikrofon und unterschiedlicher Stimmlage erkennt. Ein Abstand von 20 bis 30 cm zwischen Mund und Mikrofon ist in der Regel optimal.

Starten Sie den VOICE PILOT, wird das Fenster der Anwendung geöffnet, das Sie auch in Abb. 4.18 sehen. Die einzelnen Bedienelemente und Funktionen des Programms sind nachfolgend erläutert.

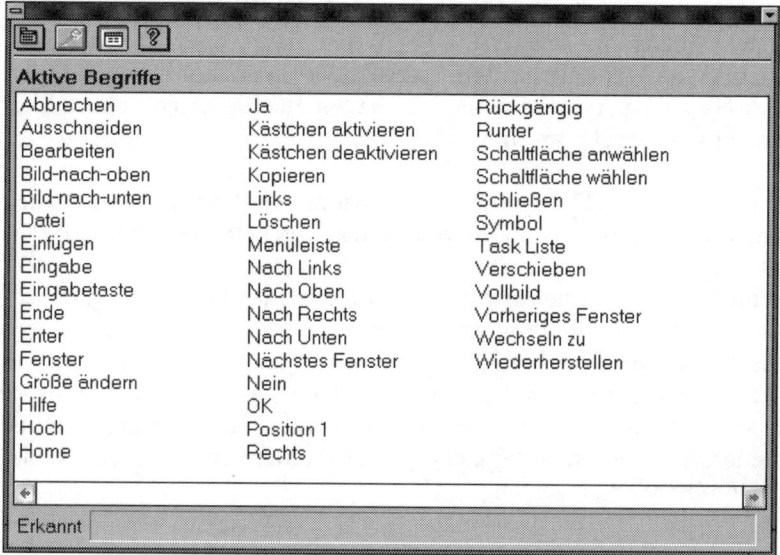

Abb. 4.18: Das Fenster des VOICE PILOT

Der VOICE PILOT ist so eingestellt, daß er immer im Vordergrund bleibt, wenn Sie ihn in einer Anwendung einsetzen. Damit er keine wichtigen Bestandteile des anderen Programmfensters überlagert, können Sie ihn so verkleinern, daß nur die Symbolleiste, nicht aber die Liste der aktiven Begriffe angezeigt wird. Sie haben so Zugriff auf alle wichtigen Funktionen des VOICE PILOT, ohne daß dieser Sie bei der Arbeit mit Ihrem Anwendungsprogramm stört. Rufen Sie den VOICE PILOT auf, können Sie ihn sofort für die Steuerung des Windows Programm-Managers einsetzen. Möchten Sie ein anderes Programm akustisch steuern, so starten Sie dieses wie gewohnt. Der VOICE PILOT paßt die Liste der aktiven Begriffe daraufhin an das Programm an, sofern er über eine Vokalbelliste verfügt, die auf diese Programm abgestimmt ist. Anderenfalls nutzt der VOICE PILOT eine Liste mit Begriffen, die allgemein für Windows-Anwendungen gültig sind.

Der VOICE PILOT besitzt Vokabulare für eine Reihe von Windows-Anwendungen. Diese Vokabulare sind beliebig veränderbar und erweiterungsfähig. Beachten Sie hierbei jedoch, daß die Befehlserkennung um so besser ist, je weniger Begriffe das Vokabular umfaßt. Nehmen Sie also nur die Befehle auf, die Sie wirklich benötigen. Vermeiden Sie ähnlich lautende und sehr kurze Befehle. Sie können einen Befehl auch eindeutig machen, indem Sie ein weiteres Wort hinzufügen oder einen synonymen Begriff verwenden. In Kapitel 5.2 wird anhand der Textverarbeitung WORD für Windows demonstriert, wie Sie Befehle aufnehmen, trainieren und sinnvoll einsetzen. Für folgende Programme besitzt der VOICE PILOT ein eigenes Vokabular:

Vokabulare für Windows-Programme

LOTUS 1-2-3- für Windows, Version 1.0

Microsoft EXCEL, Version 4.0

Microsoft MAIL, Version 3.0

Microsoft POWERPOINT, Version 3.0

Microsoft PROJEKT für Windows, Version 3.0

Microsoft Windows-Datei-Manager, Windows-Version 3.1

Microsoft WORD für Windows, Version 2.0

Microsoft WORKS für Windows, Version 2.0

Microsoft WRITE, Windows-Version 3.1

WORDPERFECT für Windows, Version 5.1

Diese Vokabulare sind nur ein Angebot, das Sie beliebig ergänzen und verändern können. Beim Training für Ihre Stimme können Sie den Programmfunktionen durchaus auch andere Begriffe zuweisen, wenn der VOICE PILOT Sie dann besser versteht. Besitzen Sie eine andere Version der aufgeführten Programme, können Sie das Vokabular für Ihre Version anpassen.

Das Fenster des VOICE PILOT (vergleiche Abb. 4.18) zeigt eine Titelleiste, die allerdings den Namen des Programms nicht enthält sowie ein Systemmenüfeld und das Symbol zum Verkleinern. Das Systemmenü enthält die Befehle WIEDERHERSTELLEN, VERSCHIEBEN, GRÖSSE ÄNDERN, SYMBOL und SCHLIESSEN. Diese Befehle sind in Kapitel 3.1 und bei der Anwendung LAUTSTÄRKEREGELUNG in Kapitel 4.1 ausführlich beschrieben. Es handelt sich hierbei um Standardbefehle für Windows-Anwendungen. Wenn Sie den VOICE PILOT zum Symbol verkleinern, wird in diesem kenntlich gemacht, ob das Mikrofon eingeschaltet ist, oder nicht. Bei eingeschaltetem Mikrofon ist das Mikrofonsymbol mit einem Strichkranz umgeben, der die Aufnahmebereitschaft kennzeichnet. Wird ein Klang gehört wird dies unter dem Symbol angezeigt, ebenso der Befehl, der vom Program verstanden wurde. So können Sie auch mit dem VOICE PILOT arbeiten, wenn dieser nur als Symbol angezeigt wird. Um hier das Mikrofon ein- beziehungsweise auszuschalten, nutzen Sie den Tastaturbefehl [Strg]+[Alt] (siehe unten).

Über den Rahmen des Fensters können Sie dieses beliebig in seiner Größe verändern und so den jeweiligen Erfordernissen anpassen. Unterhalb der Titelleiste sehen Sie eine Symbolleiste, die vier Symbole enthält. Diese Symbole und die entsprechenden Funktionen sind nachfolgend erläutert.

Die Schaltfläche Menü

Das erste Symbol ist die Menüschaltfläche. Sie öffnet das Menü des Programms, in dem vier Befehle enthalten sind. Hier stellen Sie die Optionen für den VOPICE PILOT ein und haben Zugriff auf alle wichtigen Programmfunktionen. Folgende Befehle sind in diesem Menü enthalten:

VOKABULAR

BENUTZER

SCHRIFTART

OPTIONEN

Die Befehle sind nachfolgend im einzelnen ausführlich beschrieben. Am Ende das Kapitels wird zudem ein praktisches Anwendungsbeispiel aufgeführt, das die Befehle einsetzt und ihre Funktion demonstriert.

VOKABULAR: Mit diesem Befehl öffnen Sie das Dialogfeld Vokabular, das Sie auch in Abb. 4.19 sehen. Im Feld Vokabular für steht die Anwendung, die derzeit aktiv ist und für die das aktive Vokabular angezeigt wird. Mit dem Bildlaufpfeil rechts des Feldes klappen Sie ein Listenfeld auf, in dem die derzeit geladenen Anwendungen stehen. Per Mausklick können Sie eine Anwendung aus der Liste wählen und erhalten dann das zugehörige Vokabular angezeigt. So können Sie das Vokabular eines Programms bearbeiten, ohne zu diesem wechseln zu müssen.

Das Dialgfeld
Vokabular

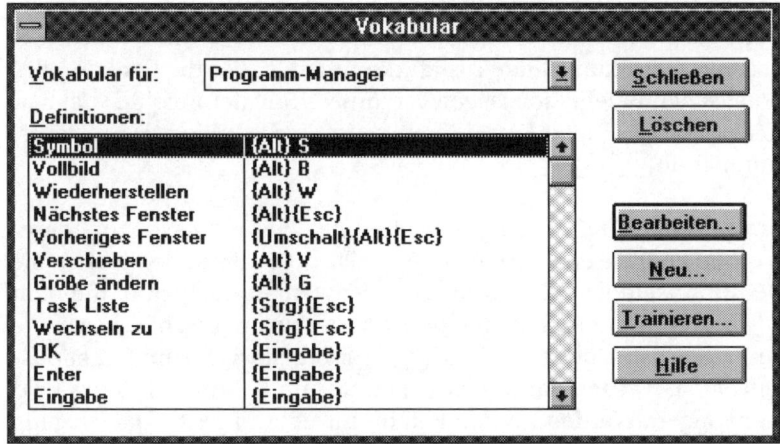

Abb. 4.19: Das Dialogfeld zum Bearbeiten des Vokabulars im VOICE PILOT

Das Listenfeld Definitionen zeigt die aktiven Begriffe und listet auch die zugehörigen Tastaturkommandos auf. Das Tastaturkommando definiert jeweils die Funktion, die ausgefuhrt wird, wenn das Programm den entsprechenden akustischen Befehl erhält. Neben den beiden Listenfeldern finden Sie eine Reihe von Schaltflächen, deren Funktionen nachfolgend im einzelnen beschrieben sind.

<Schließen>: Haben Sie Ihre Arbeit im Dialogfeld Vokabular abgeschlossen, schließen Sie es mit dieser Schaltfläche und übernehmen die vorgenommen Änderungen.

Begriff löschen

<Löschen>: Mit dieser Schaltfläche löschen Sie den in der Liste aktuell hervorgehobenen Eintrag. Es wird in der Regel eine Sicherheitsabfrage eingeblendet, die Sie quittieren müssen, damit der Begriff tatsächlich gelöscht wird. Handelt es sich um einen Eintrag der obersten Ebene, der weitere Unterpunkte besitzt, so werden auch diese gelöscht. Sie sollten die Befehle, die Sie nie einsetzen, aus dem Vokaular löschen, um dem VOICE PILOT die Befehlserkennung zu erleichtern.

Begriff bearbeiten

Bearbeiten der Vokabeln

<Bearbeiten>: Über diese Schaltfläche rufen Sie das Dialogfeld Begriff bearbeiten auf. In diesem Dialogfeld wird der aktuell in der Liste markierte Begriff angezeigt, und Sie können nun die Definition bearbeiten. Die Definition ist das Tastaturkommando, das die Funktion des akustischen Befehls sozusagen verkörpert. Soll der Befehl Datei beispielsweise das Menü DATEI öffnen, so ist die Definition das Tastaturkommando Alt + D.

Was bei der Eingabe von Definitionen zu beachten ist

Um nun eine Definition einzugeben beziehungsweise zu ändern, positionieren Sie den Textcursor mit Hilfe der Maus in das Feld für die Definitionseingabe. Dann drücken Sie genau die Tasten, die dem Tastaturkommando entsprechen. Sondertasten, beispielsweise die Funktionstasten oder die Taste Esc drücken Sie wie beim Funktionsaufruf. Sie werden dann in geschwungenen Klammern in das Feld eingetragen. Werden für den Befehlsaufruf zwei Tasten gleichzeitig gedrückt, beispielsweise die Taste Alt und eine Buchstabe, so müssen Sie dies auch für die Definition tun. Nur dann wird der korrekte Befehl

aufgenommen und interpretiert. Wenn Sie die Leertaste für sich drük-
ken, wird ein Leerraum in das Feld geschrieben. Werden bestimmte
Befehle, beispielsweise das Markieren von Kontrollfeldern mit der
Leertaste aufgerufen und möchten Sie solche Befehle in das Vokabular aufnehmen, so drücken Sie im Definitionsfeld die Leertaste. Der
Befehl wird korrekt interpretiert, auch wenn Sie nichts sehen. Verwenden Sie die Taste ⬜ nicht, um Zwischenräume zwischen den Tasten zu erzeugen. Es wird dann ein falsches Tastaturkommando erkannt, das die Leertaste mit einbezieht. Dies kann beispielsweise ein
Grund sein, warum der VOICE PILOT einen neuen Befehl nicht versteht oder eine falsche Funktion ausführt. Mit der Schaltfläche <Lö-
schen> entfernen Sie den aktuellen Inhalt aus dem Feld. Die Tasten
Entf und ← können Sie hierfür nicht nutzen, da diese als Sondertasten für den Befehlsaufruf in das Feld geschrieben werden.

Sie verlassen das Feld für die Definition mit der Taste Alt oder durch *Befehlsebene*
Klicken mit der Maus außerhalb des Feldes. Unter dem Feld wird an- *festlegen*
gezeigt, für welche Ebene der Befehl definiert ist. Bearbeiten Sie Befehle der ersten Menüebene, steht hier der Eintrag Oberste Ebene. Bei
untergeordneten Befehlen wird jeweils die zugehörige oberste Ebene
genannt. Bei der Einrichtung neuer akustischer Befehle legen Sie die
Ebene jeweils fest (siehe unten).

Im Feld darunter legen Sie für untergeordnete Befehle fest, ob der
VOICE PILOT nach Erkennung des Befehls zur obersten Begriffsebene
zurückkehren soll oder in der untergeordneten Ebene verbleibt. Das
würde bei dem Befehl ÖFFNEN aus dem Menü DATEI zum Beispiel be-
deuten, daß Sie anschließend entweder in die Menüleiste zurück-
ehren oder im Menü DATEI verbleiben. Entsprechend können Sie dann
schnell einen weiteren Befehl wählen. Bei Befehlen der obersten Ebene bleibt der VOICE PILOT immer in dieser Ebene.

Das Dialogfeld enthält auch die Schaltfläche <Hilfe>, die Ihnen eine
direkte Hilfe zu den Bedienelementen und Funktionen des Dialogfeldes Begriff bearbeiten zur Verfügung stellt. Beachten Sie, daß das
Fenster der Hilfe immer im Hintergrund des Dialogfeldes verbleibt.
Sie müssen die Dialogfelder und das Fenster so auf dem Bildschirm
anordnen, daß Sie die Hilfe auch wirklich lesen können.

Haben Sie die Bearbeitung eines Begriffs abgeschlossen, kehren Sie
mit der Schaltfläche <OK> zum Dialogfeld Vokabular zurück, in dem
die Änderungen in die Liste der Definitionen aufgenommen werden.

Neuen Begriff einrichten

<Neu>: Mit dieser Schaltfläche öffnen Sie das Dialogfeld Neuer Begriff, mit dessen Hilfe Sie einen neuen akustischen Befehl in das Vokabular für ein Anwendungsprogramm aufnehmen. Das Dialogfeld ähnelt in seinem Aufbau dem vorangehend beschriebenen Dialogfeld Begriff bearbeiten.

Im Feld Begriff geben Sie den akustischen Befehl über die Tastatur ein. Dies ist der Befehl, den Sie dem Programm vorsprechen und der dann die Ausführung der Funktion veranlaßt, die mit dem zugehörigen Tastaturbefehl definiert ist. Das Dialogfeld zeigt Ihnen immer an, für welche Anwendung der neue Befehl gültig ist. Die Definition für den Befehl geben Sie genau so ein, wie es bei der Bearbeitung von Begriffen im vorangehenden Abschnitt beschrieben wurde. Sie können durchaus einen längeren Text eingeben, um beispielsweise mit einem akustischen Befehl Ihre Adresse oder eine Grußformel in ein Dokument einzufügen. Weitere Beispiele zum Einsatz akustischer Befehle entnehmen Sie Kapitel 5.2, in dem anhand der Textverarbeitung WinWord die Möglichkeiten des VOICE PILOT in die Praxis umgesetzt werden.

Geben Sie bei Bedarf an, daß der Befehl einem Begriff untergeordnet ist. Als Beispiel wurde bereits der Befehl ÖFFNEN aus dem Menü DATEI erwähnt. Richten Sie diesen Befehl neu ein, geben Sie im Feld Diese Definition gültig nach den Begriff Datei ein. Handelt es sich um einen Begriff der obersten Ebene, markieren Sie dieses Kontrollfeld nicht. Sie bestimmen außerdem, zu welcher Befehlsebene der VOICE PILOT zurückkehren soll, wenn ein Befehl ausgeführt wurde. Diese Option wurde bereits im vorangehenden Abschnitt besprochen. Haben Sie die nötigen Eingaben und Einstellungen für den neuen Begriff vorgenommen, wählen Sie die Schaltfläche <OK>. Sie gelangen so in das Dialogfeld Trainieren, in dem Sie die Möglichkeit erhalten, den neuen Begriff sogleich zu trainieren.

Dieses Dialogfeld wird auch mit der Schaltfläche <Trainieren> im Dialogfeld Vokabular aufgerufen und ist im folgenden Abschnitt beschrieben. Nachdem Sie den Befehl trainiert haben, quittieren Sie das Dialogfeld mit <OK> und kehren so zum Dialogfeld Vokabular zurück. Der Befehl und die Definition erscheinen nun im Listenfeld Definition dieses Dialogfeldes.

Befehl trainieren

<Trainieren>: Mit dieser Schaltfläche rufen Sie das Dialogfeld Trainieren auf. Hier entscheiden Sie, ob Sie das vollständige Vokabular einer Anwendung trainieren wollen oder nur die bislang nicht trainierten Klänge beziehungsweise den aktuell in der Liste markierten Begriff. Mit der Schaltfläche <Start> starten Sie das Training. Sie werden dreimal aufgefordert, den Befehl auszusprechen. Halten Sie dazu das Mikofon 20 bis 30 cm von Ihrem Mund entfernt, und sprechen Sie den Befehl entspannt und ruhig mit etwas variierender Stimmlage aus. So lernt das Programm den Befehl besser zu erkennen, auch wenn er nicht immer völlig gleich ausgesprochen wird. Während des Trainings wechselt die Schaltfläche <Start> in die Schaltfläche <Stop>, mit der Sie das Vorsprechen unterbrechen können. Haben Sie das Training beendet, kehren Sie mit der Schaltfläche <OK> zum Dialogfeld Vokabular zurück.

<Hilfe>: Mit dieser Schaltfläche rufen Sie eine spezielle Hilfe zum Dialogfeld Vokabular auf.

Damit haben Sie die Bedienelemente und die Funktionen des Dialogfelds Vokabular kennengelernt. Am Ende dieses Kapitels wird das Dialogfeld anhand eines Beispiels noch einmal im praktischen Einsatz gezeigt.

BENUTZER: Mit diesem Befehl öffnen Sie das Dialogfeld Benutzer, das Sie auch in Abb. 4.20 sehen. Mit Hilfe dieses Dialogfelds ermöglichen Sie mehreren Benutzern, den VOICE PILOT individuell zu trainieren und den jeweils aktiven Benutzer festzulegen. So können selbst Personen mit sehr unterschiedlichem Sprachmuster mit einer Version des VOICE PILOT arbeiten.

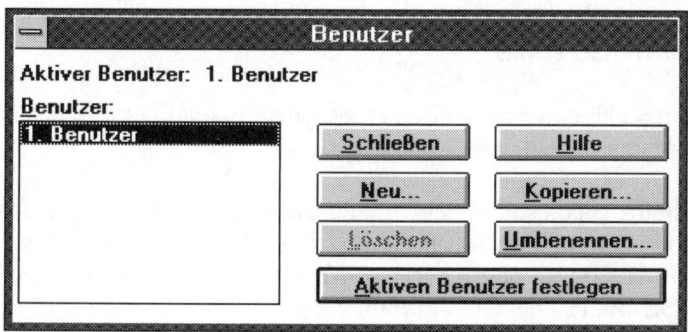

Abb. 4.20: Einstellen der Benutzeroptionen für den VOICE PILOT

Im Listenfeld Benutzer werden die Benutzer aufgelistet, die im VOICE PILOT angemeldet sind. Standardmäßig finden Sie hier nur den Eintrag 1. Benutzer. Für jeden Benutzer kann ein individuelles Sprachmodell angefertigt werden, indem jeder die akustischen Befehle mit seiner eigenen Stimme trainiert. So muß ein anderer Benutzer nicht jeden Begriff immer wieder neu umtrainieren, wenn er nach einer anderen Person mit dem VOICE PILOT arbeitet.

Neuen Benutzer
anmelden
Mit der Schaltfläche <Neu> melden Sie einen neuen Benutzer an. Die Schaltfläche öffnet ein Dialogfeld, in dem Sie den Namen des neuen Benutzers eingeben. Sie können hierbei auch Kürzel oder Codenamen verwenden. Quittieren Sie das Dialogfeld mit <OK>, wird der Name in die Benutzerliste aufgenommen.

Mit der Schaltfläche <Kopieren> legen Sie eine Kopie des benutzerspezifischen Sprachmodells eines Bentuzers an. So können Sie dieses beispielsweise einem weiteren Benutzer zugänglcih machen, so daß dieser nicht vollständig ein eigenes Sprachmodell aufbauen muß. Geben Sie dazu im Dialogfeld Kopieren, das Sie mit der Schaltfläche <Kopieren> aufrufen, einen neuen Namen ein. Eine Kopie für einen bestehenden Benutzer ist nicht möglich. Geben Sie den Namen eines bereits in der Liste geführten Benutzers ein, so erhalten Sie eine entsprechende Meldung und müssen den Namen ändern.

Mit der Schaltfläche <Löschen> entfernen Sie den aktuell markierten Benutzer aus der Liste. Die Schaltfläche <Umbenennen> öffnet ein Dialofeld, in dem Sie den Namen eies Benutzers ändern können. Über die Schaltfläche <Aktiven Benutzer festlegen>, aktivieren Sie das zum aktuellen Listeneintrag zugehörige Sprachmodell. Immer, wenn ein anderer Benutzer mit der Arbeit an dem Rechner beginnt und den VOICE PILOT einnsetzen will, muß hiermit die Anpassung an den aktiven Benutzer erfolgen.

Haben Sie den aktiven Benutzer festgelegt, schließen Sie das Dialogfeld mit der Schaltfläche <Schließen>.

Schriftart: Mit diesem Befehl öffnen Sie das Dialogfeld Schriftart (siehe Abb. 4.21), in dem Sie die Schriftart für die Liste der aktiven Befehle im VOICE PILOT ändern können. Wählen Sie beispielsweise eine kleinere Schrift, um bei einer umfangreichen Befehlsliste alle Begriffe auf einen Blick dargestellt zu bekommen.

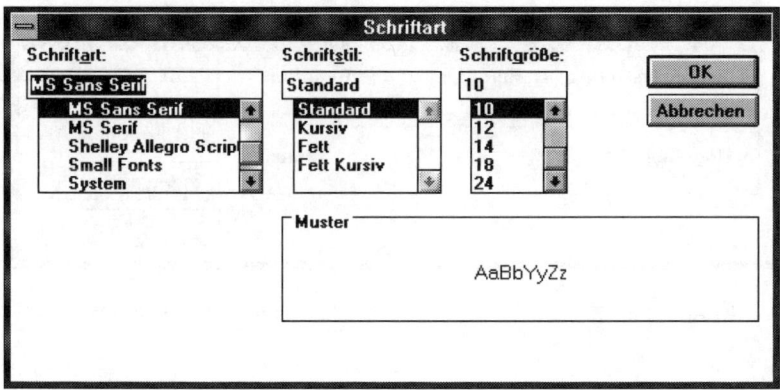

Abb. 4.21: Dialogfeld zum Festlegen der Schriftart für die Befehlsliste des VOICE
PILOT

Im Listenfeld Schriftart wählen Sie unter den verfügbaren Bildschirm-
schriften die aus, die Ihnen am meisten zusagt. Das Listenfeld Schrift-
stil bietet eine Reihe unterschiedlicher Schriftattribute an, beispielsweise kursiv und fett. Im Listenfeld Punktgröße wählen Sie die
gewünschte Punktgröße für die Anzeige. Das Feld Muster zeigt jeweils
die Auswirkung der aktuellen Einstellung. Rufen Sie das Dialogfeld
auf, so sind die aktiven Einstellungen invers dargestellt. Schließen Sie
das Dialogfeld mit <OK>, wenn Sie die Schrift nach Ihren Wünschen
eingestellt haben.

OPTIONEN: Mit diesem Befehl öffnen Sie das Dialogfeld Optionen, das
Sie auch in Abb. 4.22 sehen. Über dieses Dialoglogfeld stellen Sie die
Übereinstimmung zwischen Klängen und Begriffen ein. Je genauer
diese eingestellt ist, um so exakter müssen Sie die Befehle aussprechen, damit der VOICE PILOT sie erkennt. Wird die Übereinstimmung auf ungefähr gestellt, kann es Ihnen passieren, daß auch Störgeräusche vom Programm als Befehle erkannt werden.

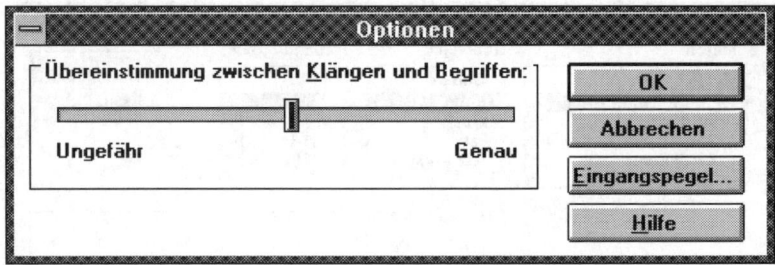

Abb. 4.22: Einstellung für die Begriffserkennung im VOICE PILOT

Mit der Schaltfläche <Eingangspegel> im Dialogfeld Optionen öffnen Sie die Anwendung AUFNAHMEREGELUNG. Hier können Sie den Eingangspegel für die Aufnahme der gesprochenen Befehle verändern. Die Pegelanzeige sollte möglichst im gelben Bereich liegen, damit er Befehl gut erkannt werden kann. Vergleichen Sie hierzu die Ausführungen in Kapitel 4.2. Wenn Sie die Entfernung zwischen Mund und Mikrofon verändern, so ist in der Regel auch eine Änderung des Eingangspegels notwendig.

Damit haben Sie die Menüfunktionen des Programms VOICE PILOT kennengelernt. Stellen Sie mit ihrer Hilfe die Optionen für den Umgang mit dem Programm für Sie persönlich optimal ein und bearbeiten Sie das Vokabular für die verschiedenen Anwendungen, um den VOICE PILOT für Ihre Zwecke einsetzen zu können.

Die Schaltfläche Mikrofon dient zum Ein- und Ausschalten des Mikrofons bei der Arbeit mit dem VOICE PILOT. Ist der VOICE PILOT selbst das aktive Anwendungsprogramm, ist die Schaltfläche abgeblendet und kann nicht angewählt werden. Erscheint die Schaltfläche eingedrückt (3D-Effekt), so ist das Mikrofon eingeschaltet, ragt sie dagegen etwas heraus, ist das Mikrofon ausgeschaltet. Mit der Tastatur schalten Sie über den Befehl [Strg]+[Alt] das Mikrofon ein beziehungsweise aus. Sie sollten das Mikrofon nur dann einschalten, wenn Sie tatsächlich akustische Befehle eingeben wollen. Sonst kann es durch Umgebungsgeräusche dazu kommen, daß Befehle interpretiert werden, die Sie gar nicht ausführen lassen wollten.

Mit der Schaltfäche Aktive Begriffe schalten Sie zwischen den beiden Ansichten des VOICE PILOT hin und her. Ist die Schaltfläche eingeschaltet, werden die Begriffe, die für das aktuelle Anwendungsprogramm gültig sind, angezeigt. Besitzt das Anwendungsprogramm keinen eigenen Befehlssatz, werden Standardbefehle für Windows-Anwendungen angezeigt, die für viele Programme Gültigkeit haben. Diesen Standardsatz können Sie dann dem jeweiligen Programm anpassen. Insbesondere sollten Sie die Befehle löschen, die Sie nicht benötigen, weil die zugehörigen Funtkionen beispielweise in der Anwendung nicht vorkommen. Die Liste der aktiven Begriffe dient nicht nur der Anzeige dieser Befehle, sondern bietet Ihnen auch die Möglichkeit, diese zu bearbeiten, ohne das Dialogfeld Vokabular (siehe oben) aufrufen zu müssen.

Sobald Sie auf einen Befehl in der Liste klicken, wird ein Popup-Menü mit den Befehlen TRAINIEREN, BEARBEITEN und LÖSCHEN angezeigt. Die Befehle TRAINIEREN und BEARBEITEN öffnen die Dialogfelder Trainieren und Begriff bearbeiten. Diese Dialogfelder haben Sie bei der Besprechung des Menübefehls VOKABULAR bereits kennengelernt. Sie können somit über die Begriffsliste sehr schnell den markieren Begriff trainieren oder bearbeiten. Mit dem Befehl LÖSCHEN entfernen Sie den markieren Begriff aus dem Vokabular.

Im Feld Erkannt wird der Befehl angezeigt, den der VOICE PILOT aufgenommen hat. Hat er das Kommando nicht verstanden, zeigt er ein Fragezeichen an. Wird Klang gehört angezeigt, hat der VOICE PILOT zwar etwas gehört, kann aber keinen Befehl erkennen. Sie haben so eine Kontrolle, ob das Programm die Befehle, die Sie aussprechen, richtig interpretiert und können bei Bedarf einen Begriff, mit dem es Schwierigkeiten gibt, gleich trainieren.

Die Schaltfläche Hilfe öffnet das Hilfemenü des VOICE PILOT. Mit dem Befehl INHALT rufen Sie die Inhaltsübersicht der Hilfe auf. Von hier aus wählen Sie ein Thema, das Sie interessiert. Der Befehl VOICE PILOT INFO zeigt eine kurze Information zu dieser Anwendung an.

Anwendungsbeispiel

Im folgenden soll Ihnen anhand eines kurzen Beispiels der praktische Einsatz des VOICE PILOTS gezeigt werden. Ein umfangreiches Beispiel finden Sie in Kapitel 5.2.

Mit Windows erhalten Sie das Spiel SOLITÄR, mit dem Sie sich vielleicht schon beschäftigt haben. Es wird über das zugehörige Symbol in

Akustische Steuerung von SOLITÄR

der Programmgruppe Spiele gestartet. Für dieses Programm werden Sie nun einen neuen akustischen Befehl einrichten. Rufen Sie zunächst den VOICE PILOT auf, und stellen Sie über die AUFNAHME-REGELUNG das Mikrofon als Aufnahmequelle ein. Starten Sie dann das Spiel SOLITÄR. Rufen Sie im VOICE PILOT den Befehl VOKABULAR auf. Im Dialogfeld Vokabular bekommen Sie nun die Standardbefehle für Windows-Anwendungen angezeigt, die jetzt für SOLITÄR gültig sind. Wählen Sie die Schaltfläche <Neu>, um einen neuen Befehl einzurichten.

Beachten Sie bei der Einrichtung neuer Befehle folgendes. Sie müssen, wie oben erläutert, jeweils die Definition für den Befehl eingeben. Diese Definition entspricht dem Tastaturbefehl für den Funktionsaufruf. Wenn Sie das Dialogfeld zur Einrichtung neuer Befehle aufgerufen haben, müssen Sie diese Definition parat haben. Um zu vermeiden, daß Sie noch einmal zum Anwendungsprogramm wechseln müssen, um den Tastaturaufruf herauszufinden, sollten Sie ihn sich vorher notieren oder das Handbuch der Anwendung griffbereit halten.

Der Befehl, den Sie für SOLITÄR einrichten, lautet Karten geben und veranlaßt das Programm, neue Karten auf dem Bildschirm zu präsentieren. Damit beginnt auch jeweils ein neues Spiel. Der zugehörige Menübefehl ist SPIEL KARTEN GEBEN und wird mit dem Tastaturbefehl ⌨Alt+⌨S k definiert.

Geben Sie den Begriff und die Definition im Dialogfeld Neuer Begriff ein. Bei der Eingabe der Definition drücken Sie die Taste ⌨Alt und die Taste ⌨S gemeinsam und anschließend, ohne einen Leerraum die Taste ⌨K alleine. Quittieren Sie das Dialogfeld, und trainieren Sie den Begriff. Hat das Programm Sie dreimal richtig verstanden, kehren Sie in das Dialogfeld Vokabular zurück und schließen dieses mit der Schaltfläche <Schließen>. Lassen Sie den VOICE PILOT nun, falls dies noch nicht der Fall ist, in der Ansicht mit der Liste der aktiven Begriffe anzeigen. Sie sehen den neuen Begriff in der Liste, so wie ihn auch Abb. 4.23 darstellt.

Abb. 4.23: Neuer akustischer Befehl für das Programm SOLITÄR

Sie können nun den Befehl testen, indem Sie die Anwendung SOLITÄR aktivieren und den Befehl Karten geben vorsprechen. Sollte das Programm nicht reagieren, so prüfen Sie zunächst den Eingabepegel in der AUFNAHMEREGELUNG und die Begriffserkennung im Dialogfeld Optionen des VOICE PILOT. Anschließend versuchen Sie es noch einmal. Haben Sie den Tastaturbefehl korrekt eingegeben und sind auch alle anderen Einstellungen richtig, sollte SOLITÄR beim Nennen des Befehls die Karten neu geben. Eventuell müssen Sie auch das Training noch einmal wiederholen oder mit dem Abstand zum Mikrofon experimentieren. Beachten Sie, daß Hintergrundgeräusche die Befehlserkennung beeinträchtigen können.

Sound-Zuordnung zu Systemereignissen

Um den Benutzer auf bestimmte Ereignisse aufmerksam zu machen, verwendet Windows Klänge, die diesen Ereignissen zugeordnet sind. Dies ist auch dann der Fall, wenn Sie das SOUND SYSTEM nicht installiert haben. Windows verfügt von sich aus über die Option KLANG, die diese Zuweisung von Klängen zu Systemereignissen steuert. Wird das SOUND SYSTEM auf einem System installiert, so wird die Option KLANG von Windows durch die gleichnamige Option des SOUND SYSTEMS ersetzt. Das Symbol für den Aufruf bleibt dabei gleich. Falls Sie KLANG von Windows kennen, werden Sie feststellen, daß die Version des SOUND SYSTEMS über weitere Funktionen verfügt. KLANG ist im eigentlichen Sinne kein eigenständiges Programm, sondern eine Option der Systemsteuerung von Windows.

Sie starten das Programm über das zugehörige Programmsymbol, das Sie in der Gruppe Systemsteuerung finden. Diese Gruppe ist wiederum in der Hauptgruppe von Windows zu finden. Rufen Sie Klang auf, wird das gleichnamige Dialogfeld angezeigt, das Sie auch in Abb. 4.24 sehen.

Abb. 4.24: Das Dialogfeld KLANG

Die einzelnen Bedienelmente und Funktionen sind nachfolgend erläutert.

Im Listenfeld Ereignisse werden die Ereignisse angezeigt, denen Sie Klänge zuweisen können. Es handelt sich hierbei um Ereignisse, die bei der Arbeit mit Windows und Windows-Anwendungen auftreten können. Die folgende Auflistung enthält eine Beschreibung der einzelnen Möglickkeiten.

Stern, Hinweis: Warnung oder Meldung, die von Windows eingeblendet wird.

Kritischer Abbruch: Warnung wegen einer nicht durchführbaren oder nicht zur Verfügung stehenden Funktion.

Standardsignal: Fehlermeldung für verschiedene Fälle.

Frage: Dialog, der vom Benutzer eine Antwort erfordert.

Windows-Ende: Beenden von Windows.

Windows-Start: Starten von Windows.

Diesen Ereignissen können Sie nun nach eigenem Geschmack Klänge zuordnen, wobei alle Wave-Dateien, die auf Ihrem System verfügbar sind, auch genutzt werden können.

Die Klangdateien werden im Listenfeld Dateien angezeigt. Das aktuelle Verzeichnis wird jeweils unterhalb des Listenfeldes aufgeführt. Sie wechseln das Verzeichnis über das Listenfeld Dateien. Am Ende der aufgelisteten Dateien werden die Verzeichnisse und die Laufwerksbuchstaben angezeigt. Aktivieren Sie das Verzeichnis, in das Sie wechseln möchen, jeweils mit einem Doppelklick.

Um mit Hilfe der beiden Listenfelder einem Ereignis einen Klang zuzuweisen, markieren Sie zunächst das Ereignis und anschließend die Klangdatei, die mit dem Ereignis verbunden werden soll. Möchten Sie beispielsweise das Ereignis Windows-Start mit dem Klang ELEPHANT.WAV verbinden, markieren Sie das Ereignis Windows-Start und wechseln dann in das Verzeichnis C:\SNDSYS\SOUNDS, in dem der gewünschte Klang gespeichert ist, und markieren diesen in der Dateiliste. Ebenso gehen Sie bei den anderen Ereignissen vor. Einem Ereignis, dem ein Klang zugewiesen wurde, wird in der Ereignisliste ein allgemeines Klangsignal vorangestellt.

Haben Sie den Ereignissen Klänge zugewiesen, können Sie die aktuellen Zuweisungen als Schema speichern. So sind Sie in der Lage, jederzeit auf diese Klangzuweisungen zurückzugreifen und sich eine

Klangschema

Sammlung verschiedener Schemata zu erstellen, die Sie je nach Bedarf auswählen. Vorgegeben sind bereits die Schemata Windows-Standard und <kein>, die Sie nicht ändern können. Alle Schemata werden in der aufklappbaren Liste Klangschema aufgelistet. Durch einen Klick mit der Maus, aktivieren Sie einen Eintrag, der dann nach Schließen dde Dialogfelds gültig ist. Um ein Schema zu speicherern, wählen Sie die Schaltfläche <Schema speichern>. In einem Dialogfeld geben Sie nun einen Namen an, im Beispiel wurde der Name Afrika gewählt. Bestätigen Sie mit <OK>. Der neue Name und das damit verbundene Klangschema wird nun in der Liste geführt. Wollen Sie ein Schema löschen, markieren Sie es in der Liste, und wählen die Schaltfläche <Schema entfernen>. Um ein neues Schema zu erstellen, wählen Sie entweder Windows-Standard oder <kein> als Grundlage. Die nicht geänderten Klänge des zugrundeliegenden Schemas bleiben beim Speichern des neuen Schemas gültig.

Wollen Sie eine Klangzuweisung nicht speichern, sondern beispielswiese nur für die aktuelle Arbeitssitzung verwenden, so wählen Sie das Schema, auf dem die Zuweisung basieren soll, und suchen den gewünschten Klang für ein Ereignis. Schließen Sie KLANG und setzen Sie Ihre Arbeit unter Window fort. Die Zuweisung bleibt gültig, solange Sie keine andere vornehmen.

Datei-Informa-
tionen

Haben Sie einen Klang zugewiesen, der ein Bild und eine Beschriftung besitzt, so werden diese Dateiinformationen im Dialogfeld angezeigt (vergleiche Abb. 4.24). Mit Hilfe der Schaltfläche <Wiedergabe>, können Sie sich den aktuell angezeigten Klang anhören. So haben Sie eine Hilfe bei der Wahl des Klanges.

Haben Sie alle gewünschten Einstellungen vorgenommen, quittieren Sie das Dialogfeld KLANG mit <OK> und schließen die zuvor geöffneten Gruppenfenster im Datei-Manager. Testen Sie Ihr Klangschema, indem Sie Ereignisse auslösen. Bei vielen Programmen wird beispielsweise das Ereignis Standardsignal ausgelöst, wenn Sie mit der Maus außerhalb eines Dialogfeldes klicken, das so nicht geschlossen werden kann.

Nutzen Sie die Option KLANG, um die akustische Umgebung von Windows individuell zu gestalten. Eine weitere Möglichkeit zur Klanggestaltung bietet Ihnen der Audio-Bildschirmschoner, der im folgenden Kapitel erläutert ist.

Bildschirmschoner mit Sound

Windows ist mit einem visuellen Bildschirmschoner ausgestattet, der verhindert, daß sich die Anzeige auf dem Bildschirm einbrennt, wenn das Bild über längere Zeit unverändert bleibt. Als Alternative können Sie mit dem SOUND SYSTEM auch einen Audio-Bildschirmschoner einrichten. Dieser blendet den Bildschirm ab, wenn über eine bestimmte Zeit keine Benutzereingaben erfolgen, und spielt dann Klänge ab. Der Audio-Bildschirmschoner besteht nicht als eigenes Programm. Sie richten ihn wie den visuellen Bildschirmschoner von Windows mit der Option Desktop in der Windows-Systemsteuerung ein.

Um die Einstellungen für den Bildschirmschoner zu verändern, öffnen Sie zunächst die Hauptgruppe von Windows und anschließend aus dieser Gruppe heraus die Systemsteuerung. In dieser Gruppe finden Sie das Symbol für die Option Desktop. Sie öffnen das gleichnamige Dialogfeld durch einen Doppelklick auf das Symbol. In diesem Dialogfeld werden eine Reihe von Einstellungen für die Windowsoberfläche angeboten, unter anderem der Bildschirmschoner.

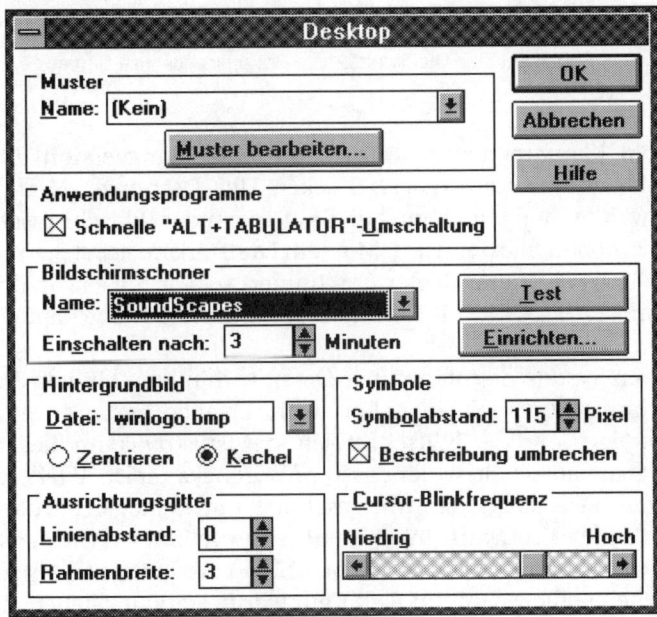

Abb. 4.25: Das Optionsfeld Desktop

Um nun einen Audio-Bildschirmschoner einzurichten, wählen Sie im Feld Bildschirmschoner den Eintrag SoundScapes und bedienen anschließend die Schaltfläche <Einrichten>. Es erscheint das Dialogfeld AUDIO-BILDSCHIRMSCHONER-SETUP, das Sie auch in Bild 4.26 sehen. Hier legen Sie fest, welchen Audio-Bildschirmschoner Sie verwenden wollen, und regeln unter anderem die Lautstärke für den Bildschirmschoner.

Abb. 4.26: Das Dialogfeld AUDIO-BILDSCHIRMSCHONER-SETUP

Kennwort Im Feld Klangumgebung wählen Sie eine Klangversion für den Bildschirmschoner aus (Vögel, Glocken, Uhr, Dschungel, Nacht). Die ausgewählte Klangumgebung erklingt, wenn der Bildschirmschoner vom Computer aktiviert wird. Mit dem Lautstärkeregler stellen Sie die Lautstärke ein. Dieser Regler funktioniert so, wie Sie es von der Anwendung LAUTSTÄRKEREGELUNG gewohnt sind (siehe Kapitel 4.1).

Möchten Sie den Zugriff auf Ihre Daten verhindern, können Sie den Bildschirmschoner mit einem Kennwort versehen. Verlassen Sie Ihren Arbeitsplatz, und der Bildschirmschoner ist aktiv, kann diesen nur eine Person ausschalten, der das Kennwort bekannt ist. Aktivieren Sie das Kontrollkästchen Kennwortgeschützt, und betätigen Sie dann die Schaltfläche <Kennwort eingeben>. Im nun geöffneten Dialogfeld geben Sie das Kennwort ein, das nicht als Wort erscheint, sondern durch Sternchen kodiert wird. Im Feld Kennwortbestätigung geben Sie das Kennwort nochmals ein. Auch hier werden die Zeichen verschlüsselt. Nur wenn Kennwort und Bestätigung übereinstimmen, wird das

Kennwort vom Programm angenommen. Schließen Sie das Dialogfeld über <OK>.

Wollen Sie ein altes Kennwort ändern, müssen Sie dieses zunächst im Feld altes Kennwort eingeben. Nur wenn das Kennwort stimmt, das hier ebenfalls verschlüsselt angezeigt wird, können Sie ein neues Kennwort einrichten. So wird vermieden, daß eine unberechtigte Person Ihr Kennwort ändert, wenn der Bildschirmschoner gerade nicht aktiv ist.

Nun können Sie auch das Dialogfeld Audio-Bildschirmschoner-Setup mit <OK> verlassen und gelangen wieder in das Dialogfeld Desktop. Hier können Sie den eingerichteten Bildschirmschoner testen. Wählen Sie dazu die Schaltfläche <Test>. Bei Bedarf rufen Sie das Dialogfeld für die EINRICHTUNG erneut auf und wählen eine andere Klangumgebung oder stellen die Lautstärke anders ein. Haben Sie den Bildschirmschoner mit einem Kennwort versehen, müssen Sie dieses auch bei dem Test schon angeben, um den Bildschirmschoner wieder zu deaktivieren.

Einstellungen testen

Im Dialogfeld DESKTOP legen Sie nun noch fest, nach wievielen Minuten der Bildschirmschoner aktiv werden soll. Werden in dem entsprechenden Zeitraum keine Tastatureingaben oder Mausaktionen vom Rechner registriert, so tritt der Bildschirmschoner in Aktion. Beachten Sie, daß bei eingeschaltetem Mikrofon der Bildschirmschoner auch durch Geräusche deaktiviert werden kann. Sie sollten das Mikrofon ausschalten, wenn Sie den Arbeitsplatz verlassen. Beenden Sie das Dialogfeld DESKTOP mit <OK>, wenn Sie alle nötigen Einstellungen vorgenommen haben, und fahren Sie dann mit Ihrer Arbeit fort.

Wenn Sie anstelle des Audio-Bildschirmschoners einen visuellen Bildschirmschoner einrichten wollen, wählen Sie sich aus der Liste Name einen der vorgegebenen Bildschirmschoner Blank Screen, Flying Windows, Marquee, Mystify oder Starfield Simulation aus. Neben diesen zu Windows gehörenden Bildschirmschonern können Sie weitere entsprechende Anwendungen auf Ihrem System einsetzen. Für dieses Buch wurde ein Bildschirmschoner programmiert, der Klänge und Bilder einsetzt. Er ist auf der Diskette zum Buch enthalten und in Kapitel 6 beschrieben. Auch den Quelltext finden Sie in diesem Buch, so daß das Programmierbeispiel nachvollziehen und in eignen Anwendungen nutzen können.

In Kapitel 5.1 erfahren Sie, wie Sie individuelle Sounds für den Bildschirmschoner einrichten. Dort wird Ihnen der Umgang mit dem Audio-Bildschirmschoner an einem Beispiel praktisch demonstriert.

Der CD-Spieler

Mit MUSIKBOX erhalten Sie ein leistungsfähiges Programm, um Audio-CDs mit einem CD-ROM-Laufwerk abspielen zu können. Voraussetzung ist, daß Sie ein solches CD-ROM-Laufwerk besitzen und daß dieses korrekt angemeldet ist. Versuchen Sie MUSIKBOX zu starten, wenn Sie kein CD-ROM-Laufwerk eingebaut haben, erhalten Sie eine entsprechende Meldung.

Sie starten das Programm durch einen Doppelklick auf das entsprechende Symbol in der Programmgruppe Windows SOUND SYSTEM. Das Fenster des Programms wird nun angezeigt (vergleiche Abb. 4.27), und Sie können eine CD abspielen.

Abb. 4.27: Das Programm MUSIKBOX

Die einzelnen Elemente des Fensters und deren Funktionen sind nachfolgend beschrieben. Bei MUSIKBOX handelt es sich, im Gegensatz zu den in den vorangegangenen Kapiteln besprochenen Teile des Windows SOUND SYSTEMS, um ein eigenständiges Programm.

In der Titelleiste wird neben dem Programmnamen auch der Titel der aktuellen CD angezeigt. Diesen Titel erkennt das Programm allerdings nicht allein, Sie müssen Ihn selber eingeben. Ist noch kein Titel eingegeben, steht in der Titelleiste Musikbox-Ohne Titel.

Das Systemmenü des Programms weist neben den Standardbefehlen WIEDERHERSTELLEN, VERSCHIEBEN, SYMBOL, SCHLIESSEN und WECHSELN ZU, mit denen Sie das Fenster der Anwendung steuern können, weitere programmspezifische Befehle auf. Die Standardbefehle sind in Kapitel 3.1 und bei der Anwendung LAUTSTÄRKEREGELUNG in Kapitel 4.1 ausführlich beschrieben. Die weiteren Befehle werden nachfolgend erläutert.

WIEDERGABE: Mit diesem Befehl starten Sie die Wiedergabe einer CD. Diese Funktion steht auch über eine Schaltfläche im Fentster der MUSIKBOX zur Verfügung. Wollen Sie den Befehl mit der Tastatur aufrufen, geben Sie [Alt]+[⎵] [I] ein.

PAUSE: Mit dieser Funktion unterbrechen Sie die Wiedergabe einer CD. Die Pausenfunktion kann auch über eine Schaltfläche im Fenster der Anwendung sowie über den Tastaturbefehl [Alt]+[⎵] [A] aufgerufen werden. Durch einen erneuten Aufruf des Befehls beenden Sie die Unterbrechung, und die Wiedergabe wird an der Stelle fortgesetzt, an der sie unterbrochen wurde.

STOP: Mit diesem Befehl stoppen Sie die Wiedergabe einer CD. Wenn Sie die Wiedergabe wieder starten wollen, müssen Sie die Funktion Wiedergabe aufrufen. Der CD-Player beginnt dann am Anfang der CD beziehungsweise am Anfang des Abspielplans. Auch für diese Funktion existiert eine entsprechende Schaltfläche und der Tastaturbefehl [Alt]+[⎵] [T].

PROGRAMM: Mit diesem Befehl rufen Sie das Dialogfeld Programm auf, das weiter unten in diesem Kapitel ausführlich beschrieben ist. Das Dialogfeld können Sie auch über die Schaltfläche <Programm> sowie den Tastaturbefehl [Alt]+[⎵] [P] oder den Befehl [Alt]+[O] aufrufen. Das Dialogfeld stellt Funktionen zur Verfügung, mit denen Sie Namen für CDs und Titel verwalten sowie Abspielpläne erstellen.

INFO: Mit diesem Befehl rufen Sie eine kurze Information zum Programm MUSIKBOX auf. Der Tastaturbefehl lautet [Alt]+[⎵] [O].

Die Menüfunktionen des Programms MUSIKBOX werden auch über Schaltflächen innerhalb des Anwendungfensters realisiert. Diese Schaltflächen sind für die Bedienung mit der Maus gedacht und werden im folgenden erläutert.

Bedienelemente

Die Programmoberfläche erinnert an ein Abspielgerät für CDs, wie Sie es vielleicht im Wohnzimmer stehen haben. Die Schaltflächen sind mit Symbolen gekennzeichnet, deren Bedeutung im Audio-Bereich bekannt ist. Im folgenden werden zunächst die Schaltflächen unterhalb der Titelleiste von links nach rechts beschrieben und erläutert.

Schaltflächen

Wiedergabe: Die erste Schaltfläche ist mit einem nach rechts zeigenden Dreieck gekennzeichnet und dient dem Aufruf der Wiedergabe von CDs. Sie entspricht damit dem Befehl WIEDERGABE im Systemmenü.

Pause: Die zweite Schaltfläche ist durch zwei senkrechte Pfeile gekennzeichnet und dient der Unterbrechung der Wiedergabe. Drücken Sie die Schaltfläche erneut, wird die Wiedergabe dort fortgesetzt, wo sie unterbrochen wurde. Die Schaltfläche entspricht dem Befehl PAUSE im Systemmenü.

Stop: Die dritte Schaltfläche ist durch ein schwarzes Quadrat gekennzeichnet und beendet die Wiedergabe. Mit der Schaltfläche <Wiedergabe> müssen Sie das Abspielen der CD dann wieder starten. Die Funktion der Schaltfläche entspricht dem Menübefehl STOP.

Rücklauf: Die vierte Schaltfläche ist durch einen senkrechten Balken vor zwei nach links zeigenden Dreiecken gekennzeichnet. Bedienen Sie die Schaltfläche <Rücklauf> während der Wiedergabe, springt das Programm zum Anfang des aktuellen Titels und spielt diesen erneut. Betätigen Sie die Schaltfläche mehrmals, kehren Sie jeweils einen Titel in der Abspieliste zurück.

Vorlauf: Die fünfte Schaltfläche ist durch einen senkrechten Balken und zwei nach rechts zeigende Dreiecke gekennzeichnet. Bedienen Sie die Schaltfläche <Vorlauf> während der Wiedergabe, dann springen Sie an den Anfang des nächsten Musikstückes vor. Das heißt, die Wiedergabe des aktuellen Musikstückes wird unterbrochen und das nächste Musikstück wird neu gestartet. Auch hier können Sie die Schaltfläche mehrfach betätigen, um mehrere Stücke vorzurücken.

Auswerfen: Die sechste Schaltfläche ist durch einen waagerechten Balken und ein nach oben zeigendes Dreieck gekennzeichnet. Um die CD aus dem CD-ROM-Laufwerk zu entfernen, müssen Sie vorher die CD auswerfen lassen. Hierzu verwenden Sie die Schaltfläche <Auswerfen>.

Unterhalb der Schaltflächen zur Steuerung des Abspielvorgangs sehen Sie eine Zeitskala mit einem Regler. Auf der Zeitskala wird die Länge des aktuellen Musikstückes dargestellt, und der Zeiger zeigt die aktuelle Abspielposition an. Um eine bestimmte Abspielposition einzustellen, klicken Sie einfach diese Stelle auf der Skala an oder ziehen den Zeiger an die gewünschte Position.

Zeitskala

Im Feld Abspielliste steht der aktuell gespielte Titel und die Länge des Titels in Minuten. Klappen Sie das Listenfeld auf, erhalten Sie eine Aufstellung aller Titel, die Sie in die Abspielliste aufgenommen haben. Wurde für die aktuelle CD keine Abspielliste erstellt, werden alle vorhandenen Titel in der Reihenfolge, wie sie auf der CD enthalten sind, angezeigt. Um den aktuellen Titel zu wechseln, klicken Sie auf einen anderen Eintrag in dieser Liste. So können Sie den Titel, der gespielt werden soll, gezielt ansteuern. Beachten Sie, daß die Liste in Ihrer Breite eingegrenzt ist und somit der vollständige Titel oder auch die Spielzeit nicht in allen Fällen sichtbar sind. Hier empiehlt sich eine Abkürzungs des Titels, insbesondere, wenn Sie Wert auf die Anzeige der Spielzeit der einzelnen Titel legen.

Die Abspielliste

Aktivieren Sie das Kontrollfeld Mischen, werden die Titel der Abspielliste in zufälliger Reihenfolge wiedergegeben. Sie sind somit nicht an die vorgegebene Reihenfolge auf der CD oder in der Abspielliste gebunden.

Aktivieren Sie das Kontrolfeld Wiederholen, dann wird die Abspielliste nach jedem Durchlauf von vorn gestartet. Sie stellen das Programm so auf Endlosspiel ein. Haben Sie beide Kontrollfelder aktiviert, dann wird die Abspielliste immer wieder in neuer Reihenfolge durchgespielt.

Betätigen Sie die Schaltfläche <Programm>, öffnen Sie das Dialogfeld Musikbox-Programm. Hier können Sie den Namen und die Titel der CD eingeben und eine eigene, indiviuelle Abspielliste erstellen. Der hier festgelegte Name einer CD erscheint dann in der Titelleiste des Programms, sobald Sie die CD einlegen. Werden ohne besondere Eingaben nur die Bezeichnungen Titel 1 bis n in der Abspielliste geführt, können Sie in diesem Dialogfeld die Titel exakt benennen. Dabei ist die Länge der Eingabe nicht durch das Textfeld begrenzt. Im Fenster der Anwendung werden die Titel dann allerdings nur bis zu einer bestimmten Länge angezeigt. Im Bedarfsfall sollten Sie die Namen der Musikstücke sinnvoll abkürzen. Eine Anzeige der Spieldauer der einzelnen Titel erfolgt in dieser Liste nicht.

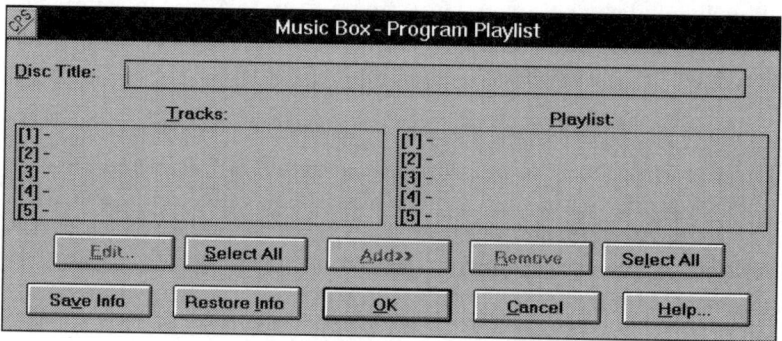

Abb. 4.29: Das Dialogfeld Musikbox-Programm

Im Feld CD Titel wird der Titel der aktuellen CD angezeigt. Ist der CD noch kein Name zugewiesen worden, erscheint der Eintrag Ohne Titel. Um diesen Eintrag zu verändern, positionieren Sie den Textcursor in das Textfeld und geben einen Namen ein. Sie können hierbei den Originaltitel der CD oder auch einen anderen Namen eingeben.

Im Listenfeld Titel erscheinen alle Titel, die auf der aktuellen CD zu finden sind. Sind den Stücken noch keine Namen zugewiesen worden, werden die Musikstücke einfach durchnumeriert. Der erste Titel wird dann mit Titel 1, der zweite mit Titel 2 usw. bezeichnet. Um nun den einzelnen Stücken einen Namen zuzuweisen, wählen Sie ein Stück aus der Liste Titel aus und betätigen die Schaltfläche <Titel eingeben>. Im nun geöffneten Dialogfeld wird die Nummer des Titels sowie der derzeit gültige Titel angezeigt. Im Textfeld Titel geben Sie den Titel an, der diesem Musikstück zugewiesen werden soll. Auch hier ist die Eingabe unabhängig vom Originaltitel. Auch Abkürzungen oder Verschlüsselungen sind möglich. Möchten Sie gleich mehreren Titeln die entsprechenden Namen zuweisen, nutzen Sie die Schaltfläche <Nächster> und <Vorheriger>, um den jeweiligen Titel anzeigen zu lassen und ändern den Namen nach Ihren Wünschen. Haben Sie diese Arbeit beendet, kehren Sie über die Schaltfläche <Fertig> zum Dialogfeld Musikox-Programm zurück. Dort werden nun die neuen Titelnamen angezeigt. Legen Sie die CD, der Sie Titel zugeordnet haben, zu einem späteren Zeitpunkti erneut in das CD-ROM-Laufwerk ein, ordnet der Computer automatisch die korrekten Titel zu.

Das Listenfeld Abspielliste zeigt die aktuell gültige Abspielliste an. Haben Sie noch keine Bearbeitung dieser Liste vorgenommen, stehen die Titel hier in der Reihenfolge, wie sie auch auf der CD vorhanden sind. Die Anzeige entspricht damit zunächst der Liste Titel. Haben Sie die Titel benannt, werden diese Namen auch in der Abspielliste angezeigt.

Abspielliste erstellen

Un nun eine individuelle Abspieliste zu erstellen, können Sie zun einen Titel, die Sie in der Abspielliste markieren, mit der Schaltfläche <Enfernen> aus dieser Liste löschen, zum andern Titel, die in der Titelliste markiert sind, über die Schaltfläche <Hinzufügen> in die Abspielliste aufnehmen. So können Sie beispielsweise eine Abspielliste erstellen, die Ihre drei Lieblingstitel auf einer CD dauernd wiederholt. Die Funktionen der Schaltflächen lassen sich auch durch Doppelklicken mit der Maus realisieren. So fügen Sie per Doppelklick einen Titel aus der Titelliste in die Abspielliste ein und löschen per Doppelklick einen Titel aus der Liste.

Sie markieren einen Titel, indem Sie mit der Maus auf den Eintrag klicken. Mehrere Titel markieren Sie mit ⇧ und klicken bei in der Liste zusammenhängenden Titeln oder Strg und Klicken bei nicht zusammenhängenden Titeln. Wollen Sie alle Titel der Titelliste auswählen, so nutzen Sie die Schaltfläche <Alles auswählen>. Nun erscheinen alle Titel markiert und können der Abspielliste hinzugefügt werden. Mit der Schaltfläche <Liste löschen> entfernen Sie alle Einträge aus der Abspielliste und können nun eine neue Liste zusammenstellen. Titel, die Sie hinzufügen, werden immer am Ende der bestehenden Liste eingefügt. Wollen Sie eine bestimmte Reihenfolge einhalten, müssen Sie diese also gleich beim Einfügen einhalten, da ein Titel nicht nachträglich an einer bestimmten Position in die Abspieliste aufgenommen werden kann. Beachten Sie, daß die Abspieliste mindestens einen Titel enthalten muß. Versuchen Sie das Dialogfeld mit einer leeren Abspielliste zu verlassen, erhalten Sie eine ensprechende Meldung. Füllen Sie die Abspielliste und quittieren Sie dann über <OK>. Brechen Sie die Bearbeitung mit der Schaltfläche <Abbrechen> ab, muß die Liste keine Einträge enthalten, da diese Einstellung dann nicht übernommen wird. Die Abspieliste kann die vollständige Titelliste einer CD auch mehrfach enthalten. Sie können auf diese Weise oder durch Hinzufügen von immer mehr Titeln einen Gesamtabspielzeit von über 250 Stunden erreichen. Wird die Kapazität des Programms überschritten, erhalten Sie eine entsprechende Meldung.

Lautstärke-regelung

Drücken Sie die Schaltfläche <Lautstärke>, dann wird die LAUTSTÄRKEREGELUNG aufgerufen, mit deren Hilfe Sie die Lautstärke und die Balance regeln. Diese Programm ist in Kapitel 4.1 ausführlich beschrieben.

Statuszeile: Am unteren Rand des Anwendungsfensters erhalten Sie in einer Statuszeile Informationen zu der Gesamtabspiellänge und der davon bereits gespielten Zeit. Die Abspielzeit bezieht sich dabei immer auf die Länge der aktuell gültigen Abspielliste. Auch wenn Sie das Kontrollfeld Wiederholen markieren, wird nur die Dauer für das einmalige Abspielen der Liste angezeigt.

Informationen in der Statuszeile

Sie können also mit Hilfe des Programms MUSIKBOX die Musikstücke einer CD verwalten und für die Wiedergabe beliebig zusammenstellen. Zudem können Sie auch den Zufallsgenerator des Programms nutzen, um die Titel aus der Abspielliste in immer anderer Reihenfolge abspielen zu lassen. In Kapitel 5.4 wird Ihnen anhand einer CD die Titelverwaltung und das Erstellen von Abspiellisten noch einmal praktisch vorgeführt.

Sie haben nun alle Programme, die mit dem Windows SOUND SYSTEM ausgeliefert werden, kennengelernt. In den einzelnen Unterkapiteln wurden jeweils die Bedienelemente und Funktionen der Anwendungen erläutert und anhand kurzer Beispiele demonstriert. In Kapitel 5 werden Ihnen umfangreichere Beispiele für den Einsatz des SOUND SYSTEMS vorgestellt. Dabei wird auch besonders auf das Zusammenspiel der einzelnen Anwendungen sowie mit den übrigen auf Ihrem System eingerichteten Programmen eingegangen. Die einzelnen Beispiele sind ausführlich erläutert und werden Schritt für Schritt vorgestellt, so daß sie leicht nachvollziehbar sind. Lassen Sie sich überraschen, was mit dem SOUND SYSTEM so alles möglich ist.

5

Anwendungen

In diesem Kapitel werden praktische Anwendungsbeispiele für das Windows SOUND SYSTEM vorgestellt. Insbesondere der kombinierte Einsatz der einzelnen Anwendungen wird demonstriert. Die Beispiele werden in Schritt-für-Schritt-Anleitungen vorgestellt, so daß sie leicht nachvollziehbar sind. Sie können mit Hilfe der Beispiele und eigenen Daten das SOUND SYSTEM dann auch gleich für eigene Zwecke einsetzen.

So werden Sie individuelle Sounds für den Bildschirmschoner erstellen, die Sie neben den bereits vorhandenen Klängen verwenden können. Außerdem werden neue akustische Kommandos für die Textverarbeitung WORD für Windows eingerichtet und getestet. Das Kapitel stellt zudem den praktischen Einsatz des PROOFREADERS in Microsoft EXCEL vor und zeigt Ihnen die Anwendung der Unterstützung für MS DOS-Spiele, die das SOUND SYSTEM bietet.

Wenn Sie dieses Kapitel durcharbeiten, lernen Sie den vollen Leistungsumfang des Windows SOUND SYSTEMS kennen und werden mit der Bedienung so vertraut gemacht, daß Sie das Programmpaket auch für eigene komplexe Anwendungen einsetzen können.

In diesem Kapitel wird davon ausgegangen, daß Sie mit den Grundlagen, die in den vorangegangenen Kapiteln besprochen wurden, bereits vertraut sind. Sie sollten also insbesondere den Teil C des Buches gelesen und mit dem SOUND SYSTEM nachvollzogen haben. In den einzelnen Abschnitten dieses Kapitels wird aber auch immer wieder darauf hingewiesen, an welcher Stelle Sie Informationen zu einer Anwendung erhalten, die im Beispiel eingesetzt wird. Eine ausführliche Erläuterung der Funktionen und der Bedienelemente der einzelnen Programme wird in diesem Kapitel nicht wiederholt.

Individuelle Sounds für den Bildschirmschoner

Zum Lieferumfang des Windows SOUND SYSTEM gehört ein akustischer Bildschirmschoner, der in den Bildschirmschoner von Windows integriert wird. In Kapitel 4.7 wird dieser Programmteil beschrieben. Finden Sie Gefallen an dieser Art der Pausenfüllung, möchten Sie vielleicht weitere Klänge in das Repertoire des Bildschirmschoners aufnehmen, um eine größere Auswahl an Klängen zu erhalten. Beachten Sie, daß Sie nur in den Genuß des akustischen Bildschirmschoners kommen, wenn Ihr System mit Laustsprechern ausgestattet ist. Zwar können Sie die Klänge auch über Kopfhörer hören, doch werden Sie diese nicht ständig bei der Arbeit tragen.

Individuelle Sounds für den Bildschirmschoner

In diesem Kapitel wird Ihnen Schritt für Schritt gezeigt, wie Sie vorgehen müssen, um individuelle Sounds für den akustischen Bildschirmschoner zu erstellen. Dabei können Sie durchaus Musikstücke, die sich in Ihrem Besitz befinden, verwenden, beispielsweise von Musik-CDs oder von Kassettenbändern. Aus urheberrechtlichen Gründen können solche Stücke auf der diesem Buch beiliegenden Diskette nicht zur Verfügung gestellt werden. Es wird aber gezeigt, wie Sie bei der Aufnahme von Musikstücken vorgehen müssen und wie Sie diese dann für den akustischen Bildschirmschoner verwenden.

Aufnahme von individuellen Sounds über den Line-in-Anschluß

Aufnahmequelle CD-Player oder Kassettenrekorder

In diesem Beispiel wird davon ausgegangen, daß Sie einen CD-Player oder einen Kassettenrekorder an den Line-in-Anschluß der Soundkarte angeschlossen haben und von dort Klänge aufnehmen. Welches Gerät Sie dabei verwenden, ist von untergeordneter Bedeutung, wichtig ist der korrekte Anschluß. Sollten Sie hierzu noch Fragen haben, so lesen Sie in Kapitel 2.2 nach, was beim Einsatz von Peripheriegeräten zu beachten ist.

Windows starten und Programmgruppe öffnen

Der erste Schritt in diesem Anwendungsbeispiel ist der Start von Windows. Als Windows-Anwendung kann das SOUND SYSTEM nur unter dieser Oberfläche ausgeführt werden.

1. Windows starten und Gruppe öffnen: Starten Sie also zunächst Windows wie gewohnt. Anschließend öffnen Sie durch einen Doppelklick auf das entsprechende Symbol die Gruppe des Windows SOUND SYSTEMS im Programm-Manager. Um die Sound-Aufnahmen für den Bildschirmschoner anzulegen, werden Sie nun mit mehreren Anwendungen des SOUND SYSTEMS arbeiten.

QUICK RECORDER starten

Die eigentliche Aufnahme von Klängen, also das Anlegen einer Sounddatei im Computer, erfolgt mit Hilfe des QUICK RECORDERS. Diese Anwendung zeichnet Klänge, die Sie über den Line-in-Anschluß aufnehmen, als Wave-Dateien auf und ermöglicht Ihnen so eine Bearbeitung und Weiterverwendung der Klänge.

2. QUICK RECORDER starten: Starten Sie nun den QUICK RECORDER durch einen Doppelklick auf das zugehörige Programmsymbol.

Der Programmstart, die Bedienelemente und die Funktionen des QUICK RECORDERS sind in Kapitel 4.2 ausführlich beschrieben. Haben Sie noch nicht mit der Anwendung gearbeitet, so lesen Sie dort die Grundlagen über den Einsatz und die Bedienung nach. Vergrößern Sie das Anwendungsfenster auf volle Bildschirmgröße, um einen besseren Überblick bei der Dateibearbeitung zu erhalten.

Neue Datei anlegen

3. Neue Datei anlegen: Legen Sie zunächst eine neue Datei im QUICK RECORDER an, in die die Aufnahme geschrieben wird. Dazu rufen Sie den Befehl DATEI NEU auf. Sie erhalten das Dialogfeld Klangeigenschaften (siehe Abb. 5.1), indem Sie eine Reihe von Einstellungen für die neue Klangdatei vornehmen.

Klangeigenschaften festlegen

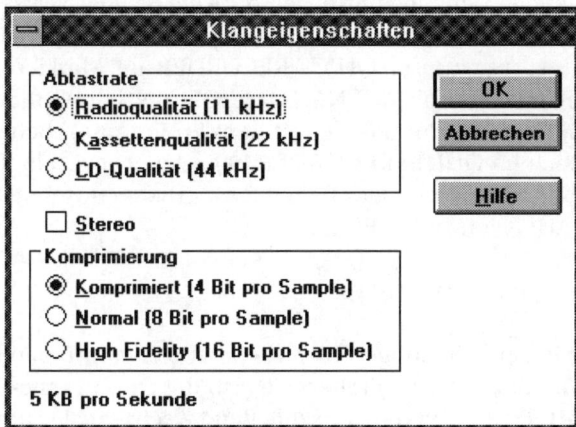

Abb. 5.1: Einstellen der Klangeigenschaften für einen neuen Sound für den Bildschirmschoner

Für die Sounddatei können Sie nach eigenen Wünschen bestimmen, welche Qualität, also Abtastrate, und welche Komprimierung Sie bevorzugen. Nehmen Sie Klänge in Stereo auf und sollen diese auch so wiedergegeben werden, so markieren Sie das Kontrollkästchen Stereo. Beachten Sie hierbei, daß eine höhere Qualität mehr Speicher erfordert und daß Stereoaufnahmen doppelt so viel Speicher belegen, wie Aufnahmen in Monoqualität. Je nach Höhe der Komprimierung benötigen Sie mehr oder weniger Arbeitsspeicher für die Aufnahme. Um möglichst viel Arbeitsspeicher für die Aufnahme zur Verfügung zu haben, sollten Sie alle Anwendungen, die Sie zur Zeit der Aufnahme nicht benötigen, schließen.

Für das Beispiel wurde die Radioqualität, eine hohe Komprimierung und Aufnahme in Mono eingestellt. Quittieren Sie das Dialogfeld, nachdem Sie Ihre Einstellungen vorgenommen haben. Damit ist die neue Datei mit den gewählten Vorgaben eingerichtet, und Sie können die Aufnahme anlegen. Im nächsten Schritt wird nun die AUFNAHMEREGELUNG aufgerufen.

AUFNAHMEREGELUNG starten

Aufnahmequelle und Eingangspegel einstellen

4. *AUFNAHMEREGELUNG starten:* Im QUICK RECORDER steht ein spezieller Befehl zum Aufruf des Programms AUFNAHMEREGELUNG zur Verfügung. Diese Anwendung ist in Kapitel 4.2 ausführlich vorgestellt worden. Über die AUFNAHMEREGELUNG stellen Sie die Aufnahmequelle, den Eingangspegel sowie die Balance zwischen dem rechten und dem linken Kanal ein. Rufen Sie nun den Befehl OPTIONEN AUFNAHMEPEGEL EINSTELLEN im QUICK RECORDER auf. Markieren Sie bei den Einstellungen für die AUFNAHMEREGELUNG die Option immer im Vordergrund. So können Sie mit dem Programm arbeiten, auch wenn Sie sich im QUICK RECORDER befinden. Das Dialogfeld Einstellungen öffnen Sie mit dem Befehl EINSTELLUNGEN aus dem Systemmenü der AUFNAHMEREGELUNG.

a: Aufnahmequelle einstellen

Für dieses Beispiel benötigen Sie, wie bereits erwähnt, den Line-in-Anschuß der Soundkarte. Stellen Sie also die Option Line-in in der AUFNAHMEREGELUNG ein. Anschließend wechseln Sie zum QUICK RECORDER, wo die AUFNAHMEREGELUNG nun noch im Vordergrund angezeigt wird.

b: Eingangspegel regulieren

Den Eingangspegel regulieren Sie zunächst nur grob, die Feinab-
stimmung erfolgt nach dem Start der Aufnahme. Haben Sie bereits
mehrfach über den Line-in-Anschluß aufgenommen, können Sie den
Eingangspegel voreinstellen, der bei den vorherigen Aufnahmen korrekt war.

c: Kanalbalance regeln

Für die Kanalbalance wählen Sie in der Regel eine mittlere Einstellung, so daß beide Känale gleich beteiligt sind. Sollten Sie bei der Aufnahme dann feststellen, daß die Balance nicht völlig korrekt eingestellt ist, können Sie diese dann immer noch nachregeln.

LAUTSTÄRKEREGELUNG starten

5. LAUTSTÄRKEREGELUNG starten: Als nächstes starten Sie die
LAUTSTÄRKEREGELUNG. Mit dieser Anwendung, die ausführlich in
Kapitel 4.1 besprochen wurde, stellen Sie die Lautstärke bei der Auf-
nahme und auch beim Abspielen von Klangdateien ein.

Auch für den Start dieses Programms steht ein spezieller Befehl im
QUICK RECORDER zur Verfügung. Dieser lautet OPTIONEN LAUTSTÄRKE
EINSTELLEN. Die LAUTSTÄRKEREGELUNG wird geöffnet, und Sie sollten auch diese Anwendung im Vordergrund stehen lassen, damit Sie
jederzeit die Parameter nachregeln können. Hierzu rufen Sie den Befehl EINSTELLUNGEN aus dem Systemmenü der LAUTSTÄRKE-
REGELUNG auf und markieren das Kontrollfeld Immer im Vordergrund. Die Lautstärke der Aufnahme regulieren Sie mit Hilfe des
Reglers Line-in. Wählen Sie zunächst eine geringe Lautstärke, und regeln Sie bei Bedarf während der Aufnahme nach.

Verschieben Sie nun die verschiedenen Anwendungsfenster so, daß *Fenster anordnen*
Sie alle Bedienelemente übersichtlich angeordnet haben und auch die
Sicht auf die eigentliche Klangdatei nicht versperrt ist. Der Bildschirm
sollte nun in etwa so aussehen wie in Abb. 5.2. Bei der Bearbeitung der
Klangdatei können Sie die Anwendungsfenster auch beliebig ver-
schieben oder bei Bedarf ganz schließen. Über die oben erwähnten
Befehle im QUICK RECORDER lassen sich die Anwendungen jeder-
zeit schnell starten.

177

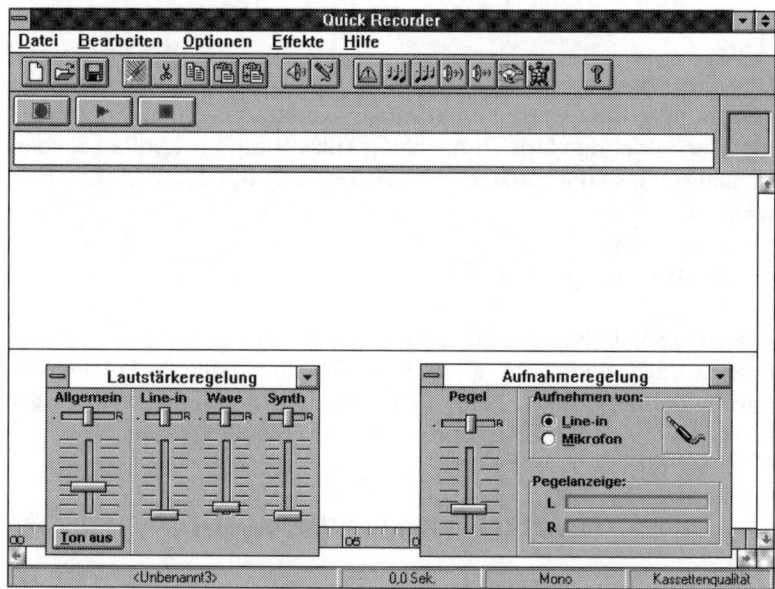

Abb. 5.2: QUICK RECORDER, AUFNAHMEREGELUNG und LAUTSTÄRKE-
REGELUNG für den direkten Zugriff eingestellt

Von den drei Fenstern kann immer nur eines aktiv sein. Welches das
aktive Fenster ist, erkennen Sie an der Hervorhebung der Titelleiste.
Sie wechseln zwischen den Anwendungen am einfachsten per
Mausklick auf das gewünschte Fenster.

Sound aufnehmen

6. Aufnahme starten: Im nächsten Schritt starten Sie nun die Aufnahme. Vorher sollten Sie sich vergewissern, daß das Abspielgerät eingeschaltet ist und der Titel oder der Klang, den Sie aufnehmen möchten,
für das Abspielen bereit ist.

Wollen Sie ein längeres Musikstück aufnehmen, müssen Sie über ausreichend Speicher verfügen. Je nach Größe Ihres Arbeitsspeichers und
gewählter Qualität der Aufnahme, stoßen Sie möglicherweise bereits
bei ein- bis zweiminütigen Musikstücken an die Grenzen der
Speicherkapazität. Sollte dies der Fall sein, unterbricht der QUICK
RECORDER die Aufnahme, und Sie erhalten eine entsprechende Mel-

dung. Versuchen Sie es noch einmal mit höherer Komprimierung und geringerer Qualität beziehungsweise einer Monoaufnahme statt einer Aufnahme in Stereo.

Starten Sie die Aufnahme über den QUICK RECORDER, indem Sie Aufnahmeschaltfläche betätigen. Anschließend starten Sie die Klangwiedergabe über Ihr Abspielgerät. Die möglicherweise entstehende Pause, die Sie dadurch zu Beginn der Aufnahme erhalten, können Sie bei der anschließenden Bearbeitung wieder löschen.

Aufnahme starten

Läuft die Aufnahme, regeln Sie den Aufnahmepegel so, daß sich die Pegelanzeige überwiegend im gelben Bereich befindet. So erhalten Sie eine Qualität, bei der keine Klänge verloren gehen und es nicht zu Verzerrungen kommt. Haben Sie das Ende des Klanges erreicht, den Sie aufnehmen wollten, so stoppen Sie die Aufnahme im QUICK RECORDER über die entsprechende Schaltfläche. Die Klangdatei wird nun im Fenster des Programms angezeigt, und Sie können sie wiedergeben lassen beziehungsweise bearbeiten.

Sound abspielen

7. Klangdatei abspielen: Um die aufgenommene Klangdatei abzuspielen, positionieren Sie zunächst den Wiedergabe-Positionsanzeiger an den Anfang der Datei und betätigen dann die Wiedergabeschaltfläche.

Klangdatei wiedergeben und kontrollieren

Überprüfen Sie so Ihre Aufnahme. Kontrollieren Sie beispielsweise, ob Anfang und Ende mit aufgenommen wurden und ob die Qualität Ihren Wünschen entspricht. Bei der Wiedergabe handelt es sich nun um eine Wave-Datei. Die Lautstärke der Wiedergabe regeln Sie daher über den Regler Wave der LAUTSTÄRKEREGELUNG.

Bei Bedarf wiederholen Sie den Vorgang der Aufnahme. Entspricht die Aufnahme Ihren Wünschen, können Sie die AUFNAMEREGELUNG nun schließen, da Sie sie zur weiteren Bearbeitung nicht benötigen. Nutzen Sie dazu den Befehl SCHLIESSEN aus dem Systemmenü der Anwendung.

Die LAUTSTÄRKEREGELUNG lassen Sie dagegen geöffnet, da Sie ihre Datei in verschiedenen Abständen kontrollieren werden und dann jeweils die Lautstärke regulieren müssen. Bevor Sie die Datei nun bearbeiten, sollten Sie sie im vorhandenen Zustand bereits einmal speichern. Haben Sie dann Änderungen durchgeführt, die Sie wieder aufheben wollen, deren Rückgängigmachen jedoch nicht möglich ist, können Sie jederzeit auf die Orginaldatei zugreifen, ohne den Klang erneut aufnehmen zu müssen. Unter welchem Namen und in welchem Verzeichnis Sie die Datei zu diesem Zeitpunkt speichern, ist dabei von untergeordneter Bedeutung. Erst für die Einbindung in den Bildschirmschoner müssen Sie ein bestimmtes Verzeichnis wählen. Dieser Schritt wird weiter unten in diesem Kapitel noch besprochen. Beachten Sie an dieser Stelle, daß das Speichern einer großen Klangdatei, je nach Rechnerausstattung, viel Zeit in Anspruch nehmen kann.

Sound bearbeiten

Bearbeiten der Klangdatei

8. Sound bearbeiten: Je nach Art des von Ihnen gewählten Sounds möchten Sie die Aufnahme vielleicht noch bearbeiten. Der QUICK RECORDER bietet eine Vielzahl an Bearbeitungsmöglichkeiten für Klangdateien. Im vorliegenden Beispiel wurden einige davon eingesetzt. Möchten Sie das Beispiel nachvollziehen, so folgen Sie den Schritten, die jetzt aufgeführt sind. Sie können natürlich auch andere Effekte nutzen oder die Klangdatei unbearbeitet für den Bildschirmschoner abspeichern.

Pausen kürzen

Sind bei Ihnen bei der Aufnahme Pausen am Beginn beziehungsweise am Ende der Klangdatei entstanden, so sollten Sie diese zunächst entfernen, bevor Sie weitere Bearbeitungsschritte einleiten. Das Kürzen der Pausen erfolgt mit dem Befehl EFFEKTE PAUSEN KÜRZEN. Sie müssen dazu die Datei nicht markieren, der QUICK RECORDER kürzt nun automatisch alle Bereiche innerhalb der gesamten Datei, die die Lautstärke Null aufweisen.

Im Beispiel wurde ein kurzer Song von Elvis aufgenommen. Der Anfang des Liedes soll nun allmählich eingeblendet und das Ende allmählich ausgeblendet werden. Dazu nutzen Sie Befehle aus dem Menü EFFEKTE. Zunächst müssen Sie den jeweiligen Bereich, den Sie bearbeiten wollen, jedoch markieren.

```
a: Bereich markieren
```

Zum Markieren kleinerer Bereiche nutzen Sie den Auswahlrahmen im Übersichtsfenster des QUICK RECORDERS und anschließend den im Bearbeitungsfenster dargestellte Ausschnitt. Die Handhabung dieses Rahmens ist in Kapitel 4.2 ausführlich beschrieben. Haben Sie mit diesem Werkzeug noch nicht gearbeitet, so lesen Sie zunächst dort die Grundlagen der Bedienung durch. Markieren Sie nun zunächst den Bereich am Anfang des Songs, den Sie einblenden möchten. Kontrollieren Sie durch Wiedergabe des Musikstücks, welchen Bereich Sie dazu verwenden möchten. Der durch den Auswahlrahmen markierte Bereich wird nun im Bearbeitungsfenster angezeigt, und Sie können hier durch Ziehen mit der Maus einer genauen Ausschnitt markieren.

Markieren von Ausschnitten der Klangdatei

b: Ein- und Ausblenden von Klängen

Ist der gewünschte Ausschnitt markiert, wählen Sie den Befehl EFFEKTE EIN-/AUSBLENDEN EIN (vergleiche Abb. 5.3). Nach Durchführung des Befehls kontrollieren Sie den Effekt, indem Sie den Sound vom Anfang an wiedergeben lassen. Sollte das Ergebnis nicht Ihren Wünschen entsprechen, wählen Sie den Befehl BEARBEITEN RÜCKGÄNGIG und wiederholen die Bearbeitung.

Einsatz von Effekten

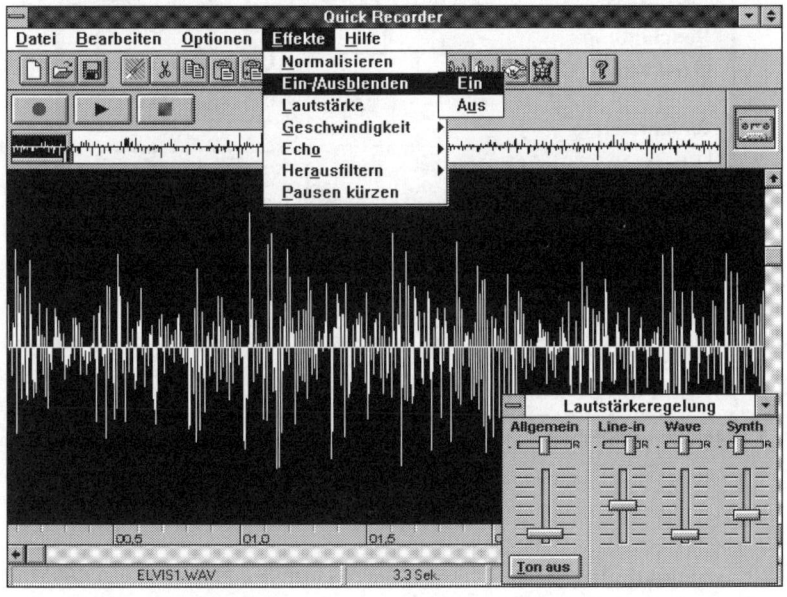

Abb. 5.3: Markieren des Anfangs des Musikstücks zum Einblenden

Nach der Bearbeitung können Sie auch anhand der Darstellung der Wave-Datei sehen, daß der Anfang der Datei eine immer größer werdende Lautstärke aufweist.

Wiederholen Sie das Markiern nun mit dem Ende der Datei, und wählen Sie den Befehl EFFEKTE EIN-/AUSBLENDEN AUS, um das Songende ausblenden zu lassen. Kontrollieren Sie anschließend das vollständige Musikstück. Entsprechen die Übergänge Ihren Wünschen, und möchten Sie keine weiteren Effekte anbringen, speichern Sie die Datei nun in das Verzeichnis, in dem die Klänge für den Bildschirmschoner verwaltet werden.

Zuvor sollten Sie allerdings noch die Dateieigenschaften festlegen. Hierbei können Sie der Klangdatei ein Bild und eine Beschriftung zuweisen sowie eine Beschreibung anlegen. Die im Vorfeld eingestellten Eigenschaften, wie Qualität und Komprimierung, werden ebenfalls zusammen mit der Datei gespeichert. Mit Hilfe der Klangeigenschaften können Sie eine Datei auch nach längerer Zeit sehr einfach identifizieren.

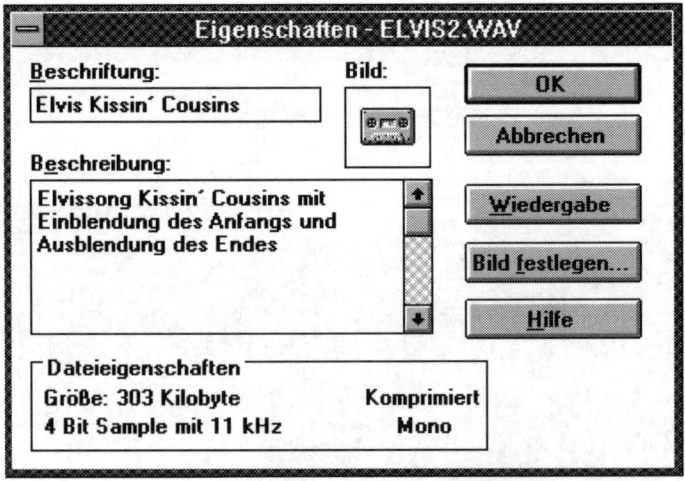

Abb. 5.4: Klangeigenschaften festlegen

Dateieigenschaften festlegen Rufen Sie den Befehl DATEI EIGENSCHAFTEN auf. Sie erhalten ein Dialogfeld, über das Sie die oben erwähnten Eigenschaften zuweisen können (siehe Abb. 5.4). Über die Schaltfläche <Bild festlegen> erhalten

Sie ein Dialogfeld, in dem sie unter allen auf Ihrem System vorhandenen Bilddateien ein Bild für die aktuelle Klangdatei auswählen können. Nähere Informationen hierzu entnehmen Sie Kapitel 4.2. Im Beispiel wurde das Standardbild für eine Aufnahme (Kassettenlogo) übernommen. Die Beschriftung und die Beschreibung sehen Sie in Abb. 5.4. Sie sollen Ihnen natürlich nur als Anregung für eigene Dateien dienen. Quittieren Sie das Dialogfeld, nachdem Sie Ihre Eingaben vorgenommen haben.

Sound speichern

9. Klangdatei speichern: Entspricht die Klangdatei Ihren Vorstellungen, speichern Sie sie nun in dem Verzeichnis für die Sounds des Bildschirmschoners. Standmäßig ist dies das Verzeichnis C:\SNDSYS\SOUNDS. Haben Sie das Verzeichnis umbenannt oder den Pfad geändert, so müssen Sie dies beim Speichern berücksichtigen.

Rufen Sie den Befehl DATEI SPEICHERN UNTER auf, und wählen Sie das genannte Verzeichnis aus der Verzeichnisliste. Geben Sie einen aussagekräftigen Namen für die Datei an, und quittieren Sie anschließend das Dialogfeld Quick Recorder - Klangdatei speichern mit <OK>. Den so bereitgestellten Sound werden Sie nun über die Datei CONTROL.INI als Sound für den Bildschirmschoner einbinden.

Den QUICK RECORDER und die weiteren noch geöffneten Anwendungen des SOUND SYSTEMS können Sie zu diesem Zeitpunkt schließen. Sie sparen so Arbeitsspeicher und erhalten sich eine gewissen Übersicht innerhalb von Windows.

Eintragen des Sounds in die CONTROL.INI

10. Sound in die CONTROL.INI eintragen: Die Sounds, die der akustische Bildschirmschoner des Windows SOUND SYSTEMS verwendet, werden bei der Installation des SOUND SYSTEMS automatisch in die CONTROL.INI eingetragen. Ihre individuellen Sounds müssen Sie manuell in diese Datei nachtragen.

```
a: Editor starten und CONTROL.INI öffnen
```

Öffnen Sie nun im Programm-Manager die Gruppe Zubehör. Hier finden Sie das Symbol für den Notizblock. Dies ist der Windows-Editor, mit dem Sie Initialisierungsdateien bearbeiten können. Starten Sie den Editor mit einem Doppelklick auf das Symbol. Im Editor wählen Sie den Befehl DATEI ÖFFNEN. Im Listenfeld Dateiformat wählen Sie den Eintrag Alle Dateien (*.*), um auch die Initialisierungsdateien anzeigen zu lassen. Wechseln Sie über das Verzeichnislistenfeld in das Verzeichnis C:\WINDOWS, in dem die CONTROL.INI gespeichert ist. Suchen Sie die Datei aus der Dateiliste, und laden Sie sie mit einem Doppelklick auf den Eintrag in den Editor.

b: Sektoren der SoundScapes aufsuchen

Scrollen Sie nun den Dateiinhalt, bis Sie bei den Sektoren der Soundscapes angelangt sind. Dort sehen Sie die Einträge für die bestehenden Variationen für den akustischen Bildschirmschoner. Legen Sie nach diesem Vorbild einen weiteren Sektor an, den Sie nach Belieben benennen. Im Beispiel wurde der Name USER gewählt. Für das Beispiel sieht der Eintrag folgendermaßen aus. Er wurde unterhalb des Sektors [SndScape.Nacht] eingefügt. Vergleichen Sie hierzu auch Abb. 5.5.

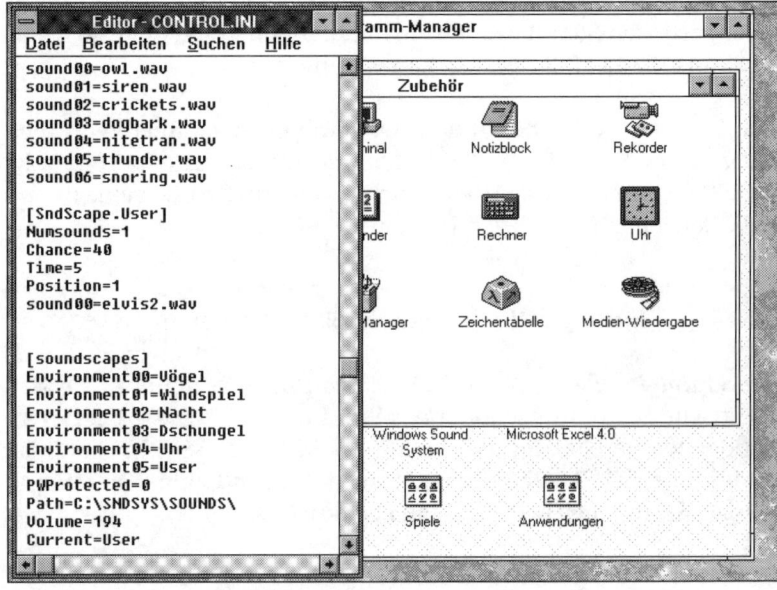

Abb. 5.5: Eintragen des Sounds für den Bildschirmschoner in die CONTROL.INI

```
[SndScape.User]
Numsounds=1
Chance=40
Time=5
Position=1
sound00=elvis2.wav
```

Im Sektor [soundscapes] müssen Sie den neuen Sound nun noch als

```
Enviroment05=User
```

eintragen und können den Namen Ihres Sounds zudem als aktuellen Sound für den Bildschirmschoner in der Zeile

```
Current=
```

eingeben.

```
c: CONTROL.INI speichern und Editor schließen
```

Anschließend speichern Sie die CONTROL.INI und schließen den Editor. Sie können den neuen Bildschirmschoner anschließend testen, indem Sie die Option DESKTOP der Systemsteuerung von Windows aufrufen.

Starten von DESKTOP

Der akustische Bildschirmschoner des SOUND SYSTEMS ist, wie bereits erwähnt, in den Bildschirmschoner von Windows eingebunden. Diesen stellen Sie über die Option DESKTOP der Windows Systemsteuerung ein.

11. Desktop starten: Öffnen Sie nun die Hauptgruppe im Programm-Manager und hier die Systemsteuerung jeweils durch einen Doppelklick auf das zugehörige Symbol. In der Gruppe der Systemsteuerung finden Sie das Symbol für die Option DESKTOP, auf das Sie wiederum doppelklicken. Das Dialogfeld DESKTOP wird geöffnet.

```
a: Akustischen Bildschirmschoner wählen
```

Wählen Sie nun aus der Liste der Bildschirmschonernamen den Eintrag SoundScapes, und betätigen Sie die Schaltfläche <Einrichten>. Das Dialofgfeld AUDIO-BILDSCHIRMSCHONER-SETUP wird angezeigt, und Sie sollten hier nun auch Ihren neu eingerichteten Bildschirmschoner, im Beispiel User, in der Liste Klangumgebung finden (siehe Abb. 5.6). Wählen Sie diesen Eintrag, und quittieren Sie das Dialogfeld mit <OK>.

Abb. 5.6: Der indivuiduelle Sound kann nun im Audio-Bildschirmschoner-Setup gewählt werden

Zurück im Dialogfeld DESKTOP testen Sie Ihren individuellen Bildschirmschoner.

Testen des neuen Sounds für den Bildschirmschoner

12. Bildschirmschoner testen: Um den Sound zu testen, wählen Sie die Schaltfläche <Test>. Der Bildschirm wird abgeblendet und der Sound erklingt. Je nach Größe der Klangdatei, die Sie aufgenommen haben, kann es eine Weile dauern, bis Sie etwas hören, da die Datei zunächst geladen werden muß, bevor der Rechner sie abspielen kann. Sollte die Lautstärke nicht Ihren Wünschen entsprechen, so regeln Sie diese über den Lautstärkeregler im Setup für den Bildschirmschoner nach. Die Lautstärke können Sie zudem über das Programm LAUTSTÄRKE-REGLUNG einstellen. Mit dieser Anwendung regulieren Sie auch nachträglich die Kanalbalance, falls diese nicht korrekt eingestellt sein sollte.

So lange der Bildschirmschoner aktiv ist, wird der Sound nun immer wiederholt. Damit es nicht langweilig wird, können Sie weitere Sounds aufnehmen und dann, ähnlich wie bei den mitgelieferten Varianten, diese in der CONTROL.INI auflisten.

Weitere Sounddateien nutzen

Sie können nach diesem Prinzip jede Wave-Datei auf Ihrem System für den akustischen Bildschirmschoner nutzen. Stellen Sie Klänge nach eigenem Geschmack zusammen, und gestalten Sie so Ihre Arbeitspausen so angenehm wie möglich. Der QUICK RECORDER bietet Ihnen zudem vielfältige Bearbeitungsmöglichkeiten für Sounddateien, so daß Ihrer Kreativität kaum Grenzen gesetzt sind. Viel Spaß dabei.

Einrichtung von Steuerungsmechanismen für WinWORD

In diesem Kapitel wird Ihnen am Beispiel von WinWORD demonstriert, wie Sie den Umfang akustischer Befehle für ein Programm erweitern, um dieses mit Hilfe von Sprache zu steuern. Sollten Sie nicht über diese Anwendung verfügen, können Sie das Beispiel in variierter Form für ein anderes Programm nachvollziehen.

Der VOICE PILOT dient der akustischen Steuerung eines Programms. Sie nutzen diese Möglichkeit neben der Tastatur und der Maus. Dabei kann die akustischen Steuerung Tastatur und Maus nicht in jeder Hinsicht ersetzen, aber sinnvoll ergänzen. Standardmäßig sind Befehle für die folgenden Anwendungsprogramme im Lieferumfang des SOUND SYSTEMS enthalten. Die Befehle umfassen die Menübefehle des jeweiligen Programms sowie Befehle für die Cursorsteuerung. Diesen Befehlsumfang können Sie nach Belieben erweitern.

• LOTUS 1-2-3- für Windows, Version 1.0

• Microsoft EXCEL, Version 4.0

- Microsoft MAIL, Version 3.0

- Mikrosoft POWERPOINT, Version 3.0

- Microsoft PROJEKT für Windows, Version 3.0

- Microsoft Windows Datei-Manager, Windows-Version 3.1

- Mikrosoft WORD für Windows, Version 2.0

- Microsoft WORKS für Windows, Version 2.0

- Mikrosoft WRITE, Windows-Version 3.1

- WORDPERFECT für Windows, Version 5.1

Sie können dieses Beispiel auch gleich für Ihre eigenen Zwecke abwandeln, indem Sie die Befehle aufnehmen, die Sie benötigen. An dieser Stelle wird davon ausgegangen, daß Windows gestartet ist und Sie sich im Programm-Manager befinden. Von hier aus rufen Sie nun den VOICE PILOT und WORD für Windows auf.

VOICE PILOT starten

Aufruf des Programms VOICE PILOT

1. VOICE PILOT starten: Starten Sie zunächst den VOICE PILOT über das entsprechende Progamm-Symbol in der Gruppe des Windows SOUND SYSTEMS.

Der VOICE PILOT ist in Kapitel 4.5 ausführlich bespochen worden, so daß an dieser Stelle nicht in Einzelheiten auf die Bedienung und die Programmfunktionen eingegangen wird. Haben Sie noch nicht mit dem Programm gearbeitet, informieren Sie sich in Kapitel 4.5 über die Grundlagen.

Wenn Sie die Anwendung starten, beziehen sich die akustischen Befehle immer auf das gerade aktive Programm. Um mit dem VOICE PILOT arbeiten zu können, muß das Mikrofon als Aufnahmequelle eingestellt sein. Diese Einstellung nehmen Sie über das Programm AUFNAHMEREGELUNG vor (siehe unten). Ist das Mikrofon nicht eingestellt, so können Sie den VOICE PILOT nicht starten und erhalten eine entsprechende Fehlermeldung.

AUFNAHMEREGELUNG starten

2. AUFNAHMEREGELUNG starten: Für den Start der AUFNAHME-REGELUNG müssen Sie nicht in den Programm-Manager wechseln. Klicken Sie auf die Menüschaltfläche des VOICE PILOT und wählen Sie den Befehl OPTIONEN. Mit der Schaltfläche <Eingangspegel> im Dialogfeld Optionen öffnen Sie die AUFNAHMEREGELUNG. Hier können Sie den Eingangspegel für die Aufnahme der gesprochenen Befehle verändern. Die Pegelanzeige sollte möglichst im gelben Bereich liegen, damit der Befehl gut erkannt werden kann. Wenn Sie die Entfernung zwischen Mund und Mikrofon verändern, so ist in der Regel auch eine Änderung des Eingangspegels notwendig.

Die Anwendung ist in Kapitel 4.2 ausführlich dargestellt. Lesen Sie dort die Grundlagen zur Bedienung und zu den Programmfunktionen nach, falls Sie die AUFNAHMEREGELUNG noch nicht eingesetzt haben. Stellen Sie das Mikrofon als Aufnahmequelle ein. Eingangspegel und Kanalbalance regeln Sie, wenn Sie den VOICE PILOT in WinWORD einsetzen.

Der VOICE PILOT wird immer im Vordergrund der jeweils aktiven Anwendung angezeigt und kann in der Ansicht variiert werden (vergleiche Kapitel 4.5). Behalten Sie die momentan angezeigte Ansicht zunächst bei, und starten Sie die Textverarbeitung.

WORD für Windows starten

3. WORD für Windows starten: Starten Sie nun WORD für Windows über das entsprechende Programmsymbol. Im Vordergrund des Bearbeitungsbildschirms der Textverarbeitung wird der VOICE PILOT angezeigt. Vergleichen Sie hierzu Abb. 5.7.

Textverarbeitung aufrufen

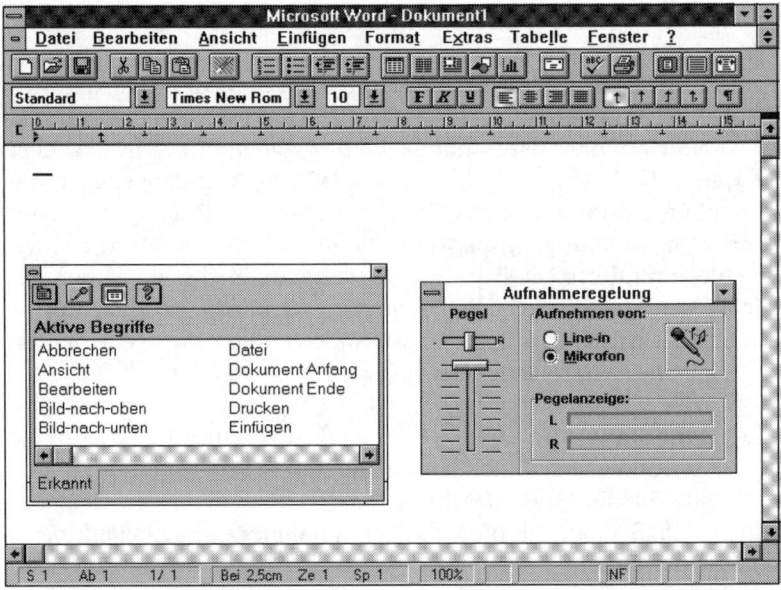

Abb. 5.7: Das Bearbeitungsfenster von WinWORD mit VOICE PILOT und AUF-
NAHMEREGELUNG

Nachdem Sie die Anwendungen gestartet haben, schauen Sie sich erst einmal den Befehlsumfang an und notieren sich die Befehle und Funktionen, die Sie zusätzlich aufnehmen möchten. Dies können Befehle aus Dialogfeldern sein oder Makroaufrufe und vieles mehr. In diesem Kapitel werden einige Beispiele vorgestellt, die Sie übernehmen oder als Anregung verwerten können.

Befehlsumfang überprüfen

4. Aktives Vokabular überprüfen: Um das aktive Vokabular für WinWORD zu überprüfen, wählen Sie im VOICE PILOT den Befehl VOKABULAR aus dem Pull-down-Menü, das Sie über die Menüschaltfläche öffnen. Im Dialogfeld Vokabular wird eine Liste aller Definitionen für WinWORD angezeigt, wobei hier die akustischen Befehle und die zugehörigen Tastenkombinationen aufgeführt werden, die die Befehlsausführung bestimmen. Anhand der Liste können Sie sehen, welche Befehle bereits definiert sind und Ihnen somit direkt zur Verfügung stehen. Fertigen Sie sich eine Liste der Befehle und Funktionen an, die Sie zusätzlich aufnehmen möchten. Sie werden feststellen, daß alle Menübefehle bereits eingebunden sind. Trotzdem lassen sich viele weitere Funktionen für den akustischen Aufruf einrichten.

Aktiven Benutzer festlegen

Teilen Sie sich den Arbeitsplatz mit mehreren Personen, so arbeiten vermutlich auch mehrere Personen mit WinWORD und dem VOICE PILOT. In diesem Fall empfiehlt es sich, das Vokabular auf jeden Benutzer individuell abzustimmen. So kann das Vokabular mit der Stimme des jeweiligen Benutzers trainiert werden, wodurch die Befehlserkennung optimiert wird.

5. Aktiven Benutzer festlegen: Über das Dialogfeld Benutzer (vergleiche Kapitel 4.5), das Sie mit dem Befehl BENUTZER aufrufen, werden Benutzer eingerichtet und der aktive Benutzer ausgewählt. Bevor Sie also neue Befehle aufnehmen, legen Sie zunächst den aktiven Benutzer fest. Dazu markieren Sie den zugehörigen Namen in der Benutzerliste und betätigen die Schaltfläche <Aktiven Benutzer festlegen>. Danach schließen Sie das Dialogfeld mit der Schaltfläche <Schließen>. Das Befehlstraining ist nun ganz individuell für den eingestellten Benutzer gültig, so daß die Befehlserkennung auf das jeweilige Sprachmuster abgstimmt ist. Beachten Sie, daß Änderungen am Vokabular, die durch einen Benutzer vorgenommen werden, so beispielsweise das Löschen oder Hinzufügen von Begriffen, immer für das Grundvokabuar gültig ist. Sie können also keine gesonderten Vokabulare für einzelne Benutzer anlegen.

Benutzer wechseln oder einrichten

Begriffe löschen

Ein Vokabular im VOICE PILOT kann maximal 64 Begriffe umfassen. Beim Vokabular für WinWORD ist diese Zahl fast erreicht. Wollen Sie neue Begriffe aufnehmen, müssen Sie daher vorhandene Begriffe löschen. Das Vokabular für WinWORD enthält eine ganze Reihe von Mehrfachdefinitionen. Das heißt, für eine Funktion beteben mehrere Möglichkeiten des akustischen Aufrufs. So ist die Cursorsteuerung mehrfach definiert, mit „links" und „nach links". Hier sollten Sie sich entscheiden, welchen Aufruf Sie bevorzugen. Die andere Variante löschen Sie.

6. Begriffe löschen: Einen Begriff löschen Sie, indem Sie den Eintrag in der Liste im Dialogfeld Vokabular markieren und dann die Schaltfläche <Löschen> betätigen. Auch alle Befehle, die Sie nicht nutzen möchten, sollten Sie aus dem Vokabular streichen. Dies erleichtert zum einen die Befehserkennung und schafft zum anderen Platz für neue Befehle.

Vielleicht ist Ihnen bei der Arbeit mit dem VOICE PILOT bereits die Idee gekommen, daß dieses Programm zu einem Spracherkennungsprogramm ausbaufähig wäre. In kleinem Rahmen ist das durchaus möglich, wie ein kurzes Beispiel weiter unten in diesem Kapitel zeigt. Durch die Einschränkung auf 64 Begriffe pro Vokabular ist die Umsetzung für den Praxiseinsatz jedoch nicht gegeben.

Neue Begriffe einrichten

Beispiele zur Erweiterung des akustischen Befehlsumfangs

In diesem Abschnitt werden nun exemplarisch einige Funktionen von WinWORD in das aktive Vokabular des VOICE PILOT eingebunden, die hier bislang nicht vorhanden sind. Zum einen wurden die Absatzformatierungen Linksbündig, Rechtsbündig, Zentriert und Blocksatz aufgenommen, zum anderen, über Makros, der Aufruf von Microsoft DRAW, Microsoft GRAPH und dem Formel-Editor realisiert. In der folgenden Anleitung wird auch kurz auf die Aufnahme von Makros in WinWORD eingegangen, so daß Sie dieses Beispiel gut nachvollzeihen können. Die Kombination von Makros und akustischen Befehlen kann übrigens den Arbeitsaufwand bei der Bedienung eines Programms wesentlich reduzieren. Sie müssen zwar viel Vorarbeit leisten, diese zahlt sich jedoch im täglichen Umgang mit dem Programm wieder aus.

Verfügen Sie nicht über WinWORD, so können Sie das Beispiel vielleicht, mit anderen Befehlen, anhand einer anderen Anwendung unter Windows nachvollziehen.

Vorarbeiten

7. Vorbereitung für die Aufnahme neuer Begriffe: Wie bereits in Kapitel 4.5 erwähnt, sollten Sie den Tastaturbefehl zum Aufruf der Funktion, die Sie als akustischen Befehl aufnehmen möchten, parat haben, wenn Sie im VOICE PILOT einen neuen Begriff einrichten möchten. Die folgende Tabelle zeigt die Tastaturbefehle für den Aufruf der Funktionen zur Absatzformatierung.

Absatzformatierung in WinWORD

Format	Tastaturbefehl
Linksbündig	(Alt)+(T) (A) (Alt)+(A) (L) (↵)
Rechtsbündig	(Alt)+(T) (A) (Alt)+(A) (R) (↵)
Zentriert	(Alt)+(T) (A) (Alt)+(A) (Z) (↵)
Blocksatz	(Alt)+(T) (A) (Alt)+(A) (B) (↵)

Die Befehle werden nun, wie sie in der Tabelle aufgeführt sind, im VOICE PILOT aufgenommen. Bei der Wahl des Wortes beziehungsweise des Begriffs, den Sie für den Befehlsaufruf nutzen wollen, sollten Sie die bereits vorhandenen akustischen Befehle berücksichtigen. Vermeiden Sie ähnlich klingende Begriffe, da dies sehr schnell zu Verwechslungen führen kann, wodurch die Befehlserkennung erschwert wird.

Im Beispiel wurde vor Aufnahme der Befehle ein kurzer Beispielabsatz erstellt, an dem später die Funktionen getestet werden sollen. Sie können diesen Test an einen eigenen Beispielabsatz oder auch in einer bestehenden Datei durchführen.

Neuen Begriff aufnehmen

8. Neuen Begriff aufnehmen: Rufen Sie nun das Dialogfeld Vokabular über den Befehl VOKABULAR im VOICE PILOT auf. Dort finden Sie die Schaltfläche <Neu>. Mit dieser Schaltfläche öffnen Sie das Dialogfeld Neuer Begriff, mit dessen Hilfe Sie einen neuen akustischen Befehl in das Vokabular aufnehmen.

Vorgehensweise beim Aufnehmen neuer Begriffe

`a: Begriff eingeben`

Im Feld Begriff geben Sie den akustischen Befehl über die Tastatur ein. Dies ist der Befehl, den Sie dem Programm vorsprechen und der dann die Ausführung der Funktion veranlaßt, die mit dem zugehörigen Tastaturbefehl definiert ist. Um das Beispiel nachzuvollziehen, geben Sie nun den Begriff „Linksbündig" ein (siehe Abb. 5.8).

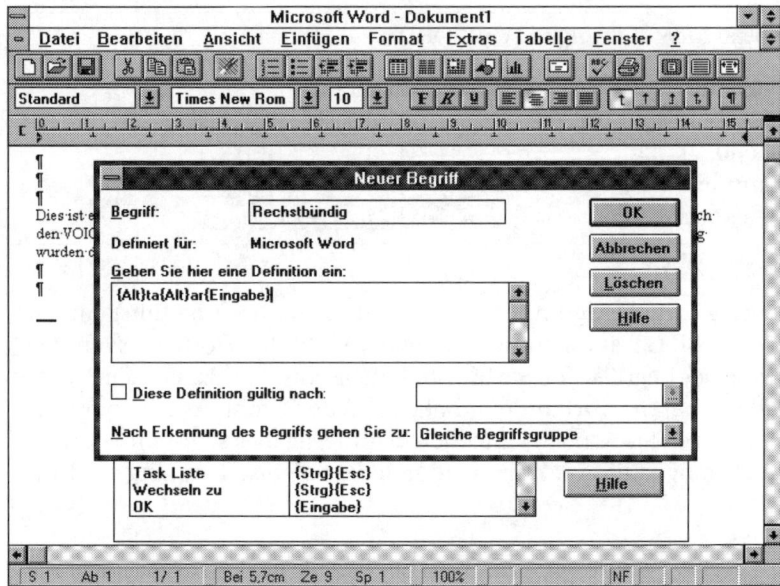

Abb. 5.8: Eingeben und Definieren eines neuen akustischen Begriffs in WinWORD

b: Definition eingeben

Anschließend positionieren Sie den Textcursor in das Textfeld für die Definition und geben den Tastaturbefehl exakt so ein, wie Sie es für den Befehlsaufruf tun würden. Werden zwei Tasten für den Befehlsaufruf zusammen gedrückt, muß das auch bei der Eingabe der Definition geschehen. Vergleichen Sie hierzu die Ausführungen in Kapitel 4.5.

c: Eingaben quittieren

Weitere Einstellungen müssen Sie für dieses Beispiel im Dialogfeld Neuer Begriff nicht vornehmen. Quittieren Sie die Eingaben mit <OK>. Sie gelangen so in das Dialogfeld Trainieren, in dem Sie die Möglichkeit erhalten, den neuen Begriff sogleich zu trainieren.

Befehl trainieren

Trainieren des neuen akustischen Befehls

9. *Begriff trainieren:* Mit der Schaltfläche <Start> starten Sie das Training. Sie werden dreimal aufgefordert, den Befehl auszusprechen.

Halten Sie dazu das Mikofon 20 bis 30 cm von Ihrem Mund entfernt, und sprechen Sie den Befehl entspannt und ruhig mit etwas variierender Stimmlage aus. So lernt das Programm den Befehl besser zu erkennen, auch wenn er nicht immer völlig gleich ausgesprochen wird. Während des Trainings wechselt die Schaltfläche <Start> in die Schaltflähe <Stop>, mit der Sie das Vorsprechen unterbrechen können.

Haben Sie das Training beendet, kehren Sie mit der Schaltfläche <OK> zum Dialogfeld Vokabular zurück. Gehen Sie für die übrigen Absatzformate genauso vor. Haben Sie alle neuen Begriffe trainiert, schließen Sie das Dialogfeld Vokabular mit der Schaltfläche <Schließen> und kehren in das WinWORD-Dokument zurück.

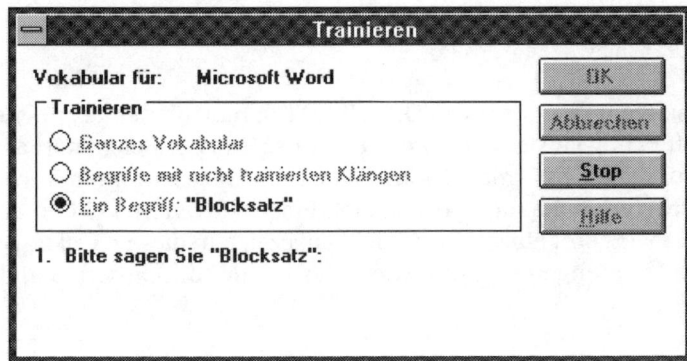

Abb. 5.9: Trainieren des neuen Begriffs

Neue Begriffe testen

10. Begriff testen: Nachdem Sie die neuen Begriffe eingerichtet haben, sollten Sie sie im praktischen Einsatz testen. Erstellen Sie hierzu einen Probeabsatz, oder öffnen Sie ein vorhandenes Dokument. Positionieren Sie den Textcursor in dem Absatz, den Sie mit Hilfe der akustischen Befehle neu formatieren möchten.

```
a: Mikrofon einschalten
```

Die Schaltfläche Mikrofon des VOICE PILOT dient zum Ein- und Ausschalten des Mikrofons bei der Arbeit mit dem Programm. Ist der VOICE PILOT selbst das aktive Anwendungsprogramm, ist die Schaltfläche abgeblendet und kann nicht angewählt werden. Erscheint die Schaltfläche eingedrückt (3D-Effekt), so ist das Mikrofon eingeschaltet, ragt Sie dagegen etwas heraus, so ist das Mikrofon ausgeschaltet. Mit der Tastatur schalten Sie über den Befehl Strg+Alt das Mikrofon ein beziehungsweise aus. Schalten Sie nun das Mikrofon ein, damit Sie für WinWORD die Steuerung über akustische Befehle vornehmen können. Beim Anklicken der Mikrofonschaltfläche wird der VOICE PILOT nicht zum aktiven Programm.

b: Befehl vorsprechen

Sprechen Sie nun einen der Befehle, beispielsweise BLOCKSATZ aus. Sie sollten natürlich eine vom aktuellen Absatzformat abweichende Formatierung wählen.

c: Verständnis kontrollieren

Achten Sie im Fenster des VOICE PILOT darauf, ob der gesprochene Begriff richtig verstanden wird. Ist dies der Fall, der Befehl dort angezeigt und die Neuformatierung in WinWORD vorgenommen. Versteht das Programm Sie nicht, erscheinen Fragezeichen im Feld Erkannt, oder es wird dort ein falscher Befehl angezeigt. In diesem Fall müssen Sie das Training des Befehls wiederholen oder die Optionen anders einstellen.

d: Training wiederholen

Um den Befehl erneut zu trainieren, klicken Sie in der Liste der aktiven Begriffe im VOICE PILOT auf den ensprechenden Begriff. Ein Menü wird angezeigt, aus dem Sie den Befehl TRAINIEREN auswählen. Sie gelangen so in das Dialogfeld Trainieren und wiederholen hier das Training, wie oben beschrieben.

e: Optionen einstellen

Klicken Sie auf die Menüschaltfläche des VOICE PILOT und wählen Sie den Befehl OPTIONEN. Über das nun angezeigte Dialogfeld stellen Sie die Übereinstimmung zwischen Klängen und Begriffen ein. Je genauer diese eingestellt ist, um so exakter müssen Sie die Befehle aussprechen, damit der VOICE PILOT sie erkennt. Wird die Übereinstimmung auf ungefähr gestellt, kann es Ihnen passieren, daß auch Störgeräusche vom Programm als Befehle erkannt werden. Verändern

Sie die Einstellung bei Bedarf und testen Sie den Befehl anschließend erneut an dem gewählten Absatz.

Damit sollten Sie es bis zum Erfolgserlebnis, nämlich dem Umformatieren des Absatzes auf Ihren gesprochenen Befehl hin, geschafft haben. Nehmen Sie nach diesem Muster all die Befehle in das aktive Vokabular auf, die Sie auf diese Weise nutzen möchten.

Befehlsumfang mit Hilfe von Makros erweitern

Makros erleichtern den täglichen Umgang mit einem Programm wesentlich, indem Sie Befehlsfolgen automatisieren und daher stark beschleunigen. Auch wenn Sie sich nicht mit einer Makrosprache beschäftigen wollen, können Sie doch sehr einfach sogenannte aufgezeichnete Makros erstellen und einsetzen. Mit Hilfe des VOICE PILOT weisen Sie Makros einen akustischen Befehl zu und kombinieren die Arbeitserleichterung durch Makros mit der akustischen Programmsteuerung.

In diesem Beispiel werden drei ganz einfache aber sinnvolle Makros in WinWORD aufgezeichnet und mit einem akustischen Befehl verknüpft. So werden die Makros in das aktive Vokabular von WinWORD aufgenommen. Das Beispiel soll für Sie eine Anregung sein, selbst Makros zu erzeugen und diese über akustische Befehle aufzurufen. Dabei kann es sich durchaus auch um programmierte Makros handeln.

Makros aufzeichen

Als Beispiel für die aufgezeichneten Makros wurde der Aufruf der drei Zusatzprogramme Microsoft GRAPH, Microsoft DRAW und Formel-Editor, die im Programmpaket von WinWORD enthalten sind, gewählt. Standardmäßig werden diese Programme über den Menübefehl EINFÜGEN OBJEKT und den zugehörigen Eintrag im Dialogfeld Objekt aufgerufen. Für DRAW und GRAPH steht zudem ein Symbol in der Standardsymbolleiste zur Verfügung.

Makro-Beispiele

1. Makro aufzeichnen: Um ein Makro in WinWORD aufzuzeichnen, wählen Sie den Menübefehl EXTRAS MAKRO AUFZEICHNEN. Im nun geöffneten Dialogfeld geben Sie einen Namen für das Makro ein sowie einen Tastaturbefehl und bei Bedarf eine Beschreibung (siehe Abb. 5.10).

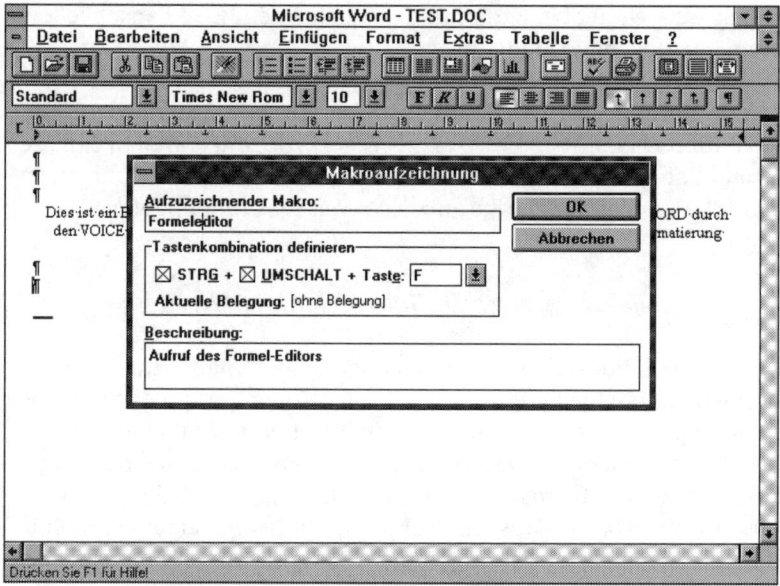

Abb. 5.10: Makro aufzeichnen in WinWORD

Achten Sie bei der Wahl des Tastaturbefehls darauf, daß dieser noch nicht anderweitig belegt ist. Quittieren Sie anschließend das Dialogfeld mit <OK>. Die Namen und die Tastaturbefehle der drei Makros sind in der folgenden Tabelle aufgeführt.

Beispielmakros in WinWORD

Name	Tastaturbefehl	Beschreibung
Zeichenprogramm	Strg + ⇧ + Z	Aufruf von MS DRAW
Diagramm	Strg + ⇧ + D	Aufruf von MS GRAPH
Formeleditor	Strg + ⇧ + F	Aufruf des Formel-Editors

Nachdem Sie das Dialogfeld quittiert haben, führen Sie die Tatatur- und Mausaktionen aus, die Sie aufzeichnen möchten. Für den Aufruf von MS DRAW wurde beispielsweise lediglich auf das Symbol für das Zeichenprogramm in der Symbolleiste geklickt. Anschließend wählen Sie den Befehl Extras Aufzeichnung beenden und sind mit der Erstellung des Makros bereits fertig.

Der Quelltext der drei Makros ist nachfolgend abgedruckt.

Makro Zeichenprogramm

```
Sub MAIN

    EinfügenZeichnung

End Sub
```

Makro Diagramm

```
Sub MAIN

    EinfügenDiagramm

End Sub
```

Makro Formeleditor

```
Sub MAIN

    EinfügenObjekt .Typ = „Equation"

End Sub
```

2. Makros als neue Begriffe aufnehmen: Haben Sie die Makros erstellt, können Sie sie als neue Begriffe in das Vokabular von WinWORD aufnehmen. Dazu gehen Sie genauso vor, wie oben für die Beispiele aus der Absatzformatierung beschrieben. Auf eine nochmalige Erläuterung der einzelnen Schritte wird an dieser Stelle verzichtet. Haben Sie die Begriffe neu aufgenommen und trainiert, können Sie sie testen. In Abb. 5.11 sehen Sie, wie MS DRAW mit Hilfe des akustischen Befehls ZEICHENPROGRAMM aufgerufen wird.

Makro mit akustischem Befehl verknüpfen

Hinweis: Haben Sie ein oder mehrere Makros aufgenommen und wollen WinWORD beenden, so beantworten Sie die Abfrage nach dem Speichern von Änderungen der globalen Textbausteine und Befehle mit <Ja>. Andernfalls werden die Makros nicht gesichert. Standardmäßig werden Makros in WinWORD mit der globalen Dokumentvorlage NORMAL.DOT gespeichert. Sie sind dann für jedes Dokument verfügbar, das mit dieser Dokumentvorlage erstellt wird.

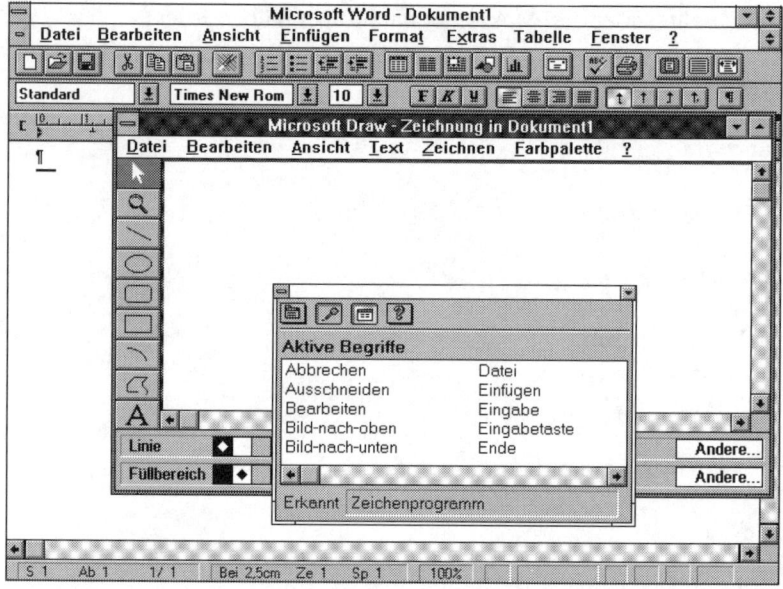

Abb. 5.11 Akustischer Aufruf von MS DRAW

Makros über akustische Befehle ausführen lassen

3. Akustischen Aufruf testen: Wechseln Sie zu WinWORD als aktive Anwendung, und sprechen Sie einen der Begriffe aus, den Sie mit einem
Makro verbunden haben. Nun sollte die entsprechende Aktion ausgeführt werden. Treten Probleme auf, so lesen Sie unter dem Punkt *Neue
Begriffe testen* weiter oben in diesem Kapitel nach, wie Sie vorgehen
müssen, um das Verständnisproblem zu lösen.

Der erste Schritt zum Spracherkennungsprogramm

Wie eingangs bereits erwähnt wurde, können Sie den VOICE PILOT in
begrenztem Umfang als Spracherkennungsprogramm einsetzen. Damit ist nicht die Erkennung akustischer Befehle gemeint, sondern das
Schreiben eines Wortes, nicht über die Tastatur, sondern mit Hilfe der
Sprache.

Um diese Möglichkeit zu testen, gehen Sie zunächst genauso vor, wie
sonst bei der Aufnahme neuer Begriffe. Anstelle eines Tastaturkommandos für die Ausführung eines Befehls geben Sie bei der Defi-

nition aber genau das Wort ein, das Sie dem Programm vorsprechen möchten und das dieses dann schreiben soll. Sie können dabei auch die Groß- und Kleinschreibung berücksichtigen. Als Beispiel eignet sich jedes Wort oder auch eine Formel wie *Mit freundlichen Grüßen*. Testen Sie so einen neuen Begriff in WinWORD oder einer anderen Textverarbeitung unter Windows. Um das Wort oder den Begriff schreiben zu lassen, positionieren Sie den Textcursor an der Stelle, an der das Wort beginnen soll und sprechen es dem Programm dann vor.

Eine Reihe solcher Begriffe können Sie für Ihre tägliche Arbeit durchaus nutzen, allerdings sind Sie in der Regel mit Makros genauso schnell und noch flexibler. Echte Spracherkennungsprogramme sind bereits auf dem Markt erhältlich, allerdings zu einem sehr hohen Preis.

Hiermit haben Sie die praktische Nutzung des VOICE PILOT anhand einiger Beispiele kennengelernt. Nutzen Sie das Programm, um bei der Bedienung Ihres Computers noch flexibler zu sein.

Einsatz des PROOFREADERS in Microsoft EXCEL

Wollen Sie den PROOFREADER einsetzen, so sollten Sie ihn zunächst an einem einfachen Beispiel testen und für Ihre Bedürfnisse passend einstellen. Im vorliegenden Fall wurde eine einfache Kostenaufstellung für den PKW vorgenommen, anhand derer die verschiedenen Funktionen des PROOFREADERS ausprobiert werden. In diesem Kapitel wird Ihnen Schritt für Schritt gezeigt, wie Sie beim Einsatz des Verifikationsprogramms vorgehen müssen. Um diese Schritte nachzuvollziehen, können Sie natürlich auch gleich eine eigene Tabelle erzeugen und nutzen.

Der PROOFREADER ist in Kapitel 4.4 ausführlich besprochen worden, daher wird an dieser Stelle nicht mehr in Einzelheiten auf die Funktionen und die Bedienung des Programms eingegangen. Haben Sie noch nicht mit dem Verifikationsprogramm gearbeitet, sollten Sie zuerst die Grundlagen in Kapitel 4.4 studieren.

Die Installation des Programms ist in Kapitel 2.5 beschrieben. Sollten Sie EXCEL erst einrichten, nachdem das SOUND SYSTEM bereits installiert ist, müssen Sie das Installationsprogramm des SOUND SYSTEMS noch einmal aufrufen, um den PROOFREADER in der Tabel-

Hinweise zur Installation

lenkalkulation einzubinden. Beachten Sie, daß es sich bei dem Verifikationsprogramm nicht um eine eigenständig lauffähige Anwendung handelt, sondern um eine Erweiterung der Tabellenkalkulationsprogramme Microsoft EXCEL und LOTUS 1-2-3 für Windows. Sollten Sie über keins dieser Programme verfügen, können Sie den PROOFREADER nicht einsetzen.

Microsoft EXCEL starten und Tabelle anlegen

Start des Kalkulationsprogramms

1. EXCEL starten und Tabelle erzeugen: Starten Sie die Tabellenkalkulation aus dem Windows Programm-Manager heraus. In der Menüleiste des Programms sehen Sie den Hauptmenüeintrag VERIFIKATION, der die Funktionen des PROOFREADERS repräsentiert.

Beispieltabelle anlegen

Nun soll eine Beispieltabelle angelegt werden, die Sie sich dann vom Verifikationsprogramm vorlesen lassen. An dieser Stelle wird davon ausgegangen, daß Sie in EXCEL eingearbeitet sind. Daher erfolgen hier keine Erläuterungen zum Umgang mit dem Programm und zum Aufbau der Tabelle. Die Daten können Sie frei eintragen oder sich an den Daten des Beispiels orientieren, die Sie Abb. 5.12 entnehmen.

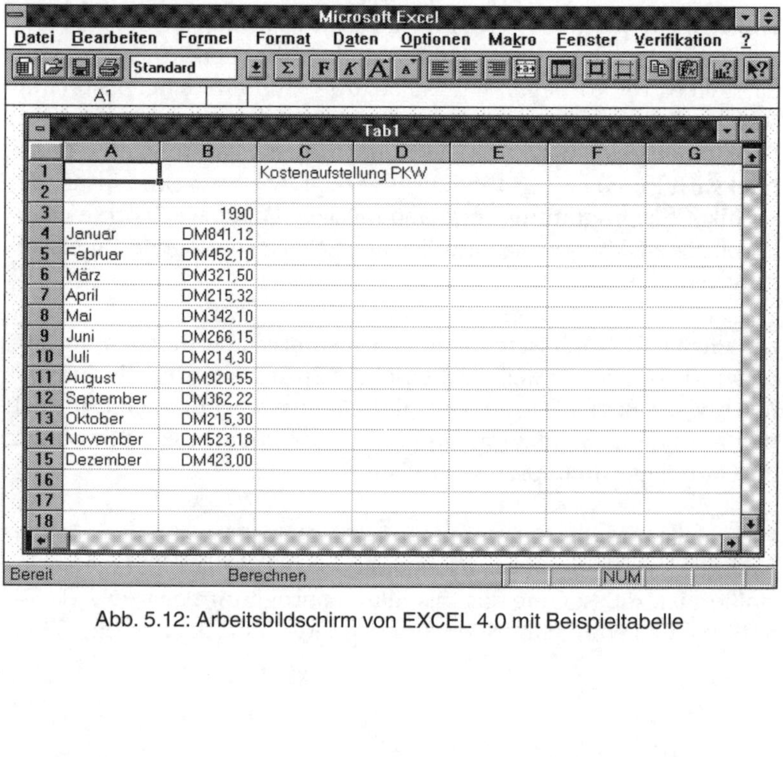

Abb. 5.12: Arbeitsbildschirm von EXCEL 4.0 mit Beispieltabelle

Haben Sie die Daten eingetragen, können Sie nun Bereiche markieren und diese vom Programm vorlesen lassen. Zunächst stellen Sie die Optionen des PROOFREADERS ein. Dabei handelt es sich um eine Voreinstellung, die Sie bei Bedarf ändern, wenn Sie beim Vorlesen feststellen, daß der PROOFREADER nicht zu Ihrer Zufriedenheit arbeitet.

ROOFREADER-Optionen einstellen

2. Optionen für den PROOFREADER einstellen: Rufen Sie den Menübefehl VERIFIKATION OPTIONEN auf. Im nun angezeigten Dialogfeld werden drei Kategorieren angeboten, über die Sie Einstellungen für das Programm vornehmen. An dieser Stelle interessiert zunächst die Kategorie Verfikationsoptionen.

Verifikationsoptionen einstellen

Hier stellen Sie ein, was der PROOFREADER soll. Sie können entscheiden, ob nur Zahlen oder nur Text und ob auch Spalten- und Zeilenüberschriften sowie leere Zeilen beim Lesen berücksichtigt werden sollen. Für das Beispiel werden die Kontrollfelder Zahlen und Text markiert. Haben Sie Spalten-/Zeilenüberschriften markiert, liest das Programm jeweils die Zeilen- und Spaltenbeschriftung mit, beispielsweise „Zeile 4 Spalte A": Sollen auch leere Zellen berücksichtigt werden, markiern Sie das entsprechenden Kontrollfeld. Das Programm liest dann bei solchen Zellen „leer".

Bei der Priorität markieren Sie in diesem Beispiel die Option Nach Zeilen. Der PROOFREADER liest den markieren Bereich dann zeilenweise vor. Die Zellen sollen von links nach rechts gelesen werden, markieren Sie die entsprechende Option. Formatanzeige und Formataussprache bleiben in der Standardeinstellung.

Geschwindigkeit einstellen

3. Vorlesegeschwindigkeit einstellen: Unter der Kategorie Geschwindigkeit regulieren Sie die Geschwindigkeit, mit der der PROOFREADER vorliest. Bei kurzen Zahlen, stellen Sie in der Regel eine höhere Geschwindigkeit ein als bei langen Zahlen. Im übrigen bleibt diese Einstellung aber Ihrem persönlichen Empfinden überlassen.

Vorlesegeschwindigkeit regulieren

Hinweis: Beachten Sie, daß die Stimme bei Änderung der Geschwindigkeit etwas verzerrt wird und es somit eventuell zu Verständnisproblemen kommt. Im Beispiel wurde eine mittlere Geschwindigkeit gewählt. Die Pausen zwischen den Daten sollten Sie ebenfalls nach dem persönlichen Bedarf einstellen. Im Anfang ist eine größere Pause angenehm. Haben Sie sich erst einmal in das Programm eingearbeitet, kommen Sie mit kürzeren Pausen zurecht.

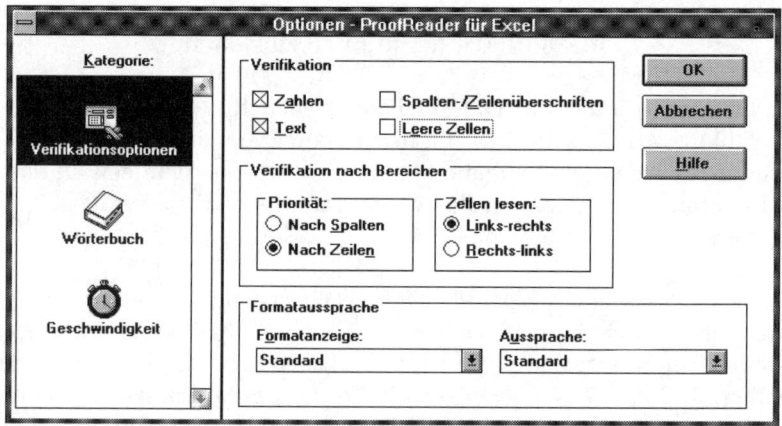

Abb. 5.13: Einstellen der Verifikationsoptionen

Haben Sie die Einstellungen vorgenommen, quittieren Sie das Dialogfeld mit <OK>. Anschließend markieren Sie die beiden Spalten mit den Monaten und den Zahlenwerten.

Lautstärke einstellen

Lautstärke regulieren Wenn Sie mit dem PROOFREADER arbeiten, müssen Sie die Lautstärke für das Vorlesen einstellen. Dazu dient das Programm LAUTSTÄRKEREGELUNG, das zum Windows SOUND SYSTEM gehört. Dieses Programm wurde in Kapitel 4.1 ausführlich besprochen und wird daher an dieser Stelle nicht noch einmal erläutert. Haben Sie bislang nicht mit dieser Anwendung gearbeitet, so lesen Sie die Grundlagen zur Bedienung in Kapitel 4.1 nach.

4. LAUTSTÄRKEREGELUNG aufrufen und Lautstärke einstellen: Um die LAUTSTÄRKEREGELUNG aufzurufen, steht im Menü VERIFIKATIONEN ein spezieler Befehl zur Verfügung. Dieser lautet LAUTSTÄRKE EINSTELLEN. Haben Sie die LAUTSTÄRKEREGELUNG geöffnet, verschieben Sie das

Anwendungsfenster so, daß es keine wichtigen Bereiche des Excel-Bildschirms verdeckt werden. Die Lautstärke für das Vorlesen regeln Sie über den Wave-Regler, da die vom PROOFREADER erzeugten Klänge als Wave-Dateien vorliegen. Beginnen Sie mit einer geringen Lautstärke, und regeln Sie diese bei Bedarf während des Vorlesens höher.

Bereich vorlesen lassen

Haben Sie den Bereich in der Tabelle markiert und die Optionen sowie die Lautstärke eingestellt, so können Sie den ausgewählten Bereich nun vorlesen lassen.

Vorlesen eines ausgewählten Bereichs

4. Ausgewählten Bereich vorlesen: Wählen Sie den Befehl VERIFIKATION AUSGEWÄHLTER BEREICH. Der POOFREADER beginnt daraufhin mit dem Vorlesen.

Hinweis: Beachten Sie, daß das Programm nur Wörter und Zahlen vorliest, die es kennt. Diese Daten sind in Wörterbüchern gespeichert, die der PROOFREADER durchsucht. Stimmt ein Eintrag in Ihrer Tabelle mit einem Eintrag in einem der Wörterbücher überein, so wird er vorgelesen. Die zu den jeweiligen Zeichen gehörenden Klänge sind gespeichert und klingen daher immer gleich. In einem Benutzerwörterbuch können Sie eigene zusätzliche Wörter aufnehmen, die Sie häufig in Ihren Tabellen verwenden. Hierzu folgt weiter unten in diesem Kapitel noch ein eigenes Beispiel.

5. Fehler korrigieren: Bei den Wörtern kann ein simpler Schreibfehler dazu führen, daß das Programm es nicht erkennt. In diesem Fall wird nichts vorgelesen. Sollte das Verifikationsprogramm beispielsweise einen Monatsnamen nicht vorlesen, so ist er vermutlich nicht korrekt geschrieben, und Sie können den Fehler korrigieren.

Beachten Sie, daß Sie nicht während des Vorlesens korrigieren können. In diesem Fall heben Sie die Bereichsmarkierung auf und können das Vorlesen nicht an der Stelle fortsetzen, an der es unterbrochen wurde. Aus diesem Grund empfiehlt es sich, nicht zu große Bereiche zu markieren und ein Original bereitzuhalten, in dem die Fehler notiert werden. Ist ein Bereich abgeschlossen, korrigieren Sie dort alle aufgefundenen Fehler.

Einstellungen verändern

Einstellung der Optionen korrigieren

Anhand der nun durchgeführten Verifikation überprüfen Sie, ob die Optionen für Sie passend eingestellt sind. Sollte dies nicht der Fall sein, unterbrechen Sie das Vorlesen mit dem Befehl VERIFIKATION STOP und rufen dann den Befehl VEIFIKATION OPTIONEN auf, um die nötigen Änderungen, beispielsweise für die Vorlesegeschwindigkeit, vorzunehmen. Quittieren Sie das Dialogfeld, und setzen Sie die Verifikation mit geänderten Optionen wieder fort. Dazu nutzen Sie den Befehl VERIFIKATION FORTSETZEN.

Vorlesen bei der Eingabe

Sie können das Verifikationsprogramm auch so einstellen, daß es während der Eingabe der Daten diese vorliest. Dabei wird der Zelleninhalt immer dann vorgelesen, wenn die Eingabe in einer Zelle abgeschlossen ist. Das können Sie nun einmal testen, indem Sie eine weitere Zahlenspalte anlegen, im Beispiel die PKW-Kosten für das Jahr 1991.

Verifikation bei Eingabe eines Begriffs

6. Vorlesen bei Eingabe: Wählen Sie den Menübefehl VERIFIKATION BEI EINGABE. Positionieren Sie den Textcursor in die Zelle, in der Sie mit der Eingabe beginnen wollen, und tippen Sie die Zahlen ein. Sobald Sie die Eingabe in eine Zelle abschließen, beispielsweise mit der Taste ⏎, wird der Zelleninhalt vorgelesen. Bleibt das Programm stumm, so kennt es das Wort entweder nicht, oder Sie haben ein bekanntes Wort falsch geschrieben. Bei Zahlen und Worten können Sie so gleich bei der Eingabe kontrollieren, ob diese korrekt getippt wurden und korrigieren die Schreibweise bei Bedarf sofort.

Eigene Begriffe aufnemen

Benutzerdefiniertes Wörterbuch bearbeiten

Der PROOFREADER bietet ein Benutzerwörterbuch an, in das Sie eigene Begriffe aufnehmen können. Die übrigen Wörterbücher können nicht bearbeitet werden. In den vorhandenen Wörterbüchern sind alle Zahlen und eine Vielzahl der Begriffe, die in Kalkulationstabellen vorkommen, vorhanden. Sie können die vorhandenen Begriffe einsehen und so überprüfen, welche Wörter Ihnen für Ihre Arbeit mit dem Programm fehlen.

7. Eigene Begriffe in das Benutzerwörterbuch aufnehmen: Rufen Sie den Menübefehl VERIFIKATION OPTIONEN auf und wählen Sie die Kategorie Wörterbuch. Sie erhalten eine Liste der vorhandenen Wörterbücher und können den jeweiligen Inhalt überprüfen. Im Beispiel soll nun PKW als neuer Begriff aufgenommen werden. Sie können die folgenden Schritte aber natürlich auch bereits mit Begriffen durchführen, die Sie selber benötigen.

Wenn Sie eigene Begriffe aufnehmen möchten, benötigen Sie dazu das Programm AUFNAHMEREGELUNG. Dieses starten Sie über das zugehörige Symbol in der Programmgruppe des Windows SOUND SYSTEMS. Die Anwendung ist in Kapitel 4.2 ausführlich besprochen worden. Sie dient bei Aufnahmen zum Einstellen der Aufnahmequelle und zur Regulierung des Eingangspegels und der Kanalbalance.

a: AUFNAHMEREGELUNG starten

Befinden Sie sich im Microsoft EXCEL, so wechseln Sie über den Befehl WECHSELN ZU aus dem Systemmenü des Programms zum Programm-Manager. Dort rufen Sie die AUFNAHMEREGELUNG auf und stellen das Programm so ein, daß es immer im Vordergrund bleibt. Dazu rufen Sie den Befehl EINSTELLUNGEN aus dem Systemmenü der Anwendung auf und markieren im Dialogfeld Einstellungen die Option Immer im Vordergrund. Dann wechseln Sie zurück zu EXCEL. Dort wird nun auch das Fenster der AUFNAHMEREGELUNG angezeigt.

AUFNAHMERE-GELUNG starten und einstellen

Möchten Sie die AUFNAHMEREGELUNG nur bei einer Aufnahme anzeigen lassen, so entfernen Sie die Markierung im Kontrollfeld Immer im Vordergrund, und markieren das Kontrollfeld Fenster bei Aufnahme anzeigen. In diesem Fall wird die Anwendung immer dann eingeblendet, wenn Sie eine Aufnahme starten. Diese Einstellung können Sie dann wählen, wenn Sie in der aktuellen Arbeitssitzung die AUFNAHMEREGELUNG bereits für Ihre Zwecke korrekt eingestellt haben und wiederholt Aufnahmen anfertigen, zwischen denen Sie das Programm nicht benötigen.

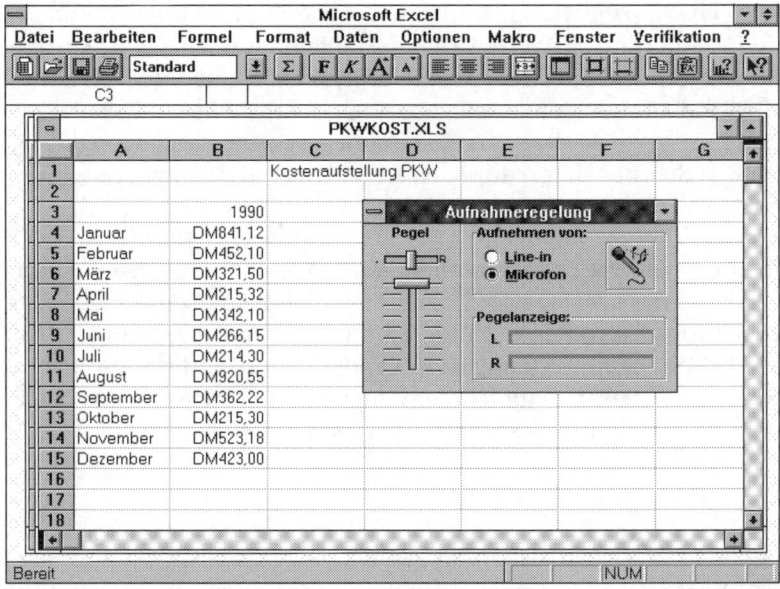

Abb. 5.14: Arbeitsbildschirm von EXCEL und Fenster der AUFNAHMEREGELUNG

Eigene Begriffe nehmen Sie in den PROOFREADER auf, indem Sie sie dem Programm persönlich vorsprechen oder eine Aufnahme des Begriffs, beispielsweise von einer anderen Person gesprochen, in Form einer Klangdatei importieren.

b: Aufnahmequelle einstellen

In diesem Beispiel soll zunächst die eigenhändige Aufnahme beschrieben werden. Dazu wählen Sie als Aufnahmequelle das Mikrofon. Den Eingangspegel stellen Sie zunächst niedrig ein, und die Kanalbalance regeln Sie in eine Mittelstellung. Beide Regler stellen Sie während der Aufnahme endgültig ein.

c: Wörterbuch auswählen und Begriff eingeben

Rufen Sie in EXCEL den Menübefehl VERIFIKATION OPTIONEN auf und wählen Sie im nun geöffneten Dialogfeld die Kategorie Wörterbuch. In der Liste der Wörterbücher sind die mitgelieferten Wörterbücher sowie das für den Benutzer gedachte Wörterbuch USER vorhanden. Sie können bei Bedarf weitere Wörterbücher hinzufügen, die auf bestimmte Sachverhalte abgestimmt sind. Nähere Informationen hierzu finden Sie in Kapitel 4.4. Wählen Sie das Wörterbuch USER.DCT aus der Liste. Im Listenfeld Aktives Vokabular werden die bereits vorhanden Begriffe angezeigt. Haben Sie noch keine Vokabeln aufgenommen, bleibt das Listenfeld leer.

```
d: Begriff eingeben
```

Betätigen Sie nun die Schaltfläche <Neu>. Im Dialogfeld Neuer Begriff (siehe Abb. 5.) tippen Sie den Namen des Begriffs, im Beispiel PKW ein. Die Schreibweise muß der Schreibweise entsprechen, die später auch in der Tabelle verwendet wird. Dabei wird nicht zwischen Groß- und Kleinschreibung unterschieden, ein falscher Buchstabe führt hingegen dazu, daß das Programm den Begriff nicht erkennt.

```
e: Begriff aufnehmen
```

Kontrollieren Sie noch einmal kurz die Einstellungen der AUFNAHMEREGELUNG und drücken Sie dann die Schaltfläche <Aufnahme> im Dialogfeld Neuer Begriff. Halten Sie das Mikrofon etwa 20 cm von Ihrem Mund entfernt, und sprechen Sie den Begriff deutlich aus. Anschließend drücken Sie die Schaltfläche <Stop>. Während der Aufnahme kontrollieren Sie, ob sich die Eingangspegelanzeige im gelben Bereich befindet. Sollte dies nicht der Fall sein, regeln Sie den Aufnahmepegel entsprechend nach.

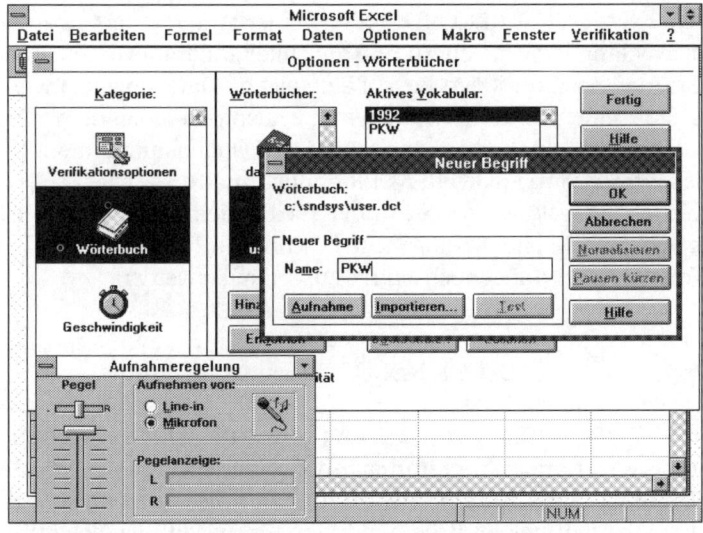

Abb. 5. : Aufnahme eines neuen Begriffs über das Mikrofon

```
f: Aufnahme optimieren und quittieren
```

Nachdem Sie die eigentliche Aufnahme durchgeführt haben, kürzen Sie mit Hilfe der Schaltfläche <Pausen kürzen> die Pausen in der Aufnahme, die beispielsweise am Anfang oder am Ende des Begriffs entstanden sind. Mit der Schaltfläche <Normalisieren> erreichen Sie einen verzerrungsfreien Klang bei maximal erhöhter Lautstärke. Die Funktionen dieser beiden Schaltflächen finden Sie auch in der Anwendung QUICK RECORDER. Vergleichen Sie hierzu die Ausführungen in Kapitel 4.2 und weiter unten in diesem Kapitel.

```
g: Aufnahme testen
```

Nachdem Sie diese Schritte durchgeführt haben, testen Sie die Aufnahme über die Schaltfläche <Test>. Sollte das Vorsprechen noch nicht gelungen sein, so wiederholen Sie die Aufnahme so lange, bis Sie Ihren Vorstellungen entspricht. Danach quittieren Sie sie über die Schaltfläche <OK>. Der neue Begriff erscheint nun in der Liste Aktives Vokabular des USER-Wörterbuchs.

Aufnahme importieren

Wollen Sie die Begriffe nicht selber aufnehmen, so können Sie diese mit Hilfe des QUICK RECORDERS von einer anderen Person aufnehmen, als Klangdatei speichern und anschließend importieren. Beachten Sie, daß dazu für jeden Begriff eine eigene Datei angelegt werden muß. Sie können dies auch selber einmal ausprobieren, indem Sie beispielsweise die Jahreszahlen wie „1992" als Dateien aufnehmen. Diese Zahlen werden vom PROOFREADER standardmäßig wie eine Zahl, nicht wie ein Jahr, vorgelesen. Wie Sie Aufnahme mit dem QUICK RECORDER anfertigen, ist in Kapitel 4.2 eingehend beschrieben. Für dieses Beispiel soll die Vorgehensweise aber noch einmal kurz erläutert werden.

QUICK RECORDER starten

1. QUICK RECORDER starten: Den QUICK RECORDER starten Sie über das zugehörige Programmsymbol in der Gruppe des Windows SOUND SYSTEMS. Andere Anwendungen müssen zu diesem Zeitpunkt nicht geöffnet sein. Sie benötigen für diesen Weg des Aufnehmens neuer Begriffe auch EXCEL nicht.

Lautstärke einstellen

2. Lautstärke einstellen: Wählen Sie im QUICK RECORDER den Befehl OPTIONEN LAUTSTÄRKE EINSTELLEN. Hiermit öffnen Sie das Programm LAUTSTÄRKEREGLUNG, über das Sie bei der Aufnahme und der Wiedergabe die Lautstärke einstellen. Das Programm wurde bereits weiter oben in diesem Kapitel angesprochen und ist in Kapitel 4.1 ausführlich erläutert.

AUFNAHMEREGELUNG starten

3. AUFNAHMEREGELUNG starten: Rufen Sie den Befehl AUFNAHMEPEGEL EINSTELLEN auf, um das Programm AUFNAHMEREGELUNG zu starten. Auch diese Anwendung wurde in diesem Kapitel bereits eingesetzt. Wie bei der Aufnahme von Begriffen aus EXCEL heraus, dient sie auch hier zum Einstellen der Aufnahmequelle und des Eingangspegels sowie der Kanalbalance. Stellen Sie das Mikrofon als Aufnahmequelle ein und wählen Sie die Einstellung für den Eingangspegel und die Kanalbalance zunächst so, wie es bislang bei Aufnahmen über das Mikrofon korrekt war.

Aufnahmeverfahren einstellen

4. Aufnahmeverfahren wählen: Der QUICK RECORDER bietet zwei unterschiedliche Verfahren für die Aufnahme. Sie wechseln das Aufnahmeverfahren über das Dialogfeld Quick Recorder - Einstellungen, das Sie mit dem Menübefehl OPTIONEN EINSTELLUNGEN aufrufen. Für die Aufnahme kurzer Begriffe mit dem Mikrofon bietet sich das Verfahren Auf Aufnahmeregler klicken und halten an. Hierbei halten Sie die Aufnahmeschaltfläche während der Aufnahme gedrückt. So erreichen Sie eine Aufnahme mit möglichst genauem Abschluß. Sollten trotzdem Pausen auftauchen, können Sie diese nachträglich löschen.

Wahl des Aufnahmeverfahrens

Optionen für die Klangdatei einstellen

Im QUICK RECORDER können Sie verschiedene Einstellungen für eine Klangdatei betreffend der Qualität vornehmen.

5. *Klangeigenschaften festlegen:* Legen Sie eine neue Datei an, indem Sie den Befehl DATEI NEU aufrufen. Im Dialogfeld Klangeigenschaften stellen Sie Radioqualität und eine Komprimierung von 4 Bit pro Sampel ein. Die hiermit erreichte Qualität ist für gesprochene Worte völlig ausreichend und der benötigte Speicherplatz bleibt relativ gering. Quittieren Sie das Dialogfeld, und nehmen Sie das Mikrofon zur Hand.

Begriff aufnehmen

6. *Begriff im QUICK RECORDER aufnehmen:* Um den Begriff aufzunehmen, halten Sie das Mikrofon etwa 20 cm von Ihrem Mund entfernt. Drücken Sie im QUICK RECORDER die Aufnahmeschaltfläche, und sprechen Sie den Begriff deutlich aus. Lassen Sie die Aufnahmeschaltfläche los, sobald Sie den Begriff gesprochen haben. Achten Sie während der Aufnahme auf die Anzeige des Eingangspegels. Dieser sollte sich im gelben Bereich befinden, damit keine Klangverluste und keine Verzerrungen auftauchen. Regeln Sie den Eingangspegel bei Bedarf nach. Nach Beenden der Aufnahme wird die Klangdatei aufgebaut und im Fenster des QUICK RECORDERS angezeigt.

Klangdatei wiedergeben

7. *Aufnahme testen:* Testen Sie nun die Aufnahme, indem Sie zunächst den Wiedergabepositionsanzeiger an den Beginn der Klangdatei positionieren und dann die Wiedergabeschaltfläche betätigen. Entspricht die Aufnahme Ihren Vorstellungen, so können Sie sie bereits abspeichern. Sollten Pausen vorhanden sein oder die Aufnahme nicht gelungen sein, so müssen Sie den Vorgang wiederholen beziehungsweise die Datei bearbeiten.

Begriff bearbeiten

8. *Klangdatei bearbeiten:* Für die Bearbeitung einer Klangdatei steht eine Vielzahl von Funktionen zur Verfügung. An dieser Stelle soll beispielhaft das Ausschneiden eines Teils einer Klangdatei erläutert werden. In diesem Beispiel wird davon ausgegangen, daß am Beginn der Klangdatei eine Pause entstanden ist. Diese Pause soll nun ausgeschnitten werden. Sie können dazu den Befehl EFFEKTE PAUSEN KÜRZEN

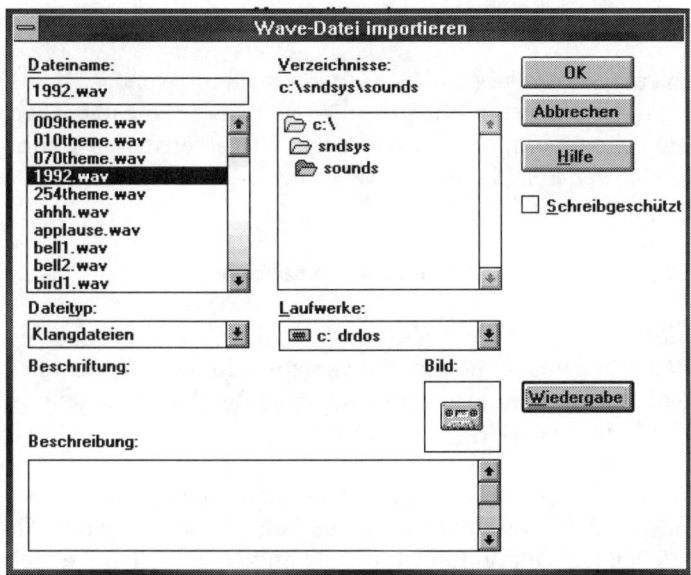

Abb. 5.15: Aufnehmen und Bearbeiten von Begriffen für den PROOFREADER im
QUICK RECORDER

verwenden. Allerdings werden mit dieser Funktion alle Bereiche mit
der Lautstärke Null aus der Datei ausgeschnittten, sofern Sie nicht zuvor einen bestimmten Abschnitt in der Datei markieren. Das Kürzen
von Pausen aus der kompletten Datei kann insbesondere bei zusam-
mengesetzten Begriffen zu Verzerrungen führen.

a: Bereich markieren

Markieren Sie nun den Anfang der Datei so weit, wie die Pause reicht.
Dazu verwenden Sie den Auswahlrahmen im Übersichtsfenster und
markieren dann im Bearbeitungsfenster durch Ziehen mit der Maus
den Teil, der ausgeschnitten werden soll. Wie Sie beim Markieren vorgehen müssen, ist in Kapitel 4.2 ausführlich beschrieben. Zudem wird
die Markierfunktion auch in Kapitel 5.1 besprochen.

b: Markierten Bereich ausschneiden

Haben Sie den Bereich markiert, rufen Sie den Befehl BEARBEITEN AUS-
SCHNEIDEN auf. Der markierte Abschnitt wird aus der Datei ausgeschnitten.

```
c: Ergebnis testen und optimieren
```

Durch erneute Wiedergabe der Aufnahme, überprüfen Sie, ob die Datei nun Ihren Wünschen entspricht. Wollen Sie die Lautstärke der Aufnahme maximieren, ohne daß es dabei zu Verzerrungen kommt, so wählen Sie den Befehl EFFEKTE NORMALISIEREN.

Klangdatei speichern

9. Datei speichern: Im Anschluß an die Bearbeitung rufen Sie den Befehl DATEI SPEICHERN UNTER auf und vergeben der Datei einen aussagekräftigen Namen. Im Beispiel wurde das Jahr „1992" aufgenommen und die Datei 1992.WAV genannt.

In welchem Verzeichnis Sie die Datei speichern, ist nicht von Belang. Sie müssen das Verzeichnis nur später beim Importieren der Datei in den PROOFREADER in EXCEL korrekt angeben. Wollen Sie mehrere Begriffe so aufnehmen, so empfiehlt es sich, hierfür ein spezielles Verzeichnis anzulegen. Sie sollten zudem eine kurze Beschreibung mit abspeichern, damit Sie auch nach längerer Zeit noch wissen, was sich hinter einem Dateinamen verbirgt. Nach dem Speichern ist der erste Schritt für das Importieren einer Klangdatei in den PROOFREADER abgeschlossen. Sie können auf diese Weise beliebig viele Dateien mit Begriffen aufnehmen und abspeichern, die Sie dann bei Bedarf importieren.

Klangdatei in das Wörterbuch importieren

Klangdatei für einen neuen Begriff importieren

Schließen Sie den PROOFREADER, wenn Sie ihn in der aktuellen Arbeitssitzung nicht mehr benötigen.

10. Klangdatei importieren: Starten Sie Microsoft EXCEL und rufen Sie den Befehl VERIFIKATION OPTIONEN auf. Wählen Sie die Kategorie Wörterbuch und dann das Benutzerwörterbuch, in das Sie einen neuen Begriff mit einer importieren Klangdatei aufnehmen wollen.

```
a: Neuen Begriff eingeben
```

Betätigen Sie die Schaltfläche <Neu>, um das Dialogfeld Neuer Begriff zu öffnen. Hier tippen Sie den Begriff im Beispiel, also 1992, ein.

b: Klangdatei importieren und testen

Wählen Sie die Schaltfäche <Importieren>. Im Dialogfeld Wave-Datei importieren suchen Sie das Verzeichnis auf, in das Sie die Klangdatei mit dem Begriff gespeichert haben. Suchen Sie dann den Dateinamen aus der Dateiliste, und quittieren Sie die Auswahl mit der Schaltfläche <OK>. Im Dialogfeld Neuer Begriff können Sie mit der Schaltfläche <Test> noch einmal überprüfen, ob die Aufnahme korrekt ist. Anschließend quittieren Sie das Dialogfeld mit <OK> und haben so einen neuen Begriff mit einer importieren Klangdatei aufgenommen.

Neue Begriffe in der Tabelle testen

Kehren Sie mit der Schaltfläche <Fertig> aus dem Dialogfeld Optionen-Wörterbücher in Ihre Tabelle in EXCEL zurück. Hier können Sie nun die neu aufgenommenen Begriffe testen, indem Sie die entsprechenden Zellen markieren und vorlesen lassen. Sind die Begriffe noch nicht in der Tabelle enthalten, geben Sie sie probeweise ein und lassen sie direkt bei der Eingabe vom Programm vorlesen.

Damit haben Sie die wichtigsten Schritte zum Einsatz des PROOF-READERS in der Praxis an einem einfachen Beispiel nachvollzogen. Sie sollten nun keine Probleme haben, das Verifikationsprogramm für Ihre Zwecke zu nutzen und eigene Wörterbücher zu erstellen.

Unterstützung für MS DOS-Spiele

Das Windows SOUND SYSTEM ist zwar, wie der Name schon sagt, vorwiegend für eine Nutzung unter der grafischen Oberfläche und Betriebssystemerweiterung Windows gedacht. Die Karte besitzt daneben aber auch die Fähigkeit, MS DOS-Spiele zu unterstützen. Zum einen kann das SOUND SYSTEM bei älteren DOS-Spielen als Ad Lib-Soundkarte eingesetzt werden, zum anderen wird mit Hilfe eines Zusatzprogramms eine Sound Blaster-Soundkartenemulation ermöglicht. Sie führen dieses Programm aus Windows heraus im erweiterten Modus aus und können die Spiele dann im sogenannten DOS-Fenster nutzen.

Aktuelle Spiele und Anwendungen beinhalten in der Regel bereits standardmäßig die Unterstützung des Windows SOUND SYSTEMS. In

Aktuelle Spiele

diesem Fall ist keine spezielle Konfiguration der Karte erforderlich. In der Regel finden Sie in der Dokumentation zum jeweiligen Spiel einen Hinweis, ob das Spiel das Windows SOUND SYSTEM unterstützt. Im Zweifelsfall wenden Sie sich an den Hersteller beziehungsweise Vertreiber des entsprechenden Spiels.

MS DOS-Spiele für die Ad Lib-Karte

Ad Lib In der Regel treten beim Einsatz von Spielen, die die Ad Lib-Karte unterstützen, keine Probleme auf. Sie starten diese Spiele wie bei der Ad Lib-Karte unter DOS. Erfolgt eine Abfrage nach der Soundkarte auf Ihrem System, so geben Sie Ad Lib an.

Hinweis: Um MS DOS-Spiele mit dem Windows SOUND SYSTEM einzusetzen, benötigen Sie viel freien Arbeitsspeicher. Sollten Sie ein Spiel nicht starten können, überprüfen Sie den Arbeitsspeicher auf Ihrem System.

Sollten Sie trotzdem noch Probleme haben, so wenden Sie sich an den Hersteller des Spiels, eventuell liegt ein Update vor, das bereits das Windows SOUND SYSTEM unterstützt.

MS DOS-Spiele für die Sound Blaster-Karte

Sound Blaster Spiele, die die Sound Blaster-Karte unterstützen, werden mit dem Windows SOUND SYSTEM folgendermaßen eingesetzt: Zunächst muß Windows 3.1 im erweiterten Modus für 386 betrieben werden. Um das Spiel dann im simulierten Sound Blaster-Modus starten zu können, führen Sie folgende Arbeitschritte aus:

1. Öffnen Sie im Windows-Programm-Manager die Gruppe des Windows SOUND SYSTEMS.

2. Doppelklicken Sie auf das Symbol für die Unterstützung für MS DOS-Spiele.

3. In der Anwendung, deren Fenster Sie in Abb. 5.16 sehen, markieren Sie das Kontrollfeld Unterstützung für MS DOS-Spiele aktivieren.

Abb. 5.16: Das Fenster des Zusatzprogramms Unterstützung für MS DOS-Spiele

Sobald Sie die Aktivierung vorgenommen haben, können Sie die Standardeinstellungen für die E/A-Adresse Ein- und Ausgabeadresse) und den IRQ (Interrupt=Unterbrechungsebene) verändern. In der Regel sind hier nur Änderungen nötig, wenn Probleme auftreten. Beachten Sie hierzu die Ausführungen zum Karteneinbau in Kapitel 2.1. Haben Sie beim Einbau der Karte nicht die Standardkonfiguration gewählt, müssen Sie entsprechend andere Angaben machen. Quittieren Sie das Fenster mit <OK>.

4. Beenden Sie Windows, und starten Sie die Oberfläche erneut. Dies ist notwendig, damit die vom Programm Unterstützung für MS DOS-Spiele vorgenommenen Änderungen wirksam werden. Haben Sie die Anwendung quittiert, erhalten Sie einen Dialog, über den Sie Windows direkt neu starten können. Wählen Sie die Schaltfläche <Windows neu starten>.

5. Nachdem Sie in den Programm-Manager von Windows zurückgekehrt sind, öffnen Sie die Hauptgruppe, und doppelklicken auf das Symbol für die MS DOS-Eingabeaufforderung.

6. Sie gelangen zum DOS-Promt und starten nun das gewünschte Spiel. Wechseln Sie dazu in das entsprechende Verzeichnis, und geben Sie den Befehl zum Aufruf ein.

7. Regulieren Sie die Lautstärke der Klänge des Spiels mit Hilfe der Tastenkombinationen [Strg]+[Alt]+[Bild↓] und [Strg]+[Alt]+[Bild↑].

8. Mit dem Befehl EXIT ⏎ auf der Kommandozeilenebene gelangen Sie wieder in die Oberfläche Windows, nachdem Sie das Spiel beendet haben.

Damit sollten Sie Spiele, die die Sound Blaster-Karte unterstützen auch mit dem Windows SOUND SYSTEM einsetzen können. Treten Probleme auf, so kann die Erstellung einer speziellen Systemdiskette, die maximalen Arbeitspeicher für die Spiele zur Verfügung stellt, Abhilfe schaffen. Hinweise hierzu erhalten Sie in der Hilfedatei zum Programm Unterstützung für MS DOS-Spiele.

Hiermit wurde Ihnen der Leistungsumfang des Windows SOUND SYSTEMS anhand von umfangreicheren Anwendungsbeispielen demonstriert. Sie sind nun im Umgang mit dem Programmpaket geübt und können das System für eigene Anwendungen einsetzen. Viel Spaß dabei.

6

Programmierung

Die Einbindung von Klängen und Sounddateien gewinnt in der Programmierung zunehmend an Bedeutung. Unter Windows 3.1 können Sie Sounds problemlos in Makros und Programme komplexer Entwicklungssysteme aufnehmen. Die Vorgehensweise dabei ist nahezu identisch. In diesem Kapitel wird exemplarisch die Makrosprache *WordBasic* des Textverarbeitungssystems *Word für Windows* sowie die professionelle Version des Programmentwicklungssystems *Visual Basic für Windows* eingesetzt. Auch wenn Sie sich nicht selbst mit der Programmierung befassen wollen, werden Sie einige sehr sinnvolle und unmittelbar einsetzbare Zusatzprogramme für das Windows SOUND SYSTEM in diesem Kapitel entdecken. Die Anwendungen nutzen Windows-API-Routinen, so daß sie mit beliebigen Sound-karten, also nicht nur mit dem Windows SOUND SYSTEM, eingesetzt werden können. Neben kleineren Makros finden Sie Hilfsprogramme zum Suchen, Abspielen und Verwalten von Klangdateien, einen grafischen Bildschirmschoner mit Sound-Unterstützung sowie einen einfachen CD-Spieler.

Makro-Programmierung mit WordBasic

Viele komplexe Anwendungsprogramme besitzen integrierte Makrosprachen, um Arbeitsabläufe zu vereinfachen und zu automatisieren. Die Syntax der Makrosprachen ist dabei in der Regel an höhere Programmiersprachen angelehnt. Dies ist auch bei *WordBasic* der Fall. In Verbindung mit einer Soundkarte können Sie über Makros Hilfsprogramme des SOUND SYSTEMS komfortabel starten, Klangdateien abspielen oder auch beliebige Multimedia-Befehlzeichenketten abschicken. Die Makros selbst können abschließend auf Wunsch als gesonderte Befehle in die Menüstruktur von WinWord aufgenommen werden. Obgleich die nachfolgend vorgestellten Makros in WordBasic kodiert wurden, lassen sie sich in ähnlicher Form auch auf andere Makro-Sprachen und auch höhere Programmiersprachen, wie beispielsweise Visual Basic für Windows, übertragen.

Befinden Sie sich innerhalb der Textverarbeitung WinWORD und wollen Sie ein Dienstprogramm des SOUND SYSTEMS ausführen, so ist es nicht nur umständlich, sondern auch zeitaufwendig, die jeweilige Anwendung über den Programm-Manager zu starten. Mit Hilfe der WordBasic-Anweisung *Shell* können Sie sich jedoch Ihr eigenes Dialogfeld entwerfen, um beliebige Zusatzprogramme schnell und einfach auszuführen, ohne in den Programm-Manager zurückkehren

Zusatzprogramme starten

zu müssen. Das Makro selbst können Sie später bei Bedarf auch in die WinWord-Menüstruktur einbinden, um die Anzeige des benutzer-definierten Dialoges zu erleichtern.

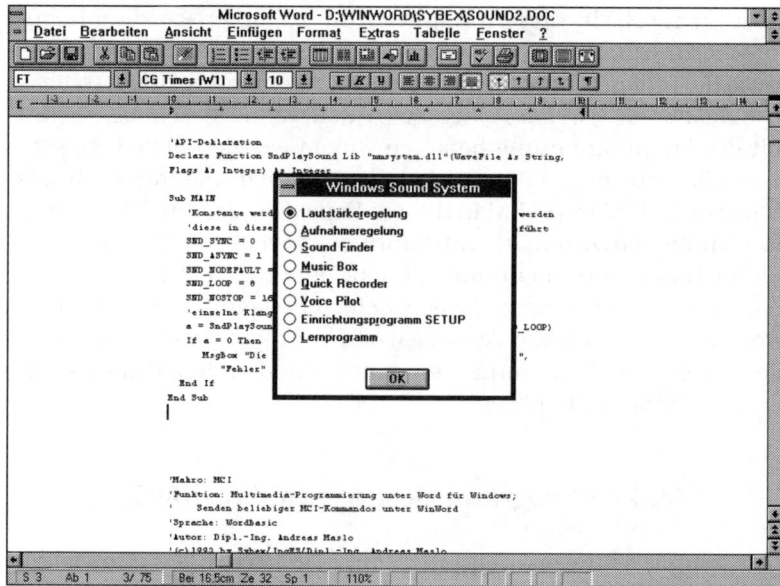

Abb. 6.1: Über das Makro SSSHELL können Sie bequem die Dienstprogramme des Sound Systems ausführen lassen

Um das Makro SSSHELL einzugeben, wählen Sie in WinWord den Menübefehl EXTRAS\MAKRO... an. Im nachfolgend geöffneten Dialog-feld *Makro* tragen Sie den Makronamen *SSSHELL* ein und quittieren Ihre Eingabe mit Hilfe der Schaltfläche <Bearbeiten>. Danach gelan-gen Sie automatisch in das Quelltextbearbeitungsfenster des Text-verarbeitungssystems WinWord. Hier geben Sie den Quelltext ein, wie er nachfolgend abgedruckt ist. Jede mit einem Hochkomma eingelei-tete Quelltextzeile steht für einen Kommentar, wird also bei der ei-gentlichen Programmausführung nicht berücksichtigt und dient le-diglich der Erläuterung. Die Programmausführung beginnt in der Prozedur *Main*. Hier wird zunächst der Programmpfad des Windows SOUND SYSTEMS an die lokale Variable *ProgrammPfad$* übergeben und diese wiederum später für die jeweiligen Programmaufrufe weiterverwendet. Damit das Makro auch auf Ihrem Rechner korrekt ausgeführt wird, müssen Sie die Pfadangabe entsprechend anpassen.

Über den Konstrukt *Begin Dialog ... End Dialog* wird das Dialogfeld definiert. Über die Quelltextzeile

```
Dim dlg As UserDialog
```

wird eine Dialogfeldvariable eingeführt, die der Dialogfelddefinition entspricht. Über die Funktion *Dialog* wird das Dialogfeld letztendlich zur Anzeige gebracht. Zurückgeliefert wird jeweils der Wert *-1*, wenn die Schaltfläche <OK> angewählt wurde. Dies ist im vorliegenden Fall die einzige Möglichkeit, den Dialog überhaupt zu beenden. Ein bestimmtes Dienstprogramm des SOUND SYSTEMS kann über die Optionsfelder des benutzerdefinierten Dialogs angewählt werden (vgl. Abb. 6.1). Programmintern wird das angewählte bzw. markierte Optionsfeld über die Optionsfeldgruppe ermittelt.

```
OptionAuswahl = dlg.OptionGroup1
```

Die einzelnen Optionsfelder werden beginnend mit Null durchnumeriert. Darauf aufbauend kann mit Hilfe eines *If*-Blocks das jeweilige Programm gezielt gestartet werden. Beachten Sie, daß zum Starten der jeweiligen Programme das zu Beginn des Makros angegebene Programmverzeichnis, das in der Variablen *ProgrammPfad$* abgelegt wurde, zum Einsatz kommt. Eine Kontrolle, ob die Programme im angegebenen Verzeichnis tatsächlich vorhanden sind oder deren Aufruf überhaupt sinnvoll ist, findet nicht statt.

```
'Makro:  SSSHELL
'Funktion: Multimedia-Programmierung unter Word für Windows;
'    Starten von Dienstprogrammen des Sound Systems
'Sprache: WordBasic
'Autor: Dipl.-Ing. Andreas Maslo
'(c)1993 by Sybex/Dipl.-Ing. Andreas Maslo

Sub MAIN
    'Programmpfad des Windows-Sound-Systems
    '(nach Bedarf anpassen)
    ProgrammPfad$ = „E:\SNDSYS\"
    Begin Dialog UserDialog 320, 190, „Windows Sound System"
                    OKButton 122, 163, 88, 21
                    OptionGroup .OptionGroup1
                    OptionButton 8, 7, 175, 16,
„Lautstärke&regelung"
                    OptionButton 8, 24, 169, 16, „&Aufnahme-
regelung"
```

```
                                  OptionButton 8, 41, 129, 16, „&Sound
        Finder"

                                  OptionButton 8, 58, 107, 16, „&Music Box"
                                  OptionButton 8, 75, 148, 16, „&Quick
        Recorder"

                                  OptionButton 8, 92, 111, 16, „&Voice
        Pilot"

                                  OptionButton 8, 109, 255, 16,
        „Einrichtungsp&rogramm                SETUP"
                                     OptionButton 8, 126, 135, 16,
        „&Lernprogramm"
            End Dialog
            ,Dialogvariable einführen
            Dim dlg As UserDialog
            ,Dialog anzeigen
            Antwort = Dialog(dlg)
            OptionAuswahl = dlg.OptionGroup1
            If Antwort = - 1 Then
                ,OK wurde gewählt
                If OptionAuswahl = 0 Then
                    ,Lautstärkeregelung
                    Shell ProgrammPfad$ + „SNDVOL", 1
                ElseIf OptionAuswahl = 1 Then
                    ,Aufnahmeregelung
                    Shell ProgrammPfad$ + „SNDREC", 1
                ElseIf OptionAuswahl = 2 Then
                    ,Sound Finder
                    Shell ProgrammPfad$ + „SNDFINDR", 1
                ElseIf OptionAuswahl = 3 Then
                    ,Music Box
                    Shell ProgrammPfad$ + „MUSICBOX", 1
                ElseIf OptionAuswahl = 4 Then
                    ,Quick Recorder
                    Shell ProgrammPfad$ + „QRECORD", 1
                ElseIf OptionAuswahl = 5 Then
                    ,Voice Pilot
                    Shell ProgrammPfad$ + „VOICEPIL", 1
                ElseIf OptionAuswahl = 6 Then
                    ,Setup
                    Shell ProgrammPfad$ + „SETUP", 1
                ElseIf OptionAuswahl = 7 Then
                    ,Lernprogramm
                    Shell ProgrammPfad$ + „DEMO\TOUR", 1
                End If
            End If
        End Sub
```

Das Starten bestimmter Dienstprogramme des SOUND SYSTEMS hat natürlich nur wenig mit Soundkartenprogrammierung zu tun. Interessanter wird die Sache bereits, wenn Sie eine einzelne Klangdatei abspielen wollen. Unter Windows wird dazu üblicherweise die API-Funktion *SndPlaySound* eingesetzt. Windows-API-Funktionen müssen allerdings vor ihrem Einsatz zunächst bekannt gemacht oder auch deklariert werden. WordBasic bietet zur Deklaration, ebenso wie Visual Basic für Windows, die *Declare*-Anweisung an. Nachdem eine API-Funktion deklariert ist, kann Sie wie eine interne WordBasic- oder Visual Basic-Funktion eingesetzt werden.

Klangdateien abspielen

```
Declare Function SndPlaySound Lib „mmsystem.dll"(WaveFile
As String, Flags As Integer) As Integer
```

Die Funktion *SndPlaySound* ist in der dynamischen Link-Bibliothek MMSYSTEM.DLL von Windows definiert und erwartet als Übergabeparameter den Namen einer Klangdatei im Zeichenkettenformat sowie Optionen, die in Form einer Integer-Variablen an die Routine übergeben werden. Die einzelnen Parameter sind nachfolgend ausführlich erläutert.

WaveFile: In der Sektion *[Sounds]* der Windows-Initialisierungs-datei WIN.INI werden Systemklänge speziellen Windows-Ereignissen zugeordnet. Sie können als Klangdatei an die Funktion *SndPlaySound* wahlweise das Systemereignis oder eine Klangdatei mit Namen und Suchpfad angeben.

```
[Sounds]
SystemDefault=ding.wav,Standardsignal
SystemExclamation=C:\SOW\SOUNDS\FUENFTE.WAV,Hinweis
SystemStart=tataa.wav,Windows-Start
SystemExit=xylophon.wav,Windows-Ende
SystemHand=C:\SOW\SOUNDS\SIREN.WAV,Kritischer Abbruch
SystemQuestion=C:\SOW\SOUNDS\LASER.WAV,Frage
SystemAsterisk=akkord.wav,Stern
```

Ist beispielsweise die hier abgedruckte Sektion unter Windows gültig, könnten Sie als Klangdatei *„System-Default"* angeben, um die Datei KLANG.WAV abzuspielen. Ist der Wert für *WaveFile Null* (0&), so wird ein aktuelles Abspielen einer Klangdatei unmittelbar beendet.

Flags: Mit Hilfe der Variablen FLAGS legen Sie bestimmte Optionen zum Abspielen einer Klangdatei fest. In der Regel werden die einzelnen Optionen innerhalb eines Programms als globale Konstanten eingeführt. Word-Basic kennt selbst keine Konstanten. In den folgenden Beispielprogrammen werden die nachfolgenden Bezeichnungen zur Veranschaulichung daher in Form lokaler Variablen eingeführt.

SND_SYNC: Die Programmausführung wird erst wieder aufgenommen, wenn die Klangdatei vollständig abgespielt wurde. *SND_SYNC* entspricht dem Wert 0 (&H0).

SND_ASYNC: Die Programmausführung wird unmittelbar nach Beginn des Abspielens einer Klangdatei wieder aufgenommen, ohne daß das Abspielen vollständig beendet wurde. *SND_ASYNC* entspricht dem Wert 1 (&H1).

SND_NODE-*FAULT:* Wird die angegebene Klangdatei nicht gefunden, so wird in der Regel der Standardklang abgespielt. Um dies zu unterdrücken, können Sie diese Option setzen. *SND_NODEFAULT* entspricht dem Wert 2 (&H2).

SND_LOOP: Um eine Klangdatei endlos in Folge abzuspielen, setzen Sie diese Option. *SND_LOOP* entspricht dem Wert 8 (&H8).

SND_NO-*STOP:* Wird bereits eine Klangdatei abgespielt, wird bei dieser gesetzten Option *False* (*falsch*) zurückgeliefert, anstatt die neu angegebene Klangdatei unmittelbar abzuspielen. *SND_NOSTOP* entspricht dem Wert 16 (&H10).

Um beispielsweise die Optionen *SND_ASYNC* und *SND_LOOP* an die Funktion *SndPlaySound* zu übergeben, verwenden Sie den Aufruf:

```
a = SndPlaySound(„SystemStart", SND_ASYNC Or
SND_LOOP)
```

Mit Hilfe der Funktion *SndPlaySound* lassen sich also bereits viele Programme sehr leicht um Funktionen mit Soundunterstützung erweitern. Die Grundfunktionen sollen an dieser Stelle zunächst an drei kleineren WordBasic-Makros vorgestellt werden. Mit einem ersten Programm soll die Klangdatei TATAA.WAV, die sich im Windows-Systemverzeichnis befindet, abgespielt werden. Das Programm besteht im wesentlichen aus der bereits angeführten Deklarationsanweisung zur Funktion *SndPlaySound* sowie deren Aufruf in der Prozedur *Sub Main*. Beachten Sie, daß die Klangdatei mit komplettem Suchpfad angegeben wird und auf Ihrem Rechner unter Umständen anzupassen ist. Die Option *SND_SYNC* sorgt dafür, daß die Programmausführung solange unterbrochen wird, bis die Klangdatei komplett abgespielt wurde.

```
,Makro: Wave1
,Funktion: Multimedia-Programmierung unter Word für Windows
,          einmaliges Abspielen einer Wave-Datei
,Sprache: WordBasic
,Autor: Dipl.-Ing. Andreas Maslo
,(c)1993 by Sybex/Dipl.-Ing. Andreas Maslo

,API-Deklaration
Declare Function SndPlaySound Lib „mmsystem.dll"(WaveFile As String,
Flags As Integer) As Integer

Sub MAIN
    ,Konstante werden von WordBasic nicht unterstützt, daher werden
    ,diese in diesem Beispiel in Form lokaler Variablen eingeführt
    SND_SYNC = 0
    SND_ASYNC = 1
    SND_NODEFAULT = 2
    SND_LOOP = 8
    SND_NOSTOP = 16
    ,einzelne Klangdatei abspielen
    a = SndPlaySound(„D:\WINDOWS\TATAA.WAV", SND_SYNC)
    If a = 0 Then
        MsgBox „Die Klangdatei konnte nicht abgespielt werden!",
„Fehler"
    End If
End Sub
```

Die zweite Variante dieses Makros weist einen entsprechenden Programmaufbau auf. Lediglich die Optionen zum Abspielen der Klangdatei wurden verändert.

```
SND_ASYNC Or SND_LOOP
```

Mit Hilfe der Option *SND_ASYNC* wird die Programmausführung unmittelbar nach Beginn des Abspielens der Klangdatei wieder aufgenommen. *SND_LOOP* sorgt dafür, das die Klangdatei selbst endlos in Folge abgespielt wird.

```
,Makro: Wave2
,Funktion: Multimedia-Programmierung unter Word für Windows;
,       endloses Abspielen einer Wave-Dateien
,       (Abbruch mit [Strg]+[Untbr])
,Sprache: WordBasic
,Autor: Dipl.-Ing. Andreas Maslo
,(c)1993 by Sybex/Dipl.-Ing. Andreas Maslo

,API-Deklaration
Declare Function SndPlaySound Lib „mmsystem.dll"(WaveFile As String,
Flags As Integer) As Integer

Sub MAIN
    ,Konstante werden von WordBasic nicht unterstützt, daher werden
    ,diese in diesem Beispiel in Form lokaler Variablen eingeführt
    SND_SYNC = 0
    SND_ASYNC = 1
    SND_NODEFAULT = 2
    SND_LOOP = 8
    SND_NOSTOP = 16
    ,einzelne Klangdatei abspielen
    a = SndPlaySound(„D:\WINDOWS\TATAA.WAV", SND_ASYNC Or SND_LOOP)
    If a = 0 Then
        MsgBox „Die Klangdatei konnte nicht abgespielt werden!",
„Fehler"
    End If
End Sub
```

Klänge zu Systemereignissen abrufen

Wie bereits erwähnt, können unter Windows bestimmten Systemereignissen Klänge zugeordnet werden. Die Zuordnung selbst wird innerhalb der Sektion *[Sounds]* der Initialisierungsdatei WIN.INI gespeichert. Anstatt spezieller Klangdateien können Sie wahlweise beim Einsatz der Funktion *SndPlaySound* auch ein Systemereignis angeben, um die jeweils zugeordnete Klangdatei abzuspielen. Der Vorteil ist, Änderungen in der Sektion *[Sounds]* werden später auch von Ihrem Programm automatisch berücksichtigt. Das folgende Makro zeigt, wie Sie beispielsweise die Klangdatei abspielen, die dem Systemereignis *SystemStart* zugeordnet ist.

```
,Makro: Wave3
,Funktion: Multimedia-Programmierung unter Word für Windows
,      Abspielen von Wave-Dateien aus der Sektion [Sounds]
,Sprache: WordBasic
,Autor: Dipl.-Ing. Andreas Maslo
,(c)1993 by Sybex/Dipl.-Ing. Andreas Maslo
,API-Deklaration

Declare Function SndPlaySound Lib „mmsystem.dll"(WaveFile As String,
Flags As Integer) As Integer

Sub MAIN
    ,Konstante werden von WordBasic nicht unterstützt, daher werden
    ,diese in diesem Beispiel in Form lokaler Variablen eingeführt
    SND_SYNC = 0
    SND_ASYNC = 1
    SND_NODEFAULT = 2
    SND_LOOP = 8
    SND_NOSTOP = 16
    ,einzelne Klangdatei abspielen, die dem Ereignis
    ,Systemstart zugeordnet ist (muß in der Sektion [Sounds]
    ,der WIN.INI eingetragen sein
    a = SndPlaySound(„SystemStart", SND_SYNC)
    If a = 0 Then
        MsgBox „Die Klangdatei konnte nicht abgespielt werden!",
„Fehler"
    End If
End Sub
```

Bei Bedarf können Sie die Sektion *[Sounds]* erweitern und die neu eingeführten Schlüsselnamen entsprechend als Ersatz für die jeweils zugeordneten Klangdateien innerhalb Ihrer Anwendungen nutzen.

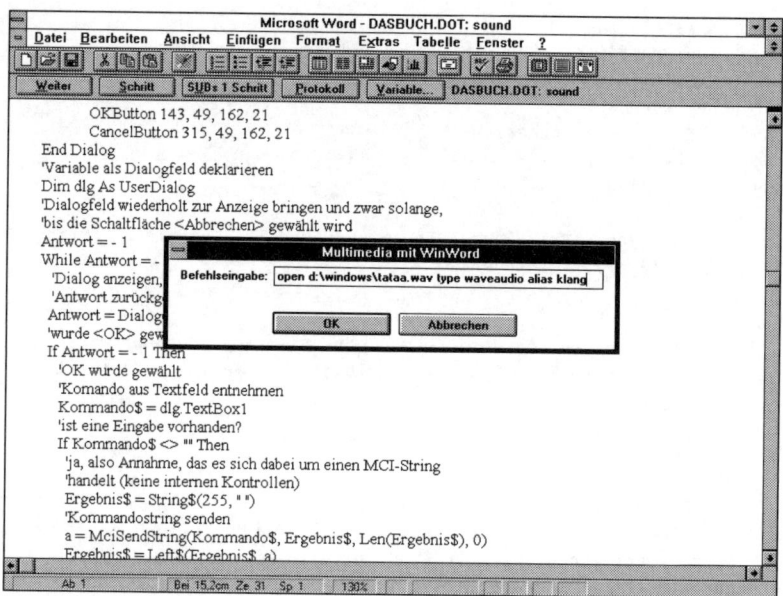

Abb. 6.2: Beliebige MCI-Steuerkommandos führen Sie über das Makro MCI aus

Multimedia Control Interface
Multimedia-Programmierung wird seit Windows 3.x über die dynamische Link-Bibliothek MMSYSTEM.DLL unterstützt. Über spezielle Funktionen können sowohl Soundkarten als auch Audio-CD-ROM-Laufwerke, Video-Disks, Overlay Videokarten und auch Animationen gesteuert werden. Mit Hilfe des Multimedia Controll Interface (MCI) wird der Zugriff auf Multimedia-Treiber vereinfacht. Spezielle Kommandosequenzen werden in Form einfacher Befehlszeichenketten angegeben, vom Multimedia Control Interface verarbeitet und an verschiedene Gerätetreiber weitergeleitet. Die wichtigsten MCI-Befehlszeichenketten, die in Verbindung mit dem Abspielen von Wave-Dateien von wesentlicher Bedeutung sind, sind in den folgenden Tabellen zusammengestellt.

Klangdatei öffnen
OPEN WaveFile TYPE WAVEAUDIO [ALIAS AliasName]: Existierende Klangdatei öffnen und wahlweise einen alternativen Namen zuordnen (z.B. *Open D:\WINDOWS\TATAA.WAV Type Waveaudio Alias Klang*)

OPEN NEW TYPE WAVEAUDIO [ALIAS AliasName]: Neue Klangdatei zur Aufnahme öffnen und wahlweise einen alternativen Namen zuordnen (z.B. *Open New Type Waveaudio Alias Klang*).

PLAY WaveFile\AliasName [FROM Position][TO Position]: Klangdatei abspielen (z.B. *Play D:\WINDOWS\TATAA.WAV*).

Klangdatei abspielen

RECORD WaveFile\AliasName [FROM Position][TO Position] [Insert]: KLangdatei aufnehmen (z.B. *Record D:\WINDOWS\TEST.WAV*).

Klangdatei aufnehmen

PAUSE WaveFile\AliasName: Abspielen einer Klangdatei unterbrechen (z.B. *Pause D:\WINDOWS\TATAA.WAV*).

Abspielen unterbrechen

RESUME WaveFile\AliasName: Abspielen einer Klangdatei fortsetzen (z.B. *Pause D:\WINDOWS\TATAA.WAV*).

Abspielen fortsetzen

SAVE WaveFile\AliasName Dateiname: Klangdatei unter angegebenem Dateinamen speichern (z.B. *Save D:\WINDOWS\TATAA.WAV D:\WINDOWS\TEST.WAV*).

Klangdatei sichern

SEEK WaveFile\AliasName TO Position\TO End\To Start: Bestimmte Position, Anfang oder Ende einer Klangdatei ansteuern (z.B. *Seek D:\WINDOWS\TATAA.WAV To Start*).

Position ansteuern

DELETE WaveFile\AliasName [FROM Position] [TO Position]: Teilbereich einer Klangdatei, der durch eine Start- und Endposition festgelegt wird, löschen (z.B. *Delete D:\WINDOWS\TATAA.WAV From 45 To 60*). Die Positionsangabe ist abhängig vomn gewählten Zeitformat (vgl. *SET*-Befehl).

Teilbereiche einer Klangdatei löschen

STOP WaveFile\AliasName: Beendet das Abspielen einer Klangdatei (z.B. *Stop D:\WINDOWS\TATAA.WAV*).

Abspielen beenden

CLOSE WaveAudio\WaveFile\AliasName: Schließt das Waveaudio-Gerät bzw. eine geöffnete Klangdatei wieder (z.B. *Close Waveaudio* oder *Close D:\WINDOWS\TATAA.WAV*).

WaveAudio-Gerät bzw. Klangdatei schließen

SET WaveFile\AliasName TIME FORMAT Bytes\Milliseconds\Samples: Bestimmt das Zeitformat für Wave-Dateien (z.B. *Set D:\WINDOWS\TATAA.WAV Time Format Milliseconds*).

Zeitformat festlegen

Die MCI-Befehlsfolgen können sehr einfach über Zeichenketten-funktionen auch in WordBasic verwaltet und über die API-Funktion *MCISendString* abgeschickt werden. Das nachfolgend abgedruckte Makro MCI zeigt, wie Sie Befehle eingeben und weiterleiten. Im Makro selbst müssen zunächst die benötigten API-Routinen deklariert werden. Innerhalb der Prozedur *Sub Main* wird ein einfacher Eingabedialog definiert, in den Sie beliebige MCI-Befehle eingeben und über die Schaltfläche <OK> abschicken. Die Anwahl der Schaltfläche <Abbrechen> beendet das Makro wieder (vgl. Abb. 6.2). Auf das Makro selbst soll hier nicht weiter eingegangen werden, Hinweise können Sie jedoch den Kommentaren im Quelltext entnehmen.

```
,Makro: MCI
,Funktion: Multimedia-Programmierung unter Word für Windows;
,       Senden beliebiger MCI-Kommandos unter WinWord
,Sprache: WordBasic
,Autor: Dipl.-Ing. Andreas Maslo
,(c)1993 by Sybex/IngES/Dipl.-Ing. Andreas Maslo
,Multimedia-Funktionen deklarieren
Declare Function MciSendString Lib „mmsystem.dll"(Kommando As String,
\
Ergebnis As String, Laenge As Integer, Callback As Integer) As
Integer

Declare Function MciGetErrorString Lib „mmsystem.dll"(Code As Long, \
Puffer As String, Laenge As Integer) As Integer
,Hauptroutine
Sub MAIN
    ,Dialogdefinition
    Begin Dialog UserDialog 612, 82, „Multimedia mit WinWord"
                        TextBox 145, 6, 449, 18, .TextBox1
                        Text 16, 9, 128, 13, „Befehleingabe: „
                        OKButton 143, 49, 162, 21
                        CancelButton 315, 49, 162, 21
    End Dialog
    ,Variable als Dialogfeld deklarieren
    Dim dlg As UserDialog
    ,Dialogfeld wiederholt zur Anzeige bringen und zwar solange,
    ,bis die Schaltfläche <Abbrechen> gewählt wird
    Antwort = - 1
    While Antwort = - 1
        ,Dialog anzeigen, gedrückte Schaltfläche wird in der Variablen
        ,Antwort zurückgeliefert
        Antwort = Dialog(dlg)
        ,wurde <OK> gewählt?
        If Antwort = - 1 Then
            ,OK wurde gewählt
            ,Komando aus Textfeld entnehmen
            Kommando$ = dlg.TextBox1
```

```
           ,ist eine Eingabe vorhanden?
           If Kommando$ <> „" Then
               ,ja, also Annahme, das es sich dabei um einen MCI-String
               ,handelt (keine internen Kontrollen)
               Ergebnis$ = String$(255, „ „)
               ,Kommandostring senden
               a = MciSendString(Kommando$, Ergebnis$, Len(Ergebnis$), 0)
               Ergebnis$ = Left$(Ergebnis$, a)
               Puffer$ = String$(255, „ „)
               ,Fehlermeldung im Zeichenkettenformat ermitteln
               b = MciGetErrorString(a, Puffer$, Len(Puffer$))
               ,Fehler ausgeben
               MsgBox Puffer$, „Fehlerstatus"
           End If
       End If
   Wend
End Sub
```

Nachdem Sie das Programm MCI ausgeführt haben, können Sie die gewünschten MCI-Befehle eingeben. Um beispielsweise die Klangdatei TATAA.WAV auszuführen, geben Sie nacheinander die nachfolgend aufgeführten Befehle ein:

```
OPEN D:\WINDOWS\TATAA.WAV TYPE WAVEAUDIO ALIAS KLANG <OK>
PLAY KLANG <OK>
CLOSE KLANG <OK>
```

Menüerweiterung

Bereits an diesem kleinen Beispiel wird deutlich, daß ein Gerät bzw. eine Klangdatei zunächst geöffnet werden muß, damit darauf zugegriffen werden kann. Abschließend ist das Gerät bzw. die Klangdatei wieder zu schließen. Nach selbem Schema können Sie mit den übrigen MCI-Befehlen experimentieren.

Haben Sie ein Makro programmiert, so möchten Sie es vielleicht direkt über einen Menübefehl von WinWord starten können. Mit Hilfe des nachfolgenden Makros MENU wird beispielsweise das Makro MCI in das Menü EXTRAS als gesonderter Menüeintrag eingebunden.

```
,Makro: Menu
,Funktion: Makro-Programmierung unter Word für Windows
,          Aufnahme eines Makros in die WinWord-Menüstruktur
,Sprache: WordBasic
,Autor: Dipl.-Ing. Andreas Maslo
,(c)1993 by Sybex/Dipl.-Ing. Andreas Maslo

Sub MAIN
```

```
DisableInput
MName$ = „MCI"
ExtrasEinstellungenMenüs .Name = „————————", .Menü =
„E&xtras", .Menütext = „————————", .Hinzufügen,     .Kontext = 0,
.Anzeigen = 1
    ExtrasEinstellungenMenüs .Name = MenuName$, .Menü = „E&xtras",
.Menütext = MenuName$, .Hinzufügen, .Kontext = 0, .Anzeigen  = 1
    Print „Das Makro MCI wurde im Menü EXTRAS installiert"
    DateiAllesSpeichern
End Sub
```

Damit haben Sie bereits wichtige Grundlagen zu Windows-API-Funktionen erhalten, die das Nutzen einer Soundkarte in eigenen Anwendungen erlauben. Diese Grundlagen werden auch im folgenden Kapitel eingesetzt, um umfangreichere Dienstprogramme für das Windows SOUND SYSTEM zu entwickeln.

Erweiterungen mit Visual Basic für Windows

Nachdem Sie im vergangenen Kapitel anhand der Makrosprache *WordBasic* die Grundlagen der Soundkartenprogrammierung unter Windows kennengelernt haben, sollen in diesem Kapitel einige umfangreichere Dienstprogramme für das Windows SOUND SYSTEM entwickelt werden, wie Programme zum komfortablen Abspielen und Verwalten von Klangdateien, ein grafischer Bildschirmschoner mit Soundunterstützung sowie ein einfacher CD-Spieler. Als Programmiersystem wurde eines der populärsten Windows-Entwicklungssysteme, nämlich *Visual Basic für Windows*, gewählt.

Obgleich derzeit für fast jeden Anwendungsbereich entsprechende Software erhältlich ist, ist auch heute die Anschaffung einer Programmiersprache wie Visual Basic durchaus sinnvoll. Sie können sich Ihre dringend benötigte Software, z.B. kleine Dienstprogramme, ohne zusätzliche Kosten selbst und vor allen Dingen genau nach Ihren eigenen Bedürfnissen entwickeln. Bedenken Sie, daß Sie bei Ihren eigenen Programmen immer über den Quelltext verfügen und so Anpassungen, die etwa durch erweiterte Hardware-Bedingungen notwendig werden, selbst vornehmen können. Daß die Programmierung eines optisch ansprechenden und umfangreichen Programmes mit Soundkartenunterstützung gar nicht so schwierig ist, soll in diesem Kapitel gezeigt werden.

Bei Visual Basic für Windows handelt es sich um ein Programmier-system, das sich neben dem Prozeduralkonzept durch das visuelle Oberflächendesign und die ereignisorientierte Programmierung aus-zeichnet. So existieren unter Visual Basic-Programmen keine Haupt-programme. Sämtliche ausführbaren Anweisungen werden in Proze-duren formuliert und diese wiederum programmintern durch Ereignisse aufgerufen. Zwar ist die Kenntnis einer anderen Program-miersprache, insbesondere eines anderen Basic-Dialektes, hilfreich, aber nicht Voraussetzung für den Einsatz des visuellen Entwicklungs-systems. Anwendungen bestehen aus einem Definitionsteil der Ober-fläche und dem eigentlichen Quelltext. Die Oberflächenelemente selbst werden nicht mehr programmiert, sondern direkt auf den Bild-schirm gezeichnet und mit dem notwendigen Programmcode ver-knüpft. Langwierige Entwicklungszeiten für die Benutzeroberfläche, die bei älteren Basic-Dialekten für DOS einen Hauptteil der Programmierarbeit ausmachte, entfällt.

Visual Basic

Visual Basic erleichtert nicht nur die Oberflächenprogrammierung unter Windows, sondern erlaubt auch den Zugriff auf nahezu beliebi-ge Windows-API-Funktionen. Damit können Sie, obgleich nicht Grundbestandteil des eigentlichen Sprachumfanges, Klangdateien abspielen oder auch ein CD-ROM-Laufwerk ansteuern. In der profes-sionellen Programmfassung von Visual Basic steht Ihnen zudem eine Zusatzsteuerelementedatei mit dem Namen MCI.VBX zur Verfügung, die den Umgang mit dem Multimedia Control Interface wesentlich vereinfacht. Doch damit genug der Theorie.

Klangdateien abspielen mit KLANG

Häufig liegen Klangdateien in unterschiedlichen Verzeichnissen mit kaum aussagekräftigen Namen vor. Das Auswählen einer bestimmten Klangdatei für bestimmte Zwecke ist daher nur mit sehr viel Aufwand möglich. Das schnelle, testweise Abspielen der Klangdateien wäre sinnvoll. Dementsprechend liegt es nahe, ein Hilfsprogramm zu ent-wickeln, mit dessen Hilfe schnell Laufwerke und Verzeichnisse mit Klangdateien angesteuert werden können. Klangdateien sollten dabei einzeln aber auch mehrfach angewählt und unmittelbar abgespielt werden können.

Bevor das Programm selbst näher erläutert wird, sollten Sie sich vorab einmal die Projektdatei WAVEPLAY.MAK ansehen. An ihr wird er-

Projektdatei

kennbar, daß das Programm lediglich aus der Formdatei WAVE-PLAY.FRM besteht und für Oberflächenelemente im 3D-Look die Zusatz-Steuerelementedatei THREED.VBX verwendet. Das Programm nutzt intern jedoch zusätzliche Funktionen der dynamischen Link-Bibliotheken MMSYSTEM.DLL zum Abspielen der Klangdateien sowie CTL3D.DLL, um Standarddialoge von Visual Basic ebenfalls im 3D-Look anzuzeigen. Das eigenständig ausführbare Programm WAVE-PLAY.EXE benötigt zur Ausführung ferner die Visual Basic-Laufzeitbibliothek VBRUN300.DLL.

```
WAVEPLAY.FRM
D:\WINDOWS\SYSTEM\THREED.VBX
ProjWinSize=130,108,297,121
ProjWinShow=2
IconForm="Form1"
Title="Wave Player"
ExeName="WAVEPLAY.EXE"
```

Noch vor dem visuellen Design des Programms und der Zuordnung von Quelltext sind einige Vorüberlegungen notwendig. Wie soll das Programm bedient, welche Benutzereingaben sollen wie abgefragt und auf welche Art und Weise sollen Informationen ausgegeben werden? Im vorliegenden Fall sollen die erweiterten Fähigkeiten, das visuelle Design und auch die ereignisorientierte Programmierung von Visual Basic genutzt werden. Es soll bereits von den Steuerelementen Gebrauch gemacht werden, mit denen Sie Dateien anwählen können, also Laufwerks-, Verzeichnis- und Dateilistenfeld. Das Dateilistenfeld selbst wird dreifach als Dateilisten-Steuerelementefeld überlagert. Jedes Element des Steuerelementefeldes kann später zur Laufzeit wechselweise über ein Optionsfeld aktiviert werden, um eine Einzel-, Mehrfach- oder auch Bereichsanwahl von Dateien zu ermöglichen. Die jeweils markierten Klangdateien werden nach Anwahl einer Schaltfläche in Folge abgespielt. Über weitere Schaltflächen soll eine Funktion zum Beenden des Programmes sowie zur Ausgabe eines kurzen Hilfetextes bereitgestellt werden. Ein Unterbrechen des Abspielens wäre zwar sinnvoll, soll in der vorliegenden Programmfassung allerdings nicht näher berücksichtigt werden. Wie sich das Formular selbst später auf dem Bildschirm präsentiert, ist in Abb. 6.4 dargestellt.

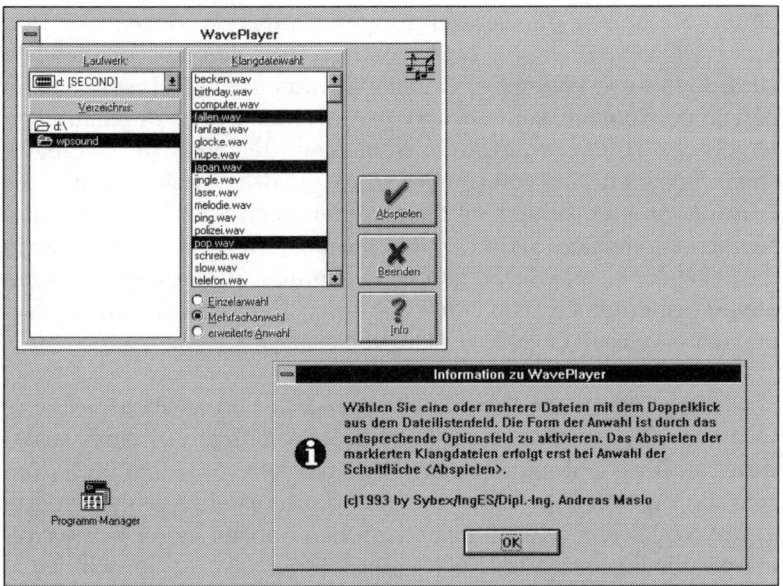

Abb. 6.3: Der WavePlayer erlaubt das komfortable Abspielen von einzelnen und mehreren Klangdateien

Sie beginnen zunächst mit dem Formularentwurf. Dabei wird davon ausgegangen, daß Visual Basic ausgeführt und ein neues Projekt geöffnet wurde und daß sich ein leeres Entwurfsformular auf dem Bildschirm befindet. Laden Sie anschließend die Zusatz-Steuerelementedatei THREED.VBX, die Bestandteil der professionellen Version von Visual Basic ist, Ihrem Projekt hinzu.

Formulardesign

Zeichnen Sie zunächst 3D-Rahmenelemente (3DPanel) und darauf jeweils ein Laufwerks-, ein Verzeichnis- und ein Dateilistenfeld in die Form. Klicken Sie dazu auf das jeweilige Symbol in der Werkzeugsammlung, und zeichnen Sie anschließend das jeweilige Steuerelement in die Form. Größe und Position der jeweiligen Elemente sind dabei frei wählbar. Sorgen Sie lediglich dafür, daß sich die einzelnen Steuerelemente nicht überlappen und eine sinnvolle Größe aufweisen (vgl. Abb. 6.4). Kopieren Sie anschließend das Laufwerkslistenfeld, und fügen Sie es noch zwei weitere Male in den bereits für das Laufwerkslistenfeld vorhandenen Rahmen ein. Die Frage, ob ein Steuerelementefeld eingerichtet werden soll, quittieren Sie mit <OK>. Zeichnen Sie zusätzlich drei weitere 3D-Rahmenelemente in die Form, denen Sie später die Bezeichnungen *Laufwerk, Verzeichnis* und *Klangdateiwahl* zuweisen. Letztgenannte Texte dienen ausschließlich zur Erläuterung. Bedenken Sie, daß Sie zwar die Aufgabe der einzelnen Steuerelemente kennen, andere Anwender jedoch durchaus weitergehende Hilfen benötigen. Anschließend zeichnen Sie für die Abspiel-, Beenden- und Informationsfunktion drei Schaltflächen in die Form. Auch hier wählen Sie die erweiterte Schaltfläche der Zusatzsteuerelementedatei THREED.VBX, die die Aufnahme von Grafiken in die Schaltfläche erlaubt. So geschehen können Sie der Form und den Steuerelementen Eigenschaften zuordnen, die Verhalten und Aussehen der jeweiligen Objekte zur Laufzeit festlegen.

Festlegung der Eigenschaften Visual Basic erlaubt es, Formdateien im ASCII-Format abzuspeichern. In diesem Fall werden auch Formbeschreibungen in einer strukturierten Beschreibungssprache abgespeichert. Mit Hilfe dieser Beschreibung sind gegenüber den Standardeinstellungen geänderte Eigenschaftswerte sehr schnell erkennbar. Anhand dieser Werte können Sie die Eigenschaften auch in Ihrer Programmversion sehr leicht festlegen. Aus diesem Grunde werden auch die Eigenschaften des Programmes *WavePlay* anhand der ASCII-Formbeschreibung erläutert. Die Eigenschaften selbst werden unter Visual Basic mit Hilfe des Eigenschaftenfensters festgelegt. Eingeleitet wird die Formbeschreibung durch:

```
VERSION 2.00
```

Dabei handelt es sich um die Versionskennung von Visual Basic für Windows 2.0 und 3.0. Jede Objektbeschreibung wird durch ein *Begin* eingeleitet und ein *End* abgeschlossen. Dies gilt für Formen ebenso wie für Steuerelementbeschreibungen. Da Steuerelemente sich wiederum innerhalb einer Form befinden, sind die zugehörigen Beschreibungen innerhalb des *Begin-End*-Blockes der Form enthalten. Die einzelnen Einträge sind also geschachtelt. Manche Steuerelemente können durchaus weitere Steuerelemente aufnehmen, wie dies beispielsweise beim Rahmensteuerelement der Fall ist. Schachtelungen sind also durchaus über mehrere Ebenen möglich und unmittelbar auch an der ASCII-Formbeschreibung nachzuvollziehen.

Alle gegenüber den Standardeinstellungen geänderten Eigenschaften werden innerhalb der Formbeschreibung aufgelistet. Positions- und Farbwerte sind dabei für die eigentliche Programmfunktion nicht von

Bedeutung, können also problemlos individuell angepaßt werden. Aus diesem Grunde werden hier, ebenso wie bei späteren Quelltexten, nur die Eigenschaften im Text berücksichtigt, die für die Programmausführung von Bedeutung sind und explizit im Eigenschaftenfenster von Visual Basic festgelegt werden müssen. 3D-Rahmen dienen ebenfalls ausschließlich der optischen Aufbereitung, sind für die eigentlichen Programmfunktionen ebenfalls ohne Bedeutung und werden daher im folgenden nicht näher beschrieben.

Eine Form beginnt immer mit dem Schlüsselwort *Begin*, gefolgt von der Objektbezeichnung, hier *Form*, und dem Formnamen. Unter dem Formnamen wird die Form später im Quelltext angesprochen. Standardmäßig erhält die erste neue Form innerhalb eines Projektes den Namen *Form1*. Da im vorliegenden Fall dieser Name nicht geändert wird, erscheint dieser auch in der ASCII-Formbeschreibung. Daran schließt sich die Liste mit speziellen Eigenschaften und zugeordneten Eigenschaftswerten an.

```
Begin Form Form1
    BackColor       =   &H00C0C0C0&
    BorderStyle     =   3  ,Fixed Double
    Caption         =   „WavePlayer"
    ClientHeight    =   4665
    ClientLeft      =   225
    ClientTop       =   1515
    ClientWidth     =   6510
    ForeColor       =   &H00000000&
    Height          =   5070
    Icon            =   WAVEPLAY.FRX:0000
    Left            =   165
    LinkMode        =   1  ,Source
    LinkTopic       =   „Form1"
    MaxButton       =   0  ,False
    ScaleHeight     =   4665
    ScaleWidth      =   6510
    Top             =   1170
    Width           =   6630
    ...
```

Über die Eigenschaft *Caption* wird der Form der Text für die Titelleiste zugeordnet. Indem die Eigenschaft *BorderStyle* auf 3 gesetzt wird, erhält das Fenster zur Laufzeit einen Fensterrahmen mit unveränderlicher Größe. *MaxButton = 0* ist letztendlich dafür verantwortlich, daß das Fenster zur Laufzeit nicht auf Vollbildgröße vergrößert werden kann und somit auch das Vergrößerungssymbol innerhalb der Titel-

leiste nicht erscheint. Über die Eigenschaft *Icon* wird der Form ein
Bildsymbol zugeordnet, das später auch beim Einbinden in den Programm-Manager erscheinen soll.

Wichtige Programmfunktionen werden häufig über Befehlsschaltflächen zur Anwahl bereitgestellt. Die nachfolgend definierte Befehlsschaltfläche *Command3D3* (Objektbezeichnung *SSCommand*) wird
betätigt, um Kurzinformationen zum Programm *WavePlay* über ein
Dialogfeld abzurufen. Mit Hilfe der Eigenschaft *Caption* legen Sie die
Beschriftung der Schaltfläche mit *&Info* fest. Das Zeichen & definiert
dabei eine Direktzugriffstaste. Da auf die Schaltfläche im vorliegenden
Fall lediglich zum Abrufen einer Programmfunktion genutzt,
programmintern jedoch nicht angesprochen wird, kann der standardmäßig vergebene Objektname ohne Änderung beibehalten werden.
Beachten Sie, daß im vorliegenden Fall eine 3D-Schaltfläche der Zusatzsteuerelementedatei THREED.VBX eingesetzt wird. Durch Setzen
der Eigenschaft *Font3D* auf *1*, erscheint die Schaltflächenbeschriftung
im 3D-Look. Über die Eigenschaft *Picture* wird der Schaltfläche ein
Fragezeichen als Symbol zugeordnet.

```
   ...
   Begin SSCommand Command3D3
      Caption          =   „&Info"
      Font3D           =   1   ,Raised w/light shading
      FontBold         =   0   ,False
      FontItalic       =   0   ,False
      FontName         =   „MS Sans Serif"
      FontSize         =   8.25
      FontStrikethru   =   0   ,False
      FontUnderline    =   0   ,False
      Height           =   795
      Left             =   5220
      Picture          =   WAVEPLAY.FRX:0302
      TabIndex         =   0
      Top              =   3840
      Width            =   1215
   End
   ...
```

Entsprechend wird über die Befehlsschaltfläche *Command3D2* die
Funktion zum Beenden des Programms abgerufen. Über die Eigenschaft *Caption* wird die Beschriftung der Schaltfläche auf *&Beenden*
festgelegt. Die Beschriftung dient dazu, die Funktion, die sich hinter
der Schaltfläche verbirgt, zu erläutern und wahlweise eine Direktzugriffstaste zu definieren. Durch Setzen der Eigenschaft *Font3D* auf *1*,

erscheint die Schaltflächenbeschriftung im 3D-Look. Über die Eigenschaft *Picture* wird der Schaltfläche ein Kreuz als Symbol zugeordnet.

```
...
Begin SSCommand Command3D2
    Caption         =   „&Beenden"
    Font3D          =   1   ,Raised w/light shading
    FontBold        =   0   ,False
    FontItalic      =   0   ,False
    FontName        =   „MS Sans Serif"
    FontSize        =   8.25
    FontStrikethru  =   0   ,False
    FontUnderline   =   0   ,False
    Height          =   795
    Left            =   5220
    Picture         =   WAVEPLAY.FRX:04E4
    TabIndex        =   1
    Top             =   2940
    Width           =   1215
End
...
```

Mit Hilfe der Befehlsschaltfläche *Command3D1* werden später zur Laufzeit eine oder mehrere Klangdateien in Folge abgespielt. Über die Eigenschaft *Caption* wird die Beschriftung der Schaltfläche auf *&Abspielen* festgelegt. Durch Setzen der Eigenschaft *Font3D* auf *1* erscheint die Schaltflächenbeschriftung im 3D-Look. Über die Eigenschaft *Picture* wird der Schaltfläche ein Häkchen als Symbol zugeordnet.

```
...
Begin SSCommand Command3D1
    Caption         =   „&Abspielen"
    Font3D          =   1   ,Raised w/light shading
    FontBold        =   0   ,False
    FontItalic      =   0   ,False
    FontName        =   „MS Sans Serif"
    FontSize        =   8.25
    FontStrikethru  =   0   ,False
    FontUnderline   =   0   ,False
    Height          =   795
    Left            =   5220
    Picture         =   WAVEPLAY.FRX:073E
    TabIndex        =   2
    Top             =   2040
    Width           =   1215
End
Begin SSPanel Panel3D4
```

```
BackColor          =    &H00COCOCO&
Font3D             =    1   ,Raised w/light shading
Height             =    4575
Left               =    2580
TabIndex           =    8
Top                =    60
Width              =    2475
...
```

Mit Hilfe der Dateilistenfelder (Objektbezeichnung *FileListBox*) wählen Sie zur Laufzeit eine oder auch mehrere abzuspielende Klangdateien aus. Standardmäßig werden alle Dateien zur Auswahl angeboten, was durch die Eigenschaft *Pattern* und der zugeordneten Suchmaske *.* deutlich wird. Damit ausschließlich Klangdateien mit dem Suffix WAV aufgelistet werden, setzen Sie die Eigenschaft *Pattern* auf *.*wav*. Die Änderung der Eigenschaft *Pattern* ist nicht in jedem Fall bereits im Entwurfsmodus notwendig und kann später noch zur Laufzeit mit Hilfe der Ereignisprozedur *Form_Load* vorgenommen werden.

Betrachten Sie sich die nachfolgenden Objektbeschreibungen ein wenig genauer, so werden Sie drei Dateilistenfelder bemerken, die jeweils denselben Namen *Datei1* tragen. Daran bemerken Sie, daß es sich um ein Steuerelementefeld mit drei Elementen handelt. Die einzelnen Elemente des Steuerelementefeldes werden über einen Index, der auch als Eigenschaft verwaltet wird, unterschieden. Jedes Element eines Steuerelementefeldes kann unterschiedliche Eigenschaften aufweisen. Alle Elemente eines Steuerelementefeldes besitzen einheitliche Ereignisprozeduren, an die der Index des jeweiligen Elements als Parameter übergeben wird. Mit Hilfe der Elemente des Dateilisten-Steuerelementfeldes soll zur Laufzeit des Klangdatei-Players das Umschalten zwischen Einzel-, Bereichs- und Mehrfachanwahl von Dateien realisiert werden. Die Anwahlart wird über die Eigenschaft *MultiSelect* festgelegt, die zwar im Entwurf, jedoch nicht mehr zur Laufzeit geändert werden kann. Daher wird diese Eigenschaft bei den drei Dateilistenfeldern des Steuerelementefeldes bereits im Entwurf unterschiedlich gesetzt. Das erste Dateilistenfeld unterstützt, da hier die Eigenschaft *MultiSelect* nicht geändert wurde, lediglich die einzelne Anwahl einer Datei.

```
   ...
   Begin FileListBox Datei1
      BackColor        =   &H00FFFFFF&
      FontBold         =   0  ,False
      FontItalic       =   0  ,False
      FontName         =   „MS Sans Serif"
      FontSize         =   8.25
      FontStrikethru   =   0  ,False
      FontUnderline    =   0  ,False
      Height           =   3345
      Index            =   1
      Left             =   60
      Pattern          =   „*.wav"
      TabIndex         =   15
      Top              =   360
      Width            =   2355
   End
   ...
```

Indem beim zweiten Element des Dateilisten-Steuerelementefeldes die Eigenschaft *MultiSelect* auf *1* gesetzt wird, unterstützt dieses Dateilistenfeld die Mehrfachanwahl von Dateien.

```
   ...
   Begin FileListBox Datei1
      BackColor        =   &H00FFFFFF&
      FontBold         =   0  ,False
      FontItalic       =   0  ,False
      FontName         =   „MS Sans Serif"
      FontSize         =   8.25
      FontStrikethru   =   0  ,False
      FontUnderline    =   0  ,False
      Height           =   3345
      Index            =   2
      Left             =   60
      MultiSelect      =   1  ,Simple
      Pattern          =   „*.wav"
      TabIndex         =   14
      Top              =   360
      Visible          =   0  ,False
      Width            =   2355
   End
   ...
```

Beim dritten Element des Dateilisten-Steuerelementefeldes wird die Eigenschaft *MultiSelect* auf *2* gesetzt, wodurch dieses Dateilistenfeld die Bereichsanwahl von Dateien unterstützt.

Sie sehen bereits an dieser Stelle, daß von der Vielzahl der für Steuerelemente und Formen verfügbaren Eigenschaften jeweils nur einige wenige zu setzen sind. Dies erklärt sich damit, daß für jede Eigenschaft ein bestimmter Standardwert vordefiniert ist.

```
...
Begin FileListBox Datei1
    BackColor       =   &H00FFFFFF&
    FontBold        =   0   ,False
    FontItalic      =   0   ,False
    FontName        =   „MS Sans Serif"
    FontSize        =   8.25
    FontStrikethru  =   0   ,False
    FontUnderline   =   0   ,False
    Height          =   3345
    Index           =   3
    Left            =   60
    MultiSelect     =   2   ,Extended
    Pattern         =   „*.wav"
    TabIndex        =   13
    Top             =   360
    Visible         =   0   ,False
    Width           =   2355
End
...
```

Wie bereits mehrfach erwähnt, erfolgt das Umschalten zwischen den einzelnen Elementen des Dateilistensteuerelementefeldes über drei Optionsfelder (Objektbezeichnung *SSOption*) der Zusatzsteuerelementedatei THREED.VBX. Durch Setzen der Eigenschaft *Font3D* auf *1* wird der jeweils zugeordnete Text im 3D-Look ausgegeben. Wird das Optionsfeld *Option3* angewählt und damit die Eigenschaft *Value* auf *True* (-1) gesetzt, so können mehrere zusammenhängende Dateien über das aktiv geschaltete Dateilistenfeld ausgewählt werden.

```
...
Begin SSOption Option3
    Caption         =   „erweiterte &Anwahl"
    Font3D          =   1   ,Raised w/light shading
    FontBold        =   0   ,False
    FontItalic      =   0   ,False
    FontName        =   „MS Sans Serif"
    FontSize        =   8.25
    FontStrikethru  =   0   ,False
    FontUnderline   =   0   ,False
    Height          =   255
    Left            =   60
```

```
        TabIndex       =   12
        TabStop        =   0    ,False
        Top            =   4260
        Width          =   2235
End
    ...
```

Wird hingegen das Optionsfeld *Option2* angewählt, so können mehrere unzusammenhängende Dateien im aktiv geschalteten Dateilistenfeld markiert werden.

```
    ...
Begin SSOption Option2
        Caption        =   „&Mehrfachanwahl"
        Font3D         =   1    ,Raised w/light shading
        FontBold       =   0    ,False
        FontItalic     =   0    ,False
        FontName       =   „MS Sans Serif"
        FontSize       =   8.25
        FontStrikethru =   0    ,False
        FontUnderline  =   0    ,False
        Height         =   255
        Left           =   60
        TabIndex       =   11
        TabStop        =   0    ,False
        Top            =   4020
        Width          =   2235
End
    ...
```

Nach Anwahl des Optionsfeldes *Option1* kann lediglich eine einzelne Datei im aktiv geschalteten Dateilistenfeld angewählt werden. Die Aktivierung des jeweiligen Dateilistenfeldes wird über die Ereignisprozeduren *Option1_Click*, *Option2_Click* und *Option3_Click* gesteuert.

```
    ...
Begin SSOption Option1
        Caption        =   „&Einzelanwahl"
        Font3D         =   1    ,Raised w/light shading
        FontBold       =   0    ,False
        FontItalic     =   0    ,False
        FontName       =   „MS Sans Serif"
        FontSize       =   8.25
        FontStrikethru =   0    ,False
        FontUnderline  =   0    ,False
        Height         =   255
        Left           =   60
```

```
            TabIndex      =    10
            Top           =    3780
            Value         =    -1   ,True
            Width         =    2235
        End
        ...
```

Das nachfolgend beschriebene Bezeichnungsfeld (Objektbezeichnung *SSPanel*) dient hier ausschließlich zur Erläuterung des bzw. der
Dateilistenfelder, hat also keine spezielle Funktion. Die Beschreibung
dieses Steuerelements beginnt wieder mit dem Schlüsselwort *Begin*,
gefolgt von der Objektbezeichnung, hier *Label*, und dem Namen für
das Bezeichnungsfeld. Häufig werden Bezeichnungsfelder auch zur
Laufzeit zur Ausgabe von Daten eingesetzt. In diesem Fall sollten Sie
dem Bezeichnungsfeld einen aussagekräftigen Namen geben. Im vorliegenden Fall wird das Bezeichnungsfeld programmintern jedoch
nicht angesprochen, so daß die Zuordnung des Textes *&Klangdatei-
wahl:* zur Eigenschaft *Caption* ausreichend ist. Das & sorgt dafür, das
bei Betätigung der Taste ⏷Alt⏵+⏷S⏵ automatisch das dem Bezeichnungsfeld in der Tabulatorreihenfolge nachfolgende Steuerelement angesteuert wird. Jedes Steuerelement erhält eine bestimmte Nummer
innerhalb der Tabulatorreihenfolge, die festlegt, in welcher Reihenfolge durch Betätigung der Taste ⏷S⏵ die Steuerelemente angewählt
werden bzw. den Fokus erhalten. Da Bezeichnungsfelder nicht den
Fokus erhalten können, wird unmittelbar das jeweils nachfolgende
Steuerelement aktiviert. Indem Sie die Eigenschaft *Font3D* auf *1* setzen, erscheint auch der Text im 3D-Look. Für den späteren Programmlauf ist dieses Bezeichnungsfeld ohne Bedeutung.

```
        ...
        Begin SSPanel Panel3D5
            BackColor      =    &H0OC0C0C0&
            Caption        =    „&Klangdateiwahl:"
            Font3D         =    1   ,Raised w/light shading
            FontBold       =    0   ,False
            FontItalic     =    0   ,False
            FontName       =    „MS Sans Serif"
            FontSize       =    8.25
            FontStrikethru =    0   ,False
            FontUnderline  =    0   ,False
            Height         =    255
            Left           =    60
            TabIndex       =    9
            Top            =    60
            Width          =    2355
        End
```

```
End
Begin SSPanel Panel3D1
    BackColor        =    &H00C0C0C0&
    Font3D           =    0  ,None
    Height           =    4575
    Left             =    60
    TabIndex         =    3
    Top              =    60
    Width            =    2475
    ...
```

Mit Hilfe des Verzeichnislistenfelds (Objektbezeichnung *DirListBox*) können Sie zur Laufzeit eines Programms ein beliebiges Verzeichnis eines bestimmten Laufwerks anwählen. Sie brauchen dazu keine speziellen Eigenschaften festzulegen. Aus optischen Gründen wird lediglich die Fettschrift ausgeschaltet, indem die Eigenschaft *FontBold* auf *False* gesetzt wird.

```
    ...
Begin DirListBox Verzeichnis1
    BackColor        =    &H00FFFFFF&
    FontBold         =    0  ,False
    FontItalic       =    0  ,False
    FontName         =    „MS Sans Serif"
    FontSize         =    8.25
    FontStrikethru   =    0  ,False
    FontUnderline    =    0  ,False
    Height           =    3405
    Left             =    60
    TabIndex         =    7
    Top              =    1080
    Width            =    2355
End
    ...
```

Auch das Verzeichnislistenfeld erhält zur Erläuterung ein Bezeichnungsfeld (Objektbezeichnung *SSPanel*). Den Text selbst legen Sie über die Eigenschaft *Caption* mit *&Verzeichnis* fest. Indem Sie die Eigenschaft *Font3D* auf *1* setzen, erscheint auch der Text im 3D-Look. Für den späteren Programmlauf ist auch dieses Bezeichnungsfeld ohne Bedeutung.

```
    ...
Begin SSPanel Panel3D3
    BackColor        =    &H00C0C0C0&
    Caption          =    „&Verzeichnis:"
    Font3D           =    1  ,Raised w/light shading
```

```
        FontBold        =   0   ,False
        FontItalic      =   0   ,False
        FontName        =   „MS Sans Serif"
        FontSize        =   8.25
        FontStrikethru  =   0   ,False
        FontUnderline   =   0   ,False
        Height          =   255
        Left            =   60
        TabIndex        =   6
        Top             =   780
        Width           =   2355
    End
    ...
```

Das Laufwerkslistenfeld trägt die Objektbezeichnung *DriveListBox*
und den Namen *Laufwerk1*. Manuelle Änderungen der Eigenschaften
sind nicht erforderlich. Im vorliegenden Fall wird lediglich die Fettschrift ausgeschaltet, indem die Eigenschaft *FontBold* auf *False* gesetzt wird. Zur Laufzeit können Sie über das Laufwerkslistenfeld ein
beliebiges Laufwerk anwählen.

```
    ...
    Begin DriveListBox Laufwerk1
        BackColor       =   &H00FFFFFF&
        FontBold        =   0   ,False
        FontItalic      =   0   ,False
        FontName        =   „MS Sans Serif"
        FontSize        =   8.25
        FontStrikethru  =   0   ,False
        FontUnderline   =   0   ,False
        ForeColor       =   &H00000000&
        Height          =   315
        Left            =   60
        TabIndex        =   5
        Top             =   360
        Width           =   2355
    End
    ...
```

Entsprechend den Verzeichnis- und Dateilistenfeldern wird auch das
Laufwerkslistenfeld mit einem Bezeichnungsfeld (Objektbezeichnung
SSPanel) ausgestattet. Den Text selbst legen Sie über die Eigenschaft
Caption mit *&Laufwerk:* fest. Indem Sie die Eigenschaft *Font3D* auf *1*
setzen, erscheint auch der Text im 3D-Look. Für den späteren
Programmlauf ist das Bezeichnungsfeld ohne Bedeutung.

```
   ...
   Begin SSPanel Panel3D2
      BackColor       =   &H00C0C0C0&
      Caption         =   „&Laufwerk:"
      Font3D          =   1   ,Raised w/light shading
      FontBold        =   0   ,False
      FontItalic      =   0   ,False
      FontName        =   „MS Sans Serif"
      FontSize        =   8.25
      FontStrikethru  =   0   ,False
      FontUnderline   =   0   ,False
      Height          =   255
      Left            =   60
      TabIndex        =   4
      Top             =   60
      Width           =   2355
   End
End
   ...
```

Aus optischen Gründen wird in das Formular ein Bildsymbol aufgenommen. Hierzu wird ein Anzeigefeld eingesetzt (Objektbezeichnung *Image*). Über die Eigenschaft *Picture* wird das Bildsymbol MISC25.ICO aus der Visual Basic-Symbolbibliothek ausgewählt.

```
   ...
   Begin Image Image1
      Height    =   480
      Left      =   5940
      Picture   =   WAVEPLAY.FRX:0988
      Top       =   120
      Width     =   480
   End
End
```

Damit endet auch die Formbeschreibung, wie am abschließenden Schlüsselwort *End* erkennbar wird. Innerhalb von Formdateien werden auch die zu einer Form gehörigen Ereignisprozeduren sowie wahlweise benutzerdefinierte Prozeduren abgespeichert. Prozeduren innerhalb einer Form sind lediglich innerhalb dieser Form und nicht programmübergreifend nutzbar. Um globale Prozeduren zu definieren, müssen Sie diese in beliebige Quellmodule aufnehmen. Im vorliegenden Fall werden alle Prozeduren innerhalb der Formdatei definiert.

Allgemeinteil Der Allgemeinteil einer Form wird zur Deklaration von formglobalen Variablen und Prozeduren eingesetzt, kann jedoch auch Kommentarzeilen aufnehmen. Hier können Sie beispielsweise, wie im vorliegenden Beispiel, eine Programmbeschreibung oder eine Copyright-Notiz aufnehmen. Im vorliegenden Programm werden im Allgemeinteil der Form auch spezielle Windows-API- und DLL-Routinen deklariert. Die einzelnen API-Funktionen sind nachfolgend kurz erläutert:

SndPlaySound: Die Funktion *SndPlaySound* ist in der dynamischen Link-Bibliothek MMSYSTEM.DLL von Windows definiert und erwartet als Übergabeparameter den Namen einer Klangdatei im Zeichenkettenformat sowie Optionen, die in Form einer Integer-Variablen an die Routine übergeben werden. Sie können als Klangdatei an die Funktion *SndPlaySound* wahlweise das Systemereignis, das in der Sektion *[Sounds]* innerhalb der Windows-Initialisierungsdatei WIN .INI einer Klangdatei zugeordnet ist oder auch einen Klangdateinamen mit Suchpfad angeben. Ist der Wert für *WaveFile Null* (0&), so wird ein aktuelles Abspielen einer Klangdatei unmittelbar beendet. Mit Hilfe der Variablen *Flags* legen Sie bestimmte Optionen zum Abspielen einer Klangdatei fest. In der Regel werden die einzelnen Optionen innerhalb eines Programms als globale Konstanten mit den nachfolgend angeführten Namen eingeführt. Welche Werte den einzelnen Konstanten zuzuordnen sind, können Sie dem Allgemeinteil der Form entnehmen.

SND_SYNC: Die Programmausführung wird erst wieder aufgenommen, wenn die Klangdatei vollständig abgespielt wurde.

SND_ASYNC: Die Programmausführung wird unmittelbar nach Beginn des Abspielens einer Klangdatei wieder aufgenommen, ohne daß das Abspielen vollständig beendet wurde.

SND_NODEFAULT: Wird die angegebene Klangdatei nicht gefunden, so wird in der Regel der Standardklang abgespielt. Um dies zu unterdrücken, können Sie diese Option setzen.

SND_LOOP: Um eine Klangdatei endlos in Folge abzuspielen, setzen Sie diese Option.

SND_NOSTOP: Wird bereits eine Klangdatei abgespielt, wird bei dieser gesetzten Option *False* (*falsch*) zurückgeliefert, anstatt die neu angegebene Klangdatei unmittelbar abzuspielen.

GetModuleHandle: Die Windows-API-Funktion *GetModuleHandle*, die im Modul KERNEL.EXE enthalten ist, ermittelt zu einer ausführbaren Anwendung eine Windows-Kennung. Die Kennung wird für weitere API- und DLL-Routinen stellvertretend für den Programmnamen angegeben, wie dies auch beim Einsatz der 3D-Routinen aus der dynamischen Link-Bibliothek CTL3D.DLL der Fall ist. Als Übergabeparameter erwartet die Funktion den Programmnamen, der unter Visual Basic sehr leicht über das Objekt *App* und die Eigenschaft *EXEName* ermittelt werden kann (vgl. Listing).

Ctl3DAutoSubClass: Nachdem die dynamische Link-Bibliothek CTL3D.DLL über die Funktion *Ctl3DRegister* registriert wurde, können mit Hilfe dieser Funktion alle Standarddialoge von Visual Basic (*MsgBox*-Funktion, *MsgBox*-Anweisung, *InputBox*-Funktion) aber auch alle Windows-Dialoge und viele Dialoge anderer Windows-Anwendungen im 3D-Look ausgegeben werden. Die Funktion erwartet als Parameter lediglich die Modul-Kennung, die mit Hilfe der Funktion *GetModulHandle* ermittelt wurde.

Ctl3DRegister: Mit Hilfe dieser Funktion wird die dynamische Link-Bibliothek CTL3D.DLL registriert. Die Funktion erwartet als Parameter die Modul-Kennung des aktuellen Programms, die mit Hilfe der Funktion *GetModulHandle* ermittelt wurde. Erst nachdem diese Funktion ausgeführt wurde, kann auch die DLL-Funktion *Ctl3DAutoSubClass* aufgerufen werden. Sie sollten die Registrierung und das automatische Subclassing innerhalb der Ereignisprozedur *Form_Load* der Startform ausführen.

Ctl3DUnregister.   Diese Funktion deregistriert die DLL CTL3D.DLL wieder und stellt damit das Gegenstück zur Funktion *Ctl3DRegister* dar. Auch diese Funktion erwartet als Parameter wieder die Kennung des aktuellen Programms.

Neben allgemeinen API- und DLL-Deklarationen sowie der formglobalen Konstanten werden weitere formglobale Variablen eingeführt. In der Variablen *AktuelleListe%* wird die Indexnummer des jeweils aktiv geschalteten Dateilistenfeldes und in *Handle3D%* die ermittelte Modulkennung gespeichert.

```
,Programm: WavePlayer
,Funktion: Auswählen und Abspielen von Klangdateien
,Autor:    Dipl.-Ing. Andreas Maslo
,(c)1993 by Sybex/IngES/Dipl.-Ing. Andreas Maslo

,API-Routine zum Abspielen von Klangdateien
Declare Function SndPlaySound Lib „mmsystem.dll" (ByVal SoundName$,
ByVal Flags%) As Integer
,Deklarationen für CTL3D.DLL (MsgBox in 3D)
Declare Function GetModuleHandle Lib „Kernel" (ByVal ModulName$) As
Integer
Declare Function Ctl3DAutoSubClass Lib „Ctl3d.dll" (ByVal hInst%) As
Integer
Declare Function Ctl3DRegister Lib „Ctl3d.dll" (ByVal hInst%) As
Integer
Declare Function Ctl3DUnRegister Lib „Ctl3d.dll" (ByVal hInst%) As
Integer

,Sound abspielen, anschließend Programm fortsetzen
Const SND_SYNC = &H0
,Sound laden und abspielen, dabei Programm fortsetzen
Const SND_ASYN = &H1
,Programm fortsetzen, falls Klangdatei nicht gefunden wird
Const SND_NODEFAULT = &H2
,Klangdatei endlos abspielen, bis SndPlaySound ohne
,den Namen einer Klangdatei aufgerufen wird
Const SND_LOOP = &H8
,Klangdatei nur abspielen, falls derzeit noch keine
,abgespielt wird
```

```
Const SND_NOSTOP = &H10

,aktuelles Listenfeld
Dim AktuelleListe%
,Kennung Anwendungsprogramm für 3D-Registrierung
Dim Handle3D%
```

Beim ereignisorientierten Programmierkonzept benötigen Sie kein Hauptprogramm. Die Programmsteuerung wird durch sogenannte Ereignisse festgelegt. Jedes Objekt kann auf ein oder auch mehrere Ereignisse reagieren. Jedem Ereignis, auf das ein Objekt reagieren kann, können Sie speziellen Quelltext zuordnen. Dazu müssen Sie innerhalb der Entwicklungsumgebung lediglich die gewünschte Ereignisprozedur anzeigen lassen. Eine Ereignisprozedur setzt sich aus einem Objektnamen, wie er mit Hilfe der Eigenschaften bestimmt wurde, und einem bestimmten Ereignis zusammen. Objektname und Ereignis werden durch einen Tiefstrich verbunden (z.B. *Command1_Click*).

Klangdateien abspielen

Wählen Sie die Befehlsschaltfläche *<Abspielen>* an, wird das Ereignis *Click* ausgelöst und damit die Ereignisprozedur *Command3D1_Click* abgearbeitet. Prozedurintern wird der aktuelle Pfad zunächst über die Eigenschaft *Path* des Verzeichnislistenfeldes ermittelt. Im Anschluß daran wird der aktuelle Index des Dateilistensteuerelementefeldes mit Hilfe der formglobalen Variablen *AktuelleListe%* ausgelesen. Danach werden sämtliche Dateieinträge des aktiven Dateilistenfeldes über eine *For...Next*-Schleife auf Markierung hin überprüft. Die Anzahl der Dateieinträge liefert die Eingenschaft *ListCount*, die Markierung die Eigenschaft *Selected* zurück. Wurde eine Markierung gefunden, so wird der jeweilige Dateiname über *Datei1(Nr%).List(x% - 1)* ausgelesen, mit dem aktuellen Pfad verbunden und mit Hilfe der API-Funktion *SndPlaySound* abgespielt.

```
Sub Command3D1_Click ()
  ,markierte Klangdateien abspielen
  ,aktueller Pfad
  Pfad$ = Verzeichnis1.Path
  If Right$(Pfad$, 1) <> „\" Then
    Pfad$ = Pfad$ + „\"
  End If
  ,aktueller Index der Dateiliste
  ,(wird festgelegt durch aktiviertes Optionsfeld)
  Nr% = AktuelleListe%
  ,sämtliche Dateien des aktiven Dateilistenfeldes
  ,auf Markierung überprüfen
  For x% = 1 To Datei1(Nr%).ListCount
```

```
,Mauszeiger als Sanduhr
Screen.MousePointer = 11
,Markierung vorhanden?
If Datei1(Nr%).Selected(x% - 1) = True Then
  ,Datei aus Listenfeld
  Datei$ = Datei1(Nr%).List(x% - 1)
  ,Quelldatei mit Suchpfad
  Quelle$ = Pfad$ + Datei$
  ,Flags setzen
  sFlags% = SND_SYNC And SND_NODEFAULT
  ,Klangdatei abspielen
  Dummy% = SndPlaySound(Quelle$, sFlags%)
End If
,Mauszeiger normal
Screen.MousePointer = 0
Next x%
End Sub
```

Programm beenden Betätigen Sie die Schaltfläche *<Beenden>*, so wird die Ereignisprozedur *Command3D2_Click* ausgeführt. Diese beendet das Programm nach quittierter Sicherheitsabfrage mit Hilfe des Befehls *End*. Die aktiv geladene dynamische Link-Bibliothek CTL3D.DLL sorgt dafür, daß die Visual Basic-Standardabfrage automatisch im 3D-Look erscheint.

```
Sub Command3D2_Click ()
  ,Programm beenden...
  Titel$ = „Programm beenden...“
  Msg$ = „Wollen Sie den WavePlayer wirklich beenden?“
  ,Fragezeichen und <Ja>/<Nein>
  Typ% = 32 + 4
  a% = MsgBox(Msg$, Typ%, Titel$)
  If a% = 6 Then
    End
  End If
End Sub
```

Informationen abrufen Klicken Sie die Schaltfläche *<Info>* an, wird die Ereignisprozedur *Command3D3_Click* ausgeführt. Hierin wird lediglich mit Hilfe der Prozedur MSGBOX eine kurze Meldung angezeigt. Auch hier sorgt die aktiv geladene dynamische Link-Bibliothek CTL3D.DLL dafür, daß die Visual Basic-Standardmeldung im 3D-Look erscheint.

```
Sub Command3D3_Click ()
  ,Kurzinformation...
  CL$ = Chr$(13) + Chr$(10)
  Titel$ = „Information zu WavePlayer“
```

```
,Info-Symbol, <OK>-Schaltfläche
Typ% = 64
Msg$ = „Wählen Sie eine oder mehrere Dateien mit dem Doppelklick „
Msg$ = Msg$ + „aus dem Dateilistenfeld. Die Form der Anwahl ist „
Msg$ = Msg$ + „durch das entsprechende Optionsfeld zu aktivieren. „
Msg$ = Msg$ + „Das Abspielen der markierten Klangdateien erfolgt „
Msg$ = Msg$ + „erst bei Anwahl der Schaltfläche <Abspielen>. „ +
CL$ + CL$
Msg$ = Msg$ + „(c)1993 by Sybex/IngES/Dipl.-Ing. Andreas Maslo“
MsgBox Msg$, Typ%, Titel$
End Sub
```

Die Ereignisprozedur *Form_Load* wird programmintern automatisch
beim Laden der Form ausgeführt und kann damit für wichtige
Programminitialisierungen eingesetzt werden. Zunächst wird hier die
globale Variable *AktuelleListe%* auf den Wert 1 gesetzt. Dies entspricht
dem aktiven Index des Dateilistensteuerelementefeldes. Hier wird
auch über die Eigenschaft *Pattern* der Elemente des Dateilisten-
Steuerelementefeldes *Datei1* zunächst eine neue Suchmaske definiert, die die anzuzeigenden Dateien definiert. Nachdem über *Get-
ModulHandle* die Programmkennung ermittelt wurde, wird die
Bibliothek CTL3D.DLL mit Hilfe der Funktion *Ctl3DRegister* angemeldet und anschließend via *Ctl3DAutoSubClass* das automatische
Subclassing aktiviert.

```
Sub Form_Load ()
    ,aktuelle Dateiliste beim Programmstart
    ,(wurde im Entwurf durch Visible-
    ,Eigenschaften festgelegt)
    AktuelleListe% = 1
    ,Ursprungspfad merken
    Ursprungspfad$ = CurDir$
    ,Suchmaske für Textdateien
    ,für alle Elemente des Dateilistensteuer-
    ,elementefeldes festlegen
    For x% = 1 To 3
        Datei1(x%).Pattern = „*.WAV“
    Next x%
    Handle3D% = GetModuleHandle(App.EXEName)
    ,3D-Routinen registrieren
    Dummy% = Ctl3DRegister(Handle3D%)
    ,automatisches Sub-Classing
    Dummy% = Ctl3DAutoSubClass(Handle3D%)
End Sub
```

Die Ereignisprozedur *Form_Unload* wird programmintern automatisch beim Entladen der Form ausgeführt und kann zur Deregistrierung der dynamischen Link-Bibliothek CTL3D.DLL genutzt werden.

```
Sub Form_Unload (Cancel As Integer)
  ,Deregistrierung der 3D-Routinen
  Dummy% = Ctl3DUnRegister(Handle3D%)
End Sub
```

Über das Laufwerkslistenfeld können Sie zur Laufzeit zwar ein beliebiges Laufwerk anwählen, dieser Wechsel wird jedoch nicht automatisch an ein ebenfalls verwendetes Verzeichnislistenfeld gemeldet. Um dies zu erreichen, müssen Sie der Eigenschaft *Path* des Verzeichnislistenfeldes den Eigenschaftswert *Drive* des Laufwerkslistenfeldes zuordnen. Um diese Zuweisung automatisch bei jedem Laufwerkswechsel vornehmen zu lassen, verwenden Sie das Ereignis *Change*.

```
Sub Laufwerk1_Change ()
  ,Verzeichnislistenfeld das neu angewählte
  ,Laufwerk mitteilen...
  Verzeichnis1.Path = Laufwerk1.Drive
End Sub
```

Mit Hilfe der Ereignisprozeduren *Option1_Click, Option2_Click* und *Option3_Click* wird sichergestellt, daß jeweils das gewünschte Dateilistenfeld des Dateilistensteuerelementefeldes sichtbar ist. Alle anderen Dateilistenfelder werden durch Setzen der Eigenschaft *Visible* auf *False* verborgen. Ebenso wird die globale Variable *AktuelleListe%* auf den jeweils neuesten Stand gebracht.

```
Sub Option1_Click (i%)
  ,Dateilistenfeldauswahl mehrfach
  ,(entspricht Index 1 des Steuer-
  ,elementefeldes)
  Datei1(1).Visible = True
  Datei1(2).Visible = False
  Datei1(3).Visible = False
  ,aktuelle Dateiliste des Datei-
  ,listensteuerelementes
  AktuelleListe% = 1
End Sub

Sub Option2_Click (i%)
  ,Dateilistenfeldauswahl mehrfach
  ,(entspricht Index 2 des Steuer-
```

```
   ,elementefeldes)
   Datei1(1).Visible = False
   Datei1(2).Visible = True
   Datei1(3).Visible = False
   ,aktuelle Dateiliste des Datei-
   ,listensteuerelementes
   AktuelleListe% = 2
End Sub

Sub Option3_Click (i%)
   ,Dateilistenfeldauswahl mehrfach
   ,(entspricht Index 3 des Steuer-
   ,elementefeldes)
   Datei1(1).Visible = False
   Datei1(2).Visible = False
   Datei1(3).Visible = True
   ,aktuelle Dateiliste des Datei-
   ,listensteuerelementes
   AktuelleListe% = 3
End Sub
```

Mit Hilfe des Verzeichnislistenfeldes wählen Sie zur Laufzeit ein beliebiges Verzeichnis des aktuellen Laufwerks an. Die Anwahl wird jedoch
nicht automatisch an ein ebenfalls verwendetes Dateilistenfeld gemeldet. Um dies zu erreichen, müssen Sie der Eigenschaft *Path* des
Dateilistenfeldes den Eigenschaftswert *Path* des Verzeichnislistenfeldes zuordnen. Um die Zuweisung automatisch bei jedem
Verzeichniswechsel vornehmen zu lassen, verwenden Sie das Ereignis
Change. Da im vorliegenden Programm ein Dateilisten-Steuer-
elementfeld zur Anwahl der Klangdateien zum Einsatz kommt, muß
das jeweils gewählte Arbeitsverzeichnis an alle Dateilistenfelder des
Steuerelementefeldes gemeldet werden. Programmintern wird dazu
eine *For...Next*-Schleife eingesetzt.

```
Sub Verzeichnis1_Change ()
   ,gewähltes Arbeitsverzeichnis an alle
   ,Elemente des Dateilistensteuerelemente-
   ,feldes übergeben
   For x% = 1 To 3
      Datei1(x%).Path = Verzeichnis1.Path
   Next x%
End Sub
```

EXE-Datei erstellen

Damit ist die Benutzeroberfläche definiert und der zugehörige Quelltext eingegeben. Sie können das Programm nun innerhalb der Entwicklungsumgebung testen, bei Bedarf ändern und erweitern und abschließend in ein eigenständig ausführbares Programm übersetzen. Um eine eigenständig lauffähige Programmdatei anzulegen, speichern Sie zunächst sämtliche Dateien über den Menübefehl Datei\Projekt speichern ab. Vergeben Sie, sofern noch erforderlich, die gewünschten Form- und Quelldateinamen (vgl. Projektdatei). Anschließend wählen Sie zur Erstellung des Programmes den Menübefehl Datei\EXE-Datei erstellen... an. Es öffnet sich ein gesondertes Dialogfeld. Wählen Sie ein Laufwerk, Verzeichnis und einen Dateinamen für die zu erstellende Programmdatei aus. Legen Sie anschließend im Kombinationslistenfeld *Application Titel* den Namen fest, unter dem das Programm später innerhalb des Windows-Task-Managers verwaltet werden soll. Wählen Sie optional ein beliebiges Bildsymbol für die Programmdatei aus, das später beim Einbinden des Programmes in eine Windows-Programmgruppe erscheint. Quittieren Sie die Angaben über die Schaltfläche <OK>, wird die EXE-Datei erzeugt. Existiert der gewählte Dateiname bereits, erscheint eine Sicherheitsabfrage, ob die Datei überschrieben werden soll. Danach kann das Programm ohne Entwicklungsumgebung unter Windows ausgeführt werden. Starten Sie eine Visual Basic-Anwendung, ohne daß Windows bereits geladen ist, so wird Windows automatisch, sofern installiert, nachgeladen. Die EXE-Datei muß unbedingt Zugriff auf die Laufzeitbibliothek VBRUN300.DLL und alle genutzen DLLs haben, ansonsten bricht das Programm beim Aufruf mit einer Fehlermeldung ab. Damit ist das Windows-Programm fertiggestellt.

Praxis

Der Klangdateispieler kann in weiten Teilen problemlos ausschließlich mit der Tastatur gesteuert werden, dennoch wird zum Einsatz des Programmes in jedem Fall eine Maus benötigt, um das aktuelle Verzeichnis zu wechseln. Um mit Hilfe des *WavePlayers* Klangdateien abzuspielen, gehen Sie wie folgt vor:

1. Starten Sie zunächst das Programm WAVEPLAY.EXE über den Programm-Manager. Dabei wird davon ausgegangen, daß das Programm bereits als Bildsymbol in eine beliebige Programmgruppe aufgenommen wurde.

2. Wählen Sie zunächst über das Laufwerkslistenfeld das Laufwerk an, auf dem die Klangdateien gespeichert sind. Sie aktivieren das Laufwerkslistenfeld über die Tastenkombination Alt+L.

3. Im Anschluß daran wählen Sie aus dem Verzeichnislistenfeld den Pfad mit den Klangdateien. Sie aktivieren das Verzeichnislistenfeld über die Tastenkombination [Alt]+[V].

4. Markieren Sie nun das Optionsfeld, mit dem Sie bestimmen, ob Sie eine einzelne, mehrere oder mehrere zusammenhängende Dateien des aktuellen Verzeichnisses anwählen wollen mit einem Mausklick. Alternativ wählen Sie mit [Alt]+[E] die Einzel-, mit [Alt]+[M] die Mehrfach- und mit [Alt]+[A] die erweiterte Anwahl fest.

5. Markieren Sie nun die oder mehrere Klangdateien, je nachdem, welches Optionsfeld aktiv geschaltet wurde, mit einem Mausklick. Bereiche werden markiert, indem Sie die Maus bei gedrückter linker Maustaste nach unten ziehen oder bei gedrückter Taste [⇧] die Tasten [↑] oder [↓] betätigen.

6. Nachdem Sie die gewünschten Klangdateien markiert haben, können Sie diese mit Hilfe der Schaltfläche <Abspielen> abspielen lassen.

7. Um das Programm WavePlayer wieder zu beenden, betätigen Sie die Schaltfläche <Beenden> und quittieren die nachfolgende Sicherheitsabfrage mit <Ja>.

Damit ist die Beschreibung des Programmes WavePlay zum Abspielen von Klangdateien beendet. Das nächste Programm zeigt Ihnen, wie Sie Klangdateien einfach aber komfortabel unter Windows verwalten, abspielen und mit einer aussagekräftigen Beschreibung versehen können. Die Verbindung der Programme *WavePlay* und *KlangBase* bieten eine annähernde Funktionalität des Dienstprogrammes *Sound Finder* des Windows SOUND SYSTEMS.

Klangdateien verwalten mit KBASE

Wie bereits beim Programm *WavePlay* erläutert, sind Klangdateinamen nur begrenzt aussagekräftig. Es bietet sich also an, ein einfaches Datenbanksystem zu entwickeln, mit dem Klangdateien, deren Suchpfade sowie aussagekräftige Beschreibungen verwaltet werden können. Ferner ist es sinnvoll, die Datenbank mit einer Funktion auszustatten, die es erlaubt, Klangdateien aus der Datenbank heraus abzuspielen, ohne die Pfade der Klangdateien selbst neu suchen zu müssen. Natürlich ist es kaum sinnvoll, Pfade und Dateinamen über die Tastatur einzugeben. Um Eingabefehler zu vermeiden, sollen die zu verwaltenden Dateien über einen Datei-Dialog gesucht und mit komplettem Suchpfad in die Datenbank aufgenommen werden.

Projektdatei Bevor das Programm *KlangBase* (kurz *KBase*) selbst näher erläutert wird, sollten Sie sich vorab die Projektdatei KBASE.MAK ansehen. An ihr wird erkennbar, daß das Programm lediglich aus der Formdatei KBASE.FRM und dem Quellmodul GLOBAL.BAS besteht und für Oberflächenelemente im 3D-Look die Zusatzsteuerelementedatei THREED.VBX verwendet. Das Programm nutzt intern jedoch zusätzliche Funktionen der dynamischen Link-Bibliotheken MMSYSTEM .DLL zum Abspielen der Klangdateien sowie CTL3D.DLL, um Standarddialoge von Visual Basic ebenfalls im 3D-Look anzuzeigen. Bei den eingesetzten Datei-Dialogen handelt es sich um gemeinsame Windows-Dialoge, die dem Visual Basic-Programm über die Zusatzsteuerelementedatei CMDIALOG.VBX zur Verfügung gestellt werden. Das eigenständig ausführbare Programm KBASE.EXE benötigt zur Ausführung ferner die Visual Basic-Laufzeitbibliothek VBRUN300.DLL.

```
KBASE.FRM
GLOBAL.BAS
D:\WINDOWS\SYSTEM\CMDIALOG.VBX
D:\WINDOWS\SYSTEM\THREED.VBX
ProjWinSize=190,437,297,177
ProjWinShow=2
IconForm="frmKBase"
Title="KlangBase"
ExeName="KBASE.EXE"
```

Bevor Sie sich Visual Basic zuwenden, sind zunächst die Funktionen der Klangdatei-Datenbank genauer festzulegen. Bei einem solchen Programm handelt es sich um nichts anderes als um ein spezielles Datenbanksystem. Jeder Datensatz enthält einen bestimmten Klangdateinamen mit Suchpfad sowie eine zugeordnete Beschreibung. Die Anzahl der verwaltbaren Daten ist abhängig von der Speichergröße des Rechners, von der Betriebssystemumgebung aber auch von der Quelltextformulierung. An dieser Stelle sollen maximal 10 000 Datzensätze je Datenbank verwaltet werden. Die eingegebenen Werte sollen nicht temporär im Speicher gehalten, sondern auch in eine Datei ablegbar und damit immer wieder ladbar sein. Der Dateiname soll dabei zwar frei festzulegen sein, so daß durchaus mehrere Dateien mit unterschiedlichen Datensätzen mit dem Programm genutzt werden können, standardmäßig soll jedoch die Datei KBASE.KDB zur Verwaltung der Klangdateien verwendet werden. Die Daten selbst werden in einer Direktzugriffsdatei verwaltet. Die Eingabe der Datensätze erfolgt dabei bereits im Arbeitsbereich des Startformulars, so daß kein gesondertes Eingabedialogfeld benötigt wird. Über spezielle Schaltflächen soll komfortabel zwischen den Datensätzen satzweise geblättert werden können. Doch auch einige Sonderfunktionen sind bereits in der ersten Fassung der Datenbank geplant: In einer Datenbank soll nach beliebigen Zeichenketten gesucht werden können, Klangdateien sollen über eine gesonderte Schaltfläche abgespielt, komfortabel über einen Datei-Dialog gesucht und in den jeweiligen Datensatz übernommen werden können.

Auch die Klangdateiverwaltung soll optisch im 3D-Look aufbereitet werden, so daß erneut die Zusatzsteuerelementedatei THREED.VBX sowie die dynamische Link-Bibliothek CTL3D.DLL zum Einsatz kommen. Daraus resultierend ergeben sich einige Übereinstimmungen zum Programm *WavePlay*. Auf eine erneute Ausführung der Grundlagen zu bereits erläuterten API- und DLL-Routinen wird daher bei diesem Programm verzichtet. Nähere Informationen können Sie den Beschreibungen zum Programm *WavePlay* entnehmen.

Nachdem Sie Visual Basic gestartet und unter Umständen zunächst ein neues Projekt begonnen haben, können Sie unmittelbar mit der Entwicklung des neuen Anwendungsprogrammes beginnen. Das erste Formular *Form1*, das zunächst automatisch als Startformular gültig ist und später beim Programmaufruf geladen wird, befindet sich bereits auf dem Bildschirm. Anders als das Programm *WavePlay* besteht die Datenbank aus einer Formdatei und einem Quellmodul, welches Sie unter Visual Basic über den Menübefehl FILE\NEW MODULE anlegen. Innerhalb des Quellmoduls werden API- und DLL- Deklarationen, Variablen und Konstanten global für ein Programm eingeführt. Hier finden Sie auch eine kurze Programmbeschreibung sowie eine Copyright-Notiz. Wie bereits beim WavePlayer werden auch im Programm KlangBase spezielle Windows-API- und DLL-Routinen verwendet, die im Quellmodul deklariert werden. Die einzelnen API-Funktionen sind nachfolgend noch einmal kurz zusammengefaßt:

Quellmodul

SndPlaySound: Mit Hilfe der Funktion *SndPlaySound* können Sie eine Klangdatei unter Windows abspielen lassen. Die Funktion erwartet als Übergabeparameter den Namen einer Klangdatei im Zeichenkettenformat sowie Optionen, die in Form einer Integer-Variablen an die Routine übergeben werden. Ist der Wert für *WaveFile Null* (0&), so wird ein aktuelles Abspielen einer Klangdatei unmittelbar beendet. Die Variable *Flags* legt bestimmte Optionen zum Abspielen einer Klangdatei fest. Mögliche Werte für diese Variable sind nachfolgend kurz zusammengefaßt.

SND_SYNC: Die Programmausführung wird erst wieder aufgenommen, wenn die Klangdatei vollständig abgespielt wurde.

SND_ASYNC: Die Programmausführung wird unmittelbar nach Beginn des Abspielens einer Klangdatei wieder aufgenommen.

SND_NODE-FAULT: Das ersatzweise Abspielen der Standard-Klangdatei wird unterdrückt, falls die angegebene Klangdatei nicht gefunden wurde.

SND_LOOP: Um eine Klangdatei endlos in Folge abzuspielen, setzen Sie diese Option.

SND_NOSTOP: Wird eine Klangdatei abgespielt, wird *False* (*falsch*) zurückgeliefert, anstatt die neu angegebene Klangdatei abzuspielen.

GetModule-Handle: Mit Hilfe dieser Funktion wird die Modulkennung eines Programmes ermittelt.

Ctl3DAuto-SubClass: Mit Hilfe dieser Funktion werden alle Standarddialoge von Visual Basic (*MsgBox*-Funktion, *MsgBox*-Anweisung, *InputBox*-Funktion) aber auch alle Windows-Dialoge und viele Dialoge anderer Windows-Anwendungen im 3D-Look ausgegeben.

Ctl3D-Register: Mit Hilfe dieser Funktion wird die dynamische Link-Bibliothek CTL3D.DLL registriert.

Ctl3D-Unregister. Diese Funktion derigistriert die DLL CTL3D.DLL wieder und stellt damit das Gegenstück zur Funktion *Ctl3DRegister* dar.

Neben allgemeinen API- und DLL-Deklarationen sowie der formglobalen Konstanten werden weitere formglobale Variablen eingeführt. In der Variablen *AktuelleListe%* wird die Indexnummer des jeweils aktiv geschalteten Dateilistenfeldes und in *Handle3D%* die ermittelte Modulkennung gespeichert.

```
,Programm: KBASE
,Datei: GLOBAL.BAS
,Funktion: Verwalten und Abspielen von Wave-Dateien
,Autor:    Dipl.-Ing. Andreas Maslo
,(c)1993 by Sybex/IngES/Dipl.-Ing. Andreas Maslo

,API-Routine zum Abspielen von Klangdateien
Declare Function SndPlaySound Lib „mmsystem.dll“ (ByVal SoundName$,
ByVal Flags%) As Integer
,Deklarationen für CTL3D.DLL (MsgBox in 3D)
Declare Function GetModuleHandle Lib „Kernel“ (ByVal ModulName$) As
Integer
Declare Function Ctl3DAutoSubClass Lib „Ctl3d.dll“ (ByVal hInst%) As
Integer
Declare Function Ctl3DRegister Lib „Ctl3d.dll“ (ByVal hInst%) As
Integer
Declare Function Ctl3DUnRegister Lib „Ctl3d.dll“ (ByVal hInst%) As
Integer

,Sound abspielen, anschließend Programm fortsetzen
Const SND_SYNC = &H0
,Sound laden und abspielen, dabei Programm fortsetzen
Const SND_ASYN = &H1
,Programm fortsetzen, falls Klangdatei nicht gefunden wird
Const SND_NODEFAULT = &H2
,Klangdatei endlos abspielen, bis SndPlaySound ohne
,den Namen einer Klangdatei aufgerufen wird
Const SND_LOOP = &H8
,Klangdatei nur abspielen, falls derzeit noch keine
,abgespielt wird
Const SND_NOSTOP = &H10

, BackColor, ForeColor, FillColor (Standard RGB-Farben: Form, Steuer-
elemente)
Global Const ROT = &HFF&
Global Const BLAU = &HFF0000
```

Im Vergleich zum Programm *WavePlay* beziehen sich die zusätzlichen Deklarationen, benutzerdefinierten Verbundvariablen und globalen Variablen auf die Dateiverwaltung. Der aktuelle Name der jeweils geöffneten Datenbank wird in der Variablen *DateiName$*, die aktuelle Dateinummer in der Variablen *DNr%*, die jeweils aktuelle Datensatznummer in der Variablen *SatzNr%* und die Anzahl aller Datensätze innerhalb der geöffneten Datenbank in der Variablen *SatzAnzahl%* verwaltet.

```
,globale Variablen für Dateiverwaltung
,Dateiname für Direktzugriffsdatei
Global DateiName$

,Dateinummer für Direktzugriffsdatei
Global DNr%

,aktuelle Datensatznummer
,hier Integer-Datentyp, da maximal 10000 Datensätze
,verwaltet werden sollen...
Global SatzNr%
,Gesamtzanzahl der Datensätze in der aktuellen Datei
Global SatzAnzahl%
```

Der Aufbau eines Datensatzes der Datenbank wird über eine benutzerdefinierte Verbundvariable bzw. Record-Struktur festgelegt. Jeder Datensatz besteht aus zwei Datenfeldern im Zeichenkettenformat. Für den Dateinamen einschließlich Suchpfad werden 64 und für die Beschreibung der Klangdatei 200 Zeichen je Datensatz zur Verfügung gestellt. Die Verbundvariable entspricht programmintern einem neuen Datentyp. Um diesen neuen Datentyp innerhalb des Programmes einsetzen zu können, wird die Datensatzvariable *WaveRecord* global eingeführt und mit diesem Datentyp über eine *Dim*-Anweisung versehen.

```
,Datensatzstruktur für Direktzugriffsdatei
Type Datensatz
  WaveFile As String * 64
  Beschreibung As String * 200
End Type

,Deklarierung der Datensatzvariablen als
,Typ Datensatz (benutzerdefinierte Verbund-
,variable, die global deklariert wurde)
Global WaveRecord As Datensatz
```

Damit können Sie sich wieder dem Formulardesign zuwenden. Laden *Formulardesign*
Sie dazu zunächst die Zusatzsteuerelementedateien THREED.VBX
und CMDIALOG.VBX Ihrem Projekt hinzu. Gestalten Sie im Anschluß
daran das Hauptformular so, wie in Abb. 6.4 dargestellt (vgl. Erläuterungen zur ASCII-Formbeschreibung).

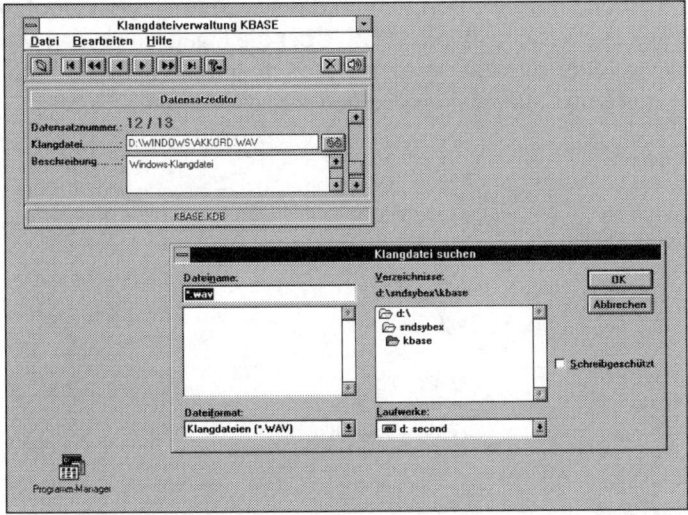

Abb. 6.4: Mit KBase verwalten Sie Klangdateien unter Windows und ordnen diesen
aussagekräftige Beschreibungen zu

Bevor Sie einzelne Oberflächenelemente in das Formular aufnehmen,
legen Sie zunächst die Eigenschaften für das Formular *Form1* fest.
Dazu verwenden Sie das Eigenschaftenfenster der Visual Basic-
Entwicklungsumgebung. Beachten Sie, daß sämtliche Eigenschaften
Standardwerte besitzen, die nur bei Bedarf geändert werden müssen.

Mit der Eigenschaft *Caption* können Sie die Bezeichnung des Formulars, die in der Titelleiste des Fensters erscheint, ändern. Nach dem
Start von Visual Basic wird diese Eigenschaft des Entwurfsformulars
standardmäßig auf den Wert *Form1* gesetzt. Diesen Wert ändern Sie
zunächst durch Anwahl der Eigenschaft im Eigenschaftsfenster auf
Klangdateiverwaltung KBASE. Doppelklicken Sie dazu zunächst auf
den Eigenschaftswert in der Liste, geben anschließend in der
Bearbeitungszeile die neue Titelzeile ein und quittieren diese abschließend mit ⏎. Wählen Sie anschließend über das Farbpaletten-

fenster die Hintergrundfarbe hellgrau aus. Alternativ können Sie der Eigenschaft *BackColor* im Eigenschaftenfenster direkt den Wert &H00C0C0C0& zuweisen. Indem die Eigenschaft *BorderStyle* auf 3 gesetzt wird, erhält das Fenster zur Laufzeit einen Fensterrahmen mit unveränderlicher Größe. *MaxButton=0* ist letztendlich dafür verantwortlich, das das Fenster zur Laufzeit nicht auf Vollbildgröße vergrößert werden kann und somit auch das Vergrößerungssymbol innerhalb der Titelleiste nicht erscheint. Über die Eigenschaft *Icon* wird der Form ein Bildsymbol zugeordnet, das später auch beim Einbinden in den Programm-Manager erscheinen soll.

```
VERSION 2.00
Begin Form frmKBase
        BackColor       =    &H00C0C0C0&
        BorderStyle     =    3  ,Fixed Double
        Caption         =    „Klangdateiverwaltung KBASE"
        ClientHeight    =    3135
        ClientLeft      =    420
        ClientTop       =    1695
        ClientWidth     =    6135
        Height          =    3825
        Icon            =    KBASE.FRX:0000
        Left            =    360
        LinkMode        =    1  ,Source
        LinkTopic       =    „Form1"
        MaxButton       =    0  ,False
        ScaleHeight     =    3135
        ScaleWidth      =    6135
        Top             =    1065
        Width           =    6255
        ...
```

Symbolleiste und Statuszeile

An den unteren Rand des Hauptformulars plazieren Sie entsprechend Abb. 6.4 einen 3D-Rahmen (Objektbezeichnung *SSPanel*). Da 3D-Rahmen über die Eigenschaft *Caption* verfügen, kann das Steuerelement im vorliegenden Fall als Statuszeile verwendet werden, in der später der Name der aktuell gewählten Datenbank angezeigt wird. Da auf das Steuerelement auch im Quelltext zugegriffen wird, wird, wird diesem der aussagekräftigere Name *TXT_Datei* zugewiesen

```
        ...
    Begin SSPanel TXT_Datei
        BackColor       =    &H00C0C0C0&
        BevelInner      =    1  ,Inset
        Caption         =    „Panel3D4"
        Font3D          =    1  ,Raised w/light shading
```

```
        FontBold        =    0    ,False
        FontItalic      =    0    ,False
        FontName        =    „MS Sans Serif"
        FontSize        =    8.25
        FontStrikethru  =    0    ,False
        FontUnderline   =    0    ,False
        Height          =    375
        Left            =    0
        TabIndex        =    0
        Top             =    2760
        Width           =    6135
    End
    ...
```

Auch der eigentliche Datensatzeditor wird in einen 3D-Rahmen eingebettet. Der Rahmen selbst wird dabei zwischen Symbolleiste und Statuszeile angeordnet.

Der Datensatz-editor

```
    ...
    Begin SSPanel Panel3D2
        Alignment       =    1    ,Left Justify - MIDDLE
        BackColor       =    &H00C0C0C0&
        BevelInner      =    1    ,Inset
        Font3D          =    1    ,Raised w/light shading
        Height          =    2115
        Left            =    0
        TabIndex        =    15
        Top             =    600
        Width           =    6135
    ...
```

Das Datenfeld für die Beschreibung der Klangdateien wird im Textfeld mit dem Namen *CtlBeschreibung* (Objektbezeichnung *TextBox*) verwaltet. Damit die maximal eingebbaren Zeichen des Textfeldes mit der Datenfeldlänge der benutzerdefinierten Datensatzvariablen übereinstimmen, wird die Eigenschaft *MaxLength* auf *200* gesetzt. Dabei ist zu berücksichtigen, daß 200 Zeichen in einem einzeiligen Textfeld bei der gewählten Formgröße nicht darstellbar sind. Aus diesem Grund wird das Textfeld mehrzeilig eingerichtet, indem die Eigenschaft *MultiLine* auf *True* (-1) gesetzt und das Textfeld selbst mit einer vertikalen Bildlaufleiste ausgestattet wird (*ScrollBars=2*).

```
    ...
    Begin TextBox CtlBeschreibung
        FontBold        =    0    ,False
        FontItalic      =    0    ,False
        FontName        =    „MS Sans Serif"
```

```
    FontSize          =    8.25
    FontStrikethru    =    0    ,False
    FontUnderline     =    0    ,False
    Height            =    675
    Left              =    1800
    MaxLength         =    200
    MultiLine         =    -1   ,True
    ScrollBars        =    2    ,Vertical
    TabIndex          =    1
    Top               =    1260
    Width             =    3810
End
...
```

Wie bereits einleitend in diesem Kapitel beschrieben, werden Suchpfade und Namen von Klangdateien im Regelfall nicht über die Tastatur eingegeben, sondern automatisch aus einem Datei-Dialog übernommen. Der Dialog selbst wird mit Hilfe der Schaltfläche
Command3D2 (Objektbezeichnung *SSCommand*) zur Anzeige gebracht. Die Schaltfläche selbst beinhaltet lediglich ein Bildsymbol, in
diesem Fall zwei Augen, die dem Steuerelement über die Eigenschaft
Picture zugeweisen werden. Die Grafik können Sie wahlweise einer
Symbolbibliothek entnehmen oder aber mit Hilfe von PaintBrush
selbst entwerfen.

```
    ...
    Begin SSCommand Command3D2
        Font3D          =    1    ,Raised w/light shading
        Height          =    315
        Index           =    0
        Left            =    5220
        Picture         =    KBASE.FRX:0302
        TabIndex        =    2
        Top             =    900
        Width           =    435
    End
    ...
```

Das Datenfeld für Suchpfad und Name einer Klangdatei wird im Textfeld mit dem Namen *CtlWaveFile* (Objektbezeichnung *TextBox*) verwaltet. Damit die maximal eingebbaren Zeichen des Textfeldes mit
der Datenfeldlänge der benutzerdefinierten Datensatzvariablen übereinstimmen, wird die Eigenschaft *MaxLength* auf *64* gesetzt.

```
...
Begin TextBox CtlWaveFile
    BackColor       =   &H00FFFFFF&
    FontBold        =   0   ,False
    FontItalic      =   0   ,False
    FontName        =   „MS Sans Serif"
    FontSize        =   8.25
    FontStrikethru  =   0   ,False
    FontUnderline   =   0   ,False
    ForeColor       =   &H00FF0000&
    Height          =   285
    Left            =   1800
    MaxLength       =   64
    TabIndex        =   3
    Top             =   900
    Width           =   3375
End
...
```

Zusätzlich zu den Symbolschaltflächen und speziellen Menübefehlen, die das Blättern zwischen Datensätzen erlauben, wird in das Formular eine vertikale Bildlaufleiste (Objektbezeichnung *VScrollBar*) mit dem Namen *CtlRoll* aufgenommen. Über diese können beliebige Datensätze innerhalb einer Datenbank angesteuert werden.

```
...
Begin VScrollBar CtlRoll
    Height      =   1455
    Left        =   5700
    TabIndex    =   17
    Top         =   480
    Width       =   285
End
...
```

Um den Datensatzeditor auch als solchen zu kennzeichnen, wird ein weiteres 3D-Rahmenelement (Objektbezeichnung *SSPanel*) verwendet und der Eigenschaft *Caption* der Text *Datensatzeditor* zugeordnet.

```
...
Begin SSPanel Panel3D3
    BackColor   =   &H00C0C0C0&
    Caption     =   „Datensatzeditor"
    Font3D      =   1   ,Raised w/light shading
    Height      =   315
    Left        =   120
    TabIndex    =   16
    Top         =   120
```

```
          Width           =    5895
    End
    ...
```

Desweiteren wird ein spezielles Bezeichnungsfeld (Objektbezeichnung *Label*) benötigt, in dem später zur Laufzeit Informationen zum
aktuellen Datensatz sowie zur Gesamtzahl der Datensätze innerhalb
der aktuellen Datenbank ausgegeben werden. Da das Programm im
Quelltext angesprochen wird, wird dem Steuerelement der aussagekräftigere Name *CtlSatzNr* zugewiesen. Um die Informationen hervorzu-
heben, wird ferner die Schriftgröße (Eigenschaft *FontSize*) erhöht sowie die
Schriftfarbe geändert (Eigenschaft *ForeColor*).

```
    ...
    Begin Label CtlSatzNr
       BackColor       =    &H00C0C0C0&
       Caption         =    „0"
       FontBold        =    -1   ,True
       FontItalic      =    0    ,False
       FontName        =    „MS Sans Serif"
       FontSize        =    12
       FontStrikethru  =    0    ,False
       FontUnderline   =    0    ,False
       ForeColor       =    &H00000080&
       Height          =    300
       Left            =    1800
       TabIndex        =    21
       Top             =    540
       Width           =    1110
    End
    ...
```

Die Textfelder für die Datensatzinformationen werden schließlich um
Bezeichnungsfelder (Objektbezeichnung *Label*) ergänzt, die verdeutlichen, welche Informationen in den jeweiligen Textfeldern erwartet
werden.

```
    ...
    Begin Label Bezeichnung5
       BackColor       =    &H00C0C0C0&
       Caption         =    „Beschreibung.......:"
       Height          =    255
       Left            =    120
       TabIndex        =    20
       Top             =    1260
       Width           =    1695
    End
```

```
Begin Label Bezeichnung3
    BackColor       =   &H00C0C0C0&
    Caption         =   „Klangdatei...........:"
    Height          =   255
    Left            =   120
    TabIndex        =   19
    Top             =   960
    Width           =   1695
End
Begin Label Bezeichnung1
    BackColor       =   &H00C0C0C0&
    Caption         =   „Datensatznummer.:"
    Height          =   195
    Left            =   120
    TabIndex        =   18
    Top             =   660
    Width           =   1695
End
End
...
```

An den oberen Rand des Hauptformulars plazieren Sie entsprechend Abb. 6.4 einen 3D-Rahmen (Objektbezeichnung *SSPanel*), welcher als gruppierendes Element für die Symbolschaltflächen genutzt wird.

```
...
Begin SSPanel Panel3D1
    Alignment       =   1   ,Left Justify - MIDDLE
    BackColor       =   &H00C0C0C0&
    BevelInner      =   1   ,Inset
    Font3D          =   1   ,Raised w/light shading
    Height          =   555
    Left            =   0
    TabIndex        =   6
    Top             =   0
    Width           =   6135
...
```

Innerhalb dieses 3D-Rahmens nehmen Sie 10 Symbolschaltflächen der Zusatzsteuerelementedatei THREED.VBX auf. Jeder Symbolschaltfläche (Objektbezeichnung *SSCommand*) ordnen Sie über die Eigenschaft *Picture* ein bestimmtes Bildsymbol zu, welches die dahinter verborgene Programmfunktion verdeutlichen soll. Das Bildsymbol können Sie wahlweise aus einer vorhandenen Bildsymbolbibliothek entnehmen, oder, wie in diesem Fall, mit Hilfe des Zeichenprogrammes *PaintBrush* selbst im Bitmap-Format entwerfen.

```
      ...
      Begin SSCommand Command3D4
         Font3D          =    1  ,Raised w/light shading
         Height          =    315
         Left            =    5640
         Picture         =    KBASE.FRX:0484
         TabIndex        =    4
         Top             =    120
         Width           =    375
      End
      Begin SSCommand Command3D3
         Font3D          =    1  ,Raised w/light shading
         Height          =    315
         Left            =    5220
         Picture         =    KBASE.FRX:0606
         TabIndex        =    5
         Top             =    120
         Width           =    375
      End
      Begin SSCommand ctlFind
         Font3D          =    1  ,Raised w/light shading
         Height          =    315
         Left            =    3180
         Picture         =    KBASE.FRX:0788
         TabIndex        =    14
         Top             =    120
         Width           =    375
      End
      Begin SSCommand CtlOpen
         Font3D          =    1  ,Raised w/light shading
         Height          =    315
         Left            =    120
         Picture         =    KBASE.FRX:090A
         TabIndex        =    13
         Top             =    120
         Width           =    375
      End
      Begin SSCommand CtlEnde
         Font3D          =    1  ,Raised w/light shading
         Height          =    315
         Left            =    2760
         Picture         =    KBASE.FRX:0A8C
         TabIndex        =    12
         Top             =    120
         Width           =    375
      End
      Begin SSCommand CtlPlus10
         Font3D          =    1  ,Raised w/light shading
         Height          =    315
         Left            =    2340
         Picture         =    KBASE.FRX:0C0E
```

```
        TabIndex        =   11
        Top             =   120
        Width           =   375
    End
    Begin SSCommand CtlPlus
        Font3D          =   1   ,Raised w/light shading
        Height          =   315
        Left            =   1920
        Picture         =   KBASE.FRX:0D90
        TabIndex        =   10
        Top             =   120
        Width           =   375
    End
    Begin SSCommand CtlMinus
        Font3D          =   1   ,Raised w/light shading
        Height          =   315
        Left            =   1500
        Picture         =   KBASE.FRX:0F12
        TabIndex        =   9
        Top             =   120
        Width           =   375
    End
    Begin SSCommand CtlMinus10
        Font3D          =   1   ,Raised w/light shading
        Height          =   315
        Left            =   1080
        Picture         =   KBASE.FRX:1094
        TabIndex        =   8
        Top             =   120
        Width           =   375
    End
    Begin SSCommand CtlPos1
        Font3D          =   1   ,Raised w/light shading
        Height          =   315
        Left            =   660
        Picture         =   KBASE.FRX:1216
        TabIndex        =   7
        Top             =   120
        Width           =   375
    End
End
...
```

Für die Datei-Dialoge werden gemeinsame Windows-Dialoge unter Zuhilfenahme der Zusatzsteuerelementedatei CMDIALOG.VBX genutzt. Dazu muß das zugehörige Steuerelement (Objektbezeichnung *CommonDialog*) einmalig in das Hauptformular plaziert werden. Das Steuerelement selbst ist ausschließlich im Entwurfsmodus sichtbar, erscheint also nicht zur Laufzeit. Auf die Dialoge wird ausschließlich im Quelltext über Eigenschaften und Methoden zugegriffen.

```
...
Begin CommonDialog CMDialog1
   Left        =  6180
   Top         =  0
End
```

Nun kann das Menü des Startformulars definiert werden. Dazu muß zunächst das Entwurfsformular durch Anwahl mit der Maus aktiviert werden. Sie können dies an der farblich hervorgehobenen Titelleiste erkennen. Erst dann können Sie über den Menüeintrag WINDOWS\ MENU DESIGN das benötigte Fenster auf den Bildschirm bringen. Die wichtigsten Informationen, die sie für die Menüdefinition benötigen, können Sie der folgenden Tabelle entnehmen.

Caption:	Ebene:	Name:	Enabled/Visible:
&Datei	1	MNU_File	●●
&Öffnen...	2	MNU_Open	●●
&Schließen...	2	MNU_Close	●●
-	2	MNU_Leer	●●
&Beenden	2	MNU_Exit	●●
&Bearbeiten	1	MNU_Edit	●●
&weiterblättern	2	MNU_Plus1	●●
&zurückblättern	2	MNU_Minus1	●●
10 Datensätze &vor	2	MNU_MoveForward	●●
10 Datensätze &zurück	2	MNU_MoveBackward	●●
Datei&anfang	2	MNU_Home	●●
Datei&ende	2	MNU_End	●●
-	2	MNU_Leer2	●●
&Klangdatei abspielen	2	MNU_PlaySound	●●
&Suchen...	2	MNU_Find	●●
&Hilfe	1	MNU_Help	●●
&Information...	2	MNU_Info	●●
Über...	2	MNU_About	●●

Die Eigenschaft *Caption* legt die Bezeichnungen für die einzelnen Menüeinträge fest. Anhand des Tabelleneintrages *Ebene* sind die zwei Menüebenen erkennbar. Die erste Ebene repräsentiert das Hauptmenü, das später im Formular in der Zeile unterhalb der Titelleiste ausgegeben wird. Die einzelnen Einträge können bei der Programmausführung über die Taste (Alt) und den jeweils durch Unterstreichung hervorgehobenen Buchstaben aufgerufen werden. Unter dem zu einem Menüsteuerelement angegebenen Namen kann dieses auch im Quelltext angesprochen werden. Die Eigenschaft *Enabled* bestimmt, ob der jeweils zugehörige Menüeintrag beim Programmstart anwählbar ist. Die Eigenschaft *Visible* legt fest, ob der jeweils zugehörige Menüeintrag sichtbar ist. Die Eigenschaftswerte zu den hier genannten Eigenschaften *Caption, Visible* und *Enabled* können zur Laufzeit über Quelltextanweisungen geändert werden.

Haben Sie die Menüstruktur definiert, müssen Sie das Menüentwurfsfenster über die Schaltfläche <OK> quittieren, da sonst alle zuletzt gemachten Eingaben unwiderruflich verloren gehen. Nach erfolgreicher Menüdefinition wird das Menü unmittelbar in das Startformular übernommen und kann bereits im Entwurfsmodus auf Korrektheit hin überprüft werden. Sind Änderungen erforderlich, können Sie bei Bedarf in das Menüentwurfsfenster zurückkehren. Die hier beschriebene Menüdefinition ergibt in der ASCII-Formbeschreibung die nachfolgend angeführte Struktur.

```
Begin Menu MNU_File
    Caption        =    „&Datei"
    Begin Menu MNU_Open
        Caption        =    „Ö&ffnen..."
    End
    Begin Menu MNU_Close
        Caption        =    „&Schließen"
    End
    Begin Menu MNU_Leer
        Caption        =    „-"
    End
    Begin Menu MNU_ende
        Caption        =    „&Beenden"
    End
End
Begin Menu MNU_Edit
    Caption        =    „&Bearbeiten"
    Begin Menu MNU_Plus1
        Caption        =    „&weiterblättern"
    End
```

```
            Begin Menu MNU_Minus1
                Caption          =   „&zurückblättern"
            End
            Begin Menu MNU_MoveForward
                Caption          =   „10 Datensätze &vor"
            End
            Begin Menu MNU_MoveBackward
                Caption          =   „10 Datensätze &zurück"
            End
            Begin Menu MNU_Home
                Caption          =   „Datei&anfang"
            End
            Begin Menu MNU_End
                Caption          =   „Datei&ende"
            End
            Begin Menu MNU_Leer2
                Caption          =   „-"
            End
            Begin Menu MNU_PlaySound
                Caption          =   „&Klangdatei abspielen"
            End
            Begin Menu MNU_Find
                Caption          =   „&Suchen..."
            End
        End
        Begin Menu MNU_Help
            Caption          =   „&Hilfe"
            Begin Menu MNU_Info
                Caption          =   „&Information..."
            End
            Begin Menu MNU_About
                Caption          =   „Über..."
            End
        End
    End
End
```

Damit kann der Quelltext zum Programm *KlangBase* eingegeben werden. Sämtliche ereignis- und benutzerdefinierten Prozeduren werden innerhalb der Formdatei KBASE.FRM verwaltet. Innerhalb des Allgemeinteils wird eine Copyright-Notiz sowie weitere formglobale Variablen deklariert, in die ein Datensatz temporär gesichert werden kann.

```
.Programm: KBASE
.Datei: KBASE.FRM
.Funktion: Verwalten und Abspielen von Wave-Dateien
```

```
,Autor:    Dipl.-Ing. Andreas Maslo
,(c)1993 by Sybex/IngES/Dipl.-Ing. Andreas Maslo

Dim OldText$, OldBeschreibung$
```

Wählen Sie die Symbolschaltfläche mit dem Augenpaar innerhalb des *Sounddatei suchen* Datensatzeditors an, so wird intern die Ereignisprozedur *Command-3D2_Click* aufgerufen und damit ein *Datei suchen*-Dialog geöffnet, mit dessen Hilfe Sie eine Klangdatei suchen und in das Textfeld für den Klangdateinamen übernehmen können. Als Startverzeichnis zur Dateisuche wird das Programmverzeichnis über die Eigenschaft *Path* des Objekts *App* festgelegt. Über die Eigenschaften *DialogTitle, Filter* und *Filename* wird das Dialogfeld zur Dateisuche so eingestellt, daß ausschließlich Klangdateien mit dem Dateikürzel WAV berücksichtigt werden. Der jeweils gewählte Dateiname wird, in der vorliegenden Programmfassung unabhängig davon, ob der Dialog mit <OK> quittiert wurde oder nicht, in das Textfeld *CtlWaveFile* des Datensatzeditors übernommen. Beachten Sie, daß die Schaltfläche für Erweiterungen bereits in Form eines Steuerelementefeldes eingerichtet wurde, obgleich dieses in der aktuellen Fassung lediglich ein einzelnes Element besitzt. Dies wird am Paramter *Index* innerhalb der Parameterliste erkennbar.

```
Sub Command3D2_Click (Index As Integer)
    Static OldPath$
    ,Sounddatei suchen und in Einrichtungsdialog übernehmen
    ,(gemeinsamer Windows-Dialog)
    ,Anfangsverzeichnis entspricht Programmverzeichnis
    CMDialog1.InitDir = App.Path
    ,Titelzeile
    CMDialog1.DialogTitle = „Klangdatei suchen"
    ,Suchmaske festlegen
    CMDialog1.Filter = „Klangdateien (*.WAV)|*.wav"
    CMDialog1.Filename = „*.wav"
    ,Filterindex
    CMDialog1.FilterIndex = 1
    ,Flags setzen
    CMDialog1.Flags = OFN_CREATEPROMPT And OFN_PATHMUSTEXIST
    ,Datei öffnen-Dialog
    CMDialog1.Action = 1
    ,Ergebnis der Dateianwahl ausgeben
    CtlWaveFile.Text = CMDialog1.Filename
End Sub
```

Löschen mit Undo-Funktion Wählen Sie die Befehlsschaltfläche zum Löschen der aktuellen Textfeldinhalte an (9. Schaltfläche innerhalb der Symbolleiste), so wird das Ereignis *Click* ausgelöst und damit die Ereignisprozedur *Command-3D3_Click* ausgeführt. Prozedurintern werden abhängig davon, ob ursprüngliche Feldinhalte bereits in den Variablen *OldText$* und *OldBeschreibung$* gesichert wurden, die Feldinhalte gelöscht oder aber wieder hergestellt. Das Löschen der Felder wird dadurch realisiert, daß die Eigenschaften *Text* der Textfelder auf leere Zeichenketten gesetzt werden. Entsprechend werden bei der Funktion zum Rückgängigmachen eines Löschvorganges die in den Variablen *OldText$* und *OldBeschreibung$* gesicherten Feldinhalte in die Eigenschaften *Text* der jeweiligen Textfelder zurückgeschrieben und anschließend zur Reinitialisierung gelöscht.

```
Sub Command3D3_Click ()
    .Feldinhalte löschen, erneutes Löschen entspricht
    .einer Undo-Funktion
    .Textinhalte vorhanden
    If OldText$ = „" And OldBeschreibung$ = „" Then
        OldText$ = CtlWaveFile.Text
        OldBeschreibung$ = CtlBeschreibung.Text
        CtlWaveFile.Text = „"
        CtlBeschreibung.Text = „"
    Else
        CtlWaveFile.Text = OldText$
        CtlBeschreibung.Text = OldBeschreibung$
        OldText$ = „"
        OldBeschreibung$ = „"
    End If
End Sub
```

Klangdatei abspielen Wählen Sie die Befehlsschaltfläche zum Abspielen an (10. Schaltfläche innerhalb der Symbolleiste), so wird das Ereignis *Click* ausgelöst und damit die Ereignisprozedur *Command3D4_Click* abgearbeitet. Prozedurintern wird der Pfad und Name der Klangdatei aus der Eigenschaft *Text* des Textfeldes *CtlWaveFile* ermittelt. Mit Hilfe der API-Funktion *SndPlaySound* wird die Klangdatei schließlich abgespielt. Für die Dauer des Abspielens erscheint der Mauscursor als Sanduhr (*Screen.MousePointer=11*).

```
Sub Command3D4_Click ()
    .Mauszeiger als Sanduhr
    Screen.MousePointer = 11
    .Datei aus Textfeld
    Datei$ = CtlWaveFile.Text
```

```
,Flags setzen
sFlags% = SND_SYNC And SND_NODEFAULT
,Klangdatei abspielen
Dummy% = SndPlaySound(Datei$, sFlags%)
,Mauszeiger normal
Screen.MousePointer = 0
End Sub
```

Mit Hilfe der Schaltfläche <>|> wird zum Ende der aktuellen Daten-
bank weitergeblättert. Bei jeder Schaltflächenanwahl wird das Ereignis *Click* ausgelöst. Um in die zugehörige Ereignisprozedur
(*CtlEnde_Click*) zu gelangen, wählen Sie im Entwurfsmodus die entsprechende Schaltfläche mit einem Doppelklick an. Ist der letzte
Datensatz nicht schon aktiv, in diesem Fall ist *SatzNr%<>SatzAzahl%*,
so wird der jeweils aktuelle Datensatz zunächst mit Hilfe der
benutzerdefinierten Routine *PutRecord* gesichert, anschließend die
größte Datensatznummer aus der globalen Variablen *SatzAnzahl%*
ausgelesen und der zugehörige Datensatz über die benutzerdefinierte
Anweisung *GetRecord* angesteuert. Die Datensatzinformationen werden mit Hilfe der Prozedur *SatzInfo*, der Stand des Bildlaufpfeils auf
der vertikalen Bildlaufleiste durch Ändern der Eigenschaft *Value*, auf
den aktuellen Stand gebracht.

*Letzter
Datensatz*

```
Sub CtlEnde_Click ()
   ,nur zum letzten Datensatz blättern,
   ,wenn Datensatznummer ungleich dem letzten Datensatz
   If SatzNr% <> SatzAnzahl% Then
      ,gesicherte Textinhalte gehen beim Blättern
      ,verloren
      OldText$ = „"
      OldBeschreibung$ = „"
      ,aktuellen Datensatz speichern
      PutRecord SatzNr%
      ,Datensatzanzahl
      SatzNr% = SatzAnzahl%
      GetRecord SatzNr%
      SatzInfo
      ,Rollbalken der aktuell gewählten
      ,Datensatznummer anpassen
      CtlRoll.Value = SatzNr%
   End If
End Sub
```

Wählen Sie die Befehlsschaltfläche zum Suchen einer Zeichenkette innerhalb der aktuell geöffneten Datenbank an (8. Schaltfläche innerhalb der Symbolleiste), so wird das Ereignis *Click* ausgelöst und damit

die Ereignisprozedur *ctlFind_Click* abgearbeitet. Der jeweils aktuelle Datensatz wird in der Variablen *MerkeSatz&* zunächst gesichert, damit dieser –sofern keine Übereinstimmung gefunden wurde– nach dem Suchvorgang wieder aktiviert werden kann. Über die Visual Basic-Funktion *InputBox$* wird im Anschluß daran die zu suchende Zeichenkette abgefragt. Damit nicht zwischen Groß- und Kleinschreibung unterschieden wird, werden beim späteren Zeichenkettenvergleich die jeweiligen Zeichenketten in Kleinbuchstaben konvertiert. Wird keine Zeichenkette eingegeben, so wird die Suchfunktion vorzeitig beendet.

Bei einer Suche werden sämtliche Datensätze –beginnend beim ersten Datensatz– satzweise gelesen, die Datenfeldinformationen in der Zeichenkettenvariablen *Satz$* zusammengefaßt und jeweils mit der zu suchenden Zeichenkette *ZuSuchen$* verglichen. Wird mit Hilfe der Visual Basic-Zeichenketten-Vergleichsfunktion *Instr* eine Übereinstimmung gefunden, so wird über die Funktion *MsgBox* abgefragt, ob die Suche fortgesetzt oder aber der gefundene Datensatz direkt angezeigt werden soll. Nach der Suche werden die aktuellen Datensatzinformationen mit Hilfe der benutzerdefinierten Funktion *SatzInfo* wieder auf den aktuellen Stand gebracht.

```
Sub ctlFind_Click ()
   'gesicherte Textinhalte gehen beim Blättern
   'verloren
   OldText$ = „"
   OldBeschreibung$ = „"
   'aktuellen Satz merken
   MerkeSatz% = SatzNr%
   'zu suchende Zeichenkette abfragen
   Titel$ = „Klangdatei suchen"
   Meldung$ = „Geben Sie die zu suchende Zeichenkette ein! „
   Meldung$ = Meldung$ + „Es wird nicht zwischen Groß- „
   Meldung$ = Meldung$ + „und Kleinschreibung unterschieden. „
   ZuSuchen$ = InputBox$(Meldung$, Titel$)
   If Trim$(ZuSuchen$) <> „" Then
      'OK wurde zum Suchen gegeben
      ZuSuchen$ = Trim$(ZuSuchen$)
      'noch keine Übereinstimmung gefunden
      Treffer% = False
      For X% = 1 To SatzAnzahl%
         'satzweise einlesen
         GetRecord X%
         SatzInfo
         'zu durchsuchende Felder zusammenfügen
```

```
        Satz$ = WaveRecord.WaveFile + Space$(5) +
WaveRecord.Beschreibung
        'Vergleich
        If InStr(LCase$(Satz$), LCase$(ZuSuchen$)) > 0 Then
            'Treffer!
            Treffer% = True
            GefundenerDatensatz% = X%
            Titel$ = „Suche erfolgreich"
            Meldung$ = „Die Zeichenkette  <„ + ZuSuchen$ + „> wurde in
                        Datensatz „
            Meldung$ = Meldung$ + Str$(X%) + „ gefunden. Wollen Sie die
                        Suche „
            Meldung$ = Meldung$ + „fortsetzen?"
            'Ja/Nein-Abfrage zum Fortsetzen der Suche
            a% = MsgBox(Meldung$, 32 + 4, Titel$)
            'JA wurde gewählt, also Schleife
            'vorzeitig beenden
            If a% <> 6 Then
                'Datensatz anzeigen
                Exit For
            Else
                'letzten Treffer merken, um diesen
                'nach dem Abbruch der Suchfunktion anzeigen
                'zu können
                SatzNr% = X%
            End If
        End If
    Next X%
    If Treffer% = False Then
        'keine Übereinstimmung gefunden,
        'also den ursprünglich angezeigten
        'Datensatz wieder anzeigen
        SatzNr% = MerkeSatz%
    Else
        'letzten Treffer anzeigen
        SatzNr% = GefundenerDatensatz%
    End If
    'ursprünglichen oder gefundenen
    'Datensatz einlesen
    GetRecord SatzNr%
    'aktuellen Arbeitsstand anzeigen
    SatzInfo
    End If
End Sub
```

Wählen Sie die Befehlsschaltfläche zum Öffnen einer Datenbank an (1. Schaltfläche innerhalb der Symbolleiste), so wird das Ereignis *Click* ausgelöst und damit die Ereignisprozedur *CtlOpen_Click* abgearbeitet. Prozedurintern wird lediglich die entsprechende Ereignisprozedur zum Menübefehl mit gleicher Funktion aufgerufen (vgl. Ereignisprozedur *MNU_Open_Click*).

```
Sub CtlOpen_Click ()
  'Datei öffnen
  'hier entsprechenden Menübefehl aufrufen
  MNU_Open_Click
End Sub
```

Weiterblättern Mit Hilfe der Schaltfläche <>> wird in der Datei weitergeblättert. Bei jeder Schaltflächenanwahl wird das Ereignis *Click* ausgelöst. Um in die zugehörige Ereignisprozedur (*CtlPlus_Click*) zu gelangen, wählen Sie im Entwurfsmodus die entsprechende Schaltfläche mit einem Doppelklick an. Wie bereits mehrfach angeführt, sollen in jeder Datei bis zu 10000 Datensätze verwaltet werden können. Aus diesem Grund wird für die Variable *SatzAnzahl%* der einfache Ganzzahldatentyp gewählt (Typkennzeichen: %). Um die Erzeugung eines neuen Datensatzes bei jedem Betätigen der Schaltfläche zu vermeiden, wird zunächst immer kontrolliert, ob überhaupt eine Klangdatei eingegeben worden ist. In diesem Fall ist *CtlWaveFile.Text* <> „ ". Sollte das nicht der Fall sein, ist das Abspeichern der Daten auch nicht sinnvoll. Ferner muß beim Blättern überprüft werden, ob ein neuer Datensatz angelegt wird (*SatzNr%>=SatzAnzahl%*), damit die Eingabemaskenwerte für den neuen Datensatz korrekt initialisiert bzw. zurückgesetzt werden können. Beachten Sie, daß nach dem Abspeichern eines neuen Datensatzes (dann *SatzNr%>=SatzAnzahl%*) durch die Anweisung *SatzAnzahl%=SatzAnzahl%+1*, die Gesamtanzahl der Datensätze aktualisiert wird. Die am Routinenanfang ermittelte Datensatzanzahl wird in diesem Fall durch das Weiterblättern erhöht. Die korrekte *SatzAnzahl%* wird intern als Kontrollvariable benötigt, so daß eine korrekte Kenntnis der Datensatzanzahl unbedingt erforderlich ist.

```
Sub CtlPlus_Click ()
  'nur neuen Datensatz anfügen, wenn im letzten Datensatz
  'ein Einnahme- oder Ausgabewert enthalten ist
  If CtlWaveFile.Text <> „ " Then
    If SatzNr% < SatzAnzahl% Then
      'gesicherte Textinhalte gehen beim Blättern
      'verloren
      OldText$ = „ "
      OldBeschreibung$ = „ "
      'aktuellen Datensatz speichern
      PutRecord SatzNr%
      'Datensatzzähler um eins erhöhen
      SatzNr% = SatzNr% + 1
```

```
        ,falls kein neuer Datensatz, alten
        ,Datensatz einlesen
        GetRecord SatzNr%
        SatzInfo
        ,Rollbalken der aktuell gewählten
        ,Datensatznummer anpassen
        CtlRoll.Value = LOF(DNr%) \ Len(WaveRecord) - 1
      ElseIf SatzAnzahl% < 10000 Then
        ,maximal 10000 Datensätze zulassen
        ,gesicherte Textinhalte gehen beim Blättern
        ,verloren
        OldText$ = „"
        OldBeschreibung$ = „"
        ,aktuellen Satz speichern
        PutRecord SatzNr%
        ,Datensatzzähler erhöhen
        SatzNr% = SatzNr% + 1
        ,da neuer Datensatz, gleichzeitig Gesamtdatensatzzahl
        ,um eins erhöhen und Werte initialisieren
        SatzAnzahl% = SatzAnzahl% + 1
        ,maximalen Wert für vertikalen Rollbalken
        ,ebenfalls um eins erhöhen
        CtlRoll.Max = CtlRoll.Max + 1
        CtlWaveFile.Text = „"
        CtlBeschreibung.Text = „"
        ,Initialisierung der Datensatzfelder
        WaveRecord.Beschreibung = „"
        SatzInfo
      End If
      CtlBeschreibung.Text = WaveRecord.Beschreibung
   End If
End Sub
```

Wählen Sie die Befehlsschaltfläche zum Weiterblättern um 10 Datensätze an (5. Schaltfläche innerhalb der Symbolleiste), so wird
programmintern die Ereignisprozedur *CtlPlus10_Click* ausgeführt.
Sofern zulässig, also wenn *SatzNr%+10<=SatzAnzahl%* ist, wird der
aktuelle Datensatz über *PutRecord* gesichert, die Datensatznummer
SatzNr% um 10 erhöht und im Anschluß daran der gewünschte
Datensatz via *GetRecord* zur Anzeige gebracht. Die Datensatzinformationen werden über die benutzerdefinierte Anweisung *SatzInfo*
aktualisiert.

```
Sub CtlPlus10_Click ()
  ,nur um zehn Datensätze weiterblättern,
  ,wenn diese bereits existieren
  If SatzNr% + 10 <= SatzAnzahl% Then
    ,gesicherte Textinhalte gehen beim Blättern
```

```
            ,verloren
            OldText$ = „“
            OldBeschreibung$ = „“
            ,aktuellen Datensatz speichern
            PutRecord SatzNr%
            ,Datensatzzähler um eins erhöhen
            SatzNr% = SatzNr% + 10
            GetRecord SatzNr%
            SatzInfo
            ,Rollbalken der aktuell gewählten
            ,Datensatznummer anpassen
            CtlRoll.Value = SatzNr%
    End If
    End Sub
```

Zurückblättern Das Zurückblättern in der Datei verläuft ähnlich wie das Weiterblättern (4. Schaltfläche innerhalb der Symbolleiste). Dabei brauchen
Sie lediglich darauf zu achten, daß nicht vor den ersten Datensatz geblättert werden darf. Die Variable *SatzNr%* muß vor dem Blättern also
einen Wert größer 1 haben, da dieser innerhalb dieses Blocks um 1 ab-
gemindert wird und nicht zu 0 werden darf. Sofern zulässig, also wenn
SatzNr%>1 ist, wird der aktuelle Datensatz über *PutRecord* gesichert,
die Datensatznummer *SatzNr%* um 1 erniedrigt und im Anschluß daran der gewünschte Datensatz via *GetRecord* zur Anzeige gebracht. Die
Datensatzinformationen werden über die benutzerdefinierte Anweisung *SatzInfo* aktualisiert.

```
Sub CtlMinus_Click ()
    ,nur zum vorherigen Datensatz blättern,
    ,wenn Datensatznummer gößer als eins
    If SatzNr% > 1 Then
        ,gesicherte Textinhalte gehen beim Blättern
        ,verloren
        OldText$ = „“
        OldBeschreibung$ = „“
        ,aktuellen Datensatz speichern
        PutRecord SatzNr%
        ,Datensatzzähler um eins erhöhen
        SatzNr% = SatzNr% - 1
        GetRecord SatzNr%
        SatzInfo
        ,Rollbalken der aktuell gewählten
        ,Datensatznummer anpassen
        CtlRoll.Value = SatzNr%
    End If
End Sub
```

Wählen Sie die Befehlsschaltfläche zum Zurückblättern um 10 Datensätze an (3. Schaltfläche innerhalb der Symbolleiste), so wird programmintern die Ereignisprozedur *CtlMinus10_Click* ausgeführt. Sofern zulässig, also wenn *SatzNr%>10* ist, wird der aktuelle Datensatz
über *PutRecord* gesichert, die Datensatznummer *SatzNr%* um 10
erniedrigt und im Anschluß daran der gewünschte Datensatz via
GetRecord zur Anzeige gebracht. Die Datensatzinformationen werden
über die benutzerdefinierte Anweisung *SatzInfo* aktualisiert.

```
Sub CtlMinus10_Click ()
    ‚nur um 10 Datensätze nach vorne blättern,
    ‚wenn Datensatznummer gößer als zehn
    If SatzNr% > 10 Then
        ‚gesicherte Textinhalte gehen beim Blättern
        ‚verloren
        OldText$ = „“
        OldBeschreibung$ = „“
        ‚aktuellen Datensatz speichern
        PutRecord SatzNr%
        ‚Datensatzzähler um eins erhöhen
        SatzNr% = SatzNr% - 10
        GetRecord SatzNr%
        SatzInfo
        ‚Rollbalken der aktuell gewählten
        ‚Datensatznummer anpassen
        CtlRoll.Value = SatzNr%
    End If
End Sub
```

Mit Hilfe der Schaltfläche <|<> wird zum Anfang der aktuellen Datenbank geblättert. Bei jeder Schaltflächenanwahl wird das Ereignis *Click*
ausgelöst. Um in die zugehörige Ereignisprozedur (*CtlPos1_Click*) zu
gelangen, wählen Sie im Entwurfsmodus die entsprechende Schaltfläche mit einem Doppelklick an. Ist der erste Datensatz noch nicht
aktiv, in diesem Fall ist *SatzNr%<>1*, so wird der jeweils aktuelle
Datensatz zunächst mit Hilfe der benutzerdefinierten Routine
PutRecord gesichert und anschließend der erste Datensatz über die
benutzerdefinierte Anweisung *GetRecord* angesteuert. Die Datensatzinformationen werden mit Hilfe der Prozedur *SatzInfo*, der Stand des
Bildlaufpfeils auf der vertikalen Bildlaufleiste durch Ändern der Eigenschaft *Value,* auf den aktuellen Stand gebracht.

```
Sub CtlPos1_Click ()
    ‚nur zum ersten Datensatz blättern,
    ‚wenn Datensatznummer ungleich eins
```

```
      If SatzNr% <> 1 Then
        ,gesicherte Textinhalte gehen beim Blättern
        ,verloren
        OldText$ = „"
        OldBeschreibung$ = „"
        ,aktuellen Datensatz speichern
        PutRecord SatzNr%
        ,Datensatzzähler um eins erhöhen
        SatzNr% = 1
        GetRecord SatzNr%
        SatzInfo
        ,Rollbalken der aktuell gewählten
        ,Datensatznummer anpassen
        CtlRoll.Value = SatzNr%
      End If
    End Sub
```

Ansteuern beliebiger Datensätze Wählen Sie die vertikale Bildlaufleiste zum Ansteuern bestimmter Datensätze an, so wird programmintern die Ereignisprozedur *CtlRoll_Change* ausgeführt.

```
Sub CtlRoll_Change ()
  ,aktuellen Datensatz speichern
  PutRecord SatzNr%
  ,Mit Hilfe der vertikalen Bildlaufleiste kann
  ,zusätzlich zu den Schaltflächen zwischen den
  ,Datensätzen geblättert werden. Ein Anhängen
  ,neuer Datensätze ist über die Bildlaufleiste
  ,nicht sinnvoll...
  ,minimaler Wert ist Datensatznummer 1
  CtlRoll.Min = 1
  ,maximaler Wert der Bildlaufleiste ist abhängig
  ,von der vorhandenen Datensatzanzahl
  CtlRoll.Max = SatzAnzahl%
  ,Änderung beim Anklicken der Bildlaufleiste
  ,ober- bzw. unterhalb des Bildlaufpfeils:
  ,ersten Datensatz ansteuern
  CtlRoll.LargeChange = 10
  ,Änderung beim Anklicken des Bildlaufpfeils
  CtlRoll.SmallChange = 1
  SatzNr% = CtlRoll.Value
  GetRecord SatzNr%
  SatzInfo
End Sub

Sub CtlWaveFile_Change ()
  ,alten Datensatz merken
  AlterSatz% = SatzNr%
End Sub
```

Beim Blättern zwischen Datensätzen soll sichergestellt werden, das
nur dann am Ende der Arbeitsdatei ein neuer Datensatz eingerichtet
wird, wenn der jeweils letzte Datensatz der Datei bereits eine Klangdatei enthält. Dabei muß berücksichtigt werden, daß Textinhalte eines Datensatzes durchaus nachträglich gelöscht werden können, also
auch dann, wenn der Datensatz nicht gleichzeitig der letzte Datensatz
ist. Dann muß sichergestellt sein, daß trotz leerem Datensatz weitergeblättert wird. Ob der leere Datensatz nun letzter oder nicht letzter
Datensatz einer Datei ist, kann über die Gesamtzahl der Datensätze
ermittelt werden.

Datensatz initialisierung

Bevor Sie zwischen Datensätzen blättern können, muß also jeweils
zunächst die Anzahl der Datensätze abgefragt werden. Erst dann kann
programmtechnisch sichergestellt werden, daß ein neuer Datensatz
nur dann eingerichtet wird, wenn entsprechende Daten zum Datensatz eingegeben wurden, und daß dennoch weitergeblättert wird,
wenn der aktuelle Datensatz keine Daten enthält, aber nicht gleichzeitig der letzte Datensatz der Datei ist. Die entsprechende Initialisierung
wird in der Ereignisprozedur *Form_Load*, also beim Laden des Ein-
gabedialogfeldes, durchgeführt.

Zu Beginn der Prozedur wird über die Anweisung *LOF(DNr%)\
Len(WaveRecord)* die Gesamtzahl der vorhandenen Datensätze der jeweiligen Arbeitsdatei ermittelt. Dieser Wert wird zur Kontrolle beim
Blättern und zum automatischen Aktivieren des jeweils letzten Datensatzes einer Arbeitsdatei verwendet *(SatzNr%=SatzAnzahl%)*. Da die
Lof-Funktion lediglich die Gesamtlänge einer Datei in Bytes zurück-
gibt, die Datensatzlänge jedoch mit *Len(WaveRecord)* bekannt ist,
kann über eine Integer-Division (Ergebnis ist eine Ganzzahl) auch die
Anzahl der Datensätze errechnet werden.

Bevor ein Datensatz geladen wird, wird überprüft, ob bereits Daten in
der gewählten Datei vorhanden sind. Ist dies der Fall (dann
SatzNr%<>0), so werden die Daten aus der Datei via *GetRecord* gelesen und die erste Satznummer initialisiert *(SatzNr%=1)*. Informationen zur aktuellen Satznummer und zur Gesamtzahl der Datensätze
werden mit Hilfe der Funktion *SatzInfo* ausgegeben.

Wie bereits beim Programm *WavePlayer* wird auch im Programm
KlangBase die Initialisierung der 3D-Routinen aus der Bibliothek
CTL3D.DLL über die Ereignisprozedur *Form_Load* vorgenommen.
Nachdem über *GetModulHandle* die Programmkennung ermittelt

wurde, wird die Bibliothek CTL3D.DLL mit Hilfe der Funktion *Ctl3DRegister* angemeldet und anschließend via *Ctl3DAutoSubClass* das automatische Subclassing aktiviert.

```
Sub Form_Load ()
  ,3D-Dialoge initialisieren
  Handle3D% = GetModuleHandle(App.EXEName)
  ,3D-Routinen registrieren
  Dummy% = Ctl3DRegister(Handle3D%)
  ,automatisches Sub-Classing
  Dummy% = Ctl3DAutoSubClass(Handle3D%)
  ,Standarddatei öffnen
  Dateiname$ = „KBASE.KDB"
  DNr% = FreeFile
  ,Datei im Direktzugriffsmodus öffnen
  Open Dateiname$ For Random As #DNr% Len = Len(WaveRecord)
  ,Datei im Hauptfenster anzeigen
  TXT_Datei.Caption = Dateiname$
  SatzNr% = LOF(DNr%) \ Len(WaveRecord)
  SatzAnzahl% = SatzNr%
  If SatzNr% = 0 Then
      SatzNr% = 1
    Else
      GetRecord SatzNr%
  End If
  ,aktuelle Datensatznummer anzeigen
  SatzInfo
  ,Bildlauffeld des Rollbalken ans Ende plazieren,
  ,da der jeweils letzte Datensatz der Datei im
  ,Datensatzeditor angezeigt wird
  CtlRoll.Value = SatzNr%
End Sub
```

Die Ereignisprozedur *Form_Unload* wird programmintern automatisch beim Entladen der Form ausgeführt und kann zur Deregistrierung der dynamischen Link-Bibliothek CTL3D.DLL sowie zum Schließen aller geöffneten Dateien (*Reset*-Anweisung) genutzt werden.

```
Sub Form_Unload (Abbrechen As Integer)
  ,Deregistrierung der 3D-Routinen
  Dummy% = Ctl3DUnRegister(Handle3D%)
  ,eventuell noch geöffnete Dateien beim Beenden
  ,über das Systemmenü schließen
  Reset
End Sub
```

Mit Hilfe der benutzerdefinierten Prozedur *GetRecord* kann ein beliebiger Datensatz in die globale Datensatzvariable *WaveRecord* ein-
gelesen werden. Die Datensatznummer wird dem Unterprogramm
als Parameter übergeben und die benötigte Dateinummer prozedurintern aus der globalen Variablen *DNr%* ermittelt.

Datensatz lesen

```
Sub GetRecord (Nr%)
    ,Datensatz einlesen
    Get #DNr%, Nr%, WaveRecord
    ,Datenfeldern Editierfeldern zuweisen
    CtlWaveFile.Text = WaveRecord.WaveFile
    CtlBeschreibung.Text = WaveRecord.Beschreibung
End Sub
```

Um in die Ereignisprozedur zum Menüpunkt HILFE\ÜBER... zu gelangen, brauchen Sie lediglich den Menüeintrag im Entwurfsmodus anzuwählen. Danach öffnet sich automatisch die leere Unterprogrammschablone *MNU_About_Click*. Hier können Sie nun mit Hilfe der
Visual Basic-Anweisung *MsgBox* einen Informationsausgabedialog
definieren und anzeigen lassen.

```
Sub MNU_About_Click ()
    CL$ = Chr$(13) + Chr$(10)
    Typ% = 64
    Titel$ = „Über KBASE..."
    Msg$ = „KBase" + CL$ + „Klangdateiverwaltung" + CL$
    Msg$ = Msg$ + „Version 1.0" + CL$ + CL$
    Msg$ = Msg$ + „(c)1993 by Sybex/IngES/Dipl.-Ing. Andreas Maslo"
    MsgBox Msg$, Typ%, Titel$
End Sub
```

Nun kann auch die Funktion zum Schließen der Arbeitsdatei in das
Hauptformular aufgenommen werden. Rufen Sie dazu zunächst im
Hauptformular den Menüpunkt DATEI\SCHLIESSEN... auf. In der zuge-
hörigen Ereignisprozedur *MNU_Close_Click* wird zunächst eine
Sicherheitsabfrage über die *MsgBox*-Funktion angezeigt. Nur wenn
Sie diese quittieren, wird die aktuelle Arbeitsdatei über die Anweisung
Close geschlossen und automatisch die Standarddatenbank KBASE
.KDB wieder über eine *Open*-Anweisung geöffnet.

```
Sub MNU_Close_Click ()
    ,alle Dateien schließen und Standarddatenbank
    ,KBASE.KDB wieder öffnen
    Reset
    Dateiname$ = „KBASE.KDB"
    DNr% = FreeFile
```

```
,Datei im Direktzugriffsmodus öffnen
Open Dateiname$ For Random As #DNr% Len = Len(WaveRecord)
,Datei im Hauptfenster anzeigen
TXT_Datei.Caption = Dateiname$
SatzNr% = LOF(DNr%) \ Len(WaveRecord)
SatzAnzahl% = SatzNr%
If SatzNr% = 0 Then
    SatzNr% = 1
  Else
    GetRecord SatzNr%
End If
,aktuelle Datensatznummer anzeigen
SatzInfo
,Bildlauffeld des Rollbalken ans Ende plazieren,
,da der jeweils letzte Datensatz der Datei im
,Datensatzeditor angezeigt wird
CtlRoll.Value = SatzNr%
End Sub
```

Nach Anwahl des Menüpunktes BEARBEITEN\DATEIENDE wird der letzte Datensatz innerhalb der aktuellen Datenbank angesteuert. Programmintern wird dazu die Ereignisprozedur *MNU_End_Click* ausgeführt, die ihrerseits die entsprechende Schaltflächenfunktion *CtlEnde_Click* aufruft.

```
Sub MNU_End_Click ()
  ,Dateiende ansteuern
  ,entsprechende Schaltflächenfunktion aufrufen
  CtlEnde_Click
End Sub
```

Wählen Sie im Entwurfsmodus den Menüeintrag DATEI\BEENDEN an, dann öffnet sich die Unterprogrammschablone zur Prozedur *MNU_Ende_Click*. Mit Hilfe der *MsgBox*-Funktion wird zunächst eine Sicherheitsabfrage durchgeführt, ob Sie das Programm tatsächlich beenden wollen. Nur wenn dies der Fall ist, werden zunächst alle eventuell noch geöffneten Datendateien über die Anweisung *Reset* wieder geschlossen und anschließend das Programm über die Anweisung *End* beendet.

```
Sub MNU_Ende_Click ()
  CL$ = Chr$(13) + Chr$(10)
  Typ% = 48 + 4
  Titel$ = „Programm beenden..."
  Msg$ = „Wollen Sie das Programm KBASE wirklich beenden?"
  a% = MsgBox(Msg$, Typ%, Titel$)
  ,falls die Datei noch geöffnet, jetzt schließen
```

```
    ,Reset-Anweisung schließt alle Dateien und
    ,benötigt keine Dateinummer
    Reset
    If a% = 6 Then End
End Sub
```

Nach Anwahl des Menüpunktes BEARBEITEN\DATEIANFANG wird der erste Datensatz innerhalb der aktuellen Datenbank angesteuert. Programmintern wird dazu die Ereignisprozedur *MNU_Home_Click* ausgeführt, die ihrerseits die entsprechende Schaltflächenfunktion *CtlPos1_Click* aufruft.

```
Sub MNU_Home_Click ()
    ,Dateianfang ansteuern
    ,entsprechende Schaltflächenfunktion aufrufen
    CtlPos1_Click
End Sub
```

Wählen Sie im Entwurfsmodus den Menüeintrag HILFE\INFORMATION... an, so öffnet sich die Unterprogrammschablone zur Prozedur *MNU_Info_Click*. Mit Hilfe der *MsgBox*-Funktion wird hier lediglich eine Kurzinformation zum Programm *KlangBase* ausgegeben.

```
Sub MNU_Info_Click ()
    CL$ = Chr$(13) + Chr$(10)
    Typ% = 64
    Titel$ = „Über WinKBase..."
    Msg$ = „Mit WinKBase können Klangdateien verwaltet, mit einer
Beschreibung „
    Msg$ = Msg$ + „versehen und bei Bedarf auch abgespielt werden. „
    MsgBox Msg$, Typ%, Titel$
End Sub
```

Nach Anwahl des Menüpunktes BEARBEITEN\ZURÜCKBLÄTTERN wird der jeweils vorangehende Datensatz innerhalb der aktuellen Datenbank angesteuert. Programmintern wird dazu die Ereignisprozedur *MNU_Minus1_Click* ausgeführt, die ihrerseits die entsprechende Schaltflächenfunktion *CtlMinus_Click* aufruft.

```
Sub MNU_Minus1_Click ()
    ,um einen Datensatz zurückblättern
    ,entsprechende Schaltflächenfunktion aufrufen
    CtlMinus_Click
End Sub
```

Nach Anwahl des Menüpunktes BEARBEITEN\10 DATENSÄTZE ZURÜCK wird jeweils um 10 Datensätze zurückgeblättert. Programmintern wird dazu die Ereignisprozedur *MNU_MoveBackward_Click* ausgeführt, die ihrerseits die entsprechende Schaltflächenfunktion *CtlMinus10_Click* aufruft.

```
Sub MNU_MoveBackward_Click ()
  '10 Datensätze zurück
  ,entsprechende Schaltflächenfunktion aufrufen
  CtlMinus10_Click
End Sub
```

Nach Anwahl des Menüpunktes BEARBEITEN\10 DATENSÄTZE VOR wird jeweils um 10 Datensätze weitergeblättert. Programmintern wird dazu die Ereignisprozedur *MNU_MoveForward_Click* ausgeführt, die ihrerseits die entsprechende Schaltflächenfunktion *CtlPlus10_Click* aufruft.

```
Sub MNU_MoveForward_Click ()
  '10 Datensätze vor
  ,entsprechende Schaltflächenfunktion aufrufen
  CtlPlus10_Click
End Sub
```

Datei öffnen — Da im Programm *KlangBase* Daten aus der Datei gelesen bzw. Daten in die Datei geschrieben werden sollen, muß die Datei zunächst geöffnet werden. Mit Hilfe des Menübefehls DATEI\ÖFFNEN... können Sie eine einmal angelegte Datenbank zur Bearbeitung laden. Prozedurintern wird dabei auf das Zusatzsteuerelement CMDIALOG.VBX zugegriffen. Der jeweils gewählte Dateiname des Dialogfeldes kann über die Eigenschaft *Filename* ermittelt werden. Die angewählte Datei wird direkt zur aktuell bearbeiteten Datei gemacht. Jede Datei, die geöffnet wird, muß hier das Dateikürzel .KDB aufweisen.

Ist eine Bearbeitung der Datei nicht mehr nötig, muß diese dementsprechend wieder geschlossen werden. Die Arbeitsdatei, die jeweils über einen *Datei öffnen*-Dialog angewählt wird, kann direkt nach der Anwahl durch das Schlüsselwort *Open* geöffnet werden. Das Schließen der Datei erfolgt später am Programmende mit Hilfe der Anweisung *Reset*. Es ist zu beachten, daß einer Datei beim Öffnen immer eine bestimmte Dateinummer zugewiesen wird. Es dürfen niemals zwei Dateien mit derselben Dateinummer geöffnet werden, da ein Programm dann mit einer Laufzeitfehlermeldung abbricht. Mit

Hilfe der Funktion *FreeFile* ermitteln Sie eine freie Dateinummer zur Laufzeit.

```
Sub MNU_Open_Click ()
  ,Datenbank öffnen
  ,(gemeinsamer Windows-Dialog)
  ,Anfangsverzeichnis entspricht dem Programmverzeichnis
  CMDialog1.InitDir = App.Path
  ,Titelzeile
  CMDialog1.DialogTitle = „Datenbank öffnen"
  ,Dateiname
  CMDialog1.Filename = „*.kdb"
  ,Suchmaske festlegen
  CMDialog1.Filter = „Klangdateien (*.KDB)|*.KDB"
  ,Filterindex
  CMDialog1.FilterIndex = 1
  ,Flags setzen
  CMDialog1.Flags = OFN_CREATEPROMPT And OFN_PATHMUSTEXIST
  ,Datei öffnen-Dialog
  CMDialog1.Action = 1
  ,Ergebnis der Dateianwahl ausgeben
  Dateiname$ = CMDialog1.Filename
  ,falls Abbruch gewählt wurde, Unterprogramm
  ,vorzeitig beenden
  If Dateiname$ = „*.kdb" Then Exit Sub
  ,eventuell geöffnete Dateien schließen
  ,und im Speicher befindliche Werte (global)
  ,zurücksetzen
  CtlWaveFile.Text = „"
  CtlBeschreibung.Text = „"
  ,Initialisierung der Datensatzfelder
  WaveRecord.Beschreibung = „"
  Reset
  ,Datei öffnen, Namen im Hauptformular anzeigen
  ,(evtl. Standard-Dateiname verwenden)
  ,aktuelles Verzeichnis für Standard-Dateiname
  If Dateiname$ = „" Or Right$(Dateiname$, 3) = „wav" Then Dateiname$
= „KBase.kdb"
  DNr% = FreeFile
  ,Datei im Direktzugriffsmodus öffnen;
  ,die Dateilänge wird nicht fest vergeben, sondern
  ,allgemein über die benutzerdefinierte Datensatzvariable
  ,WaveRecord (vgl. Recordstruktur Datensatz) ermittelt
  Open Dateiname$ For Random As #DNr% Len = Len(WaveRecord)
  ,Datei im Hauptfenster anzeigen
  ,(einschließlich Suchpfad)
  TXT_Datei.Caption = Dateiname$
  ,aktuelle Datensatznummer ist immer der letzte
  ,Datensatz, um die Eingabe weiterer Datensätze zu
```

```
,vereinfachen (Gesamtlänge \ Datensatzlänge)
SatzNr% = LOF(DNr%) \ Len(WaveRecord)
SatzAnzahl% = SatzNr%
,da Satznummer 0 nicht zulässig Korrektur; die
,Gesamtanzahl muß in diesem Fall den Wert 0 behalten,
,da der datensatz noch nicht abgespeichert wurde!
If SatzNr% = 0 Then
  SatzNr% = 1
End If
,aktuelle Datensatznummer anzeigen
CtlSatzNr.Caption = LTrim$(Str$(SatzNr%)) + „ /" +
Str$(SatzAnzahl%)
End Sub
```

Nach Anwahl des Menüpunktes BEARBEITEN\KLANGDATEI ABSPIELEN wird die jeweils aktuell im Datensatzeditor angezeigte Klangdatei abgespielt. Programmintern wird dazu die Ereignisprozedur *MNU_PlaySound_Click* ausgeführt, die ihrerseits die entsprechende Schaltflächenfunktion *Command3D4_Click* aufruft.

```
Sub MNU_PlaySound_Click ()
  ,zum Abspielen der aktuellen Klangdatei
  ,Tastenereignis mit gleicher Funktion
  ,aufrufen
  Command3D4_Click
End Sub
```

Mit Hilfe des Menübefehls BEARBEITEN\WEITERBLÄTTERN wird der erste Datensatz der aktuellen Datenbank angewählt. Programmintern wird dazu die Ereignisprozedur *MNU_Plus1_Click* ausgeführt, die ihrerseits die entsprechende Schaltflächenfunktion *CtlPlus_Click* aufruft.

```
Sub MNU_Plus1_Click ()
  ,um einen Datensatz weiterblättern
  ,entsprechende Schaltflächenfunktion aufrufen
  CtlPlus_Click
End Sub
```

Mit Hilfe der benutzerdefinierten Prozedur *PutRecord* kann ein beliebiger Datensatz aus der globalen Datensatzvariablen *WaveRecord* in einen bestimmten Datensatz einer Datenbank gespeichert werden. Die Datensatznummer wird dem Unterprogramm als Parameter übergeben und die benötigte Dateinummer prozedurintern aus der globalen Variablen *DNr%* ermittelt.

```
Sub PutRecord (Nr%)
   ,Inhalt der Editierfelder den einzelnen
   ,Datenfeldern zuweisen
   WaveRecord.WaveFile = CtlWaveFile.Text
   WaveRecord.Beschreibung = CtlBeschreibung.Text
   ,Datensatz speichern
   Put #DNr%, Nr%, WaveRecord
End Sub
```

Informationen zur aktuellen Datensatznummer sowie zur Gesamt-
zahl aller Datensätze innerhalb der aktuellen Datenbank gibt das
Unterprogramm *SatzInfo* innerhalb des Bezeichnungsfeldes *CtlSatz-
Nr* aus.

```
Sub SatzInfo ()
   ,Unterprogramm zur Anzeige des aktuellen Datensatzes und
   ,der Gesamtanzahl der vorhandenen Datensätze
   CtlSatzNr.Caption = LTrim$(Str$(SatzNr%)) + „ /" +
Str$(SatzAnzahl%)
End Sub
```

Damit ist die Benutzeroberfläche definiert und der zugehörige
Quelltext eingegeben. Sie können das Programm nun innerhalb der
Entwicklungsumgebung testen, bei Bedarf ändern und erweitern und
abschließend in ein eigenständig ausführbares Programm übersetzen. Um eine eigenständig lauffähige Programmdatei anzulegen,
speichern Sie zunächst sämtliche Dateien über den Menübefehl
FILE\SAVE PROJECT ab. Vergeben Sie, sofern noch erforderlich, die gewünschten Form- und Quelldateinamen (vgl. Projektdatei). Anschließend wählen Sie zur Erstellung des Programmes den Menübefehl
FILE\MAKE EXE-FILE... an. Es öffnet sich ein gesondertes Dialogfeld.
Wählen Sie ein Laufwerk, Verzeichnis und einen Dateinamen für die
zu erstellende Programmdatei aus. Legen Sie anschließend im
Kombinationslistenfeld *Application Title* den Namen fest, unter dem
das Programm später innerhalb des Windows-Task-Managers verwaltet werden soll. Wählen Sie optional ein beliebiges Bildsymbol für die
Programmdatei aus, das später beim Einbinden des Programmes in
eine Windows-Programmgruppe erscheint. Quittieren Sie die Angaben über die Schaltfläche <OK>, wird die EXE-Datei erzeugt. Existiert
der gewählte Dateiname bereits, erscheint eine Sicherheitsabfrage, ob
die Datei überschrieben werden soll. Danach kann das Programm
ohne Entwicklungsumgebung unter Windows ausgeführt werden.
Starten Sie eine Visual.Basic-Anwendung, ohne das Windows bereits
geladen ist, so wird Windows automatisch, sofern installiert, nach-

geladen. Die EXE-Datei muß unbedingt Zugriff auf die Laufzeitbibliothek VBRUN300.DLL und alle genutzten DLLs haben, ansonsten bricht das Programm beim Aufruf mit einer Fehlermeldung ab.
Damit ist das Windows-Programm fertiggestellt.

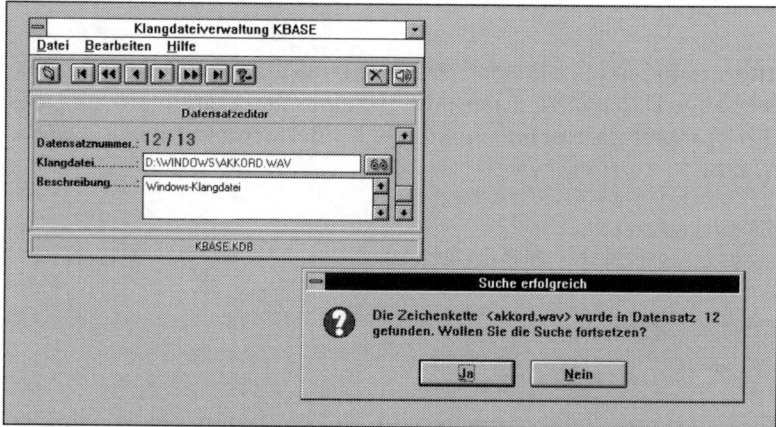

Abb. 6.5: Innerhalb einer Klangdatei-Datenbank können Sie nach beliebigen Zeichenketten suchen

Praxis Die Klangdateiverwaltung kann in weiten Teilen problemlos ausschließlich mit der Tastatur gesteuert werden, dennoch wird zum Einsatz des Programmes eine Maus empfohlen. Um mit Hilfe des Programms *KBase* Klangdateien zu verwalten, gehen Sie wie folgt vor:

1. Starten Sie zunächst das Programm KBASE.EXE über den Pro-
    gramm-Manager. Dabei wird davon ausgegangen, daß das Pro-
    gramm bereits als Bildsymbol in eine beliebige Programm-
    gruppe aufgenommen wurde.

2. Standardmäßig wird durch das Programm automatisch die
    Datenbank KBASE.KDB angelegt und geöffnet, so daß Sie nach
    dem Programmstart unmittelbar Datensätze eingeben können.
    Zur Festlegung der Klangdatei wählen Sie zunächst die Schalt-
    fläche mit dem Augenpaar innerhalb des Datensatzeditors an
    und wählen über den Datei-Dialog eine beliebige Klangdatei
    aus. Beachten Sie, daß im Dateilistenfeld des Datei-Dialoges nur
    dann Wave-Dateien erscheinen, wenn auch welche im gewähl-

ten Verzeichnis vorhanden sind. Quittieren Sie den Datei-Dialog mit <OK>, werden Suchpfad und Klangdateiname in das Textfeld für den Klangdateinamen übernommen. Mit Hilfe der 10. Schaltfläche innerhalb der Symbolleiste oder aber über den Menübefehl BEARBEITEN\KLANGDATEI ABSPIELEN können Sie die gewählte Klangdatei unmittelbar testweise abspielen.

3. Nun können Sie im Textfeld für die Beschreibung eine nähere Erläuterung zur aktuellen Klangdatei eingeben..

4. So geschehen, können Sie mit dem Menübefehl BEARBEITEN\ WEITERBLÄTTERN zum nächsten Datensatz weiterblättern und nach zuvor beschriebenem Schema weitere Datensätze eingeben. Entsprechend verfahren Sie auch für alle weiteren Datensätze bzw. Klangdateien.

5. Haben Sie mehrere Klangdateien eingegeben, können Sie gezielt über die Suchfunktion nach Klangdateien suchen lassen. Wählen Sie dazu den Menübefehl BEARBEITEN\SUCHEN... bzw. die entsprechende Symbolschaltfläche an. Im folgenden Dialogfeld geben Sie anschließend die zu suchende Zeichenkette ein, die sowohl im Datenfeld für den Klangdateinamen als auch für die Beschreibung enthalten sein darf. Quittieren Sie Ihre Eingabe mit <OK>. Wird eine Übereinstimmung gefunden, erscheint ein Dialog. Sie können bestimmen, ob der gefundene Datensatz unmittelbar angezeigt und damit die Suche abgebrochen werden soll oder aber ob die Suche weiter fortgesetzt werden soll.

6. Beachten Sie, daß die Datensätze automatisch beim Blättern gesichert werden. Ferner wird die Datenbank beim Beenden der Anwendung automatisch wieder geschlossen. Damit können Sie KBase beenden, ohne zuvor wichtige Datensicherungsfunktionen aufrufen zu müssen. Wählen Sie also lediglich die Menüfunktion DATEI\BEENDEN an und quittieren die nachfolgende Sicherheitsabfrage mit <Ja>.

Damit ist die Beschreibung des Programmes *KlangBase* zum Verwalten und Abspielen von Klangdateien beendet. Das nächste Programm zeigt Ihnen, wie Sie ein existierendes CD-ROM-Laufwerk als CD-Spieler einsetzen.

CDs abspielen mit CD-Play

Mittlerweile sind bereits eine Vielzahl unterschiedlicher CD-Player für Windows erhältlich. Es spricht also nichts dagegen, eine weitere Variante zu programmieren. Dabei sollen nur wesentliche Grundfunktionen, wie das Abspielen, Pausieren und Ansteuern von Musikstücken unterstützt werden. Ferner sollen Informationen zur Gesamtzahl der Musiktitel, zur aktuellen Titelnummer sowie zur Spielzeit des aktuellen Titels permanent im Hauptformular des CD-Spielers angezeigt werden. Besonders hilfreich erweist sich in diesem Zusammenhang die Zusatzsteuerelementedatei MCI.VBX, die sämtliche benötigten Funktionen sowie alle wichtigen Schalterfunktionen bereits über ein Bedienfeld zur Verfügung stellt. Dementsprechend kann das Programm auch sehr schnell in der Grundfassung implementiert werden.

Projektdatei Bevor das Programm selbst näher erläutert wird, sollten Sie sich vorab einmal die Projektdatei CDPLAY.MAK ansehen. An ihr wird erkennbar, das das Programm lediglich aus der Formdatei CDPLAY.FRM besteht und für Oberflächenelemente im 3D-Look die Zusatzsteuerelementedatei THREED.VBX verwendet. Multimedia-Funktionen werden über die Zusatzsteuerelementedatei MCI.VBX, die Bestandteil der professionellen Version von Visual Basic für Windows ist, zur Verfügung gestellt. Das eigenständig realisierbare Programm CDPLAY .EXE benötigt zur Ausführung ferner die Visual Basic-Laufzeitbibliothek VBRUN300.DLL.

```
CDPLAY.FRM
MCI.VBX
D:\WINDOWS\SYSTEM\THREED.VBX
ProjWinSize=102,196,240,198
ProjWinShow=2
IconForm="CDPlayer"
Title="CD Play"
ExeName="CDPLAY.EXE"
```

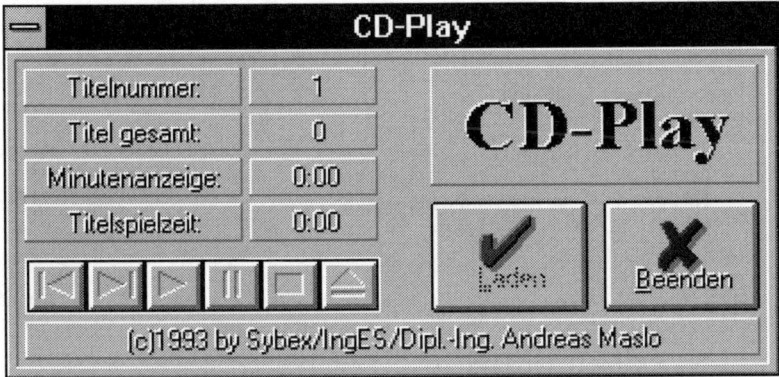

Abb. 6.6: Ein einfacher CD-Spieler steht mit dem Programm CD-Play zur Verfügung

Das Programm selbst besitzt nur ein einzelnes Formular, das wie in
Abb. 6.6 dargestellt, gestaltet wird. In der unteren linken Ecke sehen
Sie das MCI-Bedienfeld, das um zwei Schaltflächen im rechten
Formularbereich ergänzt wird. 3D-Rahmenelemente dienen ferner
zur Ausgabe der gewünschten CD-Informationen. Daraus resultierend ergibt sich die nachfolgende ASCII-Formbeschreibung. Auf
eine ausführliche Erläuterung sämtlicher Steuerelemente und der Eigenschaften soll an dieser Stelle verzichtet werden.

```
VERSION 2.00
Begin Form CDPlayer
    BorderStyle     =   1   ,Fixed Single
    Caption         =   „CD-Play"
    ClientHeight    =   2175
    ClientLeft      =   615
    ClientTop       =   2040
    ClientWidth     =   5115
    Height          =   2580
    Icon            =   CDPLAY.FRX:0000
    Left            =   555
    LinkMode        =   1   ,Source
    LinkTopic       =   „Form1"
    MaxButton       =   0   ,False
    MinButton       =   0   ,False
    ScaleHeight     =   2175
    ScaleWidth      =   5115
    Top             =   1695
    Width           =   5235
    Begin Timer Zeitmesser1
        Interval        =   1000
```

```
        Left            =   5160
        Top             =   60
    End
    Begin SSPanel SSPanel1
        BackColor       =   &H00C0C0C0&
        BevelInner      =   1   ,Inset
        Font3D          =   0   ,None
        ForeColor       =   &H00000000&
        Height          =   2175
        Left            =   0
        TabIndex        =   0
        Top             =   0
        Width           =   5115
        Begin SSPanel InfoPlayTime
            BackColor       =   &H00C0C0C0&
            Caption         =   „0:00"
            Font3D          =   1   ,Raised w/light shading
            FontBold        =   0   ,False
            FontItalic      =   0   ,False
            FontName        =   „MS Sans Serif"
            FontSize        =   8.25
            FontStrikethru  =   0   ,False
            FontUnderline   =   0   ,False
            ForeColor       =   &H00800000&
            Height          =   255
            Left            =   1620
            TabIndex        =   11
            Top             =   1020
            Width           =   855
        End
        Begin SSPanel Panel3D3
            BackColor       =   &H00C0C0C0&
            Caption         =   „Titelspielzeit:"
            Font3D          =   1   ,Raised w/light shading
            FontBold        =   0   ,False
            FontItalic      =   0   ,False
            FontName        =   „MS Sans Serif"
            FontSize        =   8.25
            FontStrikethru  =   0   ,False
            FontUnderline   =   0   ,False
            ForeColor       =   &H00000000&
            Height          =   255
            Left            =   120
            TabIndex        =   13
            Top             =   1020
            Width           =   1455
        End
        Begin SSPanel Panel3D2
            BackColor       =   &H00C0C0C0&
```

```
          Caption          =     „(c)1993 by Sybex/IngES/Dipl.-Ing.
Andreas Maslo"
          Font3D           =     1   ,Raised w/light shading
          FontBold         =     0   ,False
          FontItalic       =     0   ,False
          FontName         =     „MS Sans Serif"
          FontSize         =     8.25
          FontStrikethru   =     0   ,False
          FontUnderline    =     0   ,False
          ForeColor        =     &H00000000&
          Height           =     255
          Left             =     120
          TabIndex         =     12
          Top              =     1800
          Width            =     4875
       End
       Begin SSPanel Panel3D1
          BackColor        =     &H00C0C0C0&
          Caption          =     „CD-Play"
          Font3D           =     1   ,Raised w/light shading
          FontBold         =     -1  ,True
          FontItalic       =     0   ,False
          FontName         =     „Times New Roman"
          FontSize         =     24
          FontStrikethru   =     0   ,False
          FontUnderline    =     0   ,False
          ForeColor        =     &H00000000&
          Height           =     795
          Left             =     2820
          TabIndex         =     10
          Top              =     120
          Width            =     2175
       End
       Begin SSCommand CDLaden
          Caption          =     „&Laden"
          Font3D           =     1   ,Raised w/light shading
          FontBold         =     0   ,False
          FontItalic       =     0   ,False
          FontName         =     „MS Sans Serif"
          FontSize         =     8.25
          FontStrikethru   =     0   ,False
          FontUnderline    =     0   ,False
          Height           =     735
          Left             =     2820
          Picture          =     CDPLAY.FRX:0302
          TabIndex         =     9
          Top              =     1020
          Width            =     1035
       End
       Begin SSCommand CDEnd
```

```
          Caption        =    „&Beenden"
          Font3D         =    1   ,Raised w/light shading
          FontBold       =    0   ,False
          FontItalic     =    0   ,False
          FontName       =    „MS Sans Serif"
          FontSize       =    8.25
          FontStrikethru =    0   ,False
          FontUnderline  =    0   ,False
          Height         =    735
          Left           =    3960
          Picture        =    CDPLAY.FRX:054C
          TabIndex       =    8
          Top            =    1020
          Width          =    1035
      End
      Begin MMControl MMControl1
          BackVisible    =    0   ,False
          BorderStyle    =    0   ,None
          Height         =    375
          Left           =    120
          RecordVisible  =    0   ,False
          StepVisible    =    0   ,False
          TabIndex       =    7
          Top            =    1380
          Width          =    2370
      End
      Begin SSPanel InfoTimer
          BackColor      =    &H00C0C0C0&
          Caption        =    „0:00"
          Font3D         =    1   ,Raised w/light shading
          FontBold       =    0   ,False
          FontItalic     =    0   ,False
          FontName       =    „MS Sans Serif"
          FontSize       =    8.25
          FontStrikethru =    0   ,False
          FontUnderline  =    0   ,False
          ForeColor      =    &H00800000&
          Height         =    255
          Left           =    1620
          TabIndex       =    6
          Top            =    720
          Width          =    855
      End
      Begin SSPanel SSPanel6
          BackColor      =    &H00C0C0C0&
          Caption        =    „Minutenanzeige:"
          Font3D         =    1   ,Raised w/light shading
          FontBold       =    0   ,False
          FontItalic     =    0   ,False
          FontName       =    „MS Sans Serif"
```

```
            FontSize         =   8.25
            FontStrikethru   =   0    ,False
            FontUnderline    =   0    ,False
            ForeColor        =   &H00000000&
            Height           =   255
            Left             =   120
            TabIndex         =   5
            Top              =   720
            Width            =   1455
      End
      Begin SSPanel InfoTracks
            BackColor        =   &H00C0C0C0&
            Caption          =   „0"
            Font3D           =   1    ,Raised w/light shading
            FontBold         =   0    ,False
            FontItalic       =   0    ,False
            FontName         =   „MS Sans Serif"
            FontSize         =   8.25
            FontStrikethru   =   0    ,False
            FontUnderline    =   0    ,False
            ForeColor        =   &H00800000&
            Height           =   255
            Left             =   1620
            TabIndex         =   4
            Top              =   420
            Width            =   855
      End
      Begin SSPanel SSPanel5
            BackColor        =   &H00C0C0C0&
            Caption          =   „Titel gesamt:"
            Font3D           =   1    ,Raised w/light shading
            FontBold         =   0    ,False
            FontItalic       =   0    ,False
            FontName         =   „MS Sans Serif"
            FontSize         =   8.25
            FontStrikethru   =   0    ,False
            FontUnderline    =   0    ,False
            ForeColor        =   &H00000000&
            Height           =   255
            Left             =   120
            TabIndex         =   3
            Top              =   420
            Width            =   1455
      End
      Begin SSPanel InfoTrack
            BackColor        =   &H00C0C0C0&
            Caption          =   „0"
            Font3D           =   1    ,Raised w/light shading
            FontBold         =   0    ,False
            FontItalic       =   0    ,False
```

```
              FontName        =   „MS Sans Serif"
              FontSize        =   8.25
              FontStrikethru  =   0    ,False
              FontUnderline   =   0    ,False
              ForeColor       =   &H00800000&
              Height          =   255
              Left            =   1620
              TabIndex        =   2
              Top             =   120
              Width           =   855
          End
          Begin SSPanel SSPanel2
              BackColor       =   &H00C0C0C0&
              Caption         =   „Titelnummer:"
              Font3D          =   1    ,Raised w/light shading
              FontBold        =   0    ,False
              FontItalic      =   0    ,False
              FontName        =   „MS Sans Serif"
              FontSize        =   8.25
              FontStrikethru  =   0    ,False
              FontUnderline   =   0    ,False
              ForeColor       =   &H00000000&
              Height          =   255
              Left            =   120
              TabIndex        =   1
              Top             =   120
              Width           =   1455
          End
      End
  End
End
```

Nach dem Oberflächenentwurf können allgemeine Deklarationen
und die Ereignisprozeduren kodiert werden. Im Allgemeinteil werden
zunächst einmal Fehlerkonstante für das MCI-Steuerelement eingeführt.

```
Const OFN_FILEMUSTEXIST = &H1000&
Const OFN_READONLY = &H4&
Const MCI_APP_TITLE = „MCI Control Application"
Const MCIERR_INVALID_DEVICE_ID = 30257
Const MCIERR_DEVICE_OPEN = 30263
Const MCIERR_CANNOT_LOAD_DRIVER = 30266
Const MCIERR_UNSUPPORTED_FUNCTION = 30274
Const MCIERR_INVALID_FILE = 30304
Const MCI_MODE_NOT_OPEN = 524
Const MCI_MODE_PLAY = 526
Const MCI_FORMAT_MILLISECONDS = 0
```

Die Spielzeit des aktuellen Musiktitels wird ausnahmsweise nicht über das Zeitformat des MCI-Steuerelementes, sondern benutzerdefiniert über ein Zeitgeber-Steuerelement bestimmt. Die Zeit selbst wird in Sekunden in der formglobalen Variablen *Zaehler&* verwaltet.

```
,Sekundenzähler
Dim Shared Zaehler&
```

Wählen Sie die Schaltfläche <Beenden> an, so wird programmintern die Ereignisprozedur *CDEnd_Click* ausgeführt. Über das Ereignis *StopClick* des MCI-Steuerelementes *MMControl* wird zunächst ein eventuelles Abspielen beendet und im Anschluß daran über das MCI-Steuerelementereignis *EjectClick* die CD ausgeworfen. Abschließend wird der CD-Spieler über die Anweisung *End* aus dem Speicher entfernt.

Beenden

```
Sub CDEnd_Click ()
   ,Stoppen
   MMControl1_StopClick 0
   ,auswerfen, beenden
   MMControl1_EjectClick 0
   ,beenden
   End
End Sub
```

Wählen Sie die Schaltfläche <Laden> an, so wird programmintern die Ereignisprozedur *CDLaden_Click* ausgeführt. Über die Methode *Command* des MCI-Steuerelementes *MMControl* und den MCI-Befehl *Open* wird zunächst das CD-Gerät geöffnet. Anschließend wird über die Eigenschaft TimeFormat das Zeitformat auf Millisekunden festgelegt sowie über MMControl1_StatusUpdate die Statusanzeige aktualisiert.

Laden

```
Sub CDLaden_Click ()
   ,Fehlerverfolgung
   On Error GoTo MM_Error
   ,CD-Treiber öffnen
   MMControl1.Command = „Open"
   ,Zeitformat
   ,4 Byte gesamt:
   ,1.Byte: Tracks
   ,2.Byte: min.
   ,3.Byte: sec.
   ,4.Byte: frames
   MMControl1.TimeFormat = MCI_FORMAT_MILLISECONDS
```

```
            ,Schaltfläche zum Laden deaktivieren
            CDLaden.Enabled = False
            ,Statusanzeige anpassen
            MMControl1_StatusUpdate
    MM_Error:
            Exit Sub
    End Sub
```

Initialisierungen   Über die Ereignisprozedur *Form_Load* werden beim Laden des CD-Spielers Initialisierungen vorgenommen. So wird zunächst der Zeitgeber deaktiviert und die Zählvariable für die Spieldauer des aktuellen Musiktitels zurückgesetzt. Ferner wird das MCI-Steuerelement in den Wartezustand versetzt und die Aktualisierung der Statusinformationen deaktiviert. Damit das MCI-Steuerelement das CD-ROM-Laufwerk als CD-Spieler ansprechen kann, muß der Gerätetyp auf *CDAudio* gesetzt werden.

```
    Sub Form_Load ()
            ,Timer deaktivieren
            Zaehler& = -1
            Zeitmesser1.Interval = 0
            MMControl1.Wait = True
            MMControl1.UpdateInterval = 0
            ,CD-Audio-Treiber
            MMControl1.DeviceType = „CDAudio"
    End Sub
```

Wird zum Anfang des aktuellen Musiktitels gesprungen, so wird programmintern die Ereignisprozedur *MMControl1_BackCompleted* aufgerufen, die im vorliegenden Fall lediglich dazu genutzt wird, den Sekundenzähler wieder zurückzusetzen.

```
    Sub MMControl1_BackCompleted (ErrorCode As Long)
            ,Zähler zurücksetzen
            Zaehler& = -1
    End Sub
```

CD auswerfen   Wählen Sie im Bedienfeld des MCI-Steuerelementes die Schaltfläche zum Auswerfen der CD an, so wird programmintern die Ereignisprozedur *MMControl_EjectClick* abgearbeitet. Um das neue Laden einer CD zu ermöglichen, wird die Schaltfläche <Laden> zunächst wieder über *CDLaden.Enabled=True* aktiviert. Gleichzeitig wird die Aktualisierung der Statusinformationen unterdrückt, die CD mit dem Kommando *Eject* ausgeworfen und das Gerät über *Close* geschlossen.

Abschließend wird der Zeitgeber deaktiviert und der Sekundenzähler zurückgesetzt.

```
Sub MMControl1_EjectClick (Cancel As Integer)
    On Error Resume Next
    .Neustart ist wieder möglich
    CDLaden.Enabled = True
    MMControl1.UpdateInterval = 0
    .öffnen und schließen
    MMControl1.Command = „Eject"
    MMControl1.Command = „Close"
    .Timer deaktivieren
    Zeitmesser1.Interval = 0
    .Zähler zurücksetzen
    Zaehler& = -1
End Sub
```

Wird zum jeweils nachfolgenden Musiktitel gesprungen, so wird programmintern die Ereignisprozedur *MMControl1_NextCompleted* aufgerufen, die im vorliegenden Fall lediglich dazu genutzt wird, den Sekundenzähler wieder zurückzusetzen.

```
Sub MMControl1_NextCompleted (ErrorCode As Long)
    .Zähler zurücksetzen
    Zaehler& = -1
    .Statusanzeige updaten
    MMControl1_StatusUpdate
End Sub
```

Wählen Sie im Bedienfeld des MCI-Steuerelementes die Schaltfläche zum Unterbrechen des Abspielens einer CD an, so wird programmintern die Ereignisprozedur *MMControl_PauseClick* ausgeführt. Innerhalb des Unterprogrammes werden lediglich die Aktualisierung der Statusinformationen sowie der Zeitgeber ausgeschaltet. *Pause*

```
Sub MMControl1_PauseClick (Cancel As Integer)
    .Pause
    MMControl1.UpdateInterval = 0
    .Timer anhalten
    Zeitmesser1.Interval = 0
End Sub
```

Wählen Sie im Bedienfeld des MCI-Steuerelementes die Schaltfläche zum Abspielens einer CD an, so wird programmintern die Ereignisprozedur *MMControl_PlayClick* ausgeführt. Innerhalb des Unter- *CD Abspielen* programmes werden lediglich die Aktualisierung der Statusinformationen sowie der Zeitgeber aktiviert.

```
Sub MMControl1_PlayClick (Cancel As Integer)
    ,Spielen
    MMControl1.UpdateInterval = 100
    ,Timer für Sekundenzähler aktivieren
    Zeitmesser1.Interval = 1000
End Sub
```

Wird das Abspielen des aktuellen Musiktitels beendet, so wird programmintern die Ereignisprozedur *MMControl1_PlayCompleted* aufgerufen, die im vorliegenden Fall lediglich dazu genutzt wird, den Sekundenzähler wieder zurückzusetzen.

```
Sub MMControl1_PlayCompleted (ErrorCode As Long)
    ,Zähler zurücksetzen
    Zaehler& = -1
End Sub
```

Wird zum jeweils vorangehenden Musiktitel gesprungen, so wird programmintern die Ereignisprozedur *MMControl1_PrevCompleted* aufgerufen, die im vorliegenden Fall lediglich dazu genutzt wird, den Sekundenzähler wieder zurückzusetzen sowie die Statusanzeige zu aktualisieren.

```
Sub MMControl1_PrevCompleted (ErrorCode As Long)
    ,Zähler zurücksetzen
    Zaehler& = -1
    ,Statusanzeige updaten
    MMControl1_StatusUpdate
End Sub
```

Die Ereignisprozedur *MMControl_StatusUpdate* wird abhängig vom MCI-Aktualisierungsintervall (Eigenschaft *UpdateInterval*) automatisch aufgerufen. Prozedurintern wird hier die Anzahl der Musiktitel der aktuellen CD, die aktuelle Titelnummer sowie die Spielzeit des aktuellen Musiktitels ermittelt. Die Spielzeit selbst ist abhängig vom in der Prozedur *Form_Load* festgelegten Zeitformat (hier Millisekunden). Sämtliche ermittelten Informationen werden in den dafür vorgesehenen Steuerelementen ausgegeben.

```
Sub MMControl1_StatusUpdate ()
    On Error Resume Next
```

```
,Statusanzeige
,Anzahl der Titel auf der aktuellen CD
InfoTracks.Caption = Str$(MMControl1.Tracks)
,aktuelle Titelnummer
InfoTrack.Caption = Str$(MMControl1.Track)
,Spielzeit des aktuellen Titels
Sec% = MMControl1.TrackLength \ 1000
InfoPlayTime.Caption = Format$(Sec% \ 60, „#0:") + Format$(Sec% -
(60 * (Sec% \ 60)), „00")
End Sub

Sub MMControl1_StepCompleted (ErrorCode As Long)
    ,Zähler zurücksetzen
    Zaehler& = -1
End Sub
```

Wählen Sie im Bedienfeld des MCI-Steuerelementes die Schaltfläche *Abspielen stoppen* zum Stoppen des Abspielens einer CD an, so wird programmintern die Ereignisprozedur *MMControl_StopClick* ausgeführt. Innerhalb des Unterprogrammes werden die Aktualisierung der Statusinformationen sowie der Zeitgeber deaktiviert. Ferner wird über die Eigenschaft *To* und das Kommando *Seek* wieder der erste Musiktitel angesteuert.

```
Sub MMControl1_StopClick (Cancel As Integer)
    MMControl1.UpdateInterval = 0
    ,zurück zum ersten Titel
    MMControl1.To = MMControl1.Start
    MMControl1.Command = „Seek"
    MMControl1.Track = 1
    ,Timer deaktivieren
    Zeitmesser1.Interval = 0
End Sub
```

Wird das Abspielen gestoppt, wird programmintern die Ereignisprozedur *MMControl_StopCompleted* aufgerufen, die im vorliegenden Fall lediglich dazu genutzt wird, den Sekundenzähler wieder zurückzusetzen.

```
Sub MMControl1_StopCompleted (ErrorCode As Long)
    ,Zähler zurücksetzen
    Zaehler& = -1
End Sub
```

309

Der Zeitmesser wird nur dazu genutzt, die Spielzeit des aktuellen Musiktitels zu bestimmen. Beachten Sie allerdings, daß Sie diese Informationen auch über Eigenschaften der CD zeitgeberunabhängig ermitteln könnten, wobei allerdings durchaus Ungenauigkeiten möglich wären. Die Ereignisprozedur *Zeitmesser1_Intervall* wird abhängig vom jeweils festgelegten Intervall (hier in der Regel 1000; entspricht einem Sekundentakt) automatisch aufgerufen. Wie bereits mehrfach erwähnt wurde, wird die Spielzeit eines Titels in Sekunden in der globalen Variablen *Zaehler&* verwaltet. Damit ist die Umrechung der Spielzeit in Minuten und Sekunden problemlos möglich. Die Information selbst wird im Steuerelement *InfoTimer* ausgegeben.

```
Sub Zeitmesser1_Timer ()
  ,im Sekundentakt zählen
  Zaehler& = Zaehler& + 1
  ,Minuten
  Minuten% = Zaehler& \ 60
  ,Sekunden
  Sekunden% = Zaehler& - Minuten% * 60
  ,formatierte Anzeige
  InfoTimer.Caption = Format$(Minuten%, „#0:") + Format$(Sekunden%,
  „00")
End Sub
```

Praxis Wie bereits bei den Programmen WavePlay und KBase beschrieben, können Sie nun auch den CD-Player in ein eigenständiges Programm übersetzen. Um mit Hilfe des Programms CDPLAY Audio-CDs abzuspielen, gehen Sie wie folgt vor:

1. Starten Sie zunächst das Programm CDPLAY.EXE über den Programm-Manager. Dabei wird davon ausgegangen, daß das Programm bereits als Bildsymbol in eine beliebige Programmgruppe aufgenommen wurde. Beachten Sie, daß Sie das CD-ROM-Laufwerk ausschließlich dann verwenden können, wenn Sie den Gerätetreiber des Laufwerks über die Konfigurationsdatei CONFIG.SYS des DOS-Betriebssystems korrekt geladen und auch das Programm MSCDEX ausgeführt haben.

2. Nachdem Sie eine CD in das CD-ROM Laufwerk eingelegt haben, wählen Sie mit Hilfe der Maus auf dem MCI-Bedienfeld die Starttaste <>> an. Die Symbole der Tasten auf dem MCI-Bedienfeld entsprechen denen, wie sie auch auf einem echten CD-Spieler zu finden sind. Daher sind die Funktionen der ein-

zelnen Tasten sehr leicht erkennbar. Sind alle Treiber korrekt geladen, wurde die CD korrekt eingelegt und sind auch Lautsprecher oder Kopfhörer an die Soundkarte oder das CD-ROM-Laufwerk angeschlossen, sollten Sie bereits den ersten Musiktitel hören.

3. Mit Hilfe der Tasten <|<> und <>|> können Sie nun je nach Bedarf zum jeweils vorangehenden oder nachfolgenden Musiktitel springen. Mit <||> können Sie jederzeit das Abspielen unterbrechen und mit < > jederzeit beenden.

4. Um die CD auszuwerfen und auf Wunsch eine neue CD einzulegen, wählen Sie im MCI-Bedienfeld die Schaltfläche <^> an, legen eine neue CD ein und betätigen abschließend erneut die Taste <Laden>.

5. Um den CD-Spieler zu beenden und wieder aus dem Speicher zu entfernen, wählen Sie die Befehlsschaltfläche <Beenden> an. Ein eventuelles Abspielen wird dabei automatisch beendet und eine eventuell geladene CD ausgeworfen.

Damit ist die Beschreibung des Programmes *CDPLAY* zum Abspielen von Audio-CDs beendet. Das letzte vorgestellte Programm zeigt Ihnen, wie Sie einen grafischen Bildschirmschoner mit Soundkartenunterstützung programmieren können.

Bildschirmschoner mit Sound-Unterstützung

Das Windows SOUND SYSTEM wird mit einem akustischen Bildschirmschoner ausgeliefert, der nacheinander unterschiedliche Klangdateien abspielen kann. Um ein Einbrennen von Bildschirminhalten zu vermeiden, wird der Bildschirm lediglich dunkel geschaltet. Damit ist zwar für gute Akustik, nicht jedoch für gute Optik gesorgt. Gerade grafische Bildschirmschoner erfreuen sich jedoch größter Popularität. Ob Raumschiff Enterprise oder fliegende Toaster, die bereits erhältlichen Varianten grafischer Bildschirmschoner mit Soundunterstützung sind vielfältig. Der *Sound Screen Saver*, der in diesem Kapitel vorgestellt wird, soll zeigen, daß die Entwicklung ansprechender Bildschirmschoner auch mit Visual Basic möglich ist und keine speziellen Systemkenntnisse erfordert.

Projektdatei Bevor das Programm selbst näher erläutert wird, sollten Sie sich einmal die Projektdatei SSSAVER.MAK ansehen. An ihr wird erkennbar, daß das Programm aus zwei Formdateien (SSSAVER.FRM und SSSETUP.FRM) sowie einem Quellmodul (SAVER.BAS) besteht und für Oberflächenelemente im 3D-Look die Zusatzsteuerelementedatei THREED.VBX und für gemeinsame Windows-Dialoge die Zusatzsteuerelementebibliothek CMDIALOG.VBX verwendet. Das Programm nutzt intern jedoch zusätzliche Funktionen der dynamischen Link-Bibliotheken MMSYSTEM.DLL zum Abspielen der Klangdateien sowie CTL3D.DLL, um Standarddialoge von Visual Basic ebenfalls im 3D-Look anzuzeigen. Das eigenständig ausführbare Bildschirmschonermodul SSSAVER.SCR benötigt zur Ausführung ferner die Visual Basic-Laufzeitbibliothek VBRUN300.DLL.

```
SAVER.BAS
D:\WINDOWS\SYSTEM\THREED.VBX
D:\WINDOWS\SYSTEM\CMDIALOG.VBX
SSSAVER.FRM
SSSETUP.FRM
ProjWinSize=75,592,203,215
ProjWinShow=2
Command="/c"
IconForm="frmSetup"
Title="SCRNSAVE Sound Screen Saver"
ExeName="SSSAVER.SCR"
```

Auch der Einrichtungsdialog des Bildschirmschoners soll optisch im 3D-Look aufbereitet werden, so daß erneut die Zusatzsteuerelementedatei THREED.VBX sowie die dynamische Link-Bibliothek CTL3D.DLL zum Einsatz kommen. Daraus resultierend ergeben sich einige Übereinstimmungen zum Programm *WavePlay*. Auf eine erneute Ausführung der Grundlagen zu bereits erläuterten API- und DLL-Routinen wird daher bei diesem Programm verzichtet. Nähere Informationen können Sie den Beschreibungen zum Programm *WavePlay* entnehmen.

Das Bildschirmschonermodul wird später über die Windows-Systemsteuerung eingebunden und aktiviert. Spezielle Optionen für unterschiedliche Schonereinstellungen werden über ein gesondertes Dialogfeld bestimmt, wie es in Abb. 6.7 dargestellt ist. Daran ist bereits erkennbar, daß die Einstellungen des hier entwickelten Bildschirmschoners durchaus vielfältig sind. Das Einrichtungsformular wird später in der Datei SSSETUP.FRM definiert. Ein weiteres Formular mit dem Namen SSSAVER.FRM wird letztendlich zur Ausgabe der

Grafiken verwendet. Das Formular wird später im Vollbildmodus geöffnet, wenn der Bildschirmschoner aktiviert wird.

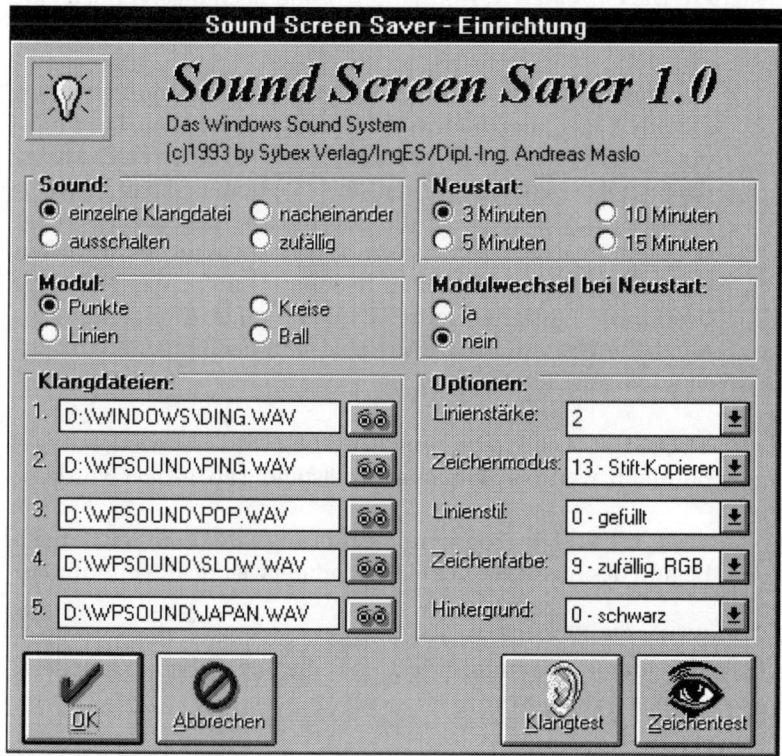

Abb. 6.7: In einem gesonderten Dialogfeld werden die Einstellungen für den Bildschirmschoner festgelegt

Nachdem Sie Visual Basic gestartet und unter Umständen zunächst *Quellmodul* ein neues Projekt begonnen haben, können Sie unmittelbar mit der Entwicklung des Bildschirmschoners beginnen. Das erste Formular *Form1*, das zunächst automatisch als Startformular gültig ist und später beim Programmaufruf geladen wird, befindet sich bereits auf dem Bildschirm. Für den Bildschirmschoner benötigen Sie ein weiteres Formular, das Sie über den Befehl FILE\NEW FORM anlegen, sowie ein Quellmodul, welches Sie unter Visual Basic über den Menübefehl FILE\NEW MODULE öffnen. Innerhalb des Quellmoduls werden API- und DLL-Deklarationen, Variablen und Konstanten global für ein Programm eingeführt. Hier finden Sie auch eine kurze Programm-beschreibung sowie eine Copyright-Notiz. Innerhalb des Quell-moduls werden auch spezielle Windows-API- und DLL-Routinen deklariert. Die einzelnen API-Funktionen sind nachfolgend noch ein-mal kurz zusammengefaßt:

SndPlaySound: Mit Hilfe der Funktion *SndPlaySound* können Sie eine Klangdatei unter Windows abspielen lassen. Die Funk-tion erwartet als Überga-beparameter den Namen einer Klang-datei im Zeichenkettenformat sowie Optionen, die in Form ei-ner Integer-Variablen an die Routine übergeben werden. Ist der Wert für *WaveFile Null* (0&), so wird ein aktuelles Abspielen einer Klangdatei unmittelbar beendet. Die Variable *Flags* legt bestimmte Optionen zum Abspielen einer Klangdatei fest. Mögliche Werte für diese Variable sind nachfolgend kurz zu-sammengefaßt.

SND_SYNC: Die Programmausführung wird erst wieder aufge-nommen, wenn die Klangdatei vollständig abgespielt wurde.

SND_ASYNC: Die Programmausführung wird unmittelbar nach Beginn des Abspielens einer Klangdatei wieder aufgenommen.

SND_NODEFAULT: Das ersatzweise Abspielen der Standard-Klangdatei wird unterdrückt, falls die angegebene Klangdatei nicht gefunden wurde.

SND_LOOP: Um eine Klangdatei endlos in Folge abzuspielen, setzen Sie diese Option.

SND_NOSTOP: Wird eine Klangdatei abgespielt, wird *False* (*falsch*) zurückgeliefert, anstatt die neu angegebene Klangdatei abzuspielen.

GetModuleHandle: Mit Hilfe dieser Funktion wird die Modul-kennung eines Programmes ermittelt.

Ctl3DAutoSubClass: Mit Hilfe dieser Funktion werden alle Standarddialoge von Visual Basic (*MsgBox*-Funktion, *MsgBox*-Anweisung, *InputBox*-Funktion) aber auch alle Windows-Dia-loge und viele Dialoge anderer Windows-Anwendungen im 3D-Look ausgegeben.

Ctl3DRegister. Mit Hilfe dieser Funktion wird die dynamsiche Link-Bibliothek CTL3D.DLL registriert.

Ctl3DUnregister. Diese Funktion derigistriert die DLL CTL3D.DLL wieder und stellt damit das Gegenstück zur Funktion *Ctl3DRegister* dar.

Neben allgemeinen API- und DLL-Deklarationen sowie der formglobalen Konstanten, werden weitere formglobale Variablen eingeführt.

```
,Programm: Bildschirmschoner mit Sound-Unterstützung
,Datei: GLOBAL.BAS
,Sprache:  Visual Basic 3.0 für Windows
,Info:     Soundprogrammierung zum Windows Sound System
,Autor:    Dipl.-Ing. Andreas Maslo
,Idee:     Dr. Pia Maslo/Dipl.-Ing. Andreas Maslo

,(c)1993 by Sybex Verlag/Dipl.-Ing. Andreas Maslo

,globale Deklarationen und Konstanten

,API-Routine zum Abspielen von Klangdateien
Declare Function SndPlaySound Lib „mmsystem.dll" (ByVal SoundName$,
ByVal Flags%) As Integer
,Windows-Verzeichnis ermitteln
Declare Function GetWindowsDirectory% Lib „kernel" (ByVal Buffer$,
ByVal Size%)
,Mauszeiger anzeigen/verbergen
Declare Function ShowCursor Lib „User" (ByVal bShow%) As Integer
,Deklarationen für CTL3D.DLL (Common Dialogs, MsgBox in 3D)
Declare Function GetModuleHandle Lib „Kernel" (ByVal ModulName$) As
Integer
Declare Function Ctl3DAutoSubClass Lib „Ctl3d.dll" (ByVal hInst%) As
Integer
Declare Function Ctl3DRegister Lib „Ctl3d.dll" (ByVal hInst%) As
Integer
Declare Function Ctl3DUnRegister Lib „Ctl3d.dll" (ByVal hInst%) As
Integer

,Sound abspielen, anschließend Programm fortsetzen
Global Const SND_SYNC = &H0
,Sound laden und abspielen, dabei Programm fortsetzen
Global Const SND_ASYN = &H1
,Programm fortsetzen, falls Klangdatei nicht gefunden wird
Global Const SND_NODEFAULT = &H2
,Klangdatei endlos abspielen, bis SndPlaySound ohne
,den Namen einer Klangdatei aufgerufen wird
```

```
Global Const SND_LOOP = &H8
,Klangdatei nur abspielen, falls derzeit noch keine
,abgespielt wird
Global Const SND_NOSTOP = &H10

,Datei öffnen/schließen-Dialog-Flags
Global Const OFN_READONLY = &H1&
Global Const OFN_OVERWRITEPROMPT = &H2&
Global Const OFN_HIDEREADONLY = &H4&
Global Const OFN_NOCHANGEDIR = &H8&
Global Const OFN_SHOWHELP = &H10&
Global Const OFN_NOVALIDATE = &H100&
Global Const OFN_ALLOWMULTISELECT = &H200&
Global Const OFN_EXTENTIONDIFFERENT = &H400&
Global Const OFN_PATHMUSTEXIST = &H800&
Global Const OFN_FILEMUSTEXIST = &H1000&
Global Const OFN_CREATEPROMPT = &H2000&
Global Const OFN_SHAREAWARE = &H4000&
Global Const OFN_NOREADONLYRETURN = &H8000&
```

Um den Quelltext lesbarer zu gestalten, werden für den eigentlichen Bildschirmschoner eine Vielzahl globaler Konstanten und globaler Variablen eingeführt. Insgesamt bietet der Bildschirmschoner vier unterschiedliche Module an. Das jeweils aktuell gewählte Modul wird in der globalen Variablen *sssSoundModul* verwaltet. Um durch die Grafikausgabe nicht wieder die Gefahr des Einbrennens von Bildschirminformationen zu groß werden zu lassen, besteht die Möglichkeit, nach einer bestimmten Anzahl von Minuten die Grafikroutinen zu beenden, den Bildschirm zu löschen und mit der Grafikausgabe neu zu beginnen. Nach wieviel Minuten ein Neustart durchgeführt werden soll, wird in der Variablen *sssNewStart* gespeichert. Ob das verwendete Modul nach einem Neustart zufällig gewechselt werden soll, bestimmt die Variable *sssSoundChange*. In welcher Form Klangdateien vom Bildschirmschoner berücksichtigt werden, bestimmt der Wert der Variablen *sssSoundSelect*. Bei jedem Modul haben Sie die Möglichkeit, lediglich die erste, keine oder aber alle definierten Klangdateien in zufälliger Reihenfolge zu verwenden.

```
,globale Variablen für Bildschirmschoner
,Soundmodul
Global sssSoundModul As Integer
,Neustart in Minuten
Global sssNewStart As Integer
,Klangdateioption (einzeln, aus, random)
Global sssSoundSelect As Integer
```

```
,Modulwechsel
Global sssSoundChange As Integer
```

Über den Einrichtungsdialog des Bildschirmschoners können Sie bis zu fünf unterschiedliche Klangdateien angeben, die in Verbindung mit den Schonermodulen berücksichtigt werden können. Programmintern werden Suchpfade und Namen der Klangdateien im Zeichenkettendatenfeld *sssSoundFile* verwaltet.

```
,Klangdateien
Global sssSoundFile(1 To 5) As String
```

Die einzelnen Schonermodule des *Sound Screen Savers* sind relativ einfach gehalten und greifen lediglich auf die grafischen Fähigkeiten von Visual Basic zu. Linienstärken, Zeichenmodi, Linienstile, Zeichenfarben und Hintergrundfarben können über Eigenschaften des Bildschirmschonerformulars sehr leicht gesetzt werden. Programmintern werden auch die grafischen Einstellungen in globalen Variablen verwaltet. Dabei wird jedoch nicht berücksichtigt, ob ein gewählter Zeichenmodus beispielsweise die gewählte Vordergrundfarbe ändert, die freie Linienstärken- sowie Linienstilwahl bei einer gewählten Zeichenfunktion und einem aktiven Zeichenmodus überhaupt zulässig ist. Visual Basic selbst nimmt automatisch die zulässigen Anpassungen vor. Daher kann zu einem Experimentieren mit den unterschiedlichen Eigenschaften durchaus geraten werden.

```
,Linienstärke
Global sssLineWidth As Integer
,Zeichenmodus
Global sssDrawMode As Integer
,Linienstil
Global sssLineStyle As Integer
,Zeichenfarbe
Global sssForeColor As Integer
,Hintergundfarbe
Global sssBackColor As Integer
```

Bei diversen Modulen des Bildschirmschoners werden spezielle Startkoordinaten für Zeichenroutinen benötigt, die in weiteren globalen Variablen verwaltet werden. Die Zeit, ab der der Neustart einer Schonerroutine ausgelöst wird, wird programmintern errechnet und in der Variablen *EndTime* gesichert.

```
,allgemeine Startkoordinaten und Hilfsvariablen
Global x%, y%
Global z1%, z2%
,Neustart einer Bildschirmschonerroutine
,(wird über InitEndTime initialisiert)
Global EndTime
```

Jedes Bildschirmschonermodul erhält eine eindeutige Kennung. Diese wird zum besseren Lesen des Quelltextes wieder speziellen globalen Konstanten zugewiesen. Entsprechendes gilt für den Modulwechsel, sowie die Soundunterstützung.

```
,globale Konstanten für Bildschirmschoner
,Modul
Global Const SSS_PUNKTE = &H1
Global Const SSS_LINIEN = &H2
Global Const SSS_KREISE = &H3
Global Const SSS_BALL = &H4
,Modulwechsel
Global Const SSS_CHANGE = &H5
Global Const SSS_NOCHANGE = &H6
,Sound
Global Const SSS_SINGLEWAVE = &H7
Global Const SSS_NOWAVE = &H8
Global Const SSS_ALLWAVE = &H9
Global Const SSS_RANDOMWAVE = &HA
```

Grundroutinen Innerhalb des Quellmoduls befinden sich bereits mehrere benutzerdefinierte Prozeduren, die in Verbindung mit dem Bildschirmschoner benötigt werden. Das Schonermodul *Ball* basiert beispielsweise auf einem gezeichneten Ball, der in unterschiedlichen Zeichenmodi über den Bildschirm bewegt wird. Der Einfachheit halber setzt sich der Ball aus mehreren Kreisen in unterschiedlichen Größen zusammen. Die Farben der meisten Kreise sind dabei fest vorgegeben. Lediglich die Farbe des größten und kleinsten Kreises wird über die benutzerdefinierte Funktion *InitForeColor&* auf eine fest oder aber zufällig gewählte Vordergrundfarbe gesetzt.

```
Sub DrawBall (frm As Form, x%, y%)
    ,Ball mit Muster zeichnen
    ,eingeschränkte Farbwahl
    frm.Circle (x%, y%), 500, InitForeColor&()
    frm.Circle (x%, y%), 400, QBColor(2)
    frm.Circle (x%, y%), 300, QBColor(1)
    frm.Circle (x%, y%), 200, QBColor(4)
    frm.Circle (x%, y%), 100, QBColor(8)
```

```
    frm.Circle (x%, y%), 60, InitForeColor&()
End Sub
```

Mit Hilfe der benutzerdefinierten Funktion *InitBackColor* wird die Hintergrundfarbe für den Bildschirmschoner bzw. für das Formular *frmSaver* festgelegt. Die Hintergrundfarbe wird über ein Kombinationslistenfeld des Einrichtungsdialoges ausgewählt. Ist der gewählte Eintrag 9, so soll die Farbe zufällig durch das Programm selbst bestimmt werden. Dies wurde entsprechend in der nachfolgenden Prozedur realisiert, indem nach Bedarf die benutzerdefinierte RGB-Zufallsfunktion *RandomRGBColor&* aufgerufen wird und der ermittelte RGB-Farbwert der Eigenschaft *BackColor* des Formulars *frmSaver* zugewiesen wird.

```
Sub InitBackColor ()
    ‚Hintergundfarbe abhängig von globaler
    ‚Farbwahl setzen
    If sssBackColor < 9 Then
        frmSaver.BackColor = QBColor(sssBackColor)
      ElseIf sssBackColor = 9 Then
        frmSaver.BackColor = RandomRGBColor&()
    End If
End Sub
```

Die Initialisierung des Zeichenmodus übernimmt die benutzerdefinierte Prozedur *InitDrawMode*. Der Zeichenmodus wird über ein Kombinationslistenfeld des Einrichtungsdialoges ausgewählt. Ist der gewählte Eintrag 0, so soll der Modus zufällig durch das Programm selbst bestimmt werden. Dies wird mit Hilfe der Funktion *Rnd* realisiert. Der ermittelte Zeichenmodus wird der Eigenschaft *DrawMode* des Formulars *frmSaver* zugewiesen.

```
Sub InitDrawMode ()
    ‚Zeichenmodus abhängig von globaler
    ‚Moduswahl setzen
    If sssDrawMode = 0 Then
        frmSaver.DrawMode = Int(Rnd * 16) + 1
      Else
        frmSaver.DrawMode = sssDrawMode
    End If
End Sub
```

Die Initialisierung des Linienstils übernimmt die benutzerdefinierte Prozedur *InitDrawStyle*. Der Linienstil wird über ein Kombinationslistenfeld des Einrichtungsdialoges ausgewählt. Ist der gewählte Eintrag 7, so soll der Linienstil zufällig durch das Programm selbst bestimmt werden. Dies wird mit Hilfe der Funktion *Rnd* realisiert. Der ermittelte Zeichenmodus wird der Eigenschaft *DrawStyle* des Formulars *frmSaver* zugewiesen.

```
Sub InitDrawStyle ()
  ,Linienstil abhängig von globaler
  ,Linienanwahl setzen
  If sssLineStyle = 7 Then
      frmSaver.DrawStyle = Int(Rnd * 6)
    Else
      frmSaver.DrawStyle = sssLineStyle
  End If
End Sub
```

Das Unterprogramm *InitEndTime* ermittelt abhängig von der aktuellen Systemzeit und dem angegebenen Wert zum Neustart eines Schonermoduls in Minuten die Zeit, zu der ein Neustart durchgeführt werden soll. Der Ergebniswert selbst wird in der globalen Variablen *InitEndTime* gespeichert.

```
Sub InitEndTime ()
  ,Unterprogramm zur Ermittlung der aktuellen
  ,Minute bei Start der Bildschirmschonerroutine
  ,seriellen Zeitwert einer Uhrzeit ermitteln
  EndTime = TimeSerial(Hour(Now), Minute(Now) + sssNewStart,
Second(Now))
  ,(Variant-Datentyp)
End Sub
```

Mit Hilfe der benutzerdefinierten Funktion *InitBackColor* wird die Vordergrundfarbe für den Bildschirmschoner bzw. für das Formular *frmSaver* festgelegt. Die Vordergrundfarbe wird über ein Kombinationslistenfeld des Einrichtungsdialoges ausgewählt. Ist der gewählte Eintrag 9, so soll die Farbe zufällig durch das Programm selbst bestimmt werden. Dies wurde entsprechend in der nachfolgenden Prozedur realisiert, indem nach Bedarf die benutzerdefinierte RGB-Zufallsfunktion *RandomRGBColor&* aufgerufen wird und der ermittelte RGB-Farbwert der Eigenschaft *ForeColor* des Formulars *frmSaver* zugewiesen wird.

```
Function InitForeColor& ()
  ,Hintergundfarbe abhängig von globaler
  ,Farbwahl setzen
```

```
If sssForeColor < 9 Then
    InitForeColor& = QBColor(sssForeColor)
ElseIf sssForeColor = 9 Then
    InitForeColor& = RandomRGBColor&()
End If
End Function
```

Die Initialisierung der Linienstärke übernimmt die benutzerdefinierte Prozedur *InitLineWidth*. Der Linienstärke wird über ein Kombinationslistenfeld des Einrichtungsdialoges ausgewählt. Ist der gewählte Eintrag 0, so soll der Modus zufällig durch das Programm selbst bestimmt werden. Dies wird mit Hilfe der Funktion *Rnd* realisiert. Der ermittelte Zeichenmodus wird der Eigenschaft *DrawWidth* des Formulars *frmSaver* zugewiesen.

```
Sub InitLineWidth ()
    .Linienstärke abhängig von globaler
    .Linienstärke setzen
    If sssLineWidth = 0 Then
        frmSaver.DrawWidth = Int(Rnd * 10) + 1
    Else
        frmSaver.DrawWidth = sssLineWidth
    End If
End Sub
```

Die zufällige Wahl eines Bildschirmschonermoduls erfolgt über die benutzerdefinierte Prozedur *InitModul*. Das zufällig gewählte Modul wird in der globalen Variablen *sssSoundModul* gespeichert.

```
Sub InitModul ()
    .neues Modul zufällig wählen und in der globalen
    .variablen sssSoundModul sichern
    sssSoundModul = Int(Rnd * 4) + 1
End Sub
```

Die Programmausführung des Bildschirmschoners beginnt innerhalb der Prozedur *Sub Main*. Unter Visual Basic für Windows können Sie die Prozedur *Main* in einem beliebigen Quellmodul einführen. Das Quellmodul sorgt dafür, daß die Routine programmübergreifend global ist. *Sub Main* wird automatisch beim Programmstart als erstes abgearbeitet, sofern Sie dieses Unterprogramm als Startform festgelegt haben. Rufen Sie dazu innerhalb der Visual Basic-Entwicklungsumgebung den Menübefehl OPTIONS\PROJECT... auf. Im folgenden Dialogfeld legen Sie die *Startup Form* mit *Sub Main* fest. Werden in Quelltextauszügen Ergebnisausgaben in ein Formular gemacht, muß

Sub Main

das zugehörige Formular definiert und gesondert angezeigt werden. Dieses erreichen Sie innerhalb der Routine *Main* durch Anwendung der Methode *Show*. Beachten Sie, daß es sich bei der Routine *Main*, obgleich diese Prozedur spezielle Aufgaben übernehmen kann und gesondert von Visual Basic behandelt wird, um ein benutzerdefiniertes Unterprogramm handelt, das nicht automatisch angelegt wird.

Abhängig vom übergebenen Kommandozeilenschalter wird bei einem Windows-Bildschirmschoner das Einrichtungsdialogfeld angezeigt oder aber der Bildschirmschoner selbst aktiviert. Um den aktuell gewählten Bildschirmschoner zu aktivieren, starten Sie ihn mit dem Kommandozeilenschalter */S*. Wird der Schoner später über die Windows-Systemsteuerung eingebunden, wird der jeweilige Schalter automatisch an den *Sound Screeen Saver* übergeben. Mit Hilfe der Windows-API-Funktion *ShowCursor* kann für die Dauer, für die der Schoner aktiv ist, die Maus abgeschaltet werden.

```
Sub Main ()
  .Übergabeparameter auswerten
  Parameter$ = Command$
  If InStr(Parameter$, „/s") > 0 Then
      .Maus ausblenden
      While ShowCursor(False) >= 0: Wend
      .Bildschirmschoner aktivieren
      frmSaver.Show 1
      .Maus einblenden
      While ShowCursor(True) < 0: Wend
    Else
      .Einrichtungsdialog anzeigen
      frmSetup.Show 1
  End If
  End
End Sub
```

Mit Hilfe der benutzerdefinierten Prozedur *PlaySound* wird eine Klangdatei, abhängig vom jeweils aktuellen Soundmodus abgespielt. Der Modus selbst wird über den Parameter *SoundMode%* an das Unterprogramm übergeben. Die Auswertung des Modus erfolgt prozedurintern über eine *Select....Case*-Auswahl unter Verwendung der über das Quellmodul eingeführten Konstanten. Das eigentliche Abspielen der Klangdateien wird über die API-Funktion *SndPlaySound* realisiert.

```
Sub PlaySound (SoundMode%)
  Static Wahl%
  Select Case SoundMode%
    Case SSS_SINGLEWAVE
      ,nur die erste Klangdatei bei einzelner Klangdateianwahl
      ,abspielen
      Dummy% = SndPlaySound(sssSoundFile(1), SND_NODEFAULT And
SND_ASYNC And SND_NOSTOP)
    Case SSS_ALLWAVE
      ,alle definierten Klangdateien jeweils nacheinander anwählen
      ,und abspielen
      Wahl% = Wahl% + 1
      If Wahl% = 6 Then Wahl% = 1
      Dummy% = SndPlaySound(sssSoundFile(Wahl%), SND_NODEFAULT And
SND_ASYNC And SND_NOSTOP)
    Case SSS_RANDOMWAVE
      ,Klangdateien zufällig auswählen und abspielen
      Wahl% = Int(Rnd * 5) + 1
      SoundFile$ = sssSoundFile(Wahl%)
      Dummy% = SndPlaySound(sssSoundFile(Wahl%), SND_NODEFAULT And
SND_ASYNC And SND_NOSTOP)
  End Select
End Sub
```

Die benutzerdefinierte Funktion *RandomRGBColor&* ermittelt zufällig einen bestimmten RGB-Farbwert und liefert diesen im Funktionsnamen zurück. Entsprechend werden mit Hilfe der Funktionen *RandomXPosition%* und *RandomYPosition%* zufällige X- und Y-Koordinaten für diverse Zeichenfunktionen ermittelt.

```
Function RandomRGBColor& ()
  ,Zufallsfarbe aus RGB-Farbschema
  RandomRGBColor& = RGB(Rnd * 255, Rnd * 255, Rnd * 255)
End Function

Function RandomXPosition% ()
  ,X-Position zufällig ermitteln
  RandomXPosition% = Int(Rnd * Screen.Width)
End Function

Function RandomYPosition% ()
  ,Y-Position zufällig ermitteln
  RandomYPosition% = Int(Rnd * Screen.Height)
End Function
```

Einrichtungs-
dialog
Damit sind die Grundroutinen und erforderlichen Deklarationen kodiert und Sie können sich dem Formulardesign zuwenden. Das erste Formular erhält den Dateinamen *SSSETUP.FRM* und den internen Namen *frmSetup* (Eigenschaft *Name*). Dabei handelt es sich um den sogenannten Einrichtungsdialog für den Bildschirmschoner, wie er in Abb. 6.7 dargestellt wurde. Anhand des genannten Bildes sowie der nachfolgenden ASCII-Formbeschreibung können Sie den Formularaufbau sehr leicht nachvollziehen. Auf eine Erläuterung sämtlicher Steuerelemente und deren Eigenschaften soll an dieser Stelle verzichtet werden.

```
VERSION 2.00
Begin Form frmSetup
    BorderStyle       =   1   .Fixed Single
    Caption           =   „Sound Screen Saver - Einrichtung“
    ClientHeight      =   6075
    ClientLeft        =   165
    ClientTop         =   540
    ClientWidth       =   6555
    ControlBox        =   0   .False
    Height            =   6480
    Icon              =   SSSETUP.FRX:0000
    Left              =   105
    LinkTopic         =   „Form2“
    MaxButton         =   0   .False
    MinButton         =   0   .False
    ScaleHeight       =   6075
    ScaleWidth        =   6555
    Top               =   195
    Width             =   6675
    Begin CommonDialog CMDialog1
        Left              =       6600
        Top               =       5880
    End
    Begin SSPanel Panel3D1
        BackColor         =       &H00C0C0C0&
        Font3D            =       0   .None
        Height            =       6075
        Left              =       0
        TabIndex          =       0
        Top               =       0
        Width             =       6555
        Begin SSCommand Command3D5
            Caption           =       „&Zeichentest“
            Font3D            =       1   .Raised w/light shading
            FontBold          =       0   .False
            FontItalic        =       0   .False
            FontName          =       „MS Sans Serif“
```

```
            FontSize         =    8.25
            FontStrikethru   =    0    ,False
            FontUnderline    =    0    ,False
            Height           =    795
            Left             =    5340
            Picture          =    SSSETUP.FRX:0302
            TabIndex         =    52
            Top              =    5220
            Width            =    1035
      End
      Begin SSCommand Command3D4
            Caption          =    „&Klangtest"
            Font3D           =    1    ,Raised w/light shading
            FontBold         =    0    ,False
            FontItalic       =    0    ,False
            FontName         =    „MS Sans Serif"
            FontSize         =    8.25
            FontStrikethru   =    0    ,False
            FontUnderline    =    0    ,False
            Height           =    795
            Left             =    4200
            Picture          =    SSSETUP.FRX:0604
            TabIndex         =    51
            Top              =    5220
            Width            =    1035
      End
      Begin SSFrame Frame3D4
            Caption          =    „Neustart: „
            Font3D           =    1    ,Raised w/light shading
            Height           =    795
            Index            =    0
            Left             =    3480
            TabIndex         =    42
            Top              =    1080
            Width            =    2895
            Begin SSOption Neustart
                  Caption          =    „3 Minuten"
                  Font3D           =    1    ,Raised w/light shading
                  FontBold         =    0    ,False
                  FontItalic       =    0    ,False
                  FontName         =    „MS Sans Serif"
                  FontSize         =    8.25
                  FontStrikethru   =    0    ,False
                  FontUnderline    =    0    ,False
                  Height           =    255
                  Index            =    0
                  Left             =    120
                  TabIndex         =    50
                  TabStop          =    0    ,False
                  Top              =    240
```

```
            Width           =    1095
        End
        Begin SSOption Neustart
            Caption         =    „15 Minuten"
            Font3D          =    1    ,Raised w/light shading
            FontBold        =    0    ,False
            FontItalic      =    0    ,False
            FontName        =    „MS Sans Serif"
            FontSize        =    8.25
            FontStrikethru  =    0    ,False
            FontUnderline   =    0    ,False
            Height          =    255
            Index           =    3
            Left            =    1500
            TabIndex        =    49
            TabStop         =    0    ,False
            Top             =    480
            Width           =    1095
        End
        Begin SSOption Neustart
            Caption         =    „10 Minuten"
            Font3D          =    1    ,Raised w/light shading
            FontBold        =    0    ,False
            FontItalic      =    0    ,False
            FontName        =    „MS Sans Serif"
            FontSize        =    8.25
            FontStrikethru  =    0    ,False
            FontUnderline   =    0    ,False
            Height          =    255
            Index           =    2
            Left            =    1500
            TabIndex        =    44
            TabStop         =    0    ,False
            Top             =    240
            Width           =    1095
        End
        Begin SSOption Neustart
            Caption         =    „5 Minuten"
            Font3D          =    1    ,Raised w/light shading
            FontBold        =    0    ,False
            FontItalic      =    0    ,False
            FontName        =    „MS Sans Serif"
            FontSize        =    8.25
            FontStrikethru  =    0    ,False
            FontUnderline   =    0    ,False
            Height          =    255
            Index           =    1
            Left            =    120
            TabIndex        =    43
            Top             =    480
```

```
            Value          =    -1  ,True
            Width          =    1095
        End
    End
    Begin SSPanel Panel3D2
        BackColor          =    &H00C0C0C0&
        BevelInner         =    1  ,Inset
        Font3D             =    0  ,None
        Height             =    735
        Left               =    120
        TabIndex           =    38
        Top                =    120
        Width              =    735
        Begin PictureBox Picture1
            BackColor          =    &H00C0C0C0&
            BorderStyle        =    0   ,None
            Height             =    495
            Left               =    120
            Picture            =    SSSETUP.FRX:0906
            ScaleHeight        =    495
            ScaleWidth         =    495
            TabIndex           =    39
            Top                =    120
            Width              =    495
        End
    End
    Begin SSFrame Frame3D1
        Caption            =    „Modul: „
        Font3D             =    1  ,Raised w/light shading
        Height             =    795
        Left               =    120
        TabIndex           =    33
        Top                =    1920
        Width              =    3255
        Begin SSOption Modul
            Caption            =    „Punkte"
            Font3D             =    1   ,Raised w/light shading
            FontBold           =    0   ,False
            FontItalic         =    0   ,False
            FontName           =    „MS Sans Serif"
            FontSize           =    8.25
            FontStrikethru     =    0   ,False
            FontUnderline      =    0   ,False
            Height             =    195
            Index              =    0
            Left               =    120
            TabIndex           =    37
            Top                =    240
            Value              =    -1  ,True
            Width              =    1455
```

```
End
Begin SSOption Modul
    Caption         =   „Linien"
    Font3D          =   1   ,Raised w/light shading
    FontBold        =   0   ,False
    FontItalic      =   0   ,False
    FontName        =   „MS Sans Serif"
    FontSize        =   8.25
    FontStrikethru  =   0   ,False
    FontUnderline   =   0   ,False
    Height          =   195
    Index           =   1
    Left            =   120
    TabIndex        =   36
    TabStop         =   0   ,False
    Top             =   480
    Width           =   1455
End
Begin SSOption Modul
    Caption         =   „Kreise"
    Font3D          =   1   ,Raised w/light shading
    FontBold        =   0   ,False
    FontItalic      =   0   ,False
    FontName        =   „MS Sans Serif"
    FontSize        =   8.25
    FontStrikethru  =   0   ,False
    FontUnderline   =   0   ,False
    Height          =   195
    Index           =   2
    Left            =   1920
    TabIndex        =   35
    TabStop         =   0   ,False
    Top             =   240
    Width           =   975
End
Begin SSOption Modul
    Caption         =   „Ball"
    Font3D          =   1   ,Raised w/light shading
    FontBold        =   0   ,False
    FontItalic      =   0   ,False
    FontName        =   „MS Sans Serif"
    FontSize        =   8.25
    FontStrikethru  =   0   ,False
    FontUnderline   =   0   ,False
    Height          =   195
    Index           =   3
    Left            =   1920
    TabIndex        =   34
    TabStop         =   0   ,False
    Top             =   480
```

```
            Width          =    915
        End
    End
Begin SSFrame Frame3D2
        Caption        =    „Sound: „
        Font3D         =    1  ,Raised w/light shading
        Height         =    795
        Left           =    120
        TabIndex       =    30
        Top            =    1080
        Width          =    3255
        Begin SSOption Sound
            Caption        =    „zufällig"
            Font3D         =    1  ,Raised w/light shading
            FontBold       =    0  ,False
            FontItalic     =    0  ,False
            FontName       =    „MS Sans Serif"
            FontSize       =    8.25
            FontStrikethru =    0  ,False
            FontUnderline  =    0  ,False
            Height         =    255
            Index          =    3
            Left           =    1920
            TabIndex       =    54
            TabStop        =    0  ,False
            Top            =    480
            Width          =    1275
        End
        Begin SSOption Sound
            Caption        =    „nacheinander"
            Font3D         =    1  ,Raised w/light shading
            FontBold       =    0  ,False
            FontItalic     =    0  ,False
            FontName       =    „MS Sans Serif"
            FontSize       =    8.25
            FontStrikethru =    0  ,False
            FontUnderline  =    0  ,False
            Height         =    255
            Index          =    2
            Left           =    1920
            TabIndex       =    53
            TabStop        =    0  ,False
            Top            =    240
            Width          =    1275
        End
        Begin SSOption Sound
            Caption        =    „einzelne Klangdatei"
            Font3D         =    1  ,Raised w/light shading
            FontBold       =    0  ,False
            FontItalic     =    0  ,False
```

```
                    FontName         =    „MS Sans Serif"
                    FontSize         =    8.25
                    FontStrikethru   =    0    ,False
                    FontUnderline    =    0    ,False
                    Height           =    255
                    Index            =    0
                    Left             =    120
                    TabIndex         =    32
                    Top              =    240
                    Value            =    -1   ,True
                    Width            =    1635
                 End
                 Begin SSOption Sound
                    Caption          =    „ausschalten"
                    Font3D           =    1    ,Raised w/light shading
                    FontBold         =    0    ,False
                    FontItalic       =    0    ,False
                    FontName         =    „MS Sans Serif"
                    FontSize         =    8.25
                    FontStrikethru   =    0    ,False
                    FontUnderline    =    0    ,False
                    Height           =    255
                    Index            =    1
                    Left             =    120
                    TabIndex         =    31
                    TabStop          =    0    ,False
                    Top              =    480
                    Width            =    1755
                 End
              End
              Begin SSFrame Frame3D3
                 Caption          =    „Optionen: „
                 Font3D           =    1    ,Raised w/light shading
                 Height           =    2355
                 Left             =    3480
                 TabIndex         =    19
                 Top              =    2760
                 Width            =    2895
                 Begin SSPanel Panel3D3
                    Alignment        =    1    ,Left Justify - MIDDLE
                    BackColor        =    &H00C0C0C0&
                    BevelOuter       =    0    ,None
                    Caption          =    „Linienstärke:"
                    Font3D           =    1    ,Raised w/light shading
                    FontBold         =    0    ,False
                    FontItalic       =    0    ,False
                    FontName         =    „MS Sans Serif"
                    FontSize         =    8.25
                    FontStrikethru   =    0    ,False
                    FontUnderline    =    0    ,False
```

```
        Height          =   195
        Left            =   120
        TabIndex        =   29
        Top             =   300
        Width           =   915
    End
    Begin ComboBox Combo1
        FontBold        =   0    ,False
        FontItalic      =   0    ,False
        FontName        =   „MS Sans Serif"
        FontSize        =   8.25
        FontStrikethru  =   0    ,False
        FontUnderline   =   0    ,False
        Height          =   300
        Left            =   1260
        Style           =   2    ,Dropdown List
        TabIndex        =   28
        Top             =   300
        Width           =   1575
    End
    Begin SSPanel Panel3D4
        Alignment       =   1    ,Left Justify - MIDDLE
        BackColor       =   &H00C0C0C0&
        BevelOuter      =   0    ,None
        Caption         =   „Zeichenmodus:"
        Font3D          =   1    ,Raised w/light shading
        FontBold        =   0    ,False
        FontItalic      =   0    ,False
        FontName        =   „MS Sans Serif"
        FontSize        =   8.25
        FontStrikethru  =   0    ,False
        FontUnderline   =   0    ,False
        Height          =   195
        Left            =   120
        TabIndex        =   27
        Top             =   720
        Width           =   1095
    End
    Begin SSPanel Panel3D5
        Alignment       =   1    ,Left Justify - MIDDLE
        BackColor       =   &H00C0C0C0&
        BevelOuter      =   0    ,None
        Caption         =   „Linienstil:"
        Font3D          =   1    ,Raised w/light shading
        FontBold        =   0    ,False
        FontItalic      =   0    ,False
        FontName        =   „MS Sans Serif"
        FontSize        =   8.25
        FontStrikethru  =   0    ,False
        FontUnderline   =   0    ,False
```

```
            Height       =    195
            Index        =    0
            Left         =    120
            TabIndex     =    26
            Top          =    1140
            Width        =    915
         End
         Begin ComboBox Combo2
            FontBold        =    0   ,False
            FontItalic      =    0   ,False
            FontName        =    „MS Sans Serif"
            FontSize        =    8.25
            FontStrikethru  =    0   ,False
            FontUnderline   =    0   ,False
            Height          =    300
            Left            =    1260
            Style           =    2   ,Dropdown List
            TabIndex        =    25
            Top             =    720
            Width           =    1575
         End
         Begin ComboBox Combo3
            FontBold        =    0   ,False
            FontItalic      =    0   ,False
            FontName        =    „MS Sans Serif"
            FontSize        =    8.25
            FontStrikethru  =    0   ,False
            FontUnderline   =    0   ,False
            Height          =    300
            Left            =    1260
            Style           =    2   ,Dropdown List
            TabIndex        =    24
            Top             =    1140
            Width           =    1575
         End
         Begin ComboBox Combo4
            FontBold        =    0   ,False
            FontItalic      =    0   ,False
            FontName        =    „MS Sans Serif"
            FontSize        =    8.25
            FontStrikethru  =    0   ,False
            FontUnderline   =    0   ,False
            Height          =    300
            Left            =    1260
            Style           =    2   ,Dropdown List
            TabIndex        =    23
            Top             =    1560
            Width           =    1575
         End
         Begin ComboBox Combo5
            FontBold        =    0   ,False
```

```
        FontItalic       =   0   ,False
        FontName         =   „MS Sans Serif"
        FontSize         =   8.25
        FontStrikethru   =   0   ,False
        FontUnderline    =   0   ,False
        Height           =   300
        Left             =   1260
        Style            =   2   ,Dropdown List
        TabIndex         =   22
        Top              =   1980
        Width            =   1575
End
Begin SSPanel Panel3D5
        Alignment        =   1   ,Left Justify - MIDDLE
        BackColor        =   &H00C0C0C0&
        BevelOuter       =   0   ,None
        Caption          =   „Zeichenfarbe:"
        Font3D           =   1   ,Raised w/light shading
        FontBold         =   0   ,False
        FontItalic       =   0   ,False
        FontName         =   „MS Sans Serif"
        FontSize         =   8.25
        FontStrikethru   =   0   ,False
        FontUnderline    =   0   ,False
        Height           =   195
        Index            =   1
        Left             =   120
        TabIndex         =   21
        Top              =   1560
        Width            =   1095
End
Begin SSPanel Panel3D5
        Alignment        =   1   ,Left Justify - MIDDLE
        BackColor        =   &H00C0C0C0&
        BevelOuter       =   0   ,None
        Caption          =   „Hintergrund:"
        Font3D           =   1   ,Raised w/light shading
        FontBold         =   0   ,False
        FontItalic       =   0   ,False
        FontName         =   „MS Sans Serif"
        FontSize         =   8.25
        FontStrikethru   =   0   ,False
        FontUnderline    =   0   ,False
        Height           =   195
        Index            =   2
        Left             =   120
        TabIndex         =   20
        Top              =   1980
        Width            =   1035
End
```

```
End
Begin SSFrame Frame3D5
    Caption            =    „Klangdateien:"
    Font3D             =    1  ,Raised w/light shading
    Height             =    2355
    Left               =    120
    TabIndex           =    7
    Top                =    2760
    Width              =    3255
    Begin SSCommand Command3D2
        Font3D         =    1  ,Raised w/light shading
        Height         =    315
        Index          =    4
        Left           =    2760
        Picture        =    SSSETUP.FRX:0C08
        TabIndex       =    48
        Top            =    1980
        Width          =    435
    End
    Begin SSCommand Command3D2
        Font3D         =    1  ,Raised w/light shading
        Height         =    315
        Index          =    3
        Left           =    2760
        Picture        =    SSSETUP.FRX:0D8A
        TabIndex       =    47
        Top            =    1560
        Width          =    435
    End
    Begin SSCommand Command3D2
        Font3D         =    1  ,Raised w/light shading
        Height         =    315
        Index          =    2
        Left           =    2760
        Picture        =    SSSETUP.FRX:0F0C
        TabIndex       =    46
        Top            =    1140
        Width          =    435
    End
    Begin SSCommand Command3D2
        Font3D         =    1  ,Raised w/light shading
        Height         =    315
        Index          =    1
        Left           =    2760
        Picture        =    SSSETUP.FRX:108E
        TabIndex       =    45
        Top            =    720
        Width          =    435
    End
    Begin SSPanel Panel3D6
```

```
        Alignment      =   1  ,Left Justify - MIDDLE
        BackColor      =   &H00C0C0C0&
        BevelOuter     =   0  ,None
        Caption        =   „1."
        Font3D         =   1  ,Raised w/light shading
        FontBold       =   0   ,False
        FontItalic     =   0   ,False
        FontName       =   „MS Sans Serif"
        FontSize       =   8.25
        FontStrikethru =   0   ,False
        FontUnderline  =   0   ,False
        Height         =   195
        Index          =   0
        Left           =   60
        TabIndex       =   18
        Top            =   300
        Width          =   195
    End
    Begin TextBox Klang
        FontBold       =   0   ,False
        FontItalic     =   0   ,False
        FontName       =   „MS Sans Serif"
        FontSize       =   8.25
        FontStrikethru =   0   ,False
        FontUnderline  =   0   ,False
        Height         =   285
        Index          =   0
        Left           =   300
        TabIndex       =   17
        Top            =   300
        Width          =   2415
    End
    Begin TextBox Klang
        FontBold       =   0   ,False
        FontItalic     =   0   ,False
        FontName       =   „MS Sans Serif"
        FontSize       =   8.25
        FontStrikethru =   0   ,False
        FontUnderline  =   0   ,False
        Height         =   285
        Index          =   1
        Left           =   300
        TabIndex       =   16
        Top            =   720
        Width          =   2415
    End
    Begin TextBox Klang
        FontBold       =   0   ,False
        FontItalic     =   0   ,False
        FontName       =   „MS Sans Serif"
```

```
              FontSize          =    8.25
              FontStrikethru    =    0      ,False
              FontUnderline     =    0      ,False
              Height            =    285
              Index             =    2
              Left              =    300
              TabIndex          =    15
              Top               =    1140
              Width             =    2415
       End
       Begin TextBox Klang
              FontBold          =    0      ,False
              FontItalic        =    0      ,False
              FontName          =    „MS Sans Serif"
              FontSize          =    8.25
              FontStrikethru    =    0      ,False
              FontUnderline     =    0      ,False
              Height            =    285
              Index             =    3
              Left              =    300
              TabIndex          =    14
              Top               =    1560
              Width             =    2415
       End
       Begin TextBox Klang
              FontBold          =    0      ,False
              FontItalic        =    0      ,False
              FontName          =    „MS Sans Serif"
              FontSize          =    8.25
              FontStrikethru    =    0      ,False
              FontUnderline     =    0      ,False
              Height            =    285
              Index             =    4
              Left              =    300
              TabIndex          =    13
              Top               =    1980
              Width             =    2415
       End
       Begin SSPanel Panel3D6
              Alignment         =    1      ,Left Justify - MIDDLE
              BackColor         =    &H00C0C0C0&
              BevelOuter        =    0      ,None
              Caption           =    „2."
              Font3D            =    1      ,Raised w/light shading
              FontBold        `  =    0      ,False
              FontItalic        =    0      ,False
              FontName          =    „MS Sans Serif"
              FontSize          =    8.25
              FontStrikethru    =    0      ,False
              FontUnderline     =    0      ,False
```

```
      Height         =   195
      Index          =   1
      Left           =   60
      TabIndex       =   12
      Top            =   720
      Width          =   195
  End
  Begin SSPanel Panel3D6
      Alignment      =   1   ,Left Justify - MIDDLE
      BackColor      =   &H00C0C0C0&
      BevelOuter     =   0   ,None
      Caption        =   „3."
      Font3D         =   1   ,Raised w/light shading
      FontBold       =   0   ,False
      FontItalic     =   0   ,False
      FontName       =   „MS Sans Serif"
      FontSize       =   8.25
      FontStrikethru =   0   ,False
      FontUnderline  =   0   ,False
      Height         =   195
      Index          =   2
      Left           =   60
      TabIndex       =   11
      Top            =   1140
      Width          =   195
  End
  Begin SSPanel Panel3D6
      Alignment      =   1   ,Left Justify - MIDDLE
      BackColor      =   &H00C0C0C0&
      BevelOuter     =   0   ,None
      Caption        =   „4."
      Font3D         =   1   ,Raised w/light shading
      FontBold       =   0   ,False
      FontItalic     =   0   ,False
      FontName       =   „MS Sans Serif"
      FontSize       =   8.25
      FontStrikethru =   0   ,False
      FontUnderline  =   0   ,False
      Height         =   195
      Index          =   3
      Left           =   60
      TabIndex       =   10
      Top            =   1560
      Width          =   195
  End
  Begin SSPanel Panel3D6
      Alignment      =   1   ,Left Justify - MIDDLE
      BackColor      =   &H00C0C0C0&
      BevelOuter     =   0   ,None
      Caption        =   „5."
```

```
                    Font3D          =   1   ,Raised w/light shading
                    FontBold        =   0   ,False
                    FontItalic      =   0   ,False
                    FontName        =   „MS Sans Serif"
                    FontSize        =   8.25
                    FontStrikethru  =   0   ,False
                    FontUnderline   =   0   ,False
                    Height          =   195
                    Index           =   4
                    Left            =   60
                    TabIndex        =   9
                    Top             =   1980
                    Width           =   195
                End
                Begin SSCommand Command3D2
                    Font3D          =   1   ,Raised w/light shading
                    Height          =   315
                    Index           =   0
                    Left            =   2760
                    Picture         =   SSSETUP.FRX:1210
                    TabIndex        =   8
                    Top             =   300
                    Width           =   435
                End
            End
            Begin SSFrame Frame3D6
                Caption         =   „Modulwechsel bei Neustart: „
                Font3D          =   1   ,Raised w/light shading
                Height          =   795
                Left            =   3480
                TabIndex        =   4
                Top             =   1920
                Width           =   2895
                Begin SSOption Bildschirm
                    Caption         =   „nein"
                    Font3D          =   1   ,Raised w/light shading
                    FontBold        =   0   ,False
                    FontItalic      =   0   ,False
                    FontName        =   „MS Sans Serif"
                    FontSize        =   8.25
                    FontStrikethru  =   0   ,False
                    FontUnderline   =   0   ,False
                    Height          =   255
                    Index           =   1
                    Left            =   120
                    TabIndex        =   6
                    TabStop         =   0   ,False
                    Top             =   480
                    Width           =   915
                End
                Begin SSOption Bildschirm
```

```
            Caption          =    „ja"
            Font3D           =    1   ,Raised w/light shading
            FontBold         =    0   ,False
            FontItalic       =    0   ,False
            FontName         =    „MS Sans Serif"
            FontSize         =    8.25
            FontStrikethru   =    0   ,False
            FontUnderline    =    0   ,False
            Height           =    255
            Index            =    0
            Left             =    120
            TabIndex         =    5
            Top              =    240
            Value            =    -1  ,True
            Width            =    915
        End
    End
End
Begin SSCommand Command3D1
        Caption          =    „&Abbrechen"
        Font3D           =    1   ,Raised w/light shading
        FontBold         =    0   ,False
        FontItalic       =    0   ,False
        FontName         =    „MS Sans Serif"
        FontSize         =    8.25
        FontStrikethru   =    0   ,False
        FontUnderline    =    0   ,False
        Height           =    795
        Left             =    1260
        Picture          =    SSSETUP.FRX:1392
        TabIndex         =    3
        Top              =    5220
        Width            =    1035
End
Begin SSCommand Command3D3
        Caption          =    „&OK"
        Font3D           =    1   ,Raised w/light shading
        FontBold         =    0   ,False
        FontItalic       =    0   ,False
        FontName         =    „MS Sans Serif"
        FontSize         =    8.25
        FontStrikethru   =    0   ,False
        FontUnderline    =    0   ,False
        Height           =    795
        Left             =    120
        Picture          =    SSSETUP.FRX:15FC
        TabIndex         =    2
        Top              =    5220
        Width            =    1035
End
Begin SSPanel Panel3D7
```

```
                    Alignment      =  1   ,Left Justify - MIDDLE
                    BackColor      =  &H00C0C0C0&
                    BevelOuter     =  0   ,None
                    Caption        =  „Sound Screen Saver 1.0"
                    Font3D         =  1   ,Raised w/light shading
                    FontBold       =  -1  ,True
                    FontItalic     =  -1  ,True
                    FontName       =  „Times New Roman"
                    FontSize       =  24
                    FontStrikethru =  0   ,False
                    FontUnderline  =  0   ,False
                    Height         =  540
                    Left           =  1320
                    TabIndex       =  1
                    Top            =  60
                    Width          =  5115
                 End
                 Begin Label Label2
                    BackColor      =  &H00C0C0C0&
                    Caption        =  „Das Windows Sound System"
                    FontBold       =  0   ,False
                    FontItalic     =  0   ,False
                    FontName       =  „MS Sans Serif"
                    FontSize       =  8.25
                    FontStrikethru =  0   ,False
                    FontUnderline  =  0   ,False
                    Height         =  195
                    Left           =  1320
                    TabIndex       =  41
                    Top            =  600
                    Width          =  4995
                 End
                 Begin Label Label3
                    BackColor      =  &H00C0C0C0&
                    Caption        =  „(c)1993 by Sybex Verlag/IngES/Dipl.-
                                       Ing. Andreas Maslo"
                    FontBold       =  0   ,False
                    FontItalic     =  0   ,False
                    FontName       =  „MS Sans Serif"
                    FontSize       =  8.25
                    FontStrikethru =  0   ,False
                    FontUnderline  =  0   ,False
                    Height         =  195
                    Left           =  1320
                    TabIndex       =  40
                    Top            =  840
                    Width          =  4215
                 End
              End
           End
```

Nach Anwahl der Schaltfläche <Abbrechen> wird der Einrichtungsdialog geschlossen, ohne gemachte Änderungen an den Optionen des
Bildschirmschoners zu sichern. Dazu wird lediglich über die Methode
Unload die Form aus dem Speicher entfernt und damit das Programm
beendet. Die Objektbezeichnung *Me* steht dabei für die aktuelle Form,
hier also für den Einrichtungsdialog.

```
Sub Command3D1_Click ()
    ,keine Änderungen an den ehemaligen
    ,Einstellungen vornehmen und Form
    ,lediglich wieder aus dem Speicher
    ,entfernen
    Unload Me
End Sub
```

Wählen Sie im Einrichtungsdialog eine Symbolschaltfläche mit einem
Augenpaar innerhalb des Gruppenrahmens *Klangdateien* an, so wird
intern die Ereignisprozedur *Command3D2_Click* aufgerufen und damit ein *Datei suchen*-Dialog geöffnet, mit dessen Hilfe Sie eine Klangdatei suchen und in das Textfeld neben der gewählten Schaltfläche
mit dem Augenpaar übernehmen können. Als Startverzeichnis zur
Dateisuche wird das Windows-Verzeichnis (*WinPfad$*) gewählt, das
über die API-Funktion *GetWindowsDirectory* ermittelt und über die
Eigenschaft *InitDir* an den gemeinsamen Windows-Dialg übergeben
wird. Über die Eigenschaften *DialogTitle* und *Filter* wird das Dialogfeld zur Dateisuche so eingestellt, daß ausschließlich Klangdateien
mit dem Dateikürzel WAV berücksichtigt werden. Der jeweils gewählte Dateiname wird, in der vorliegenden Programmfassung unabhängig davon, ob der Dialog mit <OK> quittiert wurde oder nicht, in ein
bestimmtes Element des Textfeld-Steuerelementefeldes übernommen. Beachten Sie, daß die Schaltfläche für Erweiterungen bereits in
Form eines Steuerelementefeldes eingerichtet wurde und dem Text-
feld-Steuerelementefeld entspricht. Dies wird auch am Paramter *Index* innerhalb der Parameterliste erkennbar.

*Sounddatei
suchen*

```
Sub Command3D2_Click (Index As Integer)
    ,Sounddatei suchen und in Einrichtungsdialog übernehmen
    ,(gemeinsamer Windows-Dialog)
    ,Anfangsverzeichnis entspricht dem Windows-Verzeichnis
    WinPfad$ = String$(145, 0)
    PfadLen% = GetWindowsDirectory(WinPfad$, 145)
    WinPfad$ = Left$(WinPfad$, PfadLen%)
    CMDialog1.InitDir = WinPfad$
```

```
      ,Titelzeile
      CMDialog1.DialogTitle = „Klangdatei suchen"
      ,Suchmaske festlegen
      CMDialog1.Filter = „Klangdateien (*.WAV)|*.wav"
      ,Filterindex
      CMDialog1.FilterIndex = 1
      ,Flags setzen
      CMDialog1.Flags = OFN_CREATEPROMPT And OFN_PATHMUSTEXIST
      ,Datei öffnen-Dialog
      CMDialog1.Action = 1
      ,Ergebnis der Dateianwahl ausgeben
      Klang(Index).Text = CMDialog1.Filename
End Sub
```

Konfiguration
sichern

Nach Anwahl der Schaltfläche <OK> wird die aktuelle Bildschirm-schonerkonfiguration in der sequentiellen Datendatei SNDSAVER .DAT im Windows-Verzeichnis abgespeichert. Die Konfiguration wird später beim Laden des Bildschirmschoners automatisch wieder ein-gelesen.

```
Sub Command3D3_Click ()
      ,Konfiguration speichern
      DNr = FreeFile
      ,Windows-Verzeichnis ermitteln
      WinPfad$ = String$(145, 0)
      PfadLen% = GetWindowsDirectory(WinPfad$, 145)
      WinPfad$ = Left$(WinPfad$, PfadLen%)
      ,Datei öffnen
      Reset
      Open WinPfad$ + „\SNDSAVER.DAT" For Output As #DNr
         ,Dateikennung
         Print #DNr, „Sound Screen Saver 1.0 - Data File"
         ,Modulinformationen
         a% = Modul(0).Value
         b% = Modul(1).Value
         Print #DNr, a%, b%
         a% = Modul(2).Value
         b% = Modul(3).Value
         Print #DNr, a%, b%
         ,Neustart der Bildschirmschonerroutinen
         a% = Neustart(0).Value
         b% = Neustart(1).Value
         Print #DNr, a%, b%
         a% = Neustart(2).Value
         b% = Neustart(3).Value
         Print #DNr, a%, b%
         ,Soundinformationen
         a% = Sound(0).Value
         b% = Sound(1).Value
```

```
      Print #DNr, a%, b%
      ,Reihenfolge
      a% = Sound(2).Value
      b% = Sound(3).Value
      Print #DNr, a%, b%
      ,Modulwechsel bei Neustart
      a% = Bildschirm(0).Value
      b% = Bildschirm(1).Value
      Print #DNr, a%, b%
      ,ausgewählte Klangdateien
      For X% = 0 To 4
        Text$ = Klang(X%).Text
        Print #DNr, Text$
      Next X%
      ,Linienstärke
      a% = Combo1.ListIndex
      Print #DNr, a%
      ,Zeichenmodus
      a% = Combo2.ListIndex
      Print #DNr, a%
      ,Linienbreite
      a% = Combo3.ListIndex
      Print #DNr, a%
      ,Zeichenfarbe
      a% = Combo4.ListIndex
      Print #DNr, a%
      ,Hintergrundfarbe, falls Bildschirm gelöscht wird
      a% = Combo5.ListIndex
      Print #DNr, a%
    Close #DNr
    ,Form schließen
    Unload Me
End Sub
```

Nach Anwahl der Schaltfläche <Klangtest> werden mit Hilfe der *Klangtest* Ereignisprozedur *Command3D4_Click*, sofern die Option *Sound-einzelne Klangdatei* aktiviert ist (dann *Sound(0).Value = True*), die bereits in das Einrichtungsdialogfeld aufgenommenen Klangdateien in Folge nacheinander abgespielt. Zum Abspielen der Klangdateien wird prozedurintern erneut die Funktion *SndPlaySound* eingesetzt.

```
Sub Command3D4_Click ()
  ,Werte geändert?
  InitSaver
  ,Sound aktiv?
  If Sound(0).Value = True Then
    ,ja, also Test möglich
    ,Mauszeiger als Sanduhr
```

```
        Screen.MousePointer = 11
        'hier in jedem Fall eingegebene Klangdateien
        'nacheinander abspielen
        For X% = 0 To 4
          SoundFile$ = Klang(X%).Text
          Dummy% = SndPlaySound(SoundFile$, SND_SYNC)
        Next X%
        'Mauszeiger normal
        Screen.MousePointer = 0
      End If
End Sub
```

Zeichentest Entsprechend dem Klangtest können Sie auch das gewählte Schonermodul mit den gewählten Optionen vorab testen. Dazu wählen Sie im Einrichtungsdialog die Schaltfläche <Zeichentest> an. Nach einer Vielzahl unterschiedlicher Initialisierungen (vgl. Erläuterungen der einzelnen Routinen im Quellmodul SAVER.BAS), wird die Maus mit Hilfe der API-Funktion *ShowCursor* ausgeblendet und der Schoner durch Laden der Form *frmSaver* gestartet. Durch Drücken einer beliebigen Taste wird der Zeichentest beendet und die Maus wieder eingeblendet.

```
Sub Command3D5_Click ()
    'alternative Variante zum Aufruf der Zeichenroutinen
    'aktuelle Werte initialisieren
    InitSaver
    'Hintergrundfarbe neu wählen
    InitBackColor
    'Zeichenmodus
    InitDrawMode
    'Linienstil
    InitDrawStyle
    'Linienstärke
    InitLineWidth
    'Maus ausblenden
    While ShowCursor(False) >= 0: Wend
    'Bildschirmschoner aktivieren
    frmSaver.Show 1
    'Maus einblenden
    While ShowCursor(True) < 0: Wend
End Sub
```

Initialisierungen Die Ereignisprozedur *Form_Load* wird programmintern automatisch beim Laden der Form ausgeführt und kann damit für wichtige Programminitialisierungen eingesetzt werden. Nachdem über *GetModulHandle* die Programmkennung ermittelt wurde, wird die Bibliothek CTL3D.DLL mit Hilfe der Funktion *Ctl3DRegister* angemeldet und anschließend via *Ctl3DAutoSubClass* das automatische Sub-classing aktiviert. Im Anschluß daran werden die Kombinationslisten-felder des Einrichtungsdialoges mit den zulässigen Werten gefüllt. dazu wird die Methode *AddItem* eingesetzt. Jedes Kombinations-listenfeld wird anschließend auf einen bestimmten Index gesetzt. Mit *On Error Goto ExitInit* wird eine lokale Fehlerbehandlung aktiviert, die zum Einsatz kommt, falls die Konfigurationsdatei SNDSAVER.DAT nicht korrekt aus dem Windows-Verzeichnis eingelesen werden kann oder aber noch nicht existiert.

Entsprechend dem Speichern der Konfigurationsdatei werden beim Laden der Form die ehemals gesicherten Konfigurationswerte aus der sequentiellen Datendatei SNDSAVER.DAT wieder ausgelesen und den jeweiligen Steuerelementen im Einrichtungsdialog zugewiesen.

Konfigurations-datei einlesen

```
Sub Form_Load ()
  On Error Resume Next
  ,3D-Darstellung für gemeinsame Dialoge sowie
  ,Standard-VB-Dialogelemente initialisieren
  ,Programmkennung ermitteln
  Handle3D% = GetModuleHandle(App.EXEName)
  ,3D-Routinen registrieren
  Leer% = Ctl3DRegister(Handle3D%)
  ,automatisches Sub-Classing
  Leer% = Ctl3DAutoSubClass(Handle3D%)
  On Error GoTo ExitInit
  ,Initialisierung der Kombinationslistenfelder
  ,a) Linienstärke (DrawWidth)
  Combo1.AddItem „zufällig"
  For X% = 1 To 20
    Combo1.AddItem Trim$(Str$(X%))
  Next X%
  Combo1.ListIndex = 0
  ,b) Zeichenmodus (DrawMode)
  Combo2.AddItem „0 - zufällig"
  Combo2.AddItem „1 - schwarz"
  Combo2.AddItem „2 - Nicht-Stift-Mischen"
  Combo2.AddItem „3 - Maskieren-Nicht-Stift"
  Combo2.AddItem „4 - Nicht-Stift-Kopieren"
  Combo2.AddItem „5 - Stift-Maskieren-Nicht"
  Combo2.AddItem „6 - Invers"
  Combo2.AddItem „7 - Stift-Xor"
  Combo2.AddItem „8 - Nicht-Stift-Maskieren"
  Combo2.AddItem „9 - Stift-Maskieren"
  Combo2.AddItem „10 - Nicht-Stift-Xor"
  Combo2.AddItem „11 - Keine Operation"
  Combo2.AddItem „12 - Mischen-Nicht-Stift"
```

```
Combo2.AddItem „13 - Stift-Kopieren"
Combo2.AddItem „14 - Stift-Mischen-Nicht"
Combo2.AddItem „15 - Stift-Mischen"
Combo2.AddItem „16 - Weißer Stift"
Combo2.ListIndex = 15
'c)Linienstil (DrawStyle)
Combo3.AddItem „0 - gefüllt"
Combo3.AddItem „1 - Strich"
Combo3.AddItem „2 - Punkt"
Combo3.AddItem „3 - Strich-Punkt"
Combo3.AddItem „4 - Strich-Punkt-Punkt"
Combo3.AddItem „5 - Transparent"
Combo3.AddItem „6 - Innerhalb gefüllt"
Combo3.AddItem „7 - zufällig"
Combo3.ListIndex = 0
'd) Zeichenfarbe (ForeColor)
Combo4.AddItem „0 - schwarz"
Combo4.AddItem „1 - blau"
Combo4.AddItem „2 - grün"
Combo4.AddItem „3 - zyan"
Combo4.AddItem „4 - rot"
Combo4.AddItem „5 - violett"
Combo4.AddItem „6 - gelb"
Combo4.AddItem „7 - weiß"
Combo4.AddItem „8 - grau"
Combo4.AddItem „9 - zufällig, RGB"
Combo4.ListIndex = 9
'e) Hintergrundfarbe (BackColor)
Combo5.AddItem „0 - schwarz"
Combo5.AddItem „1 - blau"
Combo5.AddItem „2 - grün"
Combo5.AddItem „3 - zyan"
Combo5.AddItem „4 - rot"
Combo5.AddItem „5 - violett"
Combo5.AddItem „6 - gelb"
Combo5.AddItem „7 - weiß"
Combo5.AddItem „8 - grau"
Combo5.AddItem „9 - zufällig, RGB"
Combo5.ListIndex = 0
'Konfiguration speichern
DNr = FreeFile
'Windows-Verzeichnis ermitteln
WinPfad$ = String$(145, 0)
PfadLen% = GetWindowsDirectory(WinPfad$, 145)
WinPfad$ = Left$(WinPfad$, PfadLen%)
'Datei im sequentiellen Eingabemodus öffnen
Open WinPfad$ + „\SNDSAVER.DAT" For Input As #DNr
    'Dateikennung
    Input #DNr, Dummy$
    'ersten drei Zeichen als Kennung verwenden
```

```
,nicht gesamte Zeile lese, um das „Dateiende" zu überlesen
If Dummy$ <> „Sound Screen Saver 1.0 - Data File" Then
    Exit Sub
    Close #DNr
End If
,Modulinformationen
Input #DNr, a%, b%
Modul(0).Value = a%
Modul(1).Value = b%
Input #DNr, a%, b%
Modul(2).Value = a%
Modul(3).Value = b%
,Neustart der Bildschirmschonerroutinen
Input #DNr, a%, b%
Neustart(0).Value = a%
Neustart(1).Value = b%
Input #DNr, a%, b%
Neustart(2).Value = a%
Neustart(3).Value = b%
,Soundinformationen
Input #DNr, a%, b%
Sound(0).Value = a%
Sound(1).Value = b%
,Reihenfolge
Input #DNr, a%, b%
Sound(2).Value = a%
Sound(3).Value = b%
,Modulwechsel bei Neustart
Input #DNr, a%, b%
Bildschirm(0).Value = a%
Bildschirm(1).Value = b%
,ausgewählte Klangdateien
For X% = 0 To 4
    Input #DNr, SoundDatei$
    Klang(X%).Text = SoundDatei$
Next X%
,Linienstärke
Input #DNr, a%
Combo1.ListIndex = a%
,Zeichenmodus
Input #DNr, a%
Combo2.ListIndex = a%
,Linienbreite
Input #DNr, a%
Combo3.ListIndex = a%
,Zeichenfarbe
Input #DNr, a%
Combo4.ListIndex = a%
,Hintergrundfarbe, falls Bildschirm gelöscht wird
Input #DNr, a%
```

```
      Combo5.ListIndex = a%
   Close #DNr
ExitInit:
   ,Form aktualisieren
   Me.Refresh
   ,nun die festgelegten Kennwerte globalen
   ,Variablen zuordnen
   InitSaver
   ,falls Initialisierungsdatei nicht zu öffnen ist,
   ,Unterprogramm vorzeitig verlassen
   Exit Sub
End Sub
```

Die Ereignisprozedur *Form_Unload* wird programmintern automatisch beim Entladen der Form ausgeführt und kann zur Deregistrierung der dynamischen Link-Bibliothek CTL3D.DLL genutzt werden.

```
Sub Form_Unload (Cancel As Integer)
   ,Deregistrierung der 3D-Routinen
   Dummy% = Ctl3DUnRegister(Handle3D%)
End Sub
```

Über die benutzerdefinierte Prozedur wird das aktuell markierte Bildschirmschonermodul initialisiert. Dazu wird zunächst der globalen Variablen *sssSoundModul* die Konstante für das Modul übergeben. Welches Modul markiert ist, wird über das Optionssteuerelementefeld *Modul* bestimmt. Nach gleichem Schema werden auch die globalen Variablen *sssNewStart*, *sssSoundSelect* und *sssSoundChange* sowie diverse Zeichenoptionen und Klangdateien initialisiert. Die Initialisierungsroutine steht in engem Zusammenhang mit dem Quellmodul SAVER.BAS (siehe dort).

```
Sub InitSaver ()
   ,Variableninitialisierung
   ,Soundmodul ermitteln
   Me.Refresh
   For X% = 0 To 3
     If Modul(X%).Value = True Then
       Select Case X%
         ,Modul mit Hilfe globaler Konstante
         ,programmübergreifend setzen
         Case 0: sssSoundModul = SSS_PUNKTE
         Case 1: sssSoundModul = SSS_LINIEN
         Case 2: sssSoundModul = SSS_KREISE
         Case 3: sssSoundModul = SSS_BALL
       End Select
       Exit For
```

```
      End If
   Next X%
   ,Neustart nach wieviel Minuten
   For X% = 0 To 3
      If Neustart(X%).Value = True Then
         Select Case X%
            ,Anzahl der Sekunden in globale
            ,Variable schreiben
            Case 0: sssNewStart = 3
            Case 1: sssNewStart = 5
            Case 2: sssNewStart = 10
            Case 3: sssNewStart = 15
         End Select
         Exit For
      End If
   Next X%
   ,Klangdateioption
   For X% = 0 To 3
      If Sound(X%).Value = True Then
         Select Case X%
            ,Modul mit Hilfe globaler Konstante
            ,programmübergreifend setzen
            Case 0: sssSoundSelect = SSS_SINGLEWAVE
            Case 1: sssSoundSelect = SSS_NOWAVE
            Case 2: sssSoundSelect = SSS_ALLWAVE
            Case 3: sssSoundSelect = SSS_RANDOMWAVE
         End Select
         Exit For
      End If
   Next X%
   ,Modulwechselinformation
   If Bildschirm(0).Value = True Then
         ,Modul bei jedem Neustart wechseln
         sssSoundChange = True
      Else
         ,kein Modulwechsel
         sssSoundChange = False
   End If
   ,Klangdateien
   sssSoundFile(1) = Klang(0).Text
   sssSoundFile(2) = Klang(1).Text
   sssSoundFile(3) = Klang(2).Text
   sssSoundFile(4) = Klang(3).Text
   sssSoundFile(5) = Klang(4).Text
   ,Linienstärke (0=random)
   sssLineWidth = Combo1.ListIndex
   ,Zeichenmodus (0=random)
   sssDrawMode = Combo2.ListIndex
   ,Linienstil
   sssLineStyle = Combo3.ListIndex
```

```
,Zeichenfarbe (0-8 normale Farben, 9 random)
sssForeColor = Combo4.ListIndex
,Hintergrundfarbe (0-8 normale Farben, 9 random)
sssBackColor = Combo5.ListIndex
End Sub
```

Bildschirm-
schoner

Damit ist der Einrichtungsdialog definiert und mit dem benötigten Quelltext ausgestattet. Bleibt das Formular für den eigentlichen Bildschirmschoner anzufertigen, das den Dateinamen SSSAVER.FRM und den internen Namen *frmSaver* erhält (Eigenschaft *Name*). Betrachten Sie sich die ASCII-Formbeschreibung, so werden Sie sehen, daß die Form lediglich ein Zeitgebersteuerelement beinhaltet. Die Titelzeile wurde mit Hilfe der Eigenschaft *Caption* gelöscht. Da das Formular zur Laufzeit ausschließlich im Vollbildmodus angezeigt wird, werden das Vergrößerungs- und Verkleinerungsfeld sowie das Systemmenüfeld aus der Titelleiste ausgeblendet (*MinButton=0, MaxButton=0, ControlBox=0*). Sämtliche gesetzten Eigenschaften sind letztendlich dafür verantwortlich, daß die Titelleiste in der Gesamtheit aus der Form entfernt wird, zur Laufzeit also nicht erscheint. Über die Eigenschaft *Icon* wird der Form ein Bildsymbol zugeordnet, das später auch als Programmsymbol innerhalb des Windows-Programm-Managers eingesetzt werden kann.

```
VERSION 2.00
Begin Form frmSaver
    BackColor       =    &H00000000&
    BorderStyle     =    0   ,None
    ClientHeight    =    6375
    ClientLeft      =    1665
    ClientTop       =    1845
    ClientWidth     =    6540
    ControlBox      =    0   ,False
    Height          =    6780
    Icon            =    SSSAVER.FRX:0000
    Left            =    1605
    LinkTopic       =    „Form1"
    MaxButton       =    0   ,False
    MinButton       =    0   ,False
    ScaleHeight     =    6375
    ScaleWidth      =    6540
    Top             =    1500
    Width           =    6660
    Begin Timer Timer1
        Left        =    6000
        Top         =    60
    End
End
```

Ist der Bildschirmschoner aktiv, wird beim Betätigen einer Taste das Ereignis *Keypress* ausgelöst und damit programmintern die Ereignisprozedur *Form_KeyPress* abgearbeitet. Innerhalb dieses Unterprogrammes sorgt die Methode zum Entladen der Form (*Unload Me*) dafür, daß der Bildschirmschoner deaktiviert wird.

```
Sub Form_KeyPress (KeyAscii As Integer)
  ,Bildschirmschoner beenden
  Unload Me
End Sub
```

Beim Laden des Bildschirmschonerformulars wird zunächst die Ereignisprozedur *Form_Load* ausgeführt. Hier wird über den Kommandozeilenschalter ermittelt, ob die Form über einen Zeichentest (*/C*) oder aber durch Windows direkt ausgeführt wurde. Nur im ersten Fall ist der Einrichtungsdialog bereits geladen. Für den normalen Bildschirmschoner wird nachträglich, allerdings lediglich temporär, der Einrichtungsdialog nachgeladen, um alle globalen Variablen (z.B. für Schonerwahl und Schoneroptionen) zu laden und zu initialisieren. Damit kann gleichzeitig auf eine weitere Initialisierungsroutine verzichtet werden. Außerdem werden bereits die ersten Initialisierungen für die Zeichenroutinen vorgenommen.

```
Sub Form_Load ()
  ,Setup-Form laden, um daraus die ursprünglichen oder
  ,aktuell aus der Initialisierungsdatei SNDSAVER.DAT
  ,eingelesenen Kennwerte zu übernehmen
  ,Hinweis: wird der Bildschirmschoner über den Parameter
  ,         /c gestartet, so ist die Setup-Form noch nicht
  ,         geladen; ein erneutes Laden und nachfolgendes
  ,         Entladen der Form muß unterbunden werden,
  ,         wenn das Programm über /s gestartet wurde
  If InStr(Command$, „/c") = 0 Then
    ,Setup noch nicht aktiv!
    Load frmSetup
    ,Kennwerte werden dabei automatisch ausgelesen
    ,und globalen Variablen zugeordnet
    ,Hinweis: Bildschirmschonerroutine ist in
    ,         Ereignisprozedur Timer1_Timer enthalten
    ,Setup-Form entladen
    Unload frmSetup
  End If
  ,Vollbildmodus
  Me.Move 0, 0, Screen.Width, Screen.Height
  ,Zufallszahlengenerator initialisieren
  Randomize Timer
```

```
,Koordinaten für erste Zeichenposition, sowie
,Hilfsvariablen initialisieren
x% = RandomXPosition%()
y% = RandomYPosition%()
z1% = 100
z2% = 100
,Zeitgeber aktivieren
,Zeitgeberintervall abhängig von gewähltem Modul
Timer1.Interval = 1
,Hintergundfarbe
InitBackColor
,Zeichenmodus
InitDrawMode
,Linienstil
InitDrawStyle
,Linienstärke
InitLineWidth
,Laufzeit des Schonermoduls ermitteln
InitEndTime
End Sub
```

Ist der Bildschirmschoner aktiv, wird beim Betätigen einer beliebigen Maustaste das Ereignis *MouseDown* ausgelöst und damit programmintern die Ereignisprozedur *Form_MouseDown* abgearbeitet. Innerhalb dieses Unterprogrammes sorgt die Methode zum Entladen der Form (*Unload Me*) dafür, daß der Bildschirmschoner deaktiviert wird.

```
Sub Form_MouseDown (Button As Integer, Shift As Integer, x As Single,
y As Single)
  ,Bildschirmschoner beenden
  Unload Me
End Sub
```

Beim Entladen der Form *frmSaver* wird auch der Zeitgeber mit Hilfe der Eigenschaft *Interval* innerhalb der Ereignisprozedur *Form_Unload* deaktiviert.

```
Sub Form_Unload (Cancel As Integer)
  ,Zeitgeber deaktivieren
  Timer1.Interval = 0
End Sub
```

Die Ereignisprozedur *Timer1_Timer* wird im programmintern festgelegten Zeitgeberintervall ausgeführt und ist verantwortlich für einen Modulwechsel, einen Neustart sowie zum Zeichnen der Grafiken des jeweiligen Schonermoduls. Nähere Informationen zu den einzelnen

Anweisungen können Sie den Kommentaren im Quelltext entnehmen.

```
Sub Timer1_Timer ()
  .Neustart und Moduswechsel
  .evtl. Modulwechsel oder Modulneustart
  If TimeValue(Now) >= EndTime Then
    .evtl. Modul wechseln
    If sssSoundChange = True Then
      InitModul
    End If
    .neue Endzeit des Bildschirmschoners ermitteln
    InitEndTime
    .in jedem Fall Bildschirm löschen
    frmSaver.Cls
  End If
  .Bildschirmschonerroutinen
  .Vordergrundzeichenfarbe bei jedem Timer-Aufruf neu
  .festlegen (wichtig für Random-Funktion)
  frmSaver.ForeColor = InitForeColor&()
  .Schonermodul wählen
  Select Case sssSoundModul
    .Bildschirmmodulwahl
    Case SSS_PUNKTE
      .Optionswahl
      InitDrawMode
      .Punkte zeichnen
      XPosition% = RandomXPosition%()
      YPosition% = RandomYPosition%()
      Me.PSet (XPosition%, YPosition%), InitForeColor&()
      .Klangausgabe
      PlaySound sssSoundSelect
      .jeweils 100 Punkte lediglich temporär
      .aufblinken lassen
      For i% = 1 To 100
        .einzelne Punkte nur temporär zeichnen
        XPosition% = RandomXPosition%()
        YPosition% = RandomYPosition%()
        For j% = 1 To 2
          If j% = 1 Then
            .hier Modus wechseln, um Kreislinien lediglich
            .temporär zu zeichnen
            Me.DrawMode = 6
            Me.PSet (XPosition%, YPosition%), QBColor(7)
          Else
            Me.PSet (XPosition%, YPosition%), QBColor(7)
          End If
        Next j%
      Next i%
```

```
        Case SSS_LINIEN
          ,Linien zeichnen
          ,Punkte zeichnen
          Me.CurrentX = Screen.Width / 2
          Me.CurrentY = Screen.Height / 2
          XPosition% = RandomXPosition%()
          YPosition% = RandomYPosition%()
          Me.Line -(XPosition%, YPosition%), InitForeColor&()
          ,Klangausgabe
          PlaySound sssSoundSelect
        Case SSS_KREISE
          ,Kreis zeichnen
          XPosition% = RandomXPosition%()
          YPosition% = RandomYPosition%()
          ,Zeichenmodus für ersten Kreis nach eingestellter
          ,Optionswahl
          InitDrawMode
          ,inneren Kreis zeichnen
          Me.Circle (XPosition%, YPosition%), 15, InitForeColor&()
          ,Klangausgabe
          PlaySound sssSoundSelect
          ,Wellenschlag nachbilden
          For i% = 20 To 10000 Step 250
            For j% = 1 To 2
              If j% = 1 Then
                  ,hier Modus wechseln, um Kreislinien lediglich
                  ,temporär zu zeichnen
                  Me.DrawMode = 6
                  Me.Circle (XPosition%, YPosition%), i%, QBColor(7)
              Else
                  Me.Circle (XPosition%, YPosition%), i%, QBColor(7)
              End If
            Next j%
          Next i%
        Case SSS_BALL
          ,Ball zeichnen
          For j% = 1 To 10
            a% = DoEvents()
          Next j%
          ,Figur zeichnen
          DrawBall Me, x%, y%
          ,Richtungskontrolle
          If x% + 500 > Me.Width Then
              ,Richtungswechsel
              z1% = -z1%
              ,Klangausgabe
              PlaySound sssSoundSelect
          ElseIf x% - 500 < 0 Then
              z1% = -z1%
              ,Klangausgabe
              PlaySound sssSoundSelect
```

```
      End If
      If y% + 500 > Me.Height Then
          ,Richtungswechsel
          z2% = -z2%
          ,Klangausgabe
          PlaySound sssSoundSelect
        ElseIf y% - 500 < 0 Then
          z2% = -z2%
          ,Klangausgabe
          PlaySound sssSoundSelect
      End If
      x% = x% + z1%
      y% = y% + z2%
    End Select
End Sub
```

Damit ist die Benutzeroberfläche definiert und der zugehörige
Quelltext eingegeben. Sie können das Programm nun innerhalb der
Entwicklungsumgebung testen, bei Bedarf ändern und erweitern und
abschließend in ein eigenständig ausführbares Programm übersetzen.
Um eine eigenständig lauffähige Programmdatei anzulegen,
speichern Sie zunächst sämtliche Dateien über den Menübefehl
DATEI\PROJEKT SPEICHERN ab. Vergeben Sie, sofern noch erforderlich, die
gewünschten Form- und Quelldateinamen (vgl. Projektdatei). Anschließend
wählen Sie zur Erstellung des Programmes den Menübefehl
DATEI\EXE-DATEI ERSTELLEN... an. Es öffnet sich ein gesondertes
Dialogfeld. Wählen Sie ein Laufwerk, Verzeichnis und einen Dateinamen
für die zu erstellende Programmdatei aus. Der Dateiname der
ausführbaren Datei muß mit dem Dateikürzel SCR versehen werden.
Im vorliegenden Fall wird der Name *SSSAVER.SCR* gewählt. Legen Sie
anschließend im Kombinationslistenfeld *Application Title* den Namen
mit *SCRNSAVE Sound Screen Saver* fest, unter dem das Programm
später innerhalb des Windows-Task-Managers verwaltet werden
soll. SCRNSAVE dient dabei Windows selbst als Kennung für ein
Bildschirmschonermodul. Wählen Sie optional ein beliebiges Bildsymbol
für die Programmdatei aus. Quittieren Sie die Angaben über
die Schaltfläche <OK>, wird die SCR-Datei erzeugt. Existiert der gewählte
Dateiname bereits, erscheint eine Sicherheitsabfrage, ob die
Datei überschrieben werden soll. Danach kann das Programm ohne
Entwicklungsumgebung mit Hilfe von Windows ausgeführt werden.
Die SCR-Datei muß unbedingt Zugriff auf die Laufzeitbibliothek
VBRUN300.DLL und alle genutzen DLLs haben, ansonsten bricht das
Programm beim Start mit einer Fehlermeldung ab. Der Start selbst
kann aufgrund der Dateiendung nur von Windows selbst vorgenom-

men werden (vgl. Praxisinformationen). Grundvoraussetzung dazu ist allerdings, daß Sie die ausführbare SCR-Datei in das Windows-Verzeichnis kopieren. Damit ist das Windows-Programm fertiggestellt.

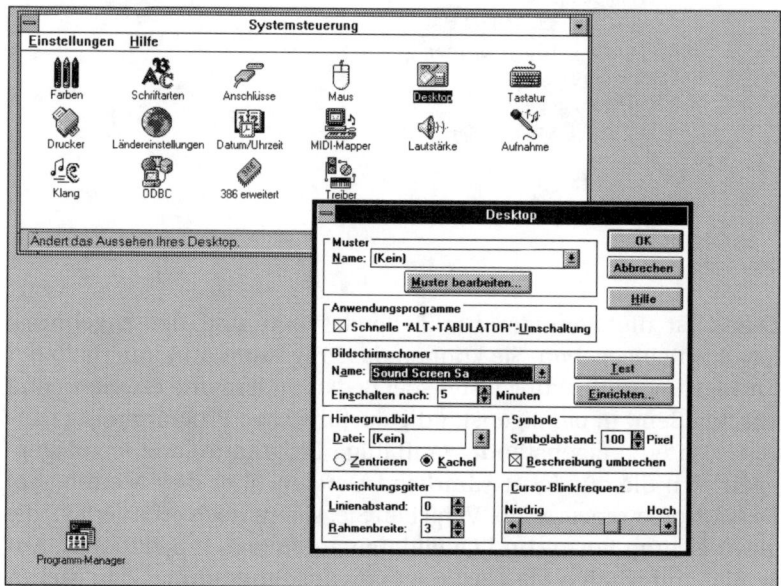

Abb. 6.8: Die Einrichtung des Bildschirmschoners Sound Screen Saver erfolgt über die Windows-Systemsteuerung

Praxis Der Bildschirmschoner kann in weiten Teilen problemlos ausschließlich mit der Tastatur gesteuert werden, obgleich zum Einsatz des Programms eine Maus sinnvoll ist. Um den Bildschirmschoner einzusetzen, gehen Sie wie folgt vor:

1. Kopieren Sie in jedem Fall zunächst das Programm SSSA-VER.SCR in das Windows-Verzeichnis.

2. Starten Sie im Anschluß daran die Systemsteuerung über die Hauptgruppe des Windows-Programm-Managers. Im Dialogfeld *Systemsteuerung* doppelklicken Sie anschließend auf das Bildsymbol mit dem Eintrag *Desktop*.

3. Wählen Sie im nachfolgend geöffneten Dialogfeld *Desktop* den Bildschirmschoner *Sound Screen Sa* über das Kombinations-

listenfeld *Name* an. Legen Sie im Anschluß daran die Anzahl der Minuten über das Textfeld *Einschalten nach* fest, nach der der Bildschirmschoner aktiviert werden soll.

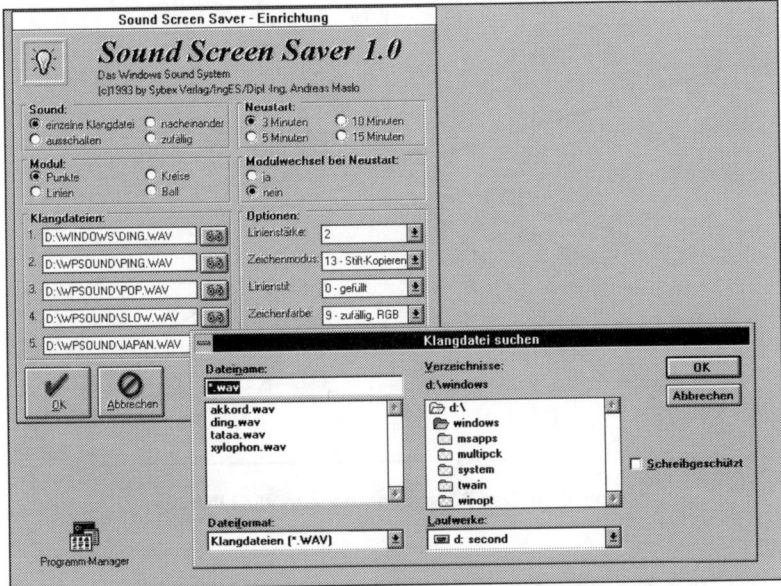

Abb. 6.9: Klangdateien werden über ein Datei-Dialog gesucht und in den Einrichtungsdialog des Bilddschirmschoners übernommen

4. Über die Schaltfläche <Einrichten> können Sie den Einrichtungsdialog des Bildschirmschoners anzeigen lassen. Die zugehörigen Funktionen können Sie der Programmbeschreibung entnehmen.

5. Mit Hilfe der Schaltfläche <Test> können Sie den aktuellen Bildschirmschoner sowie die festgelegten Optionen testen. Diese Funktion kann entsprechend über die Schaltfläche <Zeichentest> des Einrichtungsdialoges alternativ abgerufen werden.

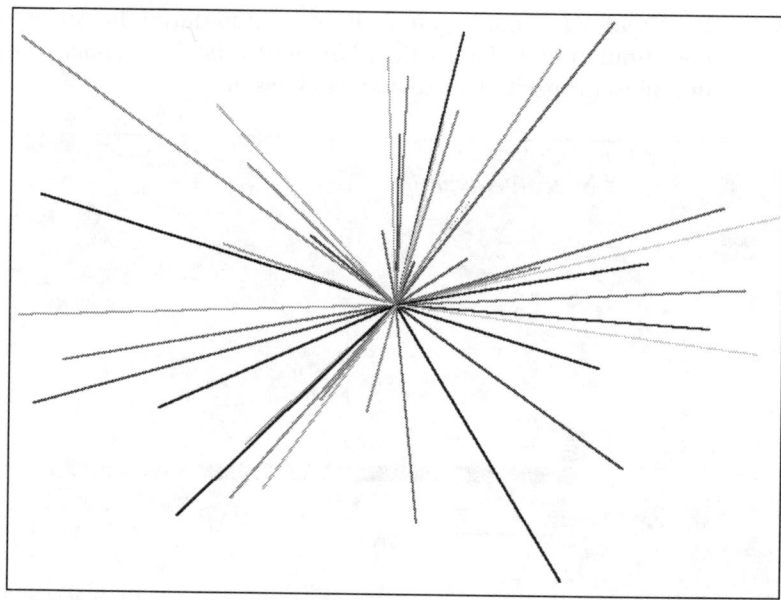

Abb. 6.10: Das Bildschirmschonermodul LINIEN

6. Beachten Sie, daß das Programm durch Windows automatisch gestartet und durch Maus- oder Tastendruck entsprechend wieder beendet wird.

Damit ist die Beschreibung des Bildschirmschoners *Sound Screen Saver* beendet. Einhergehend damit soll auch das Kapitel zur Entwicklung von Programmen mit Soundkartenunterstützung beendet werden.

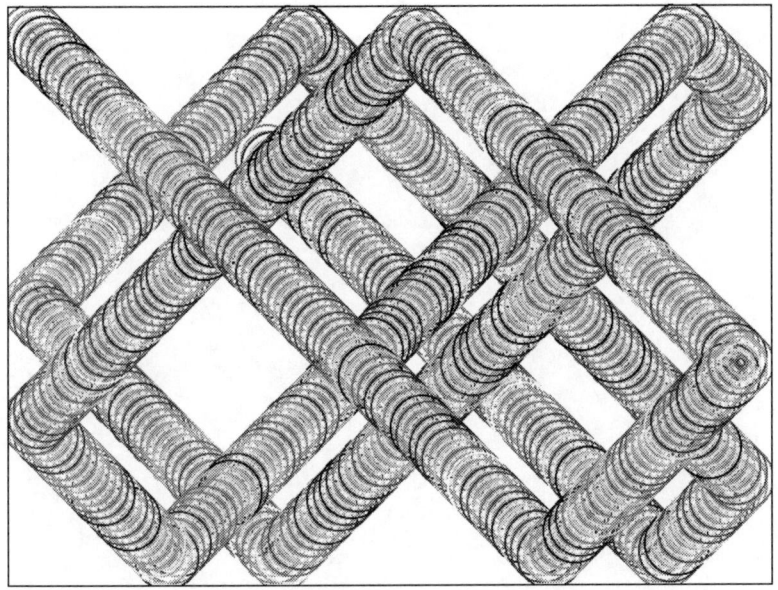

Abb. 6.11: Das Bildschirmschonermodul BALL

Anhang

Installation

Sämtliche für dieses Buch entwickelten Anwendungen liegen dem Buch sowohl im Quelltext als auch in ausführbarer Fassung auf Diskette bei. Aus Platzgründen sind die Dateien auf der Buchdiskette komprimiert und müssen zunächst mit Hilfe des Einrichtungsprogrammes SETUP auf die Festplatte Ihres Rechners übertragen werden. Sie benötigen zur Installation in etwa 1,5 MByte freie Laufwerkskapazität. Wechseln Sie für die Programmeinrichtung zunächst auf das Installationslaufwerk (i.d. Regel A:).

`C:\>A:` ⏎

Im Anschluß daran starten Sie SETUP wahlweise mit dem Kommandozeilenschalter /MONO. Dieser Schalter ist erforderlich, wenn Sie die Installation auf einem Rechner mit Monochrom-Monitor durchführen. Zwischen Groß- und Kleinschreibung wird bei der Befehlseingabe nicht unterschieden.

`A:\>SETUP` ⏎

oder

`A:\>SETUP /MONO` ⏎

Danach erscheint das Dialogfeld zur Angabe der Installationsoptionen. Hier müssen Sie das Quellaufwerk, also das Laufwerk, in dem die Einrichtungsdiskette eingelegt wurde (in der Regel A:), und das Ziellaufwerk angeben, also das Laufwerk, auf das die komprimierten Dateien entpackt werden sollen (in der Regel C:), angeben. Die Angabe eines Programmverzeichnisses ist wahlfrei. Geben Sie kein Verzeichnis an, so werden alle Programmverzeichnisse im Hauptverzeichnis des gewählten Installationsverzeichnisses eingerichtet. Um ein bestimmtes Zielverzeichnis anzugeben, können Sie ein bereits existierendes Verzeichnis aus dem angebotenen Verzeichnislistenfeld wählen oder aber im hier jeweils aktuell angewählten Verzeichnis ein Unterverzeichnis einrichten lassen. Betätigen Sie dazu zunächst die Schaltfläche <neuer Pfad>, geben Sie einen zulässigen Verzeichnisnamen ein, und quittieren Sie Ihre Eingabe mit <OK>. Das neue Verzeichnis wird automatisch in das Verzeichnislistenfeld aufgenommen und kann nun für die Programmeinrichtung angewählt werden. Beachten Sie, daß das für die Installation jeweils angewählte Verzeichnis unterhalb des Verzeichnislistenfeldes ausgegeben wird. Sind Sie mit der Anwahl zufrieden, starten Sie den Einrichtungsvorgang durch Anwahl der Schaltfläche <Installieren>. Danach werden alle Programmdateien automatisch in einer fest vorgegebenen Verzeichnisstruktur eingerichtet.

Stichwortverzeichnis

Notizen

Notizen

Notizen

 **Fordern Sie ein Gesamtverzeichnis**
unserer Verlagsproduktion an:

SYBEX-Verlag GmbH
Postfach 15 03 61
D-40080 Düsseldorf
Tel.: (02 11) 97 39-0
Fax: (02 11) 97 39-1 99